텔레비전 제작실무론

편성 · 교양 · 드라마 · 오락 · 보도 · 스포츠

나남출판

나남신서 · 742

텔레비전 제작실무론

편성 · 교양 · 드라마 · 오락 · 보도 · 스포츠

최 충 웅

NANAM
나남출판

머리말

뉴밀레니엄 시대의 개막을 앞눈 지금 놀이켜보면 지난 20세기에 라디오, TV의 출현은 우리 인류에게 가장 위대한 업적이자 대변혁의 시대를 가져다 주었다. 제2의 신(神)으로까지 풍자되기도 한 방송의 위력은 급기야 TV 정치시대를 맞아 언론을 두고 4부 정치시대로까지 회자(膾炙)되고 있다.

특히 TV의 등장이 인간에게 미친 영향은 실로 지대한 것으로 이는 놀라움과 두려움의 대상이 되었으며, TV는 이제 우리 생활에 없어서는 안될 동반자로서 그 영역을 확고히 차지하고 있다. 뉴밀레니엄 시대에는 TV의 혁명으로 지칭되는 디지털 TV시대를 맞아 쌍방향의 정보서비스 등 디지털 TV의 고부가가치를 향유할 수 있는 시대를 열어가고 있다.

아울러 최근에는 TV의 방송PD, 기자 등 TV 방송인은 젊은 세대가 선망하는 인기직업의 상위순위로 부상하고 있으며, 언론사 입사시험은 언론고시로까지 불리게 되었다.

방송의 기능과 그 중요성에 대한 인식이 날로 증가되고 있는 시점에서, 방송을 전공하거나 방송 현업에서 일하고자 하는 분들께 전반적인 방송편성제작을 이해하는 데 도움이 되는, 현장실무 중심의 편성제작이론과 실무를 한 권으로 묶은 총서의 필요성을 인식하게 되었다.

이 책은 필자가 TV PD로 입사한 지 33년간 TV 방송의 편성, 제작, 현업에 일관되게 종사해오면서 늦게나마 신문방송학을 연구하고 틈틈이 대학 신문방송학부와 언론대학원 등에서 강의한 내용을 정리하면서 그동안 직접 방송제작 현장에서 닦은 현업 실무체험을 묶어 편성, 제작, 보도, 스포츠 등 제작편성이론과 현업실무 중심의 《텔레비전 제작실무론》을 내놓게 된 것이다.

이 책을 집필하는 동안 방송을 천직으로 알고 방송제작 현업의 외길에만 매달려 젊음과 인생의 열정을 방송에만 바쳐온 방송인으로서 지난날의 역정을 되돌아보고 스스로 자책하고 반성해보는 기회가 되기도 했다.

탈고를 하고 보니 처음의 의욕적인 계획만큼 내용과 짜임새를 갖추지 못하고 미흡하고 아쉬운 점이 많은 것을 고백한다. 모쪼록 이 책이 앞으로 방송을 공부하고 방송일을 희망하는 분들께 TV 방송편성과 제작분야를 이해하는 데 다소나마 참고가 되고 길잡이가 되었으면 하는 간절한 마음으로 집필을 마감하였다.

이 책이 출판되기까지 주경야독(晝耕夜讀)과 만학의 길목에서 늘 희망과 용기를 북돋아주었던 사랑하는 아내와 아들 지혁, 딸 성은이의 앞날에 하나님의 크신 은총과 축복이 함께 하기를 기원하며 또한 이 책을 낼 수 있도록 인도해주신 하나님께 감사를 드리는 바이다.

1999년 9월

가을비 내리는 오후 KBS에서

최 충 웅 씀

나남신서 · 742

텔레비전 제작실무론

편성 · 교양 · 드라마 · 오락 · 보도 · 스포츠

차 례

• 머리말 / 7

제 1 장 방송편성 29

1. 방송편성의 정의 29
2. TV 방송편성 34
3. TV 방송운행 43
4. 스파트 제작 68
5. 라디오 방송편성 75

제 2 장 라디오 프로그램 제작 83

1. 라디오 프로그램 제작 83
2. 라디오 프로그램 유형 85
3. 라디오 프로그램의 기획 90
4. 라디오 프로그램 제작 92

제 3 장 TV 프로그램 개관 105

1. TV 프로그램 개관 105
2. TV 프로그램의 유형 111
3. 기능별 분류방법 114
4. TV 프로그램 기획 123

제 4 장 TV 교양프로그램 제작 135

1. TV 교양프로그램의 개념 135
2. 교양프로그램의 종류 136
3. 교양프로그램의 기획 137
4. 기획회의 150
5. 기획자와 연출자 152
6. 제작실무 156
7. 연출실무 161
8. 프로그램 홍보와 판촉 172
9. TV 다큐멘터리 제작실무 175
10. 토론 프로그램 제작 실무 195
11. 인터뷰 프로그램의 제작 198
12. 게임쇼 203

제 5 장 TV 드라마 제작 205

1. 드라마의 정의 205
2. 드라마의 역사 206
3. 드라마의 본질 212
4. 드라마투르기 215

5. 드라마 구성론 216
6. 드라마 구성방법 219
7. TV 드라마 225
8. TV 드라마 분류 232
9. TV 드라마 제작과정 245

제 6 장 음악, 오락(쇼) 프로그램 제작 271
1. 음악, 오락(쇼) 프로그램의 개념 271
2. 쇼 프로그램의 종류 272
3. 코미디 프로그램 283
4. 코미디 프로그램의 종류 293
5. 음악, 오락 프로그램 제작과정 297

제 7 장 방송보도 307
1. 방송보도의 개념 307
2. 방송보도의 가치기준 312
3. 방송보도의 요건 316
4. 방송보도의 기능 318
5. 방송보도 효과론 319
6. 방송보도 양식 326
7. 방송보도 내용의 유형 338
8. 방송뉴스의 취재 345
9. 뉴스취재와 인권 및 유의사항 361
10. 방송뉴스 제작 392
11. 뉴스앵커의 요건 417

12. 보도특집 제작 420
13. 해외뉴스 422

제 8 장 스포츠 프로그램 제작 427
1. 스포츠 프로그램 개설 427
2. 스포츠뉴스의 취재 429
3. 스포츠뉴스의 리포트 431
4. 스포츠 기획물 제작 432
5. 스포츠 프로그램의 편집 및 제작 433
6. 스포츠 중계방송 434
7. 스포츠 중계의 특수영상효과 연출 441
8. 해외스포츠 제작 442

제 9 장 TV의 혁명 디지털 TV 시대 개막 445
1. TV의 혁명 445
2. 디지털 TV 현황 446
3. 디지털과 아날로그 448
4. 아날로그 TV와 디지털 TV 449
5. 디지털 TV의 특성 450
6. 디지털 TV 방송방식 452
7. 디지털 TV 화면형식 453

■ 부 록 1. TV 용어해설 455
2. 방 송 법 487

세부목차

제 1 장 방송편성

1. 방송편성의 정의 29

1) 프로그램의 개념 29

2) 편성의 개념 31

3) 편성의 원칙 32

2. TV 방송편성 34

1) TV 편성 34

편성의 방향 34 / 기본방송순서 35 / 특집편성 35 / 주간편성 37 / 편성연락(동보연락) 43 / 방송시간연장 승인 43

3. TV 방송운행 43

1) TV 방송운행의 종류 43

2) 운행의 책임 44

3) TV 방송의 개시 및 종료 44

화면조정(TPH) 44 / 방송개시(Sign On) 44 / 방송종료(Sign Off) 45

4) TV 방송운행 실무 45

MD의 역할 45 / 녹화수록순서 48 / 프로그램 제작시간과 정시운행 49 / 방송용 테이프 인수인계 철저 50 / SB운행 50 / 방송사고와 처리 56

5) TV 방송운행표 작성 59

일일방송순서 확인 59 / 방송제작물 확인 59 / SB, 스파트 확인 59 / 각종 수퍼 문안 작성 59 / 운행표 작성 59

6) 긴급방송, 임시뉴스 운행 62

임시뉴스의 분류 62 / 운행절차 62 / 뉴스 종별과 실시요령 62

7) 비상방송 64

비상방송의 개요 64 / 비상방송 기준 65 / 비상방송의 구분 65 / 스튜디오 배정 67

4. 스파트 제작 68

1) 스파트의 정의 68

2) SB와 스파트의 관계 69

3) 스파트의 종류 70

계도성 스파트 70 / 정보성 스파트 70 / 홍보성 스파트 70 / 프로그램 예고 70 / 기타 SB성 스파트 71

4) 스파트 제작의 실제 72

스파트 제작의 유의점 72 / 스파트 제작과정 73

5. 라디오 방송편성 75

1) 라디오 편성 기본개념 75

2) 기본편성의 원칙 75

3) 기본편성의 조정 80

조정의 의의 80 / 조정의 요건 80

4) 프로그램 개편 80

개편의 의의 80 / 개편사항 81 / 개편업무 과정 81

제 2 장 라디오 프로그램 제작

1. 라디오 프로그램 제작 83

1) 라디오의 특성 83

청각매체 84 / 신속성 84 / 추상성 84 / 간편성 84 / 일회성 85 / 경제성 85 / 동시성 85 / 직접성 85

2. 라디오 프로그램 유형 85

1) 내용별 분류 85

2) 포맷별 분류 89

3) 편성에 따른 분류 90

3. 라디오 프로그램의 기획 90
1) 기획의 결정요인 90
2) 제작기획서 작성 92
4. 라디오 프로그램 제작 92
1) 프로그램 제작의 정의 92
정의 92 / 송출형태에 따른 분류 92
2) 프로그램 제작기법 93
3) 프로그램 제작과정 95
기획구성 95 / 원고작성 95 / 출연자 섭외 96 / 선곡 96 / 제작진행표 작성 97 / 사전심의 97 / 녹음제작 99 / 생방송제작 99 / 테이프편집 100 / 녹음테이프 인계 101 / 프로그램 홍보 101 / 온 에어(On Air) 103 / 자료정리 보관 103

제 3 장 TV 프로그램 개관

1. TV 프로그램 개관 105
1) TV의 특성 105
시청각매체 106 / 사실성 106 / 공공성 107 / 강한 호소력 107 / 동시성 107 / 친근성 108 / 참가성 108 / 보편성 108 / 설득성 109 / 오락성 109 / 일방성 109 / 동조성 110 / 가정성 110 / 구속성 110
2) TV와 신문매체의 특성 111
2. TV 프로그램의 유형 111
1) 분류의 개념 111
2) 프로그램 유형분류의 기준 112
내용별 분류 112 / 대상별 분류 112 / 기능별 분류 113 / 형식별 분류 113
3. 기능별 분류방법 114
1) 보 도 114

2) 교 양 114

일반교양 114 / 생활정보 114 / 다큐멘터리 114 / 대담, 토론 116 / 퀴즈 118 / 학습 118 / 문화예술 118 / 기능강좌 118

3) 오 락 119

드라마 119 / 코미디 120 / 버라이어티쇼 121 / 토크쇼 122 / 게임, 퀴즈 122

4. TV 프로그램 기획 123

1) 기획의 개념 123

2) 프로그램 기획의 요건 123

기획목표 설정 123 / 시청대상의 선정 123 / 방송시기와 편성시간 124 / 구성과정 설계 124 / 방송기준 125 / 제작여건과 제작비 125

3) 기획과정 125

수용자분석 125 / 아이디어 개발 126 / 제작방식 133

제 4 장 TV 교양프로그램 제작

1. TV 교양프로그램의 개념 135

2. 교양프로그램의 종류 136

3. 교양프로그램의 기획 137

1) 교양프로그램의 기획 개념 137

2) 교양프로그램의 기획 목표 137

3) 기획시 유의사항 138

4) 기획단계 140

프로그램 소재 개발 140 / 기획의 요점 141 / 효과적인 아이디어 산출과정 143 / 제작방식의 결정 143 / 기획안 작성 145 / 예산안 작성 145 / 대본작성 145 / 프로그램 제목 146 / 기획절차 146 / 원고작성 148

4. 기획회의 150

1) 기획회의 절차 150

2) 기획회의 방법론 150

기획회의의 목적 150 / 스탭회의 종류 150 / 스탭회의 과정 151

5. 기획자와 연출자 152

1) 프로그램 기획자(프로듀서) 152

프로듀서의 역할 152 / 프로듀서가 갖추어야 할 조건 153

2) 프로그램 연출자(디렉터) 154

연출자의 역할 154 / 연출자가 갖추어야 할 조건 155

6. 제작실무 156

1) 플로어 플랜(Floor Plan) 156

정의 156 / 필요성 157 / 유의점 157

2) 플로어 매니저(FM) 158

3) FD의 큐 159

7. 연출실무 161

1) 화면구성과 스위칭 161

컷 161 / 디졸브 162 / 페이드 인(FI) 162 / 페이드 아웃(FO) 163 / 수퍼(super) 163 / 수퍼 임포즈(SIP) 163 / 와이프(wipe) 163

2) 카메라 샷(CAM shot) 164

프레임에 따른 샷 164 / 포착 인원수에 따른 샷 166 / 카메라 위치에 따른 샷 167 / 카메라 동작에 따른 샷 167

3) 야외촬영 169

헌팅 169 / 스토리보드 170

4) 편 집 170

편집시 유의사항 170 / 편집순서 170

5) 프로그램 제목 171

편집후 프로그램 제목 최종점검 171

8. 프로그램 홍보와 판촉 172

1) 홍 보 172

홍보계획 172 / 예고제작 172 / 홍보자료 제작 172

2) 자료보관, 판매, 출품 173

방송자료 보관 173 / 프로그램 판매 173

3) 프로그램 콘테스트 출품 173

국내출품 173 / 국제상 출품 175

9. TV 다큐멘터리 제작실무 175

1) TV 다큐멘터리 개설 175

TV 다큐멘터리의 정의 175 / TV 다큐멘터리의 요건 175 / 다큐멘터리 유형 176 / 다큐멘터리의 종류 177 / 필름과 ENG의 차이 178 / 스튜디오 제작과 TV 다큐멘터리 178 / TV 다큐멘터리의 제작여건 179 / TV 다큐멘터리 제작단계 180

2) TV 다큐멘터리 기획 및 구성 181

기획단계 181 / 구성단계 183

3) TV 다큐멘터리 제작 및 방송 188

촬영단계 188 / 편집단계 189 / 편집의 실제 191 / 부조녹화 193 / 방송단계 195

10. 토론 프로그램 제작 실무 195

1) 토론 프로그램의 정의 195

2) 토론 프로그램의 기능 196

3) 토론 프로그램의 종류 196

4) 진행자의 역할 196

5) 출연자 197

출연자 선정 197 / 출연자 배치 197

11. 인터뷰 프로그램의 제작 198

1) 인터뷰의 정의 198

2) 인터뷰 프로그램 제작 198

3) 인터뷰 제작 방식 199
스튜디오 인터뷰 199 / 현장 인터뷰 200
4) 인터뷰 진행자 200
인터뷰 진행자가 해야 할 일 200 / 인터뷰어 유형 200
5) 녹화시 주의사항 및 용어 201
12. 게임쇼 203
1) 정 의 203
2) 처 리 204
3) 구 성 204

제 5 장 TV 드라마 제작 205

1. 드라마의 정의 205
2. 드라마의 역사 206
1) 드라마의 기원 206
종교의식과 연극 206 / 아리스토텔레스의《시학》 207 /
아리스토텔레스의 모방 209
3. 드라마의 본질 212
1) 희곡과 소설 212
소설의 특성 213 / 희곡의 특성 213
2) 헤겔의 희곡관 214
3) 연극과 희곡 215
4. 드라마투르기 215
5. 드라마 구성론 216
1) 드라마 구성의 정의 216
2) 드라마 구성론의 유형 217

3단계론 217 / 4단계론 : 기승전결 217 / 5단계론 217

6. 드라마 구성방법 219

1) 드라마 구성의 줄거리 219

큰 줄거리 219 / 중간 줄기 220 / 작은 줄기 220

2) 드라마 구성의 5단계 220

도입 220 / 전개 221 / 정점 223 / 반전 223 / 결말 223

7. TV 드라마 225

1) TV 드라마의 정의 225

2) TV 드라마와 소설 226

형식 226 / 표현수단 227 / 소재 228 / 표현기법 228 / 작업형태 229

3) TV 드라마와 영화 229

기능적 특성 229 / 내용적 특성 230

4) TV 드라마와 연극 230

시간 230 / 공간 230 / 매체의 특성 230

8. TV 드라마 분류 232

1) 방송형식 232

연속물 232 / 단막물 234

2) 내용과 성격 236

홈드라마 236 / 멜로드라마 237 / 사회극 238 / 역사극 238 / 시대극 239 / 특집드라마 239 / 목적극 240 / 비극 240 / 희극 240 / 심리극(사이코드라마) 241 / 문제극 241 / 소재대상별 구분 242 / 넌픽션 드라마 243

9. TV 드라마 제작과정 245

1) TV 드라마 기획 실무 245

기획제안 245 / 기획협의 245 / 작가, 연출자 선정 246 / 시놉시스 246 / 대본완성 249 / 배역결정(캐스팅) 252

2) TV 드라마 제작실무 252

스튜디오 제작 252 / 야외제작 263

제 6 장 음악, 오락(쇼) 프로그램 제작

1. 음악, 오락(쇼) 프로그램의 개념 271
2. 쇼 프로그램의 종류 272
1) 뮤직쇼 272
가요쇼 274 / 국악 274 / 클래식 275 / 연주회 276 / 음악경연쇼 276
2) 버라이어티쇼 276
보더빌쇼 277 / 뮤직홀 버라이어티쇼 277 / 레뷔쇼 277 / 코믹쇼 278 / 퍼스낼리티쇼 278 / 뮤지컬 코미디쇼 278 / 개인 리사이틀쇼 278
3) 오락 게임쇼 280
4) 퀴즈쇼 280
5) 게임 퀴즈쇼 280
6) 연예매거진쇼 281
7) 토크 음악쇼 283
8) 토크쇼 283
9) 패널쇼 283
10) 원맨쇼 283
11) 뮤지컬 쇼 283
3. 코미디 프로그램 283
1) 코미디의 정의 283
2) 코미디의 특성 284
재미성 284 / 풍자성 284 / 보편성 285 / 공감대 285
3) 웃음의 유형 286
자의적 웃음 286 / 언어적 웃음 286 / 타의적 웃음 287
4) 웃음의 효능 287
건강작용 287 / 친화작용 288 / 집중작용 288 / 기억작용 288
5) 웃음의 학설 289

우월론 289 / 기대론 289 / 사회론 290

6) 웃음의 요인 290

반복 290 / 모방 290 / 과장 290 / 우매 291 / 기대와 기대밖 291 / 반전 291 / 부조화와 불균형 291 / 연쇄반응 292 / 착오, 착각, 실수 292 / 폭로, 풍자, 부조리 292

4. 코미디 프로그램의 종류 293

1) 포맷에 따른 분류 293

시추에이션 코미디, 시트콤 293 / 코미디 단막극 293 / 버라이어티 코미디쇼 293 / 토막 코미디쇼 294 / 고전 코미디쇼 294 / 뮤지컬 코미디쇼 294 / 고전 해학극 294 / 코미디 인형극 295

2) 내용과 소재에 따른 분류 295

토막(콩트) 코미디 295 / 음악 코미디 295 / 무용 코미디 295 / 시사 풍자 코미디 296 / 뮤지컬 코미디 296 / 곡예 코미디 296 / 마술 코미디 296 / 원맨쇼 296 / 복화술 296

3) 제작기법상의 분류 296

스튜디오 제작물 296 / 야외 제작물 296 / 필름 제작물 296 / ENG 제작물 297 / 고속, 슬로비디오 기법 코미디 297 / 만화제작형식 코미디 297 / DVE 기법 코미디 297

5. 음악, 오락 프로그램 제작과정 297

1) 음악, 오락 프로그램 기획 실무 297

프로그램 제안 297 / 기획안 검토 297 / 기획보고서 작성 298 / 제작팀, 연출자 선정 298 / 구성작가 결정 298 / 프로그램 구성안 작성 298 / MC, 출연자선정, 섭외 299 / 큐시트, 대본완성 299 / 스탭회의 304 / 제작 기획서 작성 304

2) 음악, 오락프로그램 제작실무 304

큐시트, 대본전달 304 / 제작협조 의뢰 304 / 녹화전 연습 304 / 녹화 305 / 편집 305 / 예고제작 305 / 홍보자료 작성 306 / 방송심의 306 / 방송자료 정리보관 306

제 7 장 방송보도

1. 방송보도의 개념 307

1) 뉴스의 정의 307

2) 뉴스 정의에 대한 이론 309

3) 방송보도의 정의 311

2. 방송보도의 가치기준 312

1) 뉴스보도의 일반적 가치기준 312

시의성 312 / 보편성 312 / 근접성 313 / 영향성 313 / 저명성 313 / 기능성 313 / 흥미성 313

2) 뉴스보도 가치의 이론 314

Ault and Emery 314 / Bastian and Case 315 / Bleyer 315 / Crump 316

3. 방송보도의 요건 316

1) 정확성 316

2) 객관성과 공정성 317

3) 완전성 317

4) 명료성 317

4. 방송보도의 기능 318

1) 환경감시의 기능 318

2) 문화발전의 기능 318

3) 사회교육의 기능 318

4) 인권보호의 기능 318

5) 욕구조정의 기능 318

5. 방송보도 효과론 319

1) 단기적 차원의 인지적 효과 320

정보나 지식의 전파 및 습득 320 / 지식격차의 효과 321 /

논제설정의 효과 321

2) 장기적 차원의 사회화 효과 322

사회화의 효과 322 / 현실구성에 미치는 영향 323 / 사회제도에 미치는 영향 325

6. 방송보도 양식 326

1) 방송보도 양식의 정의 326

2) 방송보도 양식의 구분 327

불리틴 뉴스 327 / 정규보도 328 / 뉴스속보 330 / 논평 및 해설보도 330 / 심층 취재보도 332

7. 방송보도 내용의 유형 338

1) 방송보도의 내용 338

2) 방송보도 내용의 유형 339

3) 방송보도 내용의 유형분류 344

내용적 특성별 구분 344 / 형태적 특성별 구분 344

8. 방송뉴스의 취재 345

1) 뉴스 취재 계획 345

취재대상 정보수집 345 / 일일 취재계획표 작성 346 / 일일 취재 진행계획 347

2) 뉴스 취재 활동 348

행사취재 349 / 해외취재 349 / 회담취재 351 / 기자회견 352 / 기자간담회 352 / 발표 353 / 사실 브리핑 354 / 배경설명 354 / 심층 배경설명 354 / 오프 더 레코드 355 / 풀취재 360 / 엠바고 361

9. 뉴스취재와 인권 및 유의사항 361

1) 법과 기자의 윤리 361

2) 취재원 보호 362

취재원의 명시 363 / 취재원의 보호 363 / 형사사건 보도와 관련된 법률규정 363

3) 명예훼손 365

관련법규 366 / 명예훼손과 판정의 주요기준과 취재태도 367 / 명예훼손의 구성 요건 368 / 명예훼손의 면책사유(위법성 조각사유) 369 / 인용 보도할 경우 주의사항 371

4) 프라이버시 373

공인에 대한 경우는 예외 374 / 공익을 위한 경우는 예외 374 / 프라이버시의 침해 375

5) 초상권 376

초상권의 내용 376 / 초상권 침해의 범위 376 / 공인의 초상권 보호 377 / 일반인의 초상권 보호 377

6) 비밀취재 377

일반원칙 377 / 비밀촬영, 비밀녹음 378 / 전화녹음 379

7) 범죄의 보도 380

피의자에 대한 무죄추정의 원칙 380 / 피의자의 인권 380 / 범행미화 모방범죄 유발문제 381 / 수사방해 보도자제 381 / 범죄 피해자의 인권 침해 381 / 범죄전과 시효만료된 사건 신중취급 382

8) 익명과 실명 382

실명보도 382 / 실명보도의 폐해와 익명보도의 원칙 383 / 심신장애자 383

9) 호 칭 384

특정인의 호칭 384 / 익명을 사용할 경우의 호칭 384

10) 소년범 386

미성년자의 호칭(익명성 보장) 386 / 영상 및 음성의 처리 386 / 관련법규 387

11) 유괴 · 인질사건 387

12) 잠입 · 동반 취재 389

잠입취재 389 / 동반취재 390 / 함정취재 391

10. 방송뉴스 제작 392

1) 방송뉴스 제작과정 392

2) 방송 뉴스기사 작성 394

방송 뉴스기사의 특성 394 / 방송뉴스의 3대요건 396 / 방송뉴스 기사의 원칙 397 / 방송 뉴스제작 유의사항 398 / 방송뉴스의 리드 작성 400 / 스트레이트 기사작성 403 / 방송 리포트 기사 작성 406

3) 인터뷰 409

인터뷰 개요 409 / 인터뷰 요령 409 / 인터뷰 제작 유의사항 410

4) 뉴스진행표 작성 415

11. 뉴스앵커의 요건 417

호감을 주는 인상 418 / 호감을 주는 음성과 전달력 418 / 성실성 419 / 자신감 419 / 침착성과 순발력 419 / 집중력 419 / 언론인으로서의 자질 419 / 감정이입 420

12. 보도특집 제작 420

1) 보도특집 기획 420

2) 보도특집 제작형식 420

다큐멘터리 형식 420 / 토론형식 421 / 대담, 좌담형식 421 / 해설형식 421 / 공청회, 세미나 형식 421 / 대화, 회견 형식 421

13. 해외뉴스 422

1) 해외뉴스 개요 422

2) 해외뉴스의 정보원 423

해외주재 특파원 423 / 뉴스 통신사 423 / TV 뉴스외신 424

3) 해외뉴스 제작 424

해외단신보도 424 / 특파원 리포트 424 / 해외 기획취재 424

제 8 장 스포츠 프로그램 제작

1. 스포츠 프로그램 개설 427

1) 스포츠뉴스 427

2) 스포츠 종합 프로그램 428

2. **스포츠뉴스의 취재** 429
1) 스포츠뉴스 취재 요령 429
2) 스포츠뉴스 기사작성 429
3) 스포츠뉴스의 유의사항 430
3. **스포츠뉴스의 리포트** 431
1) 스포츠뉴스 리포터의 중요성 431
2) 스포츠뉴스 리포터 요령 431
4. **스포츠 기획물 제작** 432
1) 기획아이템 선정 432
2) 스포츠 기획물 취재요령 432
5. **스포츠 프로그램의 편집 및 제작** 433
1) 스트레이트 기사 편집 433
2) 리포터물 편집 제작 433
3) 하이라이트 편집 제작 434
6. **스포츠 중계방송** 434
1) 스포츠 중계방송의 의의 434
2) 스포츠 중계방송의 절차 435
편성 결정 435 / 유관부서 협조 435 / 스포츠 중계방송 절차 435
3) 스포츠 중계연출 구성과 특성 436
스포츠연출의 특성 436 / 연출자구성 436 / 연출 프로듀서의 중요성 436
4) 스포츠 중계 연출자 437
연출자의 역할 437 / 현장보조 연출자의 역할 437 / 스튜디오 부조정실의 진행 437 / 스포츠 중계 카메라 배정 438 / 중계카메라 배치의 기본 438
5) 스포츠 중계카메라 위치 설정 439
축구 439 / 농구 439 / 배구 440 / 야구 440 / 수영(경영) 440 / 육상(트랙) 441 / 권 투 441
7. **스포츠 중계의 특수영상효과 연출** 441

1) 슬로 모션 441
2) 모션 스코프 442
3) 영상추적장치 442
8. 해외스포츠 제작 442
1) 해외스포츠 경기 선정 442
2) 사전절차 442
3) 해외스포츠 제작형식 444
현지제작 생중계 444 / 스튜디오 제작 생중계 444 / 녹화중계 444

제 9 장 TV의 혁명 디지털 TV 시대 개막

1. TV의 혁명 445
2. 디지털 TV 현황 446
1) 국내현황 446
2) 해외현황 447
미국 447 / 영국 447 / 일본 447
3. 디지털과 아날로그 448
4. 아날로그 TV와 디지털 TV 449
5. 디지털 TV의 특성 450
1) 고음질과 고화질 450
2) 다채널화 450
3) 쌍방향 기능 450
4) 영상압축기술 451
5) 데이터 방송 451
6. 디지털 TV 방송방식 452
7. 디지털 TV 화면형식 453

1장

방송편성

1. 방송편성의 정의

1) 프로그램의 개념

방송편성이라 함은 넓은 의미로는 방송프로그램의 제목, 내용, 분량 및 배열을 계획·결정하는 행위에서부터 방송운행과 송출까지를 포함한 방송프로그램의 운영계획을 말한다.

그러므로 방송편성의 정의를 정리하기에 앞서 우선 방송프로그램의 개념파악부터 선행되어야 할 것이다.

방송프로그램을 일본에서는 '番組'로, 중국에서는 '節目'으로 표현하고 있지만 우리말로는 아직 적절한 표현이 없이 프로그램으로 통칭되고 있다.

영어의 'program', 독일어의 'programm', 프랑스어의 'progrmme'인 프로그램은 희랍어 programma에서 유래한 말로 '공공의 고지(告知)', '공적인 발표문' 같은 의미를 지니고 있다.

프로그램이란 방송커뮤니케이션의 메시지(*message*)이다. 또는 그 메시지 내용을 기호화해서 수록한 하나의 작품이라고 할 수 있다. 말을 바꾸면 방송국측이 의도한 목적을 위해서 어떤 내용을 전파적 신호로 바꾸어서 완성시킨 정신적 산물로서 하나의 독립된 방송항목 또는 일련의 독립된 방송항목을 총체적으로 프로그램이

라고 한다.[1)]

이러한 방송프로그램 역시 커뮤니케이션 메시지이므로 프로그램은 ① 내용(*content*)을 ② 기호로 표현(*encoding*)해서 ③ 처리(*treatment*)해 놓은 내용+기호+처리의 복합물이라 하겠다.[2)] 메시지 내용을 프로그램(*program*), 그 메시지의 처리과정을 편성(*peogramming*), 그리고 기호화하는 과정을 제작(*production*)이라고 구별하는 예도 있다. 그러나 이것은 프로그램과 편성과 제작의 관계를 이해하는 데에는 도움이 될 수 있으나 프로그램 그 자체가 편성과 동의어로도 쓰이기 때문에 반드시 확연히 구별되는 것은 아니다.

이를 좀더 깊이 분석하면 다음과 같은 두 종류의 의미, 즉 내재적 의미와 외재적 의미로 파악할 수 있다.

첫째, 프로그램을 표현내용과 전달매체의 유기적 결합체로 파악하려는 것인데 방송내용인 음향이나 영상은 그것을 운반·전달하는 전파와 결합됨으로써 비로소 프로그램으로 성립된다는 일종의 표현과 매체(*sign-vehicle*)의 복합·구성물적인 면을 뜻하는 것이다.

둘째, 프로그램이란 단일적으로도 존재할 수 있고 복합적·전체적으로도 존재가능하다. 즉, 여러 개의 개별 프로그램을 모아 특정한 시간대의 프로그램으로 형성하고 거기서 다시 1일, 1주, 1개월, 1기, 1년 등 장기·복합적으로 확대구성하며, A국 프로그램이니 B국 프로그램이니 하여 국 전체의 프로그램으로 포착할 수도 있다. 또 위에서 말한 각 프로그램은 그 나름대로 수용자의 머리속에 프로그램 이미지(*program image*)를 형성하기도 한다.

셋째, 프로그램을 기계적·기술적 소산으로뿐 아니라 정신적 창조활동에서 나타난 문화형태로 파악하는 것이다. 즉, 기술혁신과 문화적 변동 속에서 창의와 연구로 독특하게 개발된 일종의 기계예술(*machine art*)이나 대중예술(*mass art*)과 같은 새로운 문화적 영역으로 파악한다는 것이다.

넷째, 프로그램 자체가 창조하는 심벌의 구조와 논리에서 또 송

---

1) 손용, 《방송원론》, 세영사, 1987, p. 186.

2) 차배근, 《커뮤니케이션학개론》(하), 세영사, 서울, 1976, p. 142.

신자와 수신자가 그 심벌세계 속에서 인식하고 행동하는 커뮤니케이션 활동의 중핵으로 포착하는 것으로 이른바 기호론(*semiotics*), 의미론(*semantics*), 정보이론(*information theory*) 등의 측면에서 파악하는 것이다.

이상과 같은 내재적 기본개념 외에 다음과 같은 외재적 기본개념을 찾아볼 수 있다.

첫째, 프로그램이란 현실적이고 실천적 대상으로, 라디오는 마이크를 통해 들려오는 음향의 동시간적 접촉이며, TV는 음향과 영상 그리고 동작이 동일 시점에 포착된다.

둘째, 프로그램은 일상적 생활환경 속에서 접촉된다. TV 일상화 시대라는 말이 새삼스러울 만큼 전파는 수용자들의 현실적 생활의식의 연장이 되었다.

셋째, 라디오와 TV 프로그램은 동시간에 전체를 커버하는 전파의 복체성 때문에 원형이 그대로 전달되는 특성을 띠고 있다.[3]

프로그램이란 방송을 송출할 주체자인 한 방송국이나 네트워크가 예정된 일정한 방송시간, 즉 편성에 의해 방송되는 내용물인 메시지이다. 커뮤니케이션 일반적인 이론에 입각해 본다면 프로그램이란 방송의 주체자인 방송사가 일반 시청자에게 전달하고자 의도하는 메시지 내용에 해당하는 것이다. 즉, 송신자와 수신자의 중간에 위치하는 역할로서 방송과정에서 가장 중심적인 핵심요소가 되는 것이다.

2) 편성의 개념

편성의 개념을 정의하면, 방송사항의 종류, 내용, 분량 및 배열에 관한 결정행위 및 그 결정행위의 결과라고 할 수 있다.

방송편성은 누구(방송대상)에게, 무엇(방송내용)을, 언제(방송시간), 어떻게(방송형식), 얼마나(방송시간량) 보여줄 것인지 결정하고 배열하는 작업이라고 볼 수 있다.

이것은 프로그램을 구성하고 완성시키는 행위의 총체적 기능을

---

3) 김규, 《방송매체론》, 법문사, 1978, p. 284.

다 포함하는 것으로 내용에 대한 제반 조건과 송출에 대한 일체의 배열 및 운행까지를 모두 포함해서 표현한 것이라 할 수 있다.

우리나라 방송법 제1장 2조 5항에 방송의 편성에 대하여 "방송순서라 함은 방송되는 사항의 종류, 내용, 분량, 배열을 말한다" 라고 정의하고 있다.

편성이란 넓은 의미에서 방송 프로그램의 명칭, 성격, 분량, 배치 같은 것을 계획하는 행위부터 그 계획의 구체화를 위한 실제적인 제작행위, 그리고 운행과 경우에 따라서는 송출까지 포함하는 처리행위를 말한다.[4]

그러나 일반적으로 편성이라 함은 무엇을, 언제, 어떻게, 얼마나 방송할 것인가에 관한 결정행위 및 그 행위결과라 할 수 있다.

방송법 제1장 3조에 "① 방송편성의 자유는 보장된다. ② 방송순서의 편성 · 제작이나 방송국의 운영에 관하여 누구든지 이 법 또는 다른 법률이 정하는 바에 의하지 아니하고는 어떠한 규제나 간섭을 할 수 없다"고 규정함으로써 방송순서 편성의 자유에 대해 명시하고 있다.

3) 편성의 원칙

방송 프로그램을 편성하는 데 최우선적으로 고려되어야 하는 것이 방송의 대상인 시청자이다. 어떠한 대상을 위해 무슨 내용으로 어느 시간에 방송을 할 것이냐를 결정하는 것으로 '방송에 있어 제작(*production*)이 전술(*tactics*)이라면 편성(*programming*)은 일종의 전략(*strategy*)이라 할 수 있다.

따라서 시청하는 대중의 가장 적절한 시간을 선정해야 하고, 그들의 성별, 연령, 직업, 취미, 기호, 경제상황, 학력 등을 감안해야 하며 계절별 생활시간을 참작해야 된다.

방송법 제5장 69조에 "① 방송사업자는 방송프로그램을 편성함에 있어 공정성 · 공공성 · 다양성 · 균형성 · 사실성 등에 적합하도록 하여야 한다. ② 종합편성을 행하는 방송사업자는 정치 · 경

---

4) 김규, 《방송매체론》, 법문사, 1985, p. 344.

제·사회·문화 등 각 분야의 사항이 균형있게 표현될 수 있도록 하여야 한다. ③ 종합편성을 행하는 방송사업자는 방송프로그램 편성에서 대통령령이 정하는 기준에 따라 보도·교양 및 오락에 관한 방송프로그램을 포함하여야 하고, 그 방송프로그램 상호간에 조화를 이루도록 편성하여야 한다. 이 경우 대통령령이 정하는 주 시청시간대(이하 "주시청시간대"라 한다)에는 특정 방송분야의 방송프로그램이 편중되어서는 아니된다. ④ 전문편성을 행하는 방송사업자는 허가를 받거나 승인을 얻거나 등록을 한 주된 방송분야가 충분히 반영될 수 있도록 대통령령이 정하는 기준에 따라 방송프로그램을 편성하여야 한다. ⑤ 한국방송공사 및 특별법에 의한 방송사업자, 방송문화진흥회법에 의한 방송문화진흥회가 출자한 방송사업자 및 그 방송사업자가 출자한 방송사업자를 제외한 지상파방송사업자는 다른 한 방송사업자의 제작물을 대통령령이 정하는 비율 이상 편성하여서는 아니된다. ⑥ 한국방송공사는 대통령령이 정하는 바에 의하여 시청자가 직접 제작한 시청자 참여프로그램을 편성하여야 한다. ⑦ 방송사업자는 대통령령이 정하는 바에 의하여 장애인의 시청을 도울 수 있도록 노력하여야 하며, 필요한 경우 방송위원회는 기금에서 그 경비의 일부를 지원할 수 있다.

방송법 시행령 제5장 50조에는 다음과 같은 규정이 있다.

① 종합편성을 행하는 방송사업자는 법 제69조 제3항 전단의 규정에 의하여 보도에 관한 방송프로그램, 교양에 관한 방송프로그램 및 오락에 관한 방송프로그램이 상호간에 조화를 이루도록 편성하되, 그 구체적인 기준은 다음 각호와 같다.

1. 텔레비전방송프로그램 및 라디오방송프로그램의 경우 오락에 관한 방송프로그램을 당해 채널의 매월 전체 텔레비전방송프로그램 및 라디오방송프로그램 각 방송시간의 100분의 50 이하로 편성할 것.
2. 데이터방송프로그램의 경우 오락에 관한 방송프로그램을 당해 채널의 매월 전체 데이터방송프로그램 방송내용물의 100분의 60 이하로 편성할 것.

② 제1항에서 "보도에 관한 방송프로그램"이라 함은 정치·경

제 · 사회 · 문화 등 모든 분야의 시사에 관한 속보 또는 해설을 목적으로 하는 방송프로그램을, "교양에 관한 방송프로그램"이라 함은 국민의 교양향상 및 교육을 목적으로 하는 방송프로그램과 어린이 · 청소년의 교육을 목적으로 하는 방송프로그램을, "오락에 관한 방송프로그램"이라 함은 국민정서의 함양과 여가생활의 다양화를 목적으로 하는 방송프로그램을 말한다.

2. TV 방송편성

1) TV 편성

(1) 편성의 방향

각 방송사별로 채널의 성격에 따라 편성에 대한 기본방향의 설정이 이루어져야 한다. 일반적으로 특수방송을 제외한 모든 방송은 국가사회발전과 복지증진, 문화의 보존과 육성, 도덕적 규범강화 등 공공성과 공익성을 일차적 근간으로 하는 방송이념을 편성의 기본배경으로 구체화해야 한다.

한 국가의 각 방송사마다 그 구조적 상황과 특성, 매체의 성격에 따라 방송의 목적과 이념이 규정지어질 것이다. 각 방송사는 역사적 시대적 상황과 요구에 걸맞은 방송이념을 설정하게 된다. 즉, 방송강령(放送綱領)이나 사시(社示) 등을 통해서 방송의 이념을 제시하고 있다. 이러한 방송이념이 편성의 최고 결정요인으로 구체화되는 것이다.

방송이념에는 여러 가지가 포함된다. 일반적으로 이념추구행위는 국가나 사회의 목표, 국민의 복지증진, 문화수준의 향상, 언론신조와 경영철학 같은 제1차 단계의 근본이념을 기반으로 사회성과 기업적 이윤성의 조화를 위한 끊임없는 노력 행위이며, 여기에는 편성 · 제작에 직접 참가하는 개인들의 가치관 같은 것도 크게 작용한다.

오늘날처럼 다양화되고 다극화된 상황에서 언제 어디서나 적용할 수 있는 보편타당한 절대적 방송이념을 추출, 확립한다는 것은 거의 불가능한 일이다. 그러나 방송은 대중이 원하는 것과 대중이 필요로 하는 것의 상이점을 파악하고 적극적으로 수용자의 경험영역을 확대시키며, 일반 국민이익의 수탁자로서 사회적 책임을 다해야 한다는 것만은 방송이 추구해야 할 당연한 목표일 것이다. 그런데 이러한 이념이 수립된다 해도 그것을 구현하는 방법, 이른바 좋은 방송(*good broadcasting*)의 방정식은 궁극적으로 방송편성상의 문제이며, 편성내용이나 과정이 엄밀한 과학이라기보다는 예술에 가깝고, 주로 인간의 가치와 기호에 관한 것이므로 공식화한다거나 정형화할 수는 없다. 이렇게 볼 때 기본적 이념설정은 주로 일차 수준에 속하며, 대개 총괄적인 지침을 추상적으로 표현하는 방향으로 나타난다.[5]

좋은 방송을 위한 좋은 편성은 방송을 주관하는 조직의 방송이념에 대한 책임있는 인식과 방송철학관에 귀착된다고 하겠다.

결과적으로 방송편성의 방향은 공익성과 프로그램 기능별 균형성, 방송의 품질향상 등이 전제되어야 한다고 볼 수 있다.

(2) 기본방송순서

계절별 일조시간, 국민생활시간에 따라 프로그램 시간대의 조정이 불가피하다. 특히 여름철과 겨울철의 국민생활 시간대 격차에 맞추어 매년 2회 정도의 정기적인 기본방송순서 개편이 이루어진다. 이러한 시간대 조정을 위한 프로그램 개편은 봄, 가을 두 차례에 걸쳐 개발된 새 프로그램을 선보이는 작업을 병행하여 실시된다(〈그림 1-1〉 참조).

(3) 특집편성

기본방송순서에 따른 정규방송순서 편성에 의하지 않고 시대적 상황 및 시의성에 맞추어 제작되는 특집과 정해진 절기와 국경일 및 기념일에 맞추어 준비되는 특집을 필요에 따라 편성하는데, 이러한 특집들의 임시편성을 특집편성이라 한다.

즉, 국경일 및 각종 기념일에 맞추어 준비되는 특집을 '계기별

---

5) 김규, "방송편성개관," 한국방송학회, 《방송편성론》, 나남, 1993, p. 25.

〈그림 1-1〉 개편업무처리절차도

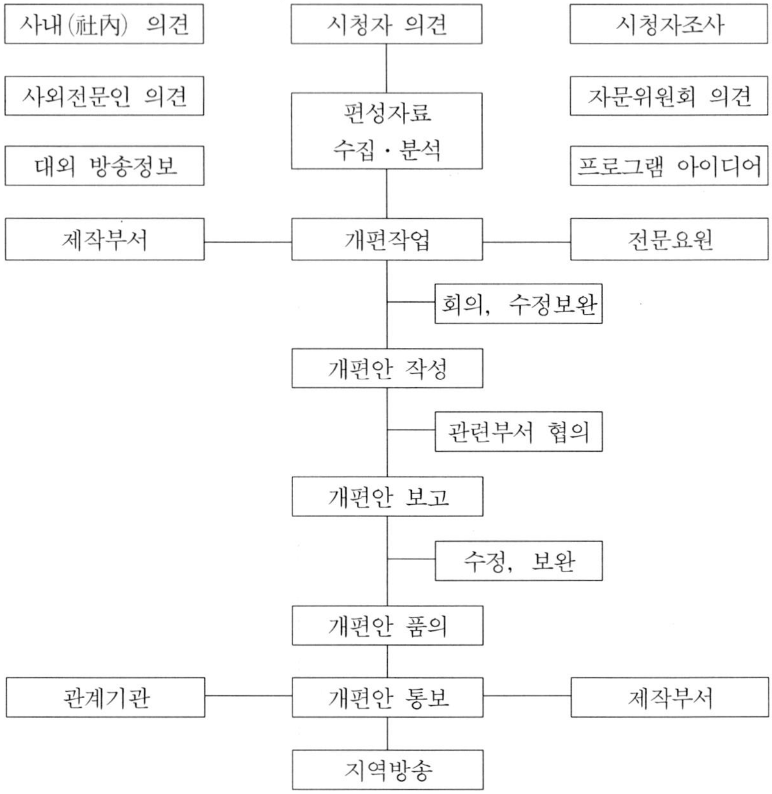

특집'이라 하고, 당시 상황과 시의에 맞추어 필요성에 따라 제작되는 특집을 '임시특집'이라 한다. 기본방송순서는 특집편성에 따라 변경된다.

① **계기별 특집**

- 연말, 연시 : 성탄특집, 송년특집, 신년특집 등
- 국경일 : 3 · 1절, 현충일, 제헌절, 광복절, 개천절, 한글날 특집 등
- 각종 기념일 및 민속의 날 : 설날, 창사기념, 근로자의 날, 식목일, 어린이날, 어버이날, 스승의 날, 석가탄일, 추석, 방송의 날, 국군의 날 특집 등
- 기타 계기 특집 : 전국체전, 전국민속경연대회, 동계체육대회 등

② **임시특집**

임시특집은 상황과 시의성에 맞추어 특별기획, 특별대담, 특별생방송 등으로 구분할 수 있다.

- 특별기획 : 〈신경제 100일 전과 후〉, 〈시사다큐멘터리 6부작 일본, 일본인〉 등
- 특별대담 : 〈특별초대석 아태 경제협력의 길〉, 〈특별대담 이광요, 싱가포르 전수상과 함께〉 등
- 특별생방송 : 〈○○○대통령 방미 귀국연설〉, 〈대통령 특별담화 발표〉, 〈대통령 연두 기자회견〉 등
- 스포츠중계 : 각종 스포츠중계

(4) 주간편성

기본방송순서에 의한 정규편성을 기본바탕으로 앞서 밝히고 그 주간에 해당하는 계기별 특집과 임시특집 프로그램 비중도와 대상시청자층을 고려해서 해당 주간단위의 주간편성을 작성한다.

기본 프로그램의 제작상황, 부제(副題), 주중 및 주말스포츠, 각종 이벤트와 그 주간에 방송된 주요 프로그램 중에서 주말 재방송의 필요성이 인정되는 프로그램을 선정하여 재방송 편성도 고려하여 주간단위 편성을 한다.

주간편성 작성에는 다음 몇 가지 사항을 고려해야 한다.

- 타채널(상대사채널) 주간편성과 비교해서 채널별 중복편성을 피해야 하고 방송흐름의 유연성을 고려한다.
- 스포츠 중계 편성일 경우, 적정시간을 책정하되 경기시간이 연장 또는 단축될 것을 고려하여 대비 프로그램을 준비한다.
- 재방 프로그램일 경우, 심의 지적 유무 등의 부적절 여부를 확인한다.
- 이동편성이 불가피할 경우는 가급적 기본편성 시간대에 가깝게 편성한다.
- 광고 프로그램 편성과 재방편성 경우 광고수입을 고려한다.

KBS 1TV 주간방송순서

級	時	08월21일(月)	08월22일(火)	08월23일(水)	08월24일(木)	08월25일(金)
C	6	00 [L][자] KBS 뉴스광장				
B	7	45 [자] TV유치원 하나, 둘, 셋				
	8	05 [H][자][15세] TV소설 강이 되어 만나리 [133회]	[134회]	[135회]	[136회]	[137회]
A		30 [H][자] 아침마당				30 [L][H][자] 아침마당
	9	30 [L] KBS 뉴스				
	10	00 [H][자] 무엇이든 물어보세요			00 [자] 중계방송 용산기지 공원화 선포식 35 [자] 용산기지 124년만의 귀환 / 00 [H][자] 무엇이든 물어보세요	00 [자] 국회 인사청문회 김성호 법무장관 후보자 / 00 [H][자] 무엇이든 물어보세요
B		50 TV동화 행복한 세상			50 TV동화 행복한 세상	50 TV동화 행복한 세상
	11	55 [자] 주부, 세상을 말하자			10 TV동화 행복한 세상 15 [자] 주부, 세상을 말하자 / 55 [자] 주부, 세상을 말하자	55 [자] 주부, 세상을 말하자
		55 바른말 고운말			55 바른말 고운말	55 바른말 고운말
	12	00 KBS 뉴스12				
	1	00 [자] 생방송 세상의 중심				
		55 새천년 건강체조				55 KBS 뉴스
	2	00 KBS 뉴스 10 여름방학 특집 8월의 크리스마스 (1)웩!맛없어 음!맛있다	10 여름방학 특집 8월의 크리스마스 (2)먹는것이 곧 내가된다?	10 여름방학 특집 8월의 크리스마스 (3)음식이 상했을때	10 여름방학 특집 8월의 크리스마스 (4)환경, 미래 그리고 식량	05 [자] 국회 인사청문회 김성호 법무장관 후보자 / 05 KBS 중계석
C	3	00 KBS 중계석 아시아경제의 변영과 협력의 길 (1)중국의 투자기회를 중심으로	00 KBS 중계석 아시아경제의 번영과 협력의 길 (2)글로벌시대의 신경영	00 KBS 중계석 제1회 광주 국제공연예술제(1)	00 KBS 중계석 제1회 광주 국제공연예술제(2)	
		55 KBS 뉴스				00 KBS 뉴스
	4	00 [재][H] 여름방학 특선 앙코르 KBS 특별기획 마음 (3)무의식에 새겨진 마음을 깨우다 [5.1채널]	00 [재][H] 여름방학 특선 앙코르 KBS 특별기획 마음 (4)기억을 버려라 [5.1채널]	00 [재][H] 여름방학 특선 앙코르 KBS 특별기획 마음 (5)편안한마음이 좋습니다 [5.1채널]	00 [재][H] 여름방학 특선 앙코르 KBS 특별기획 마음 (6)당신을 용서합니다 [5.1채널]	05 [재][다][해][12세] 대추나무 사랑걸렸네
	5	00 KBS 뉴스5				
		15 [자] 어린이 뉴스탐험	15 [자] 성장다큐 꿈	15 [자] 쑥쑥 어린이 경제나라	15 [자] 신나라 과학나라 200회 특집(1)	15 [L] 누가누가 잘하나
		40 동글동글짝짝				
B		45 [L] 세상은 넓다				55 동글동글짝짝
	6	00 [자] 6시 내고향				
		55 시청자칼럼 우리사는세상				
A	7	00 [L][자] KBS 뉴스네트워크				
		30 우리말 겨루기	30 [L][자] 신 TV는 사랑을 싣고	30 [H][자] 대추나무 사랑걸렸네 [793회]	30 [L][자] 피플! 세상속으로	30 [L][자] 청춘 신고합니다 육군 제7군단
	8	25 [자][15세] 일일연속극 열아홉 순정 [64회]	[65회]	[66회]	[67회]	[68회]
SA	9	00 [L][H][자] KBS 뉴스9				
	10	00 [H] 가요무대	00 [자] 생로병사의 비밀	00 [H][자] 환경스페셜 특집 지구환경대탐사 (4)염혼의 땅, 사하라의 경고	00 [L][자] 문화지대 사랑하고 즐겨라	00 [H][자] HD 역사스페셜 흥선대원군, 그를 왜 개혁가라 하는가
		KBS 뉴스라인				
A	11	30 경제포커스			30 [L] 경제포커스	30 [H][자] 생방송 심야토론
B	12	40 [자] TV 책을 말하다	40 [L][자] 세계 걸작 다큐멘터리 보물의 대발견80 (9)동토의 수도원	40 [자] 수요기획 2부작 발칸, 끝나지않은 전쟁 (1)광기의 기록, 보스니아	40 [L] 낭독의 발견 00 [자] 특파원 현장보고 세계를 가다	
		30 [L] 객석과 공간	30 [L] 클래식 오디세이	30 비바 K리그	40 과학의 향기	10 [다][해][15세] KBS독립영화관 창너머 별(감독: M.J.원) Valerian (감독:제이미 폴 판트윌)
C	1	30	30	30	20	
	2					10

級	時	08월26일(土)	08월27일(日)	時	級
C	6	00 [L][자] KBS 뉴스광장	00 KBS 뉴스 10 언제나 청춘	6	C
	7		00 [H] 영상포엠 내마음의 여행 30 남북의 창	7	
B		40 애플 캔디걸	00 KBS 뉴스		B
	8	05 [H][자][15세] TV소설 강이 되어 만나리 [138회]	10 [L][자] 일요진단	8	
A		30 [L][H][자] 아침마당			
	9	30 [L] KBS 뉴스	00 [자] 체험, 삶의현장	9	
	10	00 [H][자] 걸어서 세계속으로 오스트리아 잘츠부르크	55 [H] 퀴즈! 대한민국	10	
		55 TV동화 행복한세상	55 TV동화 행복한 세상		
	11	00 TV비평 시청자 데스크	00 [H][자] TV쇼 진품명품	11	
B	12	00 KBS 뉴스 10 국악 한마당	00 KBS 뉴스 10 전국노래자랑 전남 장흥군	12	
	1	00 열린채널 25 당첨! 행운의 영수증 55 동글동글짝짝	10 카네이션 기행 40 [재][15세]	1	A
	2	00 [재][15세] 일일 연속극 열아홉 순정 [64회 – 65회]	일일 연속극 열아홉 순정 [66회 – 68회]	2	
	3	10 [재] 피플! 세상속으로	20 [재] 수요기획	3	
	4	10 [재][H][15세] 대하 드라마 서울 1945 [65회]	[66회]	4	
	5	00 [L] KBS뉴스 10 [자] 러브 인 아시아	00 [L] KBS 뉴스 10 동물의 왕국	5	
A	6	00 [자] 가족오락관	00 [H] 열린음악회	6	
	7	00 KBS 뉴스 10 [자] 사랑의 리퀘스트	00 KBS 뉴스 10 도전, 골든벨 서울 청량고	7	
	8	00 [H][자] KBS 스페셜 8.15기획 팩션드라마 가네코 후미코 1부	00 [H][자] KBS 스페셜 8.15기획 팩션드라마 가네코 후미코 2부	8	
	9	00 [L][H][자] KBS 뉴스9		9	SA
		30 [H][자][15세] 대하 드라마 서울 1945 [66회]	[67회]		
	10	20 [자] 미디어 포커스	20 [자] 취재파일4321	10	
A	11	오래된 TV 에로영화 전성시대 20 [L][H][자] 파워 인터뷰 유시민(보건복지부장관)	신화창조	11	A
B	12	10 [H] 콘서트 7080	00 [H] 일요다큐 산 30 [다][자][15세]	12	B
C	1	10 KBS바둑왕전	영화극장 기사 윌리엄 (A Knight's Tale) 감독:브라이언 헬겔런드 주연:히스 레저 폴 베타니	1	C
	2	40	40	2	

KBS 2TV 주간방송순서

級	時	08월21일(月)	08월22일(火)	08월23일(水)	08월24일(木)	08월25일(金)
C	6	00 생방송 세상의 아침 1부				
B	7	00 생방송 세상의 아침 2부				
A	8	00 [L] KBS 8 아침 뉴스타임				
A	9	00 [자][15세] 아침드라마 그 여자의 선택 [95회]	[96회]	[97회]	[98회]	[99회]
	9	30 [H] 이홍렬, 홍은희의 여유만만				
B	10	40 지구촌 뉴스				
	11	00 [재][다][H][해] [15세] 수목드라마 투명인간 최장수 [13회]	[14회]	00 [재][다][해][12세] 화제의 드라마 불멸의 이순신 [20회]	[21회]	00 [재][다][H][해] [15세] 앙코르 드라마 시티 기억이 잠든 사이 극본:박형진 연출:전창근
	12	10 감성매거진 행복한 오후		00 감성매거진 행복한 오후		10 감성매거진 행복한 오후
	1	30 [재][자] 인간극장 스페셜 당신밖에 없어유				
C	2	00 KBS 네트워크 -춘천	00 KBS 네트워크 -청주	00 KBS 네트워크 -부산	00 KBS 네트워크 -대전	00 KBS 네트워크 특집 다큐멘터리 화해
	3	50 [재][자] 2TV 스페셜 스타 골든벨	50 [재][자] 2TV 스페셜 박수홍 박경림의 좋은사람 소개시켜줘	50 [재][자] 2TV 스페셜 스펀지	50 KBS스포츠 2006 전국실업양궁선수권 -보은	
	4	00 사랑의 가족				00 내 사랑 미운오리새끼 [3회]
	4	30 [재] TV유치원 하나, 둘, 셋				
	4	55 TV동화 행복한 세상				
	5	00 동물의 세계	00 동물의 세계		00 동물의 세계	
	5	30 원피스 [181회]	30 토리 GO! GO! [5회]	30 찾아라! 파워스톤 [2회]	30 아이언 키드 [21회]	30 요랑아 요랑아 [18회]
B	6	00 KBS 2TV 뉴스				
	6	10 [자][7세] 어린이 드라마 화랑전사 마루 [65회]	[66회]	[67회]	[68회]	[69회]
	6	40 [H] 웰빙 건강테크				
A	7	10 무한지대 큐!				10 [자] 놀라운 아시아
	8	00 [자] KBS 8 뉴스타임				
	8	45 투데이 스포츠				
	8	55 [자] 인간극장 미워할 수 없는 그녀				
SA	9	25 [자] 일일시트콤 웃는 얼굴로 돌아보라 [36회]	[37회]	[38회]	[39회]	[40회]
	10	55 [H][자][15세] 월화미니시리즈 포도밭 그 사나이 [9회]	[10회]	55 [H][자][15세] 수목드라마 투명인간 최장수 [15회]	[16회]	55 [자] VJ특공대
A	11	05 [자] 그랑프리쇼 여러분	05 [자] 상상 +	05 [자] 추적 60분	05 [자] 해피 투게더	05 [다][자][해] 부부클리닉 사랑과 전쟁 여고동창 시집살이 [349회]
B	12	05 생방송 시사 투나잇	25 생방송 시사 투나잇	00 생방송 시사 투나잇	25 생방송 시사 투나잇	15 윤도현의 러브레터
		35 스포츠 스포츠	55 스포츠 스포츠	30 스포츠 스포츠	55 스포츠 스포츠	
		45 김동건의 한국 한국인	05	35 [H] 개그사냥	05	
C	1	15		25		45

級	時	08월26일(土)	08월27일(日)	時	級
C	6	00 생방송 세상의 아침 1부	00 [재][H] 걸어서 세계속으로 불가리아 소피아	6	C
B	7	00 생방송 세상의 아침 2부	00 KBS 일요 뉴스타임	7	B
A	8	00 노벨의 식탁	00 싱싱 일요일	8	
	9	00 [자][15세] 아침드라마 그 여자의 선택 [100회]	55 [H][자][12세] 성장드라마 반올림# 3 [26회]	9	
		30 [H] 도전, 주부가요스타	45 가치대발견 보물찾기		
	10	20 무한지대 큐 스페셜	45 박수홍 박경림의 좋은사람 소개시켜줘	10	
	11	20 토요 영화 탐험	50 주주클럽	11	
	12	10 VJ클럽		12	
B		50 [H][15세] 외화시리즈 로스트 시즌 2 데이브 [19회]	50 뮤직뱅크		A
	1	40 [재] 해피 투게더	50 [재] VJ특공대	1	
	2	45 [재][다][H][해] [15세] 월화미니시리즈 포도밭 그 사나이 [9회]	45 [재][15세] 주말연속극 소문난 칠공주 [42회]	2	
	3	45 [재][다][H][해] [15세] 월화미니시리즈 포도밭 그 사나이 [10회]	45 [재][15세] 주말연속극 소문난 칠공주 [43회]	3	
	4	45 쇼 파워 비디오	45 [자] 좋은나라 운동본부	4	
A	5	35 [자] 스타 골든벨	45 [자] 해피 선데이	5	
	6	45 [자] 스펀지		6	
	7	55 [자][15세] 주말연속극 소문난 칠공주 [43회]	[44회]	7	
SA	8	55 [자] 연예가 중계	55 [자] 개그 콘서트	8	SA
	9			9	
	10	05 [자] 위기탈출 넘버원	05 [H][자] 여름방학특집 비타민 2탄	10	
A	11	15 [H][자][15세] 드라마 시티 건달, 언어순화 대작전 극본:최진아 연출:문영진	35 [H][15세] 특별기획 드라마 커맨더 인 치프 분쟁의 불씨 [5회]	11	A
B	12	25 [자][15세] 토요명화 8명의 여인들 감독: 프랑수아 오종 주연: 카트린느 드뇌브 이자벨 위페르	20 [H][15세] 특별기획 드라마 커맨더 인 치프 위기의 플로리다 [6회]	12	B
C	1		05 알요 스포츠 중계석	1	C

MBC TV 주간방송순서

MBC TV HD HDTV, C 한글자막방송, 5.1 5.1채널, DVS 화면해설방송, 수화, (음영) 전국릴레이, ······ 부분로컬뉴스, 2006년 8월22일 현재

級	時	分	8/21(월)	8/22(화)	8/23(수)	8/24(목)	8/25(금)	分
C	6	30	MBC 뉴스투데이 (1부)					
B	7	50	MBC 뉴스투데이 (2부)					
B	8	30	HD MBC 아침드라마 '있을 때 잘해!!' (26 30) ⑮					
A	8		MBC 모닝쇼 '생방송 오늘 아침'					45
A	9	30 45	MBC 뉴스					
B	10		MBC 모닝쇼 '이재용 임예진의 기분 좋은 날' HD (수요일) 55			용산기지 공위화 선포식 / TV특종 놀라운 세상(재)	MBC 모닝쇼 '이재용 임예진의 35 기분 좋은 날' <LIVE>	50
B	11		HD DVS 장애인을 위한 화면해설방송 (4) '궁' (5)		HD DVS 장애인을 위한 화면해설방송 (23) '진짜 진짜 좋아해' (24)		HD MBC 가요 큰잔치	45
C	12	40	MBC 뉴스현장					
C	1	40	MBC 플러스 앙코르 현장기록 형사	MBC 플러스 맛있는TV 스페셜	MBC 플러스 !느낌표 스페셜	DVS MBC 플러스 앙코르 신비한TV 서프라이즈	DVS ⑮ 앙코르 베스트극장 '복남이 온다'	20 35 30 50
C	2	40	HD 똑똑똑! 오후 2시			HD 앙코르 개그夜	앙코르 실화극장 황금어장	20
C	3	10	2006 연중기획 '여성의 힘 희망 한국'	농인전망대	희망채널 50 더불어 좋은세상	MBC스포츠 제1회 문화관광부장관배 전국 에어로빅 체육대회	MBC스포츠 2006 MBC배 수영대회	50 55
C	3		[illegible]	HD 특선MBC다큐멘터리 조선의 황실 아카사카에서 경복궁까지(전주M)	문화사색			55
C	4	05	수화 MBC 뉴스					
C	4	30	뽀뽀뽀				로그인 싱싱뉴스	
C	4		이야기 여행	기 파이터 태랑	스파이즈	HD 포포의 이야기 나라		40 00
B	5	20	수화 ······ MBC 뉴스 ······					
B	5	35	요리보고 세계보고		25 요리보고 세계보고		[illegible] 나뭉이	
B	6	30	생방송 화제집중 20					
B	6	50	....MBC 뉴스....	20 ....MBC 뉴스....	40 ······ MBC 뉴스 ······			
A	7	20	HD 청춘시트콤 '레인보우 로망스' (200 204) 10					
A	7		HD 반달리자	TV특종 놀라운 세상 300회 특집	현장기록 형사	가족愛 발견	꼭 한번 만나고 싶다	
SA	8	20 55	HD 일일연속극 '얼마나 좋길래' (36 40) ⑫					
SA	9		MBC 뉴스데스크					
SA	9	50 55	MBC 스포츠뉴스					
SA	10		HD 창사45주년 특별기획 ⑮ (26) '주몽' (27)		HD 수목미니시리즈 ⑮ (9) '오버 더 레인보우' (10)		HD 유재석 김원희의 '놀러와'	
A	11	05	HD 개그夜 00	PD수첩 '반환 미군기지, 축복인가 재앙인가?'	생방송 섹션TV 연예통신	뉴스 후 50	실화극장 황금어장	
B	12	05 35	30	MBC 뉴스24 05 / 스포츠 하이라이트	스포츠 하이라이트 / 경제매거진 M	MBC 뉴스24 / HD 35 MBC 100분토론 20	55 05 W / MBC 뉴스24	
C	12	25	HD 외화시리즈 '스몰빌'	HD 40 김동남의 포유	1:45		DVS MBC ⑲ 금요영화천국 '스필' 감독 : 제라드 피레 주연 : 스티븐 도프 스티븐 맥카시	30

級	時	分	8/26(토)	8/27(일)	分	時	級
C	6	30	MBC뉴스투데이(1부)	MBC 뉴스 / 늘 푸른 인생	10	6	C
B	7	35	MBC뉴스투데이(2부)	MBC 뉴스	10	7	C
B	8	10 50	지구촌 리포트	고향은 지금	05 55	8	B
A	8		공감 특별한 세상	공감 특별한 세상			
A	9	30 45	TV 완전정복 / MBC 뉴스	해피타임!	55	9	
B	10	55	DVS 명작드라마 '대장금' (32)	일요 스타워즈 전화 받으세요	50	10	
B	11		찾아라! 맛있는 TV	신비한 TV 서프라이즈		11	
B	12	10	MBC 뉴스		10	12	
B	1	10	TV속의 TV	출발! 비디오여행	10	1	
B	2	15	(3) HD 주말연속극 '누나' (재)	TV특종 놀라운 세상 스페셜	10	2	A
B	3	20	(4)	(26) H 창사4년 20 특별기 '주 (27)		3	
B	3		HD 쇼! 음악중심				
B	4	20 30	MBC 뉴스	MBC 뉴스	30 40	4	
A	5	40	행복 주식회사	앙코르 공감 특별한 세상	30	5	
A	6	35	강력추천 토요일	일요일 일요일 밤에		6	
SA	7	50	무한도전		50	7	
SA	8	55	HD 주말연속극 ⑮ (5) '누나' (6)		55	8	
SA	9	30 40	MBC 뉴스데스크 / MBC 스포츠뉴스		30 40	9	SA
SA	10	40	HD MBC 주말특별기획 ⑮ (9) '발칙한 여자들' (10)		40	10	
A	11	45	!느낌표	시사매거진 2580	30	11	A
B	12	55	MBC 베스트극장 '저 별은 나의 별' (가제)	MBC스페셜 '내 아이를 위한 사랑의 기술' 1부 / HD CSI 과학수사대	25	12	B
C			HD MBC ⑫ 주말의 명화 '히달고' 감독 : 조 존스톤 주연 : 비고 모텐슨 줄라이카 로빈슨 3:25	스포츠 매거진	15	1	C
C				HD 외화시리즈 '스몰빌'	05 55	2	C

SBS TV 주간방송순서

SBS TV CH 6 — 건강한 방송 건강한 사회

시	월(8/21)	화(8/22)	수(8/23)	목(8/24)	금(8/25)	토(8/26)	일(8/27)
6	00 (0255 부터) PGA챔피언십 (4R) (비션챔프계)	00 생방송 모닝와이드 (1부) / 30 생방송 모닝와이드 (2부) C			30 생방송 모닝와이드(2부) C	00 토요특집 생방송 모닝와이드(1부) / 30 토요특집 생방송 모닝와이드(2부) C	00 SBS 뉴스 / 10 특선 건강스페셜 HD / 50 특선 SBS다큐멘터리 태평양대탐험 (2부)
7	50 생방송 모닝와이드 (3부) C	30 생방송 모닝와이드 (3부)			20 생방송 모닝와이드(3부)	30 토요특집 생방송 모닝와이드(3부)	40 한수진의 선데이 클럽 HD
8	30 아침 연속극 맨발의 사랑 HD C ⑮ (19회)	(20회)	(21회)	(22회)	20 아침연속극 맨발의 사랑 (23회) HD C ⑮ / 50 김승현 정은아의 좋은 아침 HD C	30 아침연속극 맨발의 사랑 (24회) HD C ⑮	30 도전! 1000곡 HD
9	00 웰빙! 맛 사냥 HD C / 30 김승현 정은아의 좋은 아침 C			00 김승현 정은아의 좋은 아침 HD C		00 잘먹고 잘사는 법 (1부) C	40 TV 동물농장 C
10	40 뉴스와 생활경제 C			30 [illegible] / 35 뉴스와 생활경제 C	00 특집 뉴스와 생활경제 C	00 잘먹고 잘사는 법 (2부)	50 결정! 맛 대 맛 HD
11	55 [illegible]					00 TV 종합병원 토요스페셜 HD	
12	00 드라마 특선 돌아와요 순애씨 (11회) HD DV ⑮	(12회) 재	00 드라마 특선 내 사랑 못난이 (3회) HD DV ⑮	(4회) 재	00 드라마 특선 천국보다 낯선 (7회) HD DV ⑮ 재	00 SBS 뉴스 / 10 열린 TV 시청자세상 C	00 SBS 뉴스 C / 10 TV 박스오피스
13	00 김미화의 U HD C				00 드라마 특선 천국보다 낯선 (8회) HD DV ⑮ 재 수	10 재미있는 TV천국 / 50 SBS 대하사극 연개소문 (13회) HD DV ⑮ 재	10 솔로몬의 선택 베스트 / 50 특별기획 사랑과 야망 (57회) HD ⑮ 재
14	00 SBS 뉴스 / 10 건강 스페셜 HD C	10 우리가 바꾸는 세상 C	SBS 스포츠 통일대기 여자축구 결승전	10 네트워크 현장! 고향이 보인다 C	10 국회 인사청문회 (법무부 장관)	50 SBS 대하사극 연개소문 (14회) HD DV ⑮ 재	45 특별기획 사랑과 야망 (58회) HD ⑮ 재
15	00 세상에서 가장 아름다운 여행 플러스 수 / 브라보! 웰빙 라이프			00 세상에서 가장 아름다운 여행 플러스 수 / 브라보! 웰빙 라이프	방학특집 김대진의 음악교실 (3회) 해피버스데이, 쇼스타코비치		
16	00 SBS 여름방학 스페셜 똑똑한 12가지 밥상 C / 25 짱구는 못말려 C		00 못 말리는 폭소비디오 C / 25 듀얼마스터즈 C		10 금요컬처클럽	신동엽의 있다! 없다? 재 C / 30 SBS 뉴스 / 40 진실게임 베스트 HD	SBS 인기가요 / 40 SBS 뉴스 C / 50 순간포착 스페셜
17	50 아이 삼국유사 C / 50 빛의 전사 프리큐어 C / 30 생방송 투데이 (1부) -- 수도권 뉴스 현장-- C	00 두근두근 비밀친구 C	00 TV 영어 마을 C		00 접지전사 C / 30 물은 생명이다 C	40 실제상황! 토요일 C	40 일요일이 좋다 C
18	00 생방송 투데이 (2부) C				00 생방송 투데이 금요특집 C		
19	00 날씨와 생활건강 C / 05 생활의 달인 C	05 수명연장 프로젝트 TV 종합병원 C	05 체인지업! 가계부 C	05 특집 슈퍼 아이 C	05 신동엽의 있다! 없다? C		
20	00 S B S 8 뉴 스 ---수도권 뉴스--- C					00 S B S 8 뉴 스 C / 35 오늘의 스포츠 / 45 SBS 대하사극 연개소문 (15회) HD C ⑮	(16회)
21	45 오늘의 스포츠 / 55 솔로몬의 선택 C	55 진실게임 HD C	55 생방송 TV연예 C	55 순간포착 세상에 이런 일이 C	55 금요드라마 내 사랑 못난이 (5회) HD C ⑮		
22	55 월화드라마 천국보다 낯선 (7회) HD C ⑮	(8회)	55 드라마 스페셜 돌아와요 순애씨 (13회) HD C ⑮	(14회)	55 금요드라마 내 사랑 못난이 (6회) HD C ⑮	55 특별 기획 사랑과 야망 (56회) HD C ⑮	(59회)
23	05 야심만만 만명에게 물었습니다 C	05 긴급출동! SOS 24 C	05 뉴스추적 C	05 웃음을 찾는 사람들 HD C	55 생방송 세븐데이즈 C / 55 SBS 토크 시시비비 HD	05 그것이 알고 싶다 C	05 SBS 스페셜 소리가 약이 된다 HD C
0	15 나이트 라인 / 30 SBS스포츠 뉴스 / 35 SBS 골프	35 문화가 중계 가곡의 향연 HD	05 나이트 라인 / 20 SBS 스포츠뉴스 / 25 스포츠 중계석	15 나이트라인 / 30 SBS 스포츠 뉴스 / 35 뮤직웨이브 HD		05 영화특급 디 아이 2 (홍콩) HD C ⑲	05 세상에서 가장 아름다운 여행
1	(01:25)	(01:25)	(01:30)	(01:25)	15 나이트 라인 / 20 SBS스포츠뉴스 / 25 게임쇼! 즐거운세상	50 스포츠 빅 이벤트	05 시네클럽 쉬핑뉴스 (미국) ⑲
2					(02:25)	(02:40)	(03:00)

재:재방송 HD:HD 5.1:5.1 C:자막 DV:화면해설 수:수화방송 ⑲:19세이상 ⑮:15세이상 ⑫:12세이상 ⑦:7세이상

KBS-HD 주간방송순서

<table>
<tr><th>시간</th><th>08.18
(금요일)</th><th>08.19
(토요일)</th><th>08.20
(일요일)</th><th>08.21
(월요일)</th><th>08.22
(화요일)</th><th>08.23
(수요일)</th><th>08.24
(목요일)</th></tr>
<tr><td>05:35 pm</td><td></td><td></td><td rowspan="3">열린 음악회</td><td></td><td></td><td></td><td></td></tr>
<tr><td>06:00 pm</td><td>6시 내고향</td><td rowspan="2">가족오락관</td><td>6시 내고향</td><td>6시 내고향</td><td>6시 내고향</td><td>6시 내고향</td></tr>
<tr><td>06:55 pm</td><td rowspan="2">우리사는 세상</td><td rowspan="2">우리사는 세상</td><td rowspan="2">시청자 컬럼
우리사는 세상</td><td rowspan="2">시청자 칼럼
우리사는 세상</td><td rowspan="2">우리사는 세상</td></tr>
<tr><td>07:10 pm</td><td rowspan="2">사랑의 리퀘스트</td><td rowspan="2">도전 골든벨</td></tr>
<tr><td>07:30 pm</td><td rowspan="2">청춘 신고합니다</td><td rowspan="2">우리말 겨루기</td><td rowspan="2">신 TV는 사랑을 싣고</td><td rowspan="2">대추나무 사랑걸렸네
[793회]</td><td rowspan="2">피플! 세상속으로</td></tr>
<tr><td>08:00 pm</td><td rowspan="2">KBS 스페셜</td><td rowspan="2">KBS 스페셜</td></tr>
<tr><td>08:25 pm</td><td>열아홉 순정
[63회]</td><td>열아홉 순정
[64회]</td><td>열아홉 순정
[65회]</td><td>열아홉 순정
[66회]</td><td>열아홉 순정
[67회]</td></tr>
<tr><td>09:00 pm</td><td rowspan="2">KBS 뉴스9</td><td>KBS 뉴스9</td><td>KBS 뉴스9</td><td rowspan="2">KBS 뉴스9</td><td rowspan="10">KBS 뉴스9</td><td rowspan="2">KBS 뉴스9</td><td rowspan="2">KBS 뉴스9</td></tr>
<tr><td>09:30 pm</td><td rowspan="2">서울 1945
[64회]</td><td rowspan="2">서울 1945
[65회]</td></tr>
<tr><td>10:00 pm</td><td rowspan="4">HD 역사스페셜
[조선 최대의 의문사 정조는 독살됐나]</td><td rowspan="5">가요무대</td><td rowspan="5">환경스페셜 특집 지구환경대탐사
[(4)영혼의 땅, 사하라의 경고]</td><td rowspan="5">문화지대</td></tr>
<tr><td>10:20 pm</td><td>미디어 포커스</td><td>취재파일 4321</td></tr>
<tr><td>11:00 pm</td><td>오래된 TV</td><td rowspan="4">신화창조</td></tr>
<tr><td>11:20 pm</td><td rowspan="4">파워 인터뷰</td></tr>
<tr><td>11:30 pm</td><td rowspan="4">생방송 심야토론</td></tr>
<tr><td>11:40 pm</td><td rowspan="3">TV 책을 말하다</td><td rowspan="3">수요기획 2부작 발칸, 끝나지 않은 전쟁
[(1) 광기의 기록, 보스니아]</td><td>낭독의 발견</td></tr>
<tr><td>12:00 +am</td><td rowspan="2">일요다큐 山
[몽골 하르히라]</td><td rowspan="2">특파원 현장보고 세계를 가다</td></tr>
<tr><td>12:10 +am</td><td>콘서트 7080</td></tr>
</table>

(5) 편성연락 (동보연락)

주간편성 확정후 긴급한 시의성이나 중대한 사건발생 등으로 특집편성이 불가피할 경우 스포츠중계 임시편성, 제목변경, 이동편성, 시간변경, 편성취소 등 편성의 변경사항이 발생할 경우 변경사항을 결재받은 후 복사, 현업 각 부서에 신속히 배부 또는 PC 통신으로 방송제작과 운행에 차질이 없도록 해야 한다.

긴급을 요하는 변경사항일 경우는 유선연락을 우선한다. 편성연락(동보연락)은 사후에 소정의 절차를 거쳐 행하며, 유선연락일 경우 송·수화자를 필히 확인하여 차후의 책임소재를 분명히 해둔다.

편성연락(동보연락)의 효력은 공문시행과 동일하므로 치밀하고 신중을 기해 작성, 연락하여야 하며 정정사유가 발생했을 때도 즉시 정정내용에 담긴 편성연락(동보연락)을 재발행해야 한다.

(6) 방송시간연장 승인

기본편성표에 명시된 정규편성시간 외의 낮방송 또는 자정 이후 시간에 연장방송할 필요성이 있을 경우에는 관련기관의 승인을 얻어 실시한다.

3. TV 방송운행

1) TV 방송운행의 종류

TV 방송운행이라 함은 '방송기본편성표'에 의해 작성된 '일일편성운행표'에 따라 프로그램과 SB(Station Break) 및 CM(Commercial Message)를 단위로 정시운행을 원칙으로 방송을 실시하는 것을 말한다. 운행의 종류에는 다음과 같은 것들이 있다.

① 방송운행

프로그램, SB 및 CM을 단위로 한 하루방송 전체운행을 말한다.

② 프로그램 운행

특정 프로그램의 시작에서 종료까지 한 단위 프로그램내에서의 모든 운행을 말하며 사전녹화로 제작이 완료된 프로그램이 아닌 생방송의 경우가 이에 해당된다고 하겠다.

③ **SB 및 CM 운행**

각 SB 내에서의 각종 스파트(*spot*), 사고(社告), 프로그램 예고, 사업행사 고지, 계도 공익성 고지, 홍보성 고지, 외부수탁 고지와 CM 및 그 이외의 운행을 말한다.

2) 운행의 책임

TV 방송운행의 주무부서는 TV 편성부서에 방송운행 책임자와 방송운행감독자(MD : Master Director)가 있어 TV 송출부서의 기술책임(MTD : Master Technical Director)과 협조하여 방송한다.

MD는 방송운행 책임자 지휘, 감독 아래 방송운행을 직접 지휘하여, 긴급을 요하는 경우에는 방송운행 책임자의 업무를 적절히 대행하며 방송송출 현업요원은 MD의 운행 업무에 적극 협조한다.

3) TV 방송의 개시 및 종료

(1) 화면조정(TPH : Test Pattern Hour)

당일방송을 시작하기 전에 영상과 음향조정 및 시청자의 화면조정 위한 '영상신호'(*color bar*)를 적정시간(약 15분간) 송출한다.

화면조정시간에는 MD가 선곡한 음악과 당일 방송프로그램의 하이라이트 및 전체 방송순서 안내를 Ann Ment로 처리한다.

(2) 방송개시(Sign On)

'화면조정' 시간이 끝난 후 본 프로그램의 방송에 앞서 MD는 다음 사항을 방송, 고지한다.

① 애국가

② 편성책임 ○○○

광고책임 ○○○

③ 심의규정 준수 자막

… 본 방송은 방송심의 위원회의 심의규정을 준수합니다.

(3) 방송종료 (Sign Off)

방송이 끝나면 다음 사항을 고지하고 모두 끝낸다.

① 내일의 방송순서 안내
(아침방송 종료시는 당일 저녁 방송순서 안내)
② 편성 및 광고 책임
③ 심의규정 준수 자막
④ 애국가

4) TV 방송운행 실무

(1) MD의 역할

MD(Master Director)는 당일 방송운행의 지휘감독자로서 방송개시로부터 종료까지의 운행을 책임지는 프로듀서를 말한다. MD는 일일방송순서 및 주간 방송순서를 숙지하여 전체방송의 흐름을 정확하고 유연하게 진행시키며 당일 및 다음날의 변동사항을 수시로 확인하여 착오없는 원활한 방송운행을 위해 노력해야 하며 방송운행의 책임을 져야 한다.

① **MD**의 임무

각 프로그램, 예고, 캠페인 등 스파트, ID, CM, 각종 자막방송 스크롤(*scroll*), 유사시 대체방송물(*filler*), 미도착 인계가 안된 프로그램 테이프는 없는지, 미도착 테이프는 어느 부조에서 녹화 또는 편집중인지 확인해야 하며, 화면조정시간(TPH : Test Pattern Hour)이나 방송사고나 비상사태에 대비한 음악을 선곡, 준비한다. MD의 임무는 다음과 같다.

- 방송프로그램의 안전한 운행과 송출(프로그램, 광고, ID, 각종, SB 처리 등)
- 재해, 경보방송, 뉴스속보 등의 신속한 조치
- 각종 방송사고의 예방 및 응급조치와 신속한 처리
- 각종 방송물의 정확한 확인, 점검

- 방송진행상황의 동시녹화
- 편성연락과 운행표의 점검
- 방송운행 상황에 관한 응답
- 스크롤(*scroll*), 스파트(*spot*) 외 적절한 송출
- 방송운행일지 등 정확한 운행사항 기록, 유지
- 기타 운행과 관련된 지시사항의 이행

② **MD 유의사항**

MD는 반드시 방송개시 1시간 전에 모든 방송준비를 완료하고 TV 기술국 기술스탭과 다시 한번 복수점검한다.

특히 방송운행을 예정된 편성시간에 맞추어 정시운행을 원칙으로 하고 시보(時報) 방송 등을 고려해서 면밀하게 방송운행을 진행해야 한다.

과거 수동식 시스템에서 컴퓨터자동화 시스템으로의 전환에 따라 컴퓨터 사전 운행입력에 차질이 없어야 한다.

교대근무시에는 업무의 인수인계를 철저히 하여 운행상 각종 유의사항과 무사고 운행에 최선을 다해야 한다.

③ **근무수칙 이행**

MD는 원활한 방송운행과 방송사고를 미연에 방지하기 위하여 다음의 근무수칙을 이행해야 한다.

- MD는 근무당일 교대시간 1시간 전까지 출근하여 부서장에게 신고하고, 당일 근무시의 유의사항을 지시받아 사전 철저히 준비해야 한다.
- MD는 지정된 장소(TV주조)에서 무단이석해서는 안된다.
- MD는 방송개시 전에 운행 등의 기재사항과 당일방송분(프로그램, 예고, 광고, SPOT, ID, SCROLL)을 사전 점검하여 미도착 테이프 유무 등을 즉시 보고해야 한다.
- MD는 특별한 편성연락이나 지시사항이 없는 한 일일운행표에 의거해 정확한 판단으로 주의깊고 침착하게 방송을 운행해야 한다.

- MD는 프로별 방송테이프의 이상유무를 점검하여, 모든 테이프의 번호와 방송일시, 제작시간, 부제 등을 운행표와 대조한 후 그 확인사항을 일일진행표에 정확하게 기재해야 한다.
- MD는 프로별 제작시간을 점검하여 표준제작시간 준수실태와 과·부족 상황을 기록하고, 방송시간을 조정, 운행해야 한다.
- 근무교대시에는 운행 특기사항, 테이프 인계상황 등 운행 전반에 관한 사항을 반드시 서면으로 인계인수해야 한다.
- MD는 방송운행상 긴급을 요하는 사항이 발생했을 때는 지체없이 보고, 조치해야 하며, 제반 문제점은 사전보고와 업무협의를 통하여 효율적으로 처리한다.
- MD는 반드시 방송 중 중요한 사항을 일지 또는 운행표에 기록하여 결재를 받아야 한다.
- MD는 지시사항, 인수인계사항을 충실히 이행해야 하며 비상연락사항, 지역연락사항, 기타 운행과 관련된 연락선(ANN, 뉴스부서, 테이프 관리, 스튜디오, 중계부조, 생방송부조)도 파악해야 한다.
- MD는 반드시 사고유형을 숙지하여 만일의 사고에 대비하며, 경보 방송, FILLER 처리, SPOT, SCROLL, 생방송운행 요령 등도 숙지해야 한다.
- 정시보고는 매일 아침 8시 서면으로 상황을 종합보고하고, 방송사고 등 중요한 사안이 발행했을 때는 지체없이 보고해야 한다.
- MD는 일일운행상황과 주간방송순서를 숙지하여 운행의 흐름(시간대, 녹화, 생방, 특집 등)을 파악하고, 당일 및 익일의 변동사항도 수시 확인해야 한다.
- MD는 TV 송출시스템(M/W, NET 연결, VTR, 송·중계소 등), 컴퓨터 운용 등을 파악해야 한다.

④ **생방송운행**

녹화되지 않고 당일 생방송으로 진행되는 프로그램의 운행은 당연히 담당연출가(PD)에 의해 진행이 되지만 주조정실 근무의 MD와 긴밀한 연락과 협조로 해당 프로그램의 시작과 끝시간에 운행상

차질이 발생해서는 안된다. 스포츠 생중계방송이나 뉴스도 역시 동일하다.

⑤ 방송녹화 테이프의 인계

각 프로그램 담당 PD는 제작된 녹화테이프를 방송개시 최소 하루 전에 운행을 위한 녹화테이프 보관실로 인계하여 방송운행에 차질이 발생하지 않아야 한다.

녹화테이프 케이스 앞면에는 아래와 같은 내용이 자세히 기록된 스티커를 부착한다.

- 녹화테이프번호
- 타이틀(프로그램명)과 서브타이틀(부제)
- 프로그램 회수
- 프로듀서명
- 녹화일시
- 방송일시
- 제작시간(Running Time)
- 재방송(필요시 기재)
- 녹화테이프 확인서

녹화 테이프 스티커

<table>
<tr><td colspan="3">(프로명)

(부 제)

(MEMO)</td></tr>
<tr><td colspan="3">—</td></tr>
<tr><td colspan="3">분 초</td></tr>
<tr><td>STEREO</td><td>MONO</td><td>BI-LINGUAL</td></tr>
<tr><td colspan="3">(PD)</td></tr>
<tr><td>보관(불)요</td><td colspan="2">제작국(실)</td></tr>
<tr><td>⊗</td><td colspan="2"></td></tr>
<tr><td>년도</td><td colspan="2">1999</td></tr>
<tr><td>녹화일</td><td>방송일</td><td>재방일</td></tr>
<tr><td></td><td></td><td></td></tr>
</table>

KBS TV1

(2) 녹화수록순서

녹화테이프의 수록순서는 '컬러바', '테이프사인' 그리고 '방송내용물'의 순으로 녹화한다.

- 컬러바(*color bar*)는 모든 프로그램의 녹화테이프에는 음향신호(*tone*)가 들어 있는 영상신호인 컬러바를 1~2분 동안 녹화테이프의 방송내용물 앞에 수록한다.
- 테이프사인(*tape sign*)은 컬러바에 뒤이어 다음 사항을 기재한 내용을 10~20초간 수록한다.

· 제작프로그램명	· 부제
· 방송횟수	· 녹화 및 방송일자
· 담당PD	· 녹화(편집)부조 또는 중계차

Video Tape 기록표

Tape No. ; 986-1376 시간(Recording Time) ; 48′15″

프로그램명(Title) ; 퀴즈 탐험 신비의 세계

부 제(Sub Title) ; 676회

☐ 1 ☑ 2 TV

☑방송용 ☐편집용 ☐보관용 ☐Dubbing용

☐Mono ☑Stereo ☐Bilingual ☐Dolby(NR)

Black Setup ☑ 0 ☐ 7.5

Ch1 (✓) Ch2 (✓) Ch3 (   ) Ch4 (   )

☐녹화 ☑편집 일 ; 1999년 5월 19일 녹화(편집) ; 정 현수

☑방송 ☐재방 일 ; 19 년 5월 22일 연출(P D) ; 남 현주

☐녹화 ☑편집 ☐복사 장소; 제작#11 VTR기종; 6 VTR No. ;

※ Source

Studio;	T-No;
☐ 1″ VTR	☐ CATV
☑ 1/2″ VTR	☐ Remote
☐ 3/4″ VTR	☐ LDP
☐ D2	☐ 8mm VCR
☐ D3	☐ VHS
☐ Telecine	☐ Graphics

☐ Time Code ☑ Tape Timer	☐ NF ☑ DF ☐ VITC ☐ LTC
System	☐ NTSC ☐ PAL ☐ SECAM

비고 ;

KBS

(3) 프로그램 제작시간과 정시운행

각 프로그램의 제작시간은 SB 및 CM 타임을 고려해서 각 방송사별로 거의 비슷한 표준제작시간을 정해두고 명기된 제작시간에 맞게 제작해야 한다. 운행부서에서는 모든 프로그램의 과·부족시간을 점검하여 편집유무를 해당 PD들에게 통보해야 한다. 표준제작시간이 잘 지켜져야 정시운행을 할 수 있으며 방송사고도 예방할 수 있다.

표준제작시간은 CM이 없는 경우와 CM이 있는 경우에 따라 다소 차이가 있다(〈표 1-1〉 참고).

〈표 1-1〉 표준제작시간

▪ CM이 있는 프로그램

구 분	표준제작시간	비 고
· 편성시간 20분 이하 프로그램	편성시간-1분	
· 편성시간 21분 이상 프로그램	편성시간-2분	
· 편성시간 60분 이상 프로그램	편성시간-3분	

▪ CM이 없는 프로그램

구 분	표준제작시간	비 고
· 편성시간 15분 이하 프로그램	편성시간-2분	
· 편성시간 16분 이상 프로그램	편성시간-3분	
· 편성시간 60분 이상 프로그램	편성시간-4분	

(4) 방송용 테이프 인수인계 철저

- 인수인계자 : 담당 PD 또는 AD(외부 제작요원 불가)
- 인계기한 : 방송 1일 전까지 인계완료(생방송, 시사성 프로 별도)
- 테이프 인계시 유의사항
  - 방송일시, 부제, 방송시간의 정확한 표기여부 확인
  - 유사시 연락이 가능하도록 PD명, 제작실국 표기
  - 녹화일, 재방송일, 테이프 넘버 명기
  - 생방송 프로그램이 녹화로 진행되거나 녹화방송이 생방송으로 진행될 경우 사전편성, TV 운행에 통보

(5) SB 운행

① **SB**

단위 프로그램이 끝날 때부터 다음 프로그램이 시작되는 시각까지를 스테이션 브레이크(SB : *station break*)라 한다. SB의 운행은 일일방송 운행표에 따라 당일 MD가 TV 주조정실에서 진행한다.

② **Spot**

SB 시간내에 운행되는 짧은 시간의 각종 프로그램 예고, 사고(社告) 안내, CM, 사업, 행사고지 사항, 계도공익성 고지, 홍보성고지, 외부수탁 고지방송, 공익광고 등을 모두 스파트라고 한다(〈표

화면조정 컬러바(본문 44쪽)

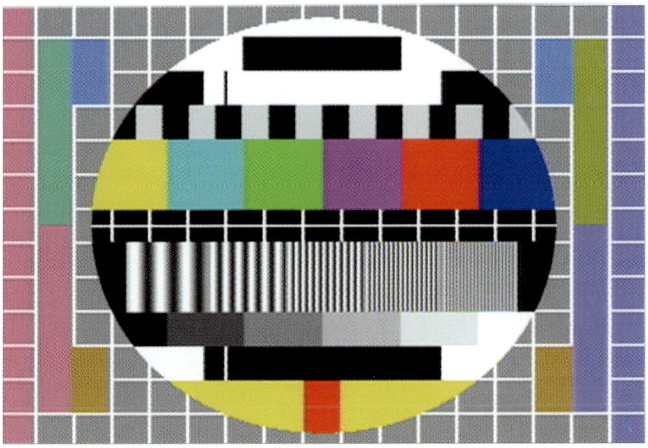

화면조정(TPH:Test Pattern)
(본문 44쪽)

KBS 자국 ID(본문 55쪽)

텔레비전 프로그램의 기능 및 분류 (본문 114쪽)

▪ 보 도

〈KBS 뉴스9〉

KBS 1TV 〈정책진단〉

▪ 교 양

KBS 교향악단의 특별연주회

KBS 1TV 〈아침마당〉

▪ 오 락

KBS 1TV 일일드라마 〈정 때문에〉(1997~1998)

KBS 2TV 〈이소라의 프로포즈〉

텔레비전 드라마 제작과정(KBS1 1TV 대하드라마 〈왕과 비〉)(본문 245쪽)

세트설치

의상

분장

카메라 리허설

야외촬영

특수분장 효과 (본문 260쪽)

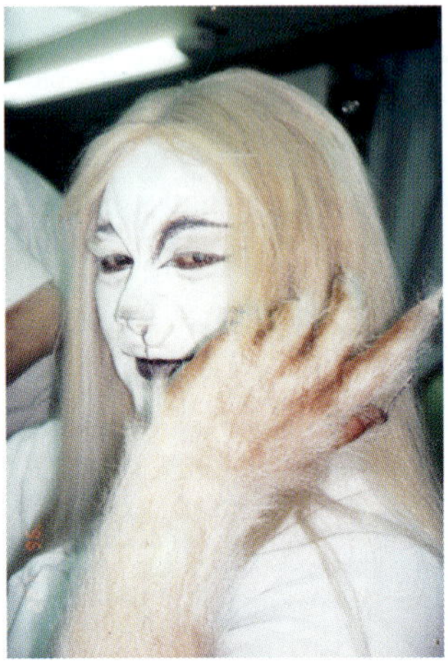

전설의 고향

전설의 고향

주름살분장

주름살 분장

1-2〉 참고). 이 경우 광고(CM)는 'CM 스파트', 그 외의 것은 '자국 스파트'라고 한다.

〈표 1-2〉 예고물 도착기한

구 분	기 한	비 고
정규프로	방송 3일전	
특집프로	방송 7일전	
행사 등 안내	행사에 따라 일정조정	

③ **ID**

ID(Identification : 社名告知)는 SB끝 부분에 10초간의 길이로 사명고지와 함께 채널 '로고송'(*logo song*)을 내보낸다. 종전에는 ID가 카드(*scanner*)에 의한 정지된 화면을 사용했으나, 컴퓨터그래픽(CG : *computer graphics*)이 활용되면서부터 동적인 CG 또는 3차원적인 CG와 실제 아름다운 경관이나 상징성이 있는 영상을 CAM에 옮겨 ID 영상으로 사용한다. 특히 설날, 삼일절, 광복절, 추석 등 기념일이나 명절에는 시의성에 맞는 영상을 제작, 활용한다.

ID는 광고를 유치했을 경우 ID 화면 하단부분에 광고물을 게재하며 이를 CM ID라고 하며 CM 없는 사명고지만의 ID를 자국(自局) ID라고 한다.

④ **시 보**

시계 시보(時報)는 일일방송 운행표에 정해진 소정 시간에 방송하고 특별한 이슈가 있는 경우엔 추가로 방송하기도 한다. 주로 저녁 9시 뉴스 시보를 방송하며 이를 위해 MD는 정시운행을 잘 지켜야 하며 각 프로그램 담당PD도 표준제작시간을 준수해야 한다.

특히 시보 앞부분에 생방송이 편성되어 있을 경우 생방송 담당 연출자들은 정시운행에 적극 협조해야 한다.

(6) 방송사고와 처리

① 방송사고 조치의 원칙

방송사고는 항상 예고없는 불시의 상황에서 발생하므로 방송사고 즉시 MD와 TD는 사고를 극소화하는 데 응급조치를 함으로써 방송의 전체효과를 손상하지 않도록 최대한 신속한 조치에 온 힘을 기울여야 한다. 방송사고는 사고의 발생시점에서 빨리 처리하고 가능한 한 당해 프로그램내에서 수습하며 생방송 프로그램의 경우 방송종료시에 MC의 사과 멘트를 처리해야 한다.

방송사고 처리 책임자는 TV 운행 책임간부로서 MD로부터 사고의 내용, 상황 등의 보고를 받은 즉시 명확한 조치를 지시한다. 그러나 방송사고는 순간적인 경우가 대다수이므로 MD가 긴급하다고 판단하였을 때는 단독으로 조치한 후 운행책임자에게 사후 보고하기도 한다.

방송사고처리 사항을 정리해 보면 다음과 같다.

- 모든 사고는 그 원인을 정확히 파악, 방송사고 지역 및 시간을 최소화해야 한다.
- 방송사고에 대한 사과고지에는 구체적인 사고원인과 지역을 반영해야 한다(예 : 남산송신소 기계고장으로 서울 일부지역의 방송상태가 고르지 못했습니다).
- 방송사고 유형을 세분화하여 Prism Ace 자막준비와 아나운스 멘트를 대비한다.
- 방송사고 발생시 선처리 후보고하며, 보고는 MD → 운행부장 → 편성국장으로 하고 2단계조치는 별도지시에 따른다.

② 방송사고의 유형별 조치

- 개시지연

프로그램의 시작이 늦어졌을 때는 앞 SB의 예고나 스파트를 계속 방송하며 준비가 완료되는 즉시 방송한다. 개시지연에 따른 시간단축은 해당 프로그램내에서 조정한다. 사고가 오래 계속될 것으로 예상되면 주조에 준비된 예비물(*filler*)을 방송한다. 복구되어 정상운행이 시작되기 직전 '사고자막' 수퍼와 함께 소정의 아나운서 멘트 후 프로그램을 방송한다.

예 : 죄송합니다. 이 시간은 ○○ 프로그램 시간입니다만 늦어지고 있습니다. 준비될 때까지 ○○을 보내드립니다.

- 조기종료

프로그램의 조기종료로 인한 공백시간은 각종예고 및 스파트, 공익광고 등을 MD가 적절히 선택 방송한다.

- 방송중단

정파(기기고장으로 방송전파가 정지된 상태) 때는 프로그램 방송을 그대로 진행한다. 연구소의 정전 또는 송신소까지의 케이블 고장 등으로 송출이 불가능할 때는 '사고고지'를 하고 신속히 적절한 조치를 취한다.

- 프로그램 순서의 운행착오

방송운행표에 시성된 사실과 다른 프로그램이 방송되는 운행상의 착오가 생겼을 때, 또는 동일 프로그램에서 예정과 다른 내용이 방송개시되었을 경우 신속히 전환, 사과방송으로 바로 잡아준다.

- 영상, 음향의 기술적 이상

방송시청에 심히 곤란을 느끼게 하는 화면상태나 음향불량의 사고가 일어나면 미리 준비된 '사고자막'을 수퍼하고 아나운스 멘트를 삽입한다.

예 : "… 으로 화면(또는 음향) 상태가 고르지 못한 점 사과드립니다."

유형별 방송사고 대책을 정리하면 〈표 1-3〉과 같다.

〈표 1-3〉 유형별 방송사고 대책

<table>
<tr><th colspan="2">사고종류</th><th>예방대책</th><th>책임자</th><th>비 고</th></tr>
<tr><td rowspan="2">정파사고</td><td>순간 정파</td><td>· 정파원인 규명 즉시 자막수퍼를 통해 사과(정전, 기계고장, 중계현장, 인공위성 상태 불량, 송신소사정, 악천후(낙뢰) 등)</td><td>MD</td><td></td></tr>
<tr><td>정 파</td><td>· 비상용 ID를 Prism Ace로 송출하고 자막처리 및 아나운스 멘트 처리
· 서울지역만의 정파일 때는 30초내 전국대상 방송은 계속 실시
· 사고원인 규명되는 대로 사고자막과 아나운스 멘트 처리(서울지역만)</td><td>MD</td><td>· 정파, 원인, 장소
· 송신소
· 연주소
· M/W
· 중계현장</td></tr>
<tr><td></td><td>화면 및 음향</td><td>· 화면상태 불량시 : "~으로 화면상태가 고르지 못합니다. 양해 바랍니다" — 수퍼처리
· 음향상태 불량시 : "~으로 음향상태가 고르지 못합니다. 양해바랍니다" — 자막처리
· 기 타 : 상태에 따라 사과멘트 삽입</td><td>MD</td><td>· 녹화인 경우 : 사과자막처리
· 상태 극히 불량시 : 아나운스 멘트 처리 병행
· 생방송시 : 진행자의 사과 처리</td></tr>
</table>

<table>
<tr><th>구분</th><th>사고종류</th><th>대 책</th><th>책 임</th></tr>
<tr><td>기타 사고</td><td>· 테이프 케이스와 내용이 다른 경우
· 기록시간과 실제시간에 차이가 있는 경우
· 일일운행표와 주간편성표가 상이한 경우
· 운행표 방송제목과 테이프의 소제목이 틀린 경우
· 제작시간의 과·부족으로 CM 시간대가 변경될 경우
· 재방송 CM 및 재편집여부 확인이 안된 경우
· 생방송 프로그램시 후 CM 확인 및 정확한 CUE 필요
· 심의, 시사회 등으로 대출된 경우(대출자, 도착시간, 대출장소 확인 등) → 특별한 경우에만 대출
· 프로그램 재방 이전 대출되어 손상된 채 반납된 경우
· 생방송이 녹화물로, 녹화물이 생방송으로 방송될 경우
· 다음에 송출될 프로그램 하나만 스탠바이 상태이고 SPOT를 여러 개 걸 경우(위험성과 비상대체 어려움)
· 한 테이프에 여러 프로그램이 수록되어 있는 경우
· 생방송시 자리이석하는 경우
· 예고, SPOT, SCROLL을 PREVIEW하지 않고 송출했을 경우 : 오자, 일정, 시간등 착오
· CALL START 실수의 경우
· MISS CUT로 운행순서가 바뀌는 경우
· PARA물이 짧거나 시간착오가 있을 경우
· 생방송 진행시 사전협의, 미확인으로 운행임박하여 연락이 두절될 경우
· 프로그램 및 행사예고가 한 테이프에 3개 이상 수록된 경우
· SPOT의 주, 월, 년 끝나는 시간에 내용주의</td><td>철저한 확인 점검</td><td>MD</td></tr>
</table>

5) TV 방송운행표 작성

TV 기본방송순서(편성표)에 기초하여 한 주간의 TV 주간방송순서(TV 주간편성표)가 결정되고 그것에 의해 일일편성이 최종 확정되면 일일 TV 방송운행을 하기 위한 표를 작성한다. 이와같이 일정시간 방송을 TV 주조에서 진행하기 위해 세부직인 사항을 기술한 표가 TV 방송운행표이다.

(1) 일일방송순서 확인

운행표 작성자는 일일편성표에 의한 프로그램의 방송시간을 점검확인한다.

(2) 방송제작물 확인

당일 방송분의 프로그램별 제작시간을 확인하고 표준제작시간과의 과·부족을 상세히 파악한다.

(3) SB, 스파트 확인

스테이션 브레이크에 들어가는 각종 스파트, 예고 등이 방송일시와 맞는지 자세하게 확인한다.

(4) 각종 수퍼 문안 작성

그날 방송될 주요 프로그램의 방송시간 고지, 공익성을 띤 각종 스크롤(예 : 불조심, 농촌일손돕기) 및 공지사항(예 : 태풍경보, 마약퇴치, 호우주의보 등)에 사용되는 각종 문안(*caption*)을 작성하여 시청률이 높거나 내용과 연관성을 갖는 프로그램에 MD가 생방송(*live*)으로 수퍼처리할 수 있도록 표시작성한다.

(5) 운행표 작성

정시운행을 대전제하여 하루의 운행표를 작성한다. 각 프로그램의 제작시간과 SB를 연결해 다음 프로그램이 정시에 운행될 수 있도록 하며 생방송일 경우 분명히 표기해야 한다.

KBS 제1텔리비젼 일일방송진행표

결재	실무	차장	부주간	주간	실장

1999년 05월 12일 수요일

M. D	강일수 김정중 서찬석	T. C	
전화번호 편성국장(02)780-5316 운행부주간(02)643-9729 TV송출부주간(02)534-2583			

방송시간	제작시간	House	영상음향	프로그램명	부제	담당	스 퍼	비 고
16:45:00 16:51:42	00:06:42	963-9221	패턴	화면조정 (S)		M D	방송순서 하이라이트	
	00:04:48	973-0464(1)	VTR	SIGN ON (S)		편제부		
	00:01:00	953-0817(2)	VTR	예 고	대추나무사랑걸렸네	김형석		
	00:00:30	963-9110(2)	VTR	공익광고	독서캠페인	박종복		
16:58:00 17:18:00	00:20:00		NS-2	KBS뉴스5	........(L)			
	00:00:20	992-9015(2)	VTR	I.D	도봉산절경	홍경희		
20:58:45 21:47:42	00:48:57		NS-2	KBS뉴스9	........(L)		자막방송	
21:47:42 22:00:42	00:13:00		NS-1	스포츠뉴스			자막방송	
	00:00:48	992-0002(3)	VTR	예 고	환경스페셜	고정훈		
	00:00:30	963-9110(2)	VTR	공익광고	독서캠페인	박종복		
22:02:00 22:15:00	00:13:00		VTR	세계는지금				
	00:01:00		VTR	예 고	KBS뉴스라인			
22:16:00 22:59:00	00:43:00		VTR	환경스페셜				
	00:00:50	953-0899(1)	VTR	예 고	길종섭의쟁점토론	안주식		

KBS 제2텔레비젼 일일방송진행표

결재	실무	차장	부주간	주간	실장

1999년 05월 12일 수요일

M. D	오동석 조병상 윤종배	T. C	
전화번호	편성국장(02)780-5316 운행부주간(02)643-9729 TV송출부주간(02)534-2583		

방송시간	제작시간	House	영상음향	프로그램명	부제	담당	스 파	비 고
14:15:00 14:23:31	00:08:31	923-0031	패턴	화면조정 (S)		M D	방송순서 하이라이트	
	00:04:50	963-9183(2)	VTR	SIGN ON (S)		편제부		
	00:00:50	992-0042(2)	VTR	예 고	열전, 팔도명물	조정훈		
	00:00:49	953-0801(2)	VTR	예 고	발굴이사람	김성기		
14:30:00 16:56:03	02:26:03		L-중	'99세리컵전국주니어골프선수권대회	-유성CC			
			VT	곧이어				
20:46:11	00:00:11		VTR	곧이어 가족오락관	자막미판			
	00:01:30	C-203	VTR	광고(9)	대우자동차판매 매일유업 워너브라더스 무안군청			
	00:00:59	983-9023(3)	VTR	예 고	영상기록병원24시	양원석		
	00:00:49	953-0801(2)	VTR	예 고	발굴이사람	김성기		
	00:00:10	T-4(14)	VTR	I.D	KBS ID	파워100		
20:49:39 21:44:34	00:54:55	986-1082	VTR	가족오락관		김웅래		전광고 12사(180") 후광고 11사(180")
21:44:45	00:00:11		VTR	곧이어 사건 2 5 시	동원산업			
	00:01:30	C-203	VTR	광고(10)	L G 텔레콤 현대전자 현대자동차 매일유업			
	00:00:50	992-0014(2)	VTR	예 고	추적60분	최지원		
	00:00:57	992-0016(1)	VTR	예 고	유정	지영수		
	00:00:10	T-4(13)	VTR	I.D	KBS ID	노래로		
21:48:12 22:45:12	00:57:00		TS-1	공개수배사건25시				전광고 12사(180") 후광고 12사(180")

6) 긴급방송, 임시뉴스 운행

(1) 임시뉴스의 분류

정시뉴스가 아닌 긴급히 방송해야 할 뉴스로는 '임시뉴스'와 '뉴스특보'가 있다. 또한 임시뉴스나 뉴스특보보다 중요성은 덜하나 긴급히 방송해야 하는 '뉴스속보'가 있으며, 국민안전에 관한 '긴급사태 발생'을 알리는 '경보방송' 등이 있다.

(2) 운행절차

- 뉴스특보, 임시뉴스, 비상고지, 뉴스속보 그리고 임시 실황중계 방송이 필요할 때는 그 뉴스의 중요도에 따라 사장 또는 보도책임자가 결정하여 편성책임자에게 연락하여 방송의 시각, 뉴스의 종별 등에 대해 신속히 협의결정한다.
- 편성책임자는 즉시 MD에게 뉴스의 종별, 방송시각 등을 신속, 정확하게 연락하여 방송에 대비한다.
- 현업요원들은 즉시 TV 주조에 집합하여 방송준비에 임한다.
- 보도책임자는 보도내용과 순서를 철저하게 검토·확인하고 긴급을 요하는 사항이므로 사전준비를 철저히 하여 방송진행상의 차질이 발생하지 않도록 유의한다.
- 임시뉴스, 뉴스특보, 비상고지, 뉴스특보 등 긴급을 요하는 방송은 뉴스진행을 책임지고 있는 보도부서의 책임자에 의해 직접 진행된다. 이 경우에는 전체 방송운행상의 절차는 MD의 소관사항이 된다.

(3) 뉴스 종별과 실시요령

① 임시뉴스

- 임시뉴스란 전국적으로 매우 중대한 뉴스로서 방송중인 프로그램이나 스파트에 우선하며 정규방송을 중단하고 방송하는 것을 말한다.
- 임시뉴스의 실시는 극히 제한된 경우로 다음과 같은 경우이다.
  - 천재지변에 의한 대참사

- 피해자 확대 진행중인 재해
- 국가존망에 관한 사항
- 국내정변
- 국가원수의 조난 등

▪ 임시뉴스를 시작하기 전, 방송프로그램 도중에 아나운서의 양해 멘트를 넣고 임시뉴스의 길이는 가능한 한 짧게 한다. 임시뉴스로 인해 중단된 프로그램은 임시뉴스의 종료와 함께 아나운서의 해명멘트를 삽입하고 중단부분 이후부터 정상적으로 운행한다.

② 뉴스특보

뉴스특보란 임시뉴스에 준하는 전국적인 중대뉴스 또는 지역적인 중대 뉴스를 말한다.

▪ 중요한 외국의 정변, 외국원수의 조난 또는 분쟁의 발발
▪ 상당한 수의 인명 및 극심한 피해를 입은 국내의 사고
▪ 최근의 대다수 국민의 관심사에 대한 결과 등이 이에 해당한다.

③ 경보방송

민방위본부, 중앙재해대책본부, 중앙관상대 등의 의뢰에 따라 긴급히 방송해야 될 인명, 재해 등에 관한 중요사항의 경보를 발령함을 말한다.

이는 적의 공습이나 천재지변 등 국가안위와 국민안전에 관한 긴습사태 발생 및 기타 중요한 상황에 대해 신속·정확한 방송을 함으로써 국민이 신속하고 안전하게 대비토록 하는 것이다.

▪ 천재지변 발생시 : 지진, 폭우, 폭설, 해일, 폭풍, 태풍 등의 재해 발생시에는 관계기관의 통보에 따라 방송운행 책임자는 신속히 보고한 후 지시에 따라 여러 상황과 경우에 대비해 신속·정확히 처리한다.
▪ 민방공 사태 발생시 : TACC(Technical Airforce Control Center-

전 술항공통제본부)의 비상방송 운용기준에 따라 실시한다.

- 민방공 경보의 종류
  - 경계경보 : 적의 항공기 및 유도탄 공격이 예상될 때 발령된다.
  - 공습경보 : 적기의 공격이 긴박하거나 공격이 실시될 때 발령된다.
  - 화생방경보 : 화생방공격이 예상될 때나 공격이 실시될 때 발령된다.
  - 해제경보 : 적기의 공습우려가 없을 때 또는 공습이 끝나고 완전히 퇴거했을 때 발령된다.
- 이상의 경보방송은 정부의 민방위사태 발표내용에 따라 경보발령과 동시에 '국민행동요령지침'(TV 주조에 비치)에 준해 민심안정 및 국민계도 방송을 실시한다.

④ **뉴스속보**

뉴스속보의 송출은 뉴스특보와 동일하며 내용은 아래와 같다.

- 상당수의 인명, 재산피해의 사고
- 각종주의보
- 뉴스내용, 비중도 판단여부에 따라 속보처리

⑤ **뉴스속보 처리요령**

- 당일 보도책임자(보도당직책임자)가 주조 MD에게 직접 연결 통보한다.
- 직책과 성명을 밝힌 뒤 속보내용을 MD에게 전달한다.
- 속보는 신속, 화급을 요구하므로 통보 즉시 속보방송처리한다.

7) 비상방송

(1) 비상방송의 개요

비상방송은 돌발적으로 발생하는 중대사태에 신속히 대처해서 정규방송을 중단하고 임시편성으로 실시하는 방송을 말한다.

(2) 비상방송 기준

비상방송을 실시해야 할 중대사태의 기준은 국민의 생명과 재산에 지대한 피해를 주거나 줄 수 있다고 판단될 경우를 말한다.

- 태풍, 홍수, 지진, 폭설, 집중호우 등 자연재난
- 붕괴, 폭발사고 등 인위적인 내형사고
- 국가안위와 관련된 경계, 공습경보 발령 등의 비상사태

(3) 비상방송의 구분

비상방송은 재해방송, 재난방송, 비상사태 방송으로 구분한다.

① 재해방송

태풍, 홍수, 집중호우 등 자연재난으로 중대한 재해가 발생할 우려가 있거나 발생하였을 때 재해방송을 실시한다.

② 재난방송

화재, 붕괴, 폭발사고 등 인위적인 대형사고가 발생했을 경우에 재난방송을 실시한다.

③ 비상사태방송

적의 공습 등 국가안위에 관련 민방공 경보발령시, 상황단계별로 다음과 같이 비상사태 방송을 실시한다.

- 경보방송 : 중앙민방공 경보통제소에서 전화와 경보방송통제장치를 통해 경보를 전달하고 발령하며 라디오, TV의 MD는 즉시 해당 경보방송을 실시한다.
- 후속비상방송 : 경보방송 이후 사태의 상황에 따라 신속히 후속비상방송을 임시편성에 의해 실시한다.
- 전시방송 : 전시상황과 정부의 발표에 따라 충무계획에 의거해서 단계별로 전시방송을 실시한다.

KBS 스튜디오 기본배정표

99년 봄개편 스튜디오 기본 배정표

99.5.3. 개편기준

요일 / ST	월	화	수	목	금	토	일
TS-1 5261	작전타임 스포츠퀴즈 2TV(금) 19:10-20:00	열전팔도영물전 2TV(수) 19:10-20:00	비디오 챔피언 2TV(토) 17:00-17:50 **사건 25시 2TV (수) 21:50-22:50**	挑戰!지구탐험대 2TV(일) 09:40-11:00 **길종섭의쟁점토론 1TV(목) 22:15-23:00**	**일자리100만개 1TV(수) 11:00-13:00** 파워백세 2TV(토)	TV 內務班 1TV(월) 19:35-20:30 **심야 討論 1 TV (토) 22:40-24:00**	**힘내세요 사장님1TV 17:15-18:00**
TS-2 5262	珍品名品 2TV(일) 17:00-17:50	혼자서도잘해요 2TV(월-금) 17:00-17:20		TV 幼稚園 1TV(월-토) 07:50-08:10		특집	
TS-3 5263	아 침 마 당 1TV 월~토 (08:30~09:35)						
	體驗삶의現場 2TV(월) 20:50-21:50	風物紀行 2TV(일) 12:10-13:00	한국이보인다 2TV(일) 17:50-18:40	노래로여는세상 2TV(금) 23:00-23:50	나의사랑나의家族 1TV(화) 19:35-20:30	퀴즈探驗神秘 2TV(수) 19:10-20:00	
TS-4 5264	王과 妃 1TV(토-일) 21:45-22:40		대추나무사랑.. 1TV(수) 19:35-20:30	TV는사랑을싣고 2TV(금) 20:50-21:50	학 교 2TV(토) 19:00-20:00	家族 娛樂館 2TV(수) 20:50-21:50	파워인터뷰 2TV(토) 21:00-22:00
TS-5 5265	달려라씽씽열차 제2TV(월-금) 17:20-18:00		世上은 넓다 1TV(월-금) 17:55-18:10	20세기한국톱10 1TV(월) **演藝街 中繼 2TV(목)**	시사토크 현상과진실 2TV(일) 23:15-00:10	日曜診斷 1TV(일) 08:15-09:00	
TS-6 5481	스페인 프로 축구(10:00-12:00)			골프투어(10:00-14:00)		**생방송 스포츠 중계 (골프투어,수시 편성)**	
	위성 스포츠(18:30-20:30)						
TS-7		KBS歷史스페셜					
TS-11 5473	**무엇이든 물어 보세요 1TV(월-금) 10:00-10:45** **6時 내 故鄕 1TV (월~금) 18:00-18:55**						
TS-12 5474	KBS 바둑왕전 해설 녹화	시사 포커스 1TV(화) 22:15-23:00	문화탐험 1TV(목) 23:55-00:40	追跡 60분 2TV(목) 21:50-22:50	視聽者의견 1TV(토) 17:15-18:00		
TS-13 5283	**生放送, 좋은 아침입니다 2TV (월-토) 07:00-08:30**						
TS-14 5475	위성 2 재방송 COPY 및 편집 (오전)					유직 핫라인	
	國樂무대	KBS바둑왕전	집중 觀覽	KBS 藝術舞臺	文化 토론 自由 공간		
TS-15 5285	**歌謠舞臺** 1TV(월) 22:15-23:00	**유직 뱅크 2TV(화) 19:10-20:00**	이소라 프로포즈 2TV(토) 23:40-25:00	코미디 파일 2TV(목) 문화초점 2TV(수)	일요일은즐거워 2TV(일) 18:40-20:00	**사랑의리퀘스트 1TV(토) 19:00-20:00**	**행운열차 2TV(일)** 11:00-12:10
TS-A 5271	T V 小 說:당신 1TV(월-토) 08:10-08:30		週 末 連 續 劇 :종이학 2TV(토-일) 20:00-21:00		어사출도 2TV(일) 21:00-22:00	일요 베스트 2TV(일) 22:10-23:15	
TS-C 5273	교육드라마' 2TV(월-목) 18:00-18:20		청춘드라마 2TV(화) 20:50-21:50	日日 連續劇:사랑의집 1TV(월-금) 20:30-21:00		세트촬영	미니 시리즈 2TV(월-화) 21:50-22:50
TS-D 5274	**행복채널 LIVE+VTR** 토요객석 1TV(토) 10:00-11:05	**행복채널 LIVE** 국악한마당 1TV(일) 09:00-10:00	코미디世上萬事 2TV(금) 21:50-22:50	挑戰!주부가요스타 2TV(토) 09:30-10:30 **행복채널VTR**	自由 선언! 오늘은 토요일 2TV(토) **행복채널VTR**	서세원 쇼 2TV(화) 23:00-24:00	노래하는우체국 1TV(일) 10:00-11:00
NS-1 4213-5	KBS 뉴스, 뉴스투데이, 스포츠미드나이트, 스포츠 중계석, 세계는지금(월-목), KBS리포트, 記念式 및 스포츠 中繼						
NS-2 4216-7	KBS뉴스廣場, KBS뉴스, KBS뉴스5, KBS뉴스 네트워크(월-토), KBS 뉴스9(월-일), 마감뉴스 南北의 窓(금), KBS 政策診斷, 經濟 展望臺						
NS-3	KBS 뉴스라인(월-금)						
▶ 中繼車 제작:全國 노래자랑 1TV(일) 열린音樂會 1TV(일) 스포츠中繼							

8) 스튜디오 배정

TV 스튜디오란 방송 프로그램의 녹화나 생방송시 제작에 필요한 각종 장비, 즉 TV 카메라, 조명, 음향 등을 모두 갖추고 있는 제작장소를 말한다.

TV 스튜디오는 프로그램 성격이나 규모에 따라 적절이 조정·배정되며 TV 기본방송순서에 의한 모든 프로그램은 적절한 스튜디오에 배정되어 녹화 또는 생방송된다.

TV 편성 스튜디오 배정 담당자는 TV 기본편성표에 따른 주간스튜디오 기본배정표를 작성하여 프로그램 스튜디오를 배정한다.

임시편성에 의한 특집프로그램 제작의 경우, 별도로 임시 스튜디오 배정을 해야 하며 임시편성에 의해 삭제되는 프로그램의 스튜디오를 감안해서 배정하게 된다.

프로그램 유형별 스튜디오 배정원칙은 다음과 같다.

- 뉴 스
  보도뉴스전용 스튜디오에 기본 세트와 조명, 음향 설치가 고정으로 배치되어야 한다.
- 공개 프로그램
  공개 오락 프로그램 또는 방청객이 요구되는 프로그램은 반드시 공개홀 스튜디오 배정이 원칙이다.
- 드라마
  드라마의 성격이나 구성규모에 따라 등장되는 세트의 배경, 소도구 배열 등을 감안하여 적절한 스튜디오 규모에 맞게 배정해야 한다.
- 대담 및 교양물
  진행자, 대담출연자, 방청출연자 인원과 규모에 따라 알맞은 공간의 스튜디오를 배정한다.

매일 일정한 포맷과 고정 세트로 진행되는 프로그램은 고정 스튜디오를 배정해서 세트 전환없이 제작하는 것이 원칙이지만, 주간 편성표에 따른 프로그램수에 비해 스튜디오 배정이 여의치 않을 경우, 한 스튜디오에 대한 일일 복수제작 배정이 불가피하게 된다. 이럴 경우 생방송 또는 녹화 종료시간과 뒤이어 제작될 프로그램의 제작 또는 녹화 종료시간을 역산하고 세트 및 소품조립 배열과 음향, 조명작업시간 등을 고려해서 경제적인 스튜디오 배정이 이루어져야 한다.

4. 스파트 제작

1) 스파트의 정의

방송에 있어 스파트(*spot*)를 정의하자면 두가지 측면에서 언급되어야 할 것이다. 방송시간이나 프로그램의 길이를 기준으로 한 외형적인 면에서 보면 프로그램과 프로그램 사이의 SB(*station break*) 시간에 방송되는 짧은 방송물을 통칭한다고 할 수 있다. 스파트의 내용이나 성격을 중심으로 정의한다면 방송사의 정규 또는 특집프로그램의 예고를 고지하여 시청을 촉진시키고, 행사나 사업안내를 통하여 참여의욕을 제고시키며, 공익캠페인 등 공공의 이익을 증진하기 위한 정보 커뮤니케이션이라고 표현할 수 있을 것이다.

스파트는 그 종류에 따라 각기 기획의도나 소구대상이 다르지만 기본적으로는 시청자에게 정보(*information*)를 제공하는 것이라고 할 수 있다.

현대와 같이 복잡한 사회구조 속에서는 수많은 정보가 홍수를 이루고 있다. 스파트에서 말하는 정보란 넓은 의미에서 상품정보라고 할 수 있다. 이 점에서 본다면 각 기업의 상품광고나 기업 PR과 유사한 성격을 가지고 있다고 하겠다.

방송 프로그램이나 방송사에서 주최하는 사업, 행사 등도 일종의 문화상품이라고 간주한다면 방송사에서 프로그램을 제작 방송하는 것은 더욱 많은 고객(시청자)이 구매(시청)하도록 하려는 데 목적이 있다고 하겠다. 따라서 방송사의 상품이나 다름없는 프로그램 사업, 행사 등을 고객(시청자)에게 알려서 구매(시청) 욕구를 증진시키려는 의도에서 행해지는 스파트는 넓은 의미의 상품광고라고 할 수 있다.

이러한 측면에서 스파트가 지니는 의미가 매우 중요하며, 제작 내용물이 집약적인 함축성과 소구력이 바로 스파트의 생명력이라 힐 수 있다.

2) SB와 스파트의 관계

앞서 기술한 바와 같이 SB란 Station Break의 영문약자로서 프로그램과 프로그램 사이의 국명고시(局名告示), 스파트 등을 방송하는 짧은 시간을 말한다.

SB는 본질적으로 스파트를 위하여 존재하며 스파트 SB를 좀더 유연하고 효과적으로 처리하기 위하여 필수적인 것으로 상호의존적이며 보완적인 관계에 있다고 할 수 있다.

방송은 근본적으로 편성표를 기본틀로 하여 진행되고 있는데 편성표에 나타나 있는 프로그램 편성시간과 실제 제작시간과의 갭(*gap*)은 방송운행상 공식적인 관례로, 이 갭을 메우기 위해 스파트가 활용되는 것이다.

그러나 단순히 프로그램 제작시간의 부족시간을 보완하기 위하여 SB가 존재하는 것은 아니다. 방송사에서 정규 프로그램 이외에 시청자들에게 알려야 할 사고(社告)나 공공캠페인 등을 방송할 수 있는 효율적인 시간이 필요하게 되므로 SB의 필요성이 성립된다.

만일 SB가 존재하지 않고, 즉 프로그램과 프로그램만을 연속적으로 방송한다면 방송운행이 무미건조할 뿐 아니라 시청자들은 연속되는 프로그램으로 인해 정신적인 여유와 일상적인 활동이 제한되는 속박성도 뒤따른다고 볼 것이다. 따라서 SB와 스파트는 원활한 방송운행을 위한 촉매제의 역할을 수행하는 한편, 시청자와 방송사와의 관계를 우호적으로 연결하는 가교의 구실을 한다고 할 수 있다.

3) 스파트의 종류

스파트 종류는 광범위하여 주간편성표에 기재된 정규 프로그램 이외의 모든 것이 그 범주에 속한다고 할 수 있다. 스파트를 성격별로 구분하면 다음과 같다.

(1) 계도성 스파트

계기별, 시의에 따라 특정주제를 선정하여 제작 방송하는 공익캠페인 등 스파트의 성격이 계도적인 내용으로 '자연보호캠페인', '농촌 일손돕기 캠페인', '에너지 절약 캠페인', '우리 농산물 사기', '독서 캠페인', '과소비 억제 캠페인', '명절을 검소하게' 등이 있다.

(2) 정보성 스파트

사고(社告)나 일종의 안내광고 형식의 성격으로서 '신입사원모집', '드라마작품 현상모집', '신인 TV 연기자 선발', '여름 방송학교 수강생 모집' 등이 있다.

(3) 홍보성 스파트

방송사의 정책이나 업무내용 등을 시청자에게 공개하여 시청자의 이해를 촉구하거나 설득하기 위한 스파트로 '방송사의 이념제시', '한해 동안의 방송목표 슬로건 제시' 등 방송사의 업무를 홍보하기 위한 내용이 이에 속한다. 그러나 때로는 정보성 스파트나 홍보성 스파트의 내용이 동시에 내포되어 있는 경우도 있다.

(4) 프로그램 예고

① 개별 프로그램 예고

각 프로그램 단위별 예고로서 시청자들에게 프로그램의 예고를 통해서 어떻게 PR할 것인가 하는 예고편이다. 이 예고편을 통해 시청자들의 관심과 시선을 끌어야 하며 호기심을 유발해서 꼭 시청하도록 만드는 호소력과 소구력이 집약되어야 한다. 이러한 각 프로그램의 예고는 해당 프로그램의 담당 PD가 직접 제작하는 것이 관례이다.

② 주말 종합예고

주중(週中) 평일보다 주말의 시청증가 상황에 맞추어 주말 종합예고편을 통해 각 방송사의 시청률 제고를 유도하고 있다. 주말 종합예고편은 편성운영부서에서 제작한다.

③ 개편 종합예고 및 계기별 특집 종합예고

일상적인 봄, 가을 정기개편 또는 임시개편에 따른 각 방송사의 개편전략이 집중적으로 표출되고, 역점을 두고서 하는 중요 프로그램을 망라한 개편 종합예고편이다.

정기개편이나 임시개편 외에 광복절, 추석, 설날, 연말연시 등 계기별 특집 프로그램에 대한 종합예고편이 있다. 이러한 개편 종합예고나 계기별 특집 종합예고편 역시 편성운영부에서 제작한다.

④ 사업행사 스파트

각 방송사에서 주최하는 각종 행사 또는 공동주최행사 및 후원하는 행사 중 협찬관계 등으로 사업행사를 고지해야 할 경우 예고형식의 스파트라고 할 수 있다.

(5) 기타 SB성 스파트

① ID

각종 기념, 경축일용 ID 또는 시보 ID, 예고 ID 등이 이에 속하며 내용 이미지에 맞는 자료화면을 위해 컴퓨터그래픽과 다양한 영상을 활용한다.

② 캠페인송 및 기타

해마다 그 해의 지표를 상징하는 로고송(*logo song*) 제작이나 각 방송사마다 상징성이 강한 애국가, 사가 등의 제작을 말한다.

4) 스파트 제작의 실제

스파트는 그 종류에 따라 시청대상이 다르고 구성 및 기획방법이 달라야 하기 때문에 포맷을 어느 한가지로 한정할 수 없으며, 대상과 내용에 따라 제작요령이 다양하다.

스파트는 광고와 유사하기 때문에 광고에서 말하는 IDMA(*interesting*, *desire*, *memory*, *action*) 효과를 유발하도록 제작하지 않으면 안된다. 즉, 아무리 좋은 내용의 스파트라 하더라도 흥미가 결여되거나 욕구를 자극하지 못하고 쉽게 망각하여 행동으로 옮기도록 유도하지 못한다면, 그 스파트는 생명을 잃은 것이라고 할 수 있다.

(1) 스파트 제작의 유의점

① 함축성

짧다는 것은 양적인 개념이며 질과는 아무런 관계가 없을 뿐만 아니라, 오히려 더 정밀해야 한다는 무거운 과제가 내포되어 있다고 할 수 있다. 가령 60분물 프로그램의 어느 한 부분을 단순하게 60초로 잘랐다고 해서 스파트라고 할 수는 없으며, 60분 전체의 내용을 60초에 함축하였을 때 비로소 스파트의 개념에 가까운 것이라고 할 수 있다. 이와 같이 스파트란 요약과 함축과 절제의 산물이다.

② 신선한 아이디어

항상 신선한 아이디어를 창출해야 한다. 스파트는 하루에도 수많은 종류가 수없이 반복 방송되고 있다. 따라서 아무리 기발한 아이디어로 제작된 스파트라 하더라도 한번 사용한 경우 이내 생명력을 잃었다고 할 수 있다. 그러니까 시청자의 호기심과 시선을 끌 수 있는 참신한 아이디어가 절실히 요구된다. 그러므로 끊임없이 새로운 아이디어에 도전하는 것이 스파트 제작자가 지녀야 할 최선의 방편이다.

③ 순발력

스파트의 성격상 긴급을 요할 경우가 많다. 그러므로 오랫동안 아이디어를 생각할 여유가 없이 순발력을 최대한 발휘해야 한다.

외주제작의 경우 공익광고 1편을 제작하는 데 1개월 이상 기간이 걸리기도 한다. 그러나 방송사 자체적으로 스파트를 제작할 경우는 그렇게 시간적 여유가 주어지지 않는다.

④ 프로그램 모니터

스파트 내용에 적합한 화면을 구성하기 위해서는 많은 영상자료 중에서 선택을 해야 하므로 많은 프로그램을 모니터해야 한다.

(2) 스파트 제작과정

① 기획 및 원고작성

스파트 제작에서는 실제로 가장 중요한 과정인 기획단계가 생략되는 경우가 많다. 대개 기획과 원고작성이 동시에 이루어지는데 이것은 머리 속의 구상을 문안으로 정리하면서 계속 수정보완해 나가야 하기 때문이다. 스파트 원고작성에는 다음과 같은 접근방법이 있다.

- 독단형 접근법(*dogmatic approach*) : 직설적으로 내용을 설명하는 방법으로 모집안내, 강좌안내, 전시회 등 생활정보성 스파트 원고작성시에 이 방법을 도입한다.
- 논리형 접근법(*reason-why approach*) : 시청자에게 어떤 사실을 논리적으로 제시하여 그에 따르면 어떤 혜택이 주어지는지에 대한 이유나 관련 사실을 강조하는 기법이다. '여름철 위생관리', '산불예방', '마약사용 금지', '불법 비디오 추방' 등의 캠페인 원고는 주로 이 방법을 응용한다.
- 감정형 접근법(*emotional approach*) : 감정에 호소하는 방법으로 각종 프로그램 예고나 청소년 선도, 경로사상 고취, 불우이웃 돕기 캠페인 등은 논리적인 면보다 감정에 호소해야 더욱 효과적일 것이다.

스파트 원고를 작성할 때에는 위의 기법을 염두에 두고 성격별로 접근해 나가되 어떤 형태이든 공통적으로 전체의 내용을 짧은 문장 속에 정확히 함축해야 하고 일반적으로 흔히 쓰이는 상투적인 어휘를 피하며 같은 뜻을 가진 단어라도 아름다운 음을 가진 단어를 선택하도록 해야 한다. 스파트 목표의 성과는 결과적으로 원고의 비중이 많이 차지하게 된다.

② 화면구성

원고가 작성되면 그것을 어떻게 영상화시킬 것인가를 생각하여 광고에서 말하는 이른바 스토리보드(*story board*)를 만든다. 여기서 스토리보드란 어떤 특별한 형식을 요하는 것은 아니고 제작자가 생각하고 있는 화면구성의 기법이라든지 강조하고 싶은 영상을 원고지 여백(보통 오른쪽)에 표시하는 것을 말한다. 원고를 쓰면서 함께 하는 경우도 있으나 원고가 완성된 후에 하는 것이 스파트 전체의 흐름을 알 수 있어 더 효과적이다.

③ 녹 음

녹음에 앞서 원고를 낭독할 성우나 아나운서를 섭외해야 하고 스파트의 성격에 적합한 음악 또는 음향효과를 선정해야 한다. 물론 특정인을 직접 출연시켜야 할 경우에는 녹음과정이 생략된다.

스파트의 종류와 원고의 성격에 따라 그 내용을 가장 효과적으로 표현할 수 있는 아나운서나 성우를 섭외하는 것은 좋은 스파트를 만드는 관건이므로 평소 개개인에 대한 특징을 파악해두는 것이 좋다. 이와함께 배경음악(BGM)의 선곡능력이 필요한데, 스파트의 효과는 상당부분이 잘 선택된 배경음악에 의해 효과가 배가되는 경우가 많으므로 음악에 대한 소양을 쌓도록 해야 할 것이다.

④ 녹 화

스파트는 대개 길이가 짧기 때문에 앞서 녹음한 것을 VTR 테이프에 옮기고 이 테이프의 오디오에 맞추어 비디오를 편집한 다음 마지막으로 자막 등 수퍼처리를 하여 완성한다. 스파트는 짧지만 여러 번 반복 방송되므로 고도의 제작기법을 구사하지 않으면 안된다. 따라서 최신 영상효과(*video effect*) 기기의 특성과 활용방법을 익혀두는 것이 필수적이다. 새로운 하드웨어의 영상기법을 탐구할 수 있도록 메커니즘에 대한 지식이 필요하다. 녹화시에는 스탭 개개인에게 제작상 필요한 사항을 충분히 설명하여 최대의 능력을 발휘할 수 있노록 해야 한다.

5. 라디오 방송편성

1) 라디오 편싱 기본개념

편성의 총괄적인 개념은 앞서 편성의 개념 항목에서 정리가 되었지만 라디오 방송편성 역시 일정한 라디오 채널을 통하여 규칙적으로 운용되는 방송의 기본 짜임새를 말한다. 라디오 편성도 TV 편성과 마찬가지로 일주일 단위로 반복 운용되므로 주간편성을 기본으로 한다.

2) 기본편성의 원칙

- AM, FM 등 해당 채널이 지향하는 방송목표와 특성에 부합해야 한다.
- 각 프로그램의 목적과 대상, 방송시각, 방송내용 등의 3요소를 효과적으로 결합, 배열해야 한다.
- 방송법과 관계법령이 정하는 규정을 준수하고 프로그램 부문별 비율도 충실히 지켜져야 한다.
- TV 매체와는 달리 라디오 매체가 지닌 특성을 살린 편성이 요구된다. 즉 급속도로 늘어나는 자동차와 대중교통수단에 따른 교통, 도로, 자동차 문화 프로그램, FM 채널의 특성에 맞는 순수음악전문 프로그램 등의 편성이 이에 속한다.

KBS 1 라디오 주간 기본편성표

時	分	08월21일(月)	08월22일(火)	08월23일(水)	08월24일(木)	08월25일(金)	08월26일(土)	08월27일(日)	時
5	00	뉴스					00 뉴스		5
	10	KBS 뉴스 와이드 1부				10 1라디오 연중기획 <제2의 인생, 노년설계를 위한 순회강좌> 제4편: 노년의 건강관리	05 뉴스		
	55	기상통보							
6	00	KBS 뉴스광장(R)						00 6시뉴스	6
	25 [情]	안녕하십니까 이몽룡입니다 1부					25 [情] 생방송 토요일 1부 1부	05 [재] 경제세미나	
	56	바른말고운말							
	58	58분 날씨							
7	00 [L5]	아침 종합뉴스						00 [L5] 7시뉴스	7
	15	홍보 SPOT (1)					15 [情] 생방송 토요일 1부 2부	10 뉴스초점	
	16 [情]	안녕하십니까 이몽룡입니다 2부						40 홍보 SPOT (5)	
	57	예고1						41 생방송 일요일 1부 1부	
	58	58분 날씨							
8	00	뉴스와 화제						00 뉴스	8
	35	지구촌 오늘					35 홍보 SPOT (4)	10 [情] 생방송 일요일 1부 2부	
	58	58분 날씨					36 생방송 토요일 1부 3부		
9	00 [L5]	9시뉴스					00 [L5] 9시뉴스		9
	10 [情]	김방희 지승현의 시사플러스 1부					05 [情] 생방송 토요일 1부 4부	05 [情] 생방송 일요일 1부 3부	
	58	58분 날씨							
10	00	10시뉴스							10
	10 [情]	김방희 지승현의 시사플러스 2부					10 [情] 건강 플러스		
	58	58분 날씨							
11	00	11시뉴스					00 11시뉴스		11
	10	홍보 SPOT (6)	10 홍보 SPOT (7)	10 홍보 SPOT (6)	10 홍보 SPOT (7)	10 홍보 SPOT (6)	05 경제세미나	05 다큐멘터리 인물과 사건	
	11 [情]	KBS 뉴스 와이드 2부							
	58	58분 날씨							
12	00	정오 종합뉴스					1R 정오 종합뉴스		12
	20	라디오 정보센터 박에스더입니다 1부					15 홍보 SPOT (4)	15 홍보 SPOT (5)	
	58	58분 날씨					16 [情] 라디오정보센터 황상한입니다 1부		
1	00	13시뉴스					00 13시뉴스		1
	10 [情]	라디오 정보센터 박에스더입니다 2부					05 [情] 라디오정보센터 황상한입니다 2부		
	58	58분 날씨							
2	00	뉴스 중계탑					00 뉴스 중계탑	00 14시뉴스	2
							20 홍보 SPOT (4)	05 홍보 SPOT (5)	
	30	박인규의 집중인터뷰					21 [情] 생방송 토요일 2부 1부	06 [情] 생방송 일요일 2부 1부	
	58	58분 날씨							
3	00 [L5]	15시뉴스							3
	10	홍보 SPOT (2)					10 [情] 생방송 토요일 2부 2부	10 [情] 생방송 일요일 2부 2부	
	11 [情]	KBS 뉴스 와이드 3부							
	57	예고2							
	58	58분 날씨							
4	00	16시뉴스						00 16시뉴스	4
	10	성기영의 경제 투데이						05 [情] 생방송 일요일 2부 3부	
	58	58분 날씨							
5	00 [L5]	17시뉴스					00 17시뉴스		5
	10 [情]	KBS 뉴스 와이드 4부					05 홍보 SPOT (5)	05 위문열차	
	57	예고3					06 [情] 생방송 토요일 3부 1부		
	58	58분 날씨							
6	00 [L5]	18시뉴스					00 [L5] 18시뉴스		6
	10	홍보 SPOT (2)					05 [情] 생방송 토요일 3부 2부	05 홍보 SPOT (2)	
	11 [情]	생방송 오늘 PD리포트						06 [情] 생방송 일요일 3부 1부	
7	00	저녁 종합뉴스						00 19시뉴스	7
	20	KBS 열린토론						10 [情] 생방송 일요일 3부 2부	
								58 58분 날씨	
8								00 20시뉴스	8
								05 [情] 생방송 일요일 3부 3부	
								58 58분 날씨	
9	00 [情]	KBS 뉴스 9 (1TV 수중계)					00 [情] KBS 뉴스 9 (1TV 수중계)		9
	30	스포츠 하이라이트					20 스포츠 하이라이트		
	58	58분 날씨							
10	00 [L5]	22시뉴스					00 22시뉴스		10
	10	김영하의 문화포커스					05 김영하의 문화포커스		
	57	예고4					57 홍보 SPOT (5)	57 홍보 SPOT (2)	
	58	58분 날씨							
11	00	23시뉴스					00 23시뉴스		11
	10	홍보 SPOT (3)				10 홍보 SPOT (4)	05 KBS 무대	05 일요중계석	
	11	1라디오 24시 유애리입니다							
	55	기상통보							
12	00	24시뉴스					00 24시뉴스		12
	10	월드 투데이					05 다큐멘터리 역사를 찾아서	05 [재] 다큐멘터리 인물과 사건	
								58 채널SPOT	
1	00	25시뉴스						00 [재] 한민족 하나로	1
	10 [재]	성기영의 경제 투데이							
	58	채널SPOT							
2	00 [재]	KBS 열린토론						00 KBS 무대	2
3								50 [재] 다큐멘터리 역사를 찾아서	3
4	00	지금은 실버시대							4
	42	어업기상통보							

KBS 1FM 주간 기본편성표

級	時	08월21일(月)	08월22일(火)	08월23일(水)	08월24일(木)	08월25일(金)	08월26일(土)	08월27일(日)	時	級
B	5 00	동창이 밝았느냐							5	B
	6 00	새아침의 클래식							6	
A	7 00	출발 FM과 함께							7	A
	8								8	
	9 00	FM 가정음악							9	
	10								10	
	11 00	FM 풍류마을							11	
	12 00	KBS 음악실							12	
	1								1	
	2 00	명연주 명음반							2	
	3								3	
	54	FM 신작 가곡								
	4 00	노래의 날개 위에							4	
B	5 00	흥겨운 한마당							5	B
A	6 00	세상의 모든 음악, 김미숙입니다			00 세상의 모든 음악, 김미숙입니다	00 세상의 모든 음악, 김미숙입니다	00 세상의 모든 음악, 김미숙입니다	00 세상의 모든 음악, 김미숙입니다 55 2006년 8월 실황특집 중계방송 세종체임버홀 개관 페스티벌-서울바로크합주단 연주회	6	A
	7				55 2006년 8월 실황특집 중계방송 KBS교향악단 제592회 정기연주회	25 2006년 8월 실황특집 중계방송 세종체임버홀 개관 페스티발-모차르트 콜레기움 빈 연주회	55 2006년 8월 실황특집 중계방송 유럽피언 주역가수 갈라콘서트		7	
	8 00	FM실황 음악회							8	
	9	30 [재] 정다운 가곡				30 [재] 정다운 가곡		00 FM실황 음악회 30 [재] 정다운 가곡	9	
B	10 00	당신의 밤과 음악							10	B
	11								11	
	12 00	장일범의 음악풍경 특집 - 지구촌 여름음악축제					00 JAZZ 수첩		12	
B	1 00	음악의 향기(일부지역 계획정파 26:00-29:00)				00 음악의 향기			1	B
	2								2	
	3 00 [재]	명연주 명음반(일부지역 계획정파 26:00-29:00)				00 [재] 명연주 명음반			3	

KBS 2 라디오 주간 기본편성표

級	時	分	08월21일(月)	08월22일(火)	08월23일(水)	08월24일(木)	08월25일(金)	08월26일(土)	08월27일(日)	時	級
C	5	00				5시뉴스				5	C
		05				김성은의 신바람 세상					
B	6	00				6시뉴스				6	B
		05			엄길청의 성공시대				05 라디오 독서실		
		20			윤인구의 모닝쇼 1부						
		55				55분 KBS교통정보					
	7	00			출발뉴스센터				00 7시뉴스	7	
		15			윤인구의 모닝쇼 2부				10 교통캠페인드라마 '노란 안전선위의 행복' 잃어버린 이름, 부칠 곳 없는 편지		
		55				55분 KBS교통정보					
	8	00 [L5]				뉴스				8	
		05				이영권의 경제포커스(30분 교통정보: 월~금)					
		55				55분 KBS교통정보					
	9	00				9시뉴스				9	
		05				행복한 아침 정한용 왕영은입니다 1부					
		30				행복한 아침 정한용 왕영은입니다 (30분 교통정보) 2부					
		55				55분 KBS교통정보					
	10	00 [L5]				10시뉴스				10	
		05				행복한 아침 정한용 왕영은입니다 3부					
		30				행복한 아침 정한용 왕영은입니다 (30분 교통정보) 4부					
		55				55분 KBS교통정보					
A	11	00 [L5]				11시뉴스				11	A
		05				태진아 쇼쇼쇼 (30분 교통정보)					
		55				55분 KBS교통정보					
	12	00			정오 종합뉴스				00 12시KBS 뉴스	12	
		15			이영자 심현섭의 싱싱한 12시 (30분 교통정보) 1부				10 이영자 심현섭의 싱싱한 12시 (30분 교통정보) 1부		
		55				55분 KBS교통정보					
	1	00				뉴스				1	
		05				이영자 심현섭의 싱싱한 12시 (30분 교통정보) 2부					
		55				55분 KBS교통정보					
	2	00				14시뉴스				2	
		05				이호섭.임수민의 희망가요 (30분 교통정보) 1부					
		55				55분 KBS교통정보					
	3	00				15시뉴스				3	
		05				이호섭.임수민의 희망가요 (30분 교통정보) 2부					
		55				55분 KBS교통정보					
	4	00 [L5]				뉴스				4	
		05				전영록의 뮤직토크 (30분 교통정보) 1부					
		55				55분 KBS교통정보					
B	5	00 [L5]			17시뉴스			00	17시뉴스	5	B
		05				전영록의 뮤직토크 (30분 교통정보) 2부					
		55				55분 KBS교통정보					
	6	00				18시뉴스				6	
		05				증권 정보					
		10				최백호 김민희의 라디오 챔피언(30분 교통정보) 1부					
		55				55분 KBS교통정보					
A	7	00			저녁 종합뉴스				00 19시KBS 뉴스	7	A
		15			최백호 김민희의 라디오 챔피언(30분 교통정보) 2부				10 최백호 김민희의 라디오 챔피언(30분 교통정보) 2부		
		55				55분 KBS교통정보					
	8	00 [L5]				20시뉴스				8	
		05				김지선의 행복충전 (30분 교통정보) 1부					
		55				55분 KBS교통정보					
	9	00				김지선의 행복충전 (30분 교통정보) 2부				9	
B	10	00				박준형의 FM인기가요 1부				10	B
	11	00				박준형의 FM인기가요 2부				11	
	12	00				손미나의 밤을 잊은 그대에게 1부				12	
C	1	00				손미나의 밤을 잊은 그대에게 2부				1	C
	2	00 [재]				세월따라 노래따라				2	
		00									

KBS 2FM 주간 기본편성표

段	時	分	08월21일(月)	08월22일(火)	08월23일(水)	08월24일(木)	08월25일(金)	08월26일(土)	08월27일(日)	時	段
C	5	00	백승주의 상쾌한 아침							5	C
B	6	00	이지영의굿모닝팝스					이지영의굿모닝팝스 찾아가는 GMP - 중고등학교 영어교사 여름 연수현장	이지영의굿모닝팝스	6	B
	7	00	황정민의FM대행진 1부							7	
		30	황정민의 FM대행진 2부								
	8	00	황정민의FM대행진 3부							8	
		30	황정민의 FM대행진 4부								
	9	00	유열의음악앨범 1부							9	
	10	00	유열의음악앨범 2부							10	
A	11	00	임백천의 골든팝스 팝고수 최강 명곡열전				임백천의 골든팝스 8월의 팝스콘서트	임백천의 골든팝스		11	A
	12	00	김구라의 가요광장 1부							12	
	1	00	김구라의 가요광장 2부							1	
	2	00	강수정의 뮤직쇼 1부							2	
	3	00	강수정의 뮤직쇼 2부							3	
	4	00	이금희의가요산책 1부							4	
B	5	00	이금희의가요산책 2부							5	B
	6	00	봄여름가을겨울의 브라보 마이 라이프 BGM특집 - 여름휴가 1부							6	
		30	봄여름가을겨울의 브라보 마이 라이프 BGM특집 - 여름휴가 2부								
A	7	00	봄여름가을겨울의 브라보 마이 라이프 BGM특집 - 여름휴가 3부							7	A
		30	봄여름가을겨울의 브라보 마이 라이프 BGM특집 - 여름휴가 4부								
	8	00	최강희의 볼륨을 높여요 1부							8	
	9	00	최강희의 볼륨을 높여요 2부							9	
B	10	00	슈퍼쥬니어의 키스더 라디오 1부							10	B
	11	00	슈퍼쥬니어의 키스더 라디오 2부							11	
	12	00	김동률의 뮤직 아일랜드 1부							12	
	1	00	김동률의 뮤직 아일랜드 2부							1	
C	2	00	전영혁의음악세계							2	C
	3	00	윤지영의 3시와 5시사이 1부							3	
	4	00	윤지영의 3시와 5시사이							4	

3) 기본편성의 조정

(1) 조정의 의의

정기개편이 아닌 평상시 편성권자가 필요하다고 판단하는 경우, 일시적 또는 지속적으로 기본편성의 일부를 변경하는 것을 말한다.

(2) 조정의 요건

① 임시편성

- 계기별 특집 : 연말연시, 국경일, 각종기념일, 민속의 날, 전국체전 등의 특집편성을 말한다.
- 특집기획 : '우리 농산물 상품권 사기 사랑의 한마음 큰잔치', '자녀교육 상담실' 등 기획성 특집편성을 말한다.
- 특별 생방송 : '대통령 특별담화문 발표', '국가원수 해외외교 귀국연설', '국회 당대표 연설' 등 특별 생방송의 필요시 특별 임시편성을 한다.
- 스포츠 중계 : 각종 스포츠 중계를 필요에 따라 임시편성한다.

② 장기조정

특정 프로그램의 신설, 기존 프로그램의 방송시간 연장 또는 단축, 일일 기본방송 시간의 연장 또는 단축 등 장기적인 조정이 필요한 경우의 편성을 말한다.

4) 프로그램 개편

(1) 개편의 의의

앞서 TV 편성에서 정리한 바와 같이 라디오 방송 프로그램 개편 역시 봄, 가을 연간 두 차례에 걸쳐 청취자 생활시간대의 변화에 맞추어 기본편성의 구조를 더욱 유효적절하게 조정하는 일로서, 기본편성의 수시조정과 대비하여 정기개편이라고도 한다.

(2) 개편사항

프로그램 개편시에는 다음 몇가지 사항들이 구체적으로 검토되고 실행된다.

· 국민 생활시간대에 따른 시간대 변경 조정
· 새로운 아이디어 프로그램 신설
· 프로그램 제작시간 확대 또는 축소
· 프로그램 진행자 조정 교체(MC, ANN, DJ)
· 프로그램 포맷, 내용 보강
· 부실 프로그램 폐지

(3) 개편업무 과정

· 개편 목표 설정
· 체계적 자료수집 : 청취율 조사결과, 사내외 모니터 자료, 계층별 지역별 간담회 자료, 현업부서 아이디어 등
· 개편 방향의 구체화 및 종합 토의
· 새 아이디어 분석 평가 및 확정
· 파이로트 프로그램 검토
· 개편 세부안 종합토의 및 최종성안
· 보고결재 확정
· 개편예고 및 홍보
· 개편시행
· 결과측정 : 사내외 모니터 및 간이 청취율 조사 등

2장

라디오 프로그램 제작

1. 라디오 프로그램 제작

1) 라디오의 특성

일반적으로 방송매체의 대표적인 매체는 라디오와 텔레비전으로 널리 알려져 왔다. 그러나 라디오와 텔레비전은 점차 각각의 독특한 특성과 영역을 확보하면서 발전하고 있다.

방송매체의 선발매체인 라디오는 후발매체인 텔레비전에 그 기능과 영역이 잠식되어 균형을 잃어가는 것으로 이해되지만, 라디오는 그 매체의 특성과 라디오만이 지닌 고유의 장점을 살려 독자적인 기능과 영역을 확보해 나가야 할 것이다.

라디오는 라디오 수신기를 통해 전파를 송신하는 방송사로부터 각종 라디오 프로그램의 메시지를 청취하는 시스템으로서 무선전파를 송신하는 음성신호이다.

라디오의 무선전파는 기술적으로 주파수(*frequency*)가 모여 채널(*channel*)을 형성하고 채널이 모여 밴드(*band*)를 구성하여 하나의 전자파를 이루어 여기에 음성신호로서의 메시지를 담아 송신할 수 있는 것이다.

라디오는 다른 매체가 갖지 못하는 또 다른 장점을 지속적으로 발굴해 나가야 할 것이며, 라디오는 그 나름대로의 매체적 특성을 지니고 있음을 알 수 있다.

(1) 청각매체

텔레비전이 시청각매체임에 반하여 라디오는 순수한 청각중심의 매체로서 무선전파에 음성신호를 실어 수신자인 청취자에 전달되는 매체이다. 신문이 문장, 문법 중심의 메시지에 비해 라디오는 언어중심의 화법(話法)에 의존하는 청각중심의 매체라고 하겠다.

(2) 신속성

라디오는 텔레비전이나 신문매체보다 어떤 상황에 대한 신속한 속보를 낼 수 있다. 신속한 속보를 요하는 사건 뉴스의 경우도 텔레비전은 중계차, 카메라, 마이크로웨이브 설치 등 기술적인 메커니즘 과정이 뒤따라야 하며, 신문은 인쇄하는 시간과 작업과정이 필수적인 데 비해, 라디오는 사건현장에서 전화기 1대로서 곧바로 신속한 속보를 전할 수 있는 신속성(迅速性)을 지니고 있다.

(3) 추상성

라디오를 통해 청취하는 드라마의 경우 그 드라마에 출연하는 인물과 주인공들의 모습을 청취자들은 상상력을 동원해 영상화하게 된다. 드라마가 전개되는 상황과 장면 역시 청취자 각자의 추리와 상상력을 발휘해 그 장면을 시각화하려 한다.

라디오 드라마뿐 아니라 청취자 입장에서는 라디오에서 흘러나오는 모든 음향에 대해 영상화를 시도하는 상상력을 동원한다.

(4) 간편성

라디오 방송은 TV처럼 카메라 또는 조명 등 영상적인 기술상의 복잡한 준비과정이나 기술요원이 동원되지 않아도 녹음기나 마이크, 전화상으로도 취재 리포터할 수 있는 간편성(簡便性)이 있다. 이러한 라디오의 단순성은 TV에 비해 기동성과 융통성이 앞선다고 하겠다.

(5) 일 회 성

라디오 프로그램은 편성된 시간에 맞추어 방송되므로 그 시간을 지나쳐 버리면 다시 청취할 수 없다. 그러므로 라디오는 프로그램이 방송되는 그 시간에 청취하지 않으면 안되는 일회성(一回性)의 특성을 지니고 있다.

(6) 경 제 성

라디오 방송은 앞서 지적한 주간편성에 따라 프로그램 제작과정이 단순하며 TV 프로그램에 비해 제작비용이 적게 든다. 또한 청취자인 수용자 입장에서도 라디오 수신기의 구입이 TV 수신기에 비해 저렴하므로 경제성(經濟性)이 앞선다고 하겠다.

(7) 동 시 성

방송전파의 특질상 동시적인 매개체로서 공간적으로 유리된 많은 수용사들을 동시적 시간선상에서 접근 · 참가시킨다는 것을 의미한다.

(8) 직 접 성

개인수용 형태인 라디오는 수용자의 참여도가 높은 편이므로 영향력이 크다. 라디오는 커뮤니케이션 행위가 개인성향(*personalism*)으로서 직접적이고 개인적인 매체의 특성을 갖고 있다.

2. 라디오 프로그램 유형

1) 내용별 분류

- 보도 프로그램 : 뉴스, 시사해설 등 보도성의 프로그램과 일기예보와 같은 날씨 정보 프로그램도 보도 프로그램에 속한다.
- 스포츠 프로그램 : 스포츠 중계, 스포츠 해설 등 스포츠에 관련된 내용의 프로그램을 말한다.
- 정보 프로그램 : 교통정보 및 각종 생활정보를 제공하는 내용의

제작진행표

라디오 1국 (제 1라디오)
프로그램 : 안녕하십니까 김종찬입니다
담 당 PD : 윤석훈, 국은주, 이계창, 이혁휘
방송일자 : 1999. 5. 7. (금) 06:40 ~ 09:00

결재	차 장	부주간	국 장
	(서명)	(서명)	(서명)

(1부)

시 간	형 식	제 작 내 용	출 연 자 (직 업)
6:40	CD-1	SIGNAL + 1부 OPENING "안녕하십니까 김종찬입니다"	MC : 김 종 찬 시사평론가
6:45	정보센터	# 라디오 정보센터 종합뉴스	성우 : 오길경
6:56		# MORNING INTERVIEW — 국민회의 이렇게 체질개선한다 ㅇ 당 혁신위원회 발족 배경 ㅇ 젊은 피 수혈과 검증 방법 ㅇ 중간 리더십론과 김근태 부총재	김근태 국민회의 부총재 906-3727(H) 011-724-9373
6:58		바른말 · 고운말 SPOT	

(3부)

시 간	형 식	제 작 내 용	출 연 자 (직 업)
8:35	CD-1	1R LOGO + LOGO + 3부 OPENING + LOGO "안녕하십니까 김종찬입니다"	MC : 김 종 찬 시사평론가
8:40		# CNN REPORT	R 정보센터 이 영 지 번역작가 (T. 3264)
		# 해외경제동향 : 해외 증시 및 환율동향	최기억 기자 (연합뉴스 인포맥스부) 3983-433/432(O) 011-254-2922(HP)
8:43 8:44	CD-1	LOGO	
		# 해외통신원 REPORT : 스코틀랜드·웨일즈 6일 첫 독자 의회 선거 — 중간 개표상황 및 전망	박미경 런던통신원 44181-255-6627
8:49		# 외신 BRIEFING	신현덕 대기자 (국민일보 국제문제) 7819-383(O) 011-9788-3253(HP)
8:56			
[illegible]	CD-1	CLOSING + 後 SIGNAL	

제 작 진 행 표

	차 장	부 주 간
결재		[illegible]

프로그램명 : 배한성 윤영미의 가로수를 누비며
작가 : 조재현
담당PD : 김영섭, 정철훈, 민일홍
방송일자 : 1999년 5 월 7 일 (금)
방송시간 : (월-토) AM 6:30-8:55

순번	시간	구분	제작내용	출연자
1부	6:30	TR	SIGNAL + OPENING	*통신원 근무자 이승희 (청양읍장) 김 산 천. 김 기 할.
		LINE	기상청 (4511) 박현주	
			도로공사 (4513) 이예진, 김미란	
		M	김광석 - 일어나	
	36	TR	<B.G +뉴스원고> ◉ 간추린 뉴스 (BG) - 윤영미 ANN.	
	39	TEL	생활 경제이야기 세계 홈쇼핑 시장의 동향과 국내 홈쇼핑실태	안영환처장 (KOTRA 시장조사처) Ⓣ540-6401
		TR	L O G O	
	43	TEL	오늘의 화제 제4회 남해안 생선요리축제 전남 여수시에서 열리는 남[illegible] 생선요리축제 내용, 일정, 기대효과	이용민 추진위원장 (생선요리축제) Ⓣ 0662-652-6161(내) 011-621-6160
	54'55	M	이 정선 - 섬 소년 (3'18)	

→ 남해안 어획 현황은?
— 어마웅 .. 타개책 등

※ 연락처
CP : 고성균 (594-3286) 지정 : 성내경 (834-4490, 017-230-4490)
PD : 김영섭 (782-7397, 011-9774-3777)
정철훈 (0344-917-5315, 011-708-3231) 민일홍 (2247-0980, 019-325-1970)
MC : 배한성 (011-222-0060, 0343-23-0046) 윤영미(813-0974, 019 313 0974)
STAFF : 조재현 (011-396-5374) 김성애 (017-232-6866)
이상배 (018-272-5407) 서은영 (016-269-6899)
출연진 : 기영노 (017-271-6201) 김원식 (019-299-7395) 양두식 (011-723-6222)
박용훈 (016-213-8282) 오경순 (011-9706-3151) 신현덕 (011 9788 3253)

541-204-157 5216.
여수시 둔덕동 521-1
외환) 047-19-18748-8

제 작 진 행 표

프로그램 : 라디오 전국연결 후 2:20 - 3:58
M C : 김관동, 김옥경
프로듀서 : 이종만, 김우석
작 가 : 강소연
방송 일시 : 1999.5.10.(월). 1부 (PM 2:20~2:57)

결재	차장	부주간	국장

시 간	구 분	제 작 내 용	출 연 자
2:20	TR-1	SIG + TITLE + OPENING	
2:22	TR-1	지역소식 (BG + 원고)	
2:24	NET	지역소식 릴레이(1) : 부산	차경애 Ann
		지역소식 릴레이(2) : 청주	엄태진 Ann
		지역소식 릴레이(3) : 전주	김성은 Ann
2:32	TR-1	L O G O	
2:33	CD	M1 : 젊은 그대 / 김수철 (3'30")	N 6
2:36	LINE	증권소식 (증권거래소 KBS 스튜디오) (4518)	이호선
2:39	TEL	**뉴스속의 인물 : 콩나물 교수 ....???** : 고려대학교 생명공학원 박원목 교수. (콩나물 예찬?) 기존 재배법과 다른 콩나물 재배장치 개발 (침수형 재배) 콩의 부패 막고, 재배 기간 단축, 물도 절약... 정부의 지원없어 보급에 어려움 안타까워....	박원목교수 011-9725-5299 핸드폰으로 10분전 연락 유선:3290-3412 3290-4264
2:44	CD	M2 : 아름다운 계절 / 영사운드 (2'40")	N 8
2:47	Studio	지역소식 릴레이(4) :수도권(KBS 라디오정보센터)	
2:50	NET	지역소식 릴레이(5) : 대구	정현조 Ann
		지역소식 릴레이(6) : 제주	이한숙 Ann
2:56 2:57	TR-1	1부 마무리 + 2부 예고	

프로그램을 말한다.

- **교양 프로그램** : 인간의 삶의 질을 높여주는 교양성의 프로그램을 말한다.
- **오락 프로그램** : 즐거움을 제공하는 오락성 프로그램으로 버라이어티쇼 구성물이 많은 편이다.
- **음악 프로그램** : 음악 프로그램도 가요, 외국팝송, FM 중심의 클래식 음악과 국악 등 매우 다양하게 구별된다.
- **드라마 프로그램** : 라디오 드라마 프로그램은 종래에 비해 줄어드는 추세이나 TV 드라마에 비해 상징성과 상상력을 청취자에게 더해주는 특성이 있다.
- **교육 프로그램** : 영농공개강좌 등 각종 강좌와 교육 프로그램 등이 있다.
- **상담 프로그램** : 시민생활상담, 자녀교육상담 등 주로 전화로 문의해오는 상담 프로그램이 주종을 이룬다.
- **대상 프로그램** : 어린이, 주부, 노인, 청소년, 근로자, 군인 등 특정 청취자 대상의 프로그램을 말한다.

2) 포맷별 분류

- **종합구성 프로그램** : 생활정보, 세상사는 이야기, 오늘의 화제 등 다양한 아이템을 브리지 음악으로 연결·구성되는 종합적 구성 프로그램이다.
- **녹음구성 프로그램** : 프로그램 내용을 녹취하여 녹음으로 구성된 프로그램이다.
- **공개 프로그램** : 방청객이 있는 공개 프로그램으로서 현장감과 생동감이 있어 활기있는 프로그램으로서의 특성이 있다.
- **DJ 프로그램** : DJ에 의해 진행되는 음악 프로그램으로서 시간대에 따라 각 DJ의 개성과 색깔에 맞는 프로그램 배정이 되어야 한다. 진행자인 DJ의 재치와 박식한 화술이 요구되므로 DJ의 퍼스낼리티(*personality*)에 대한 의존도가 높다.
- **토크 프로그램** : 시사좌담, 문화살롱, 어학강좌 등 진행자와 출

연자와의 대담에 의해 구성되는 프로그램이다.

- **드라마 프로그램** : 픽션 또는 넌픽션을 소재로 드라마화한 프로그램이다.
- **스파트 프로그램** : 1분 내외의 짧은 시간에 함축성이 있는 내용을 전달하는 프로그램으로서 캠페인성이 강한 프로그램이라 하겠다. 생활의 지혜, 예절, 상식, 캠페인 등의 소재를 다룰 수 있다.

3) 편성에 따른 분류

- **정규 프로그램** : 주간 기본편성표에 의한 정규 프로그램을 말한다.
- **특집 프로그램** : 앞서 편성조정에서 다룬 임시편성에 따른 특집 프로그램을 말한다.

3. 라디오 프로그램의 기획

1) 기획의 결정요인

라디오 프로그램의 기획이란 프로그램의 내용, 성격, 분량, 배치 등을 계획하는 것으로서 무엇을, 언제, 어떻게 할 것인가를 결정하는 행위를 말한다.

라디오 프로그램의 기획은 방송관계 법률적인 규정과 방송사 경영목표 등을 고려한 라디오 프로그램의 편성단계에 이어서 이러한 편성의 방향과 의지를 구체화하는 2차 단계로 볼 수 있다.

기획의 결정요인을 아래와 같이 정리해 볼 수 있다.

- 편성에 의해서 정해진 포맷이나 프로그램 성격, 청취대상, 시간의 길이 등을 고려해서 적합한 내용인가?
- 방송시간대, 요일, 계절을 고려한 적절한 내용인가?
- 프로그램 내용을 어떤 작가에게 어떻게 원고화할 것인가?

제 작 진 행 표

프로그램명 : 특별기획 컴퓨터대란,
밀레니엄버그 대재앙은 오는가?

담당P D : 서기철, 정철훈, 이혁휘

결재	차장	부주간	국장

방송일자 : 1999년 4월 8일 (목요일) 오전7:17～8:55

순번	시간	구분	제작내용	출연자
7:15	17:00	TR	Signal+Title (특별기획 컴퓨터대란, 밀레니엄버그 대재앙은 오는가)	★MC:배한성 011-222-0060 0343-23-0046 ★MC:윤영미 813-0974 019-313-0974
	17:30	TR	News Effect (Y2K 오류로 추정되는 각종 사고들)	
	19:00	Opening		
		CM	한국타이어 / 대우자동차 / 대한항공 삼성전자 / 국민일보 / 한미은행	
	22:00 출연	* Y2K 전문가 소개 (0) 958-3315, 011-797-7416 - 문송천 교수 (KAIST 테크노 경영대학원) (Y2K 세계대회 Global 2000 한국대표) - 김경묵 기자 (전자신문) (0) 636-8114(사)		
	23:00	TR (시민인서트)	①'밀레니엄 버그', 'Y2K'란 무엇인가? (59") ②'밀레니엄 버그'로 가장 피해가 우려되는 분야는? (60") (김진엘 Rep)	
1부	26:00	* 전문가 대담 - Y2K (밀레니엄 버그) 정의 - 밀레니엄 버그가 가져올 수 있는 폐해 - 실제 99버그에서 나타난 피해와 문제점		-문송천 -김경묵
	36:00	CM	SK주식회사 / 아시아나 항공 / 현대자동차 쌍용정유 / 현대해상화재 / 대한매일	
	38:00	TR	* 가상다큐 < 21세기, 대재앙이 몰려온다 > (5')	
	43:00	* 전문가 대담 - 밀레니엄 버그 대비실태 (외국과 비교) - 공공부문 - 밀레니엄 버그 사각지대는 어디인가? - 중소기업과 PC등		
	49:00	TR	* 취재인서트 - 가전제품등 우리 일상속에서 일어날 수 있는 버그들 (주부등 인터뷰) (42") (이선배 Rep)	
	51:00	1부 정리		
	53:35	M(예비)		

- 출연자는 어느 분야의 어떤 인물들을 섭외할 것인가? (전화 인터뷰 포함)
- 취재 인서트는 어떤 성격으로 하고, 어떤 취재대상을 선정, 섭외할 것인가?
- 음악은 어떤 곡들을 선곡할 것인가?
- 프로그램 구성요소를 어떤 분량으로, 그리고 어떤 순서로 배열할 것인가?
- 이렇게 기획된 프로그램은 편성의 방향과 의지에 일치하는가?

2) 제작기획서 작성

라디오 프로그램의 모든 기획은 제작기획서를 작성, 소정의 결재를 필한 후에 확정되며, 프로그램 제작자(PD)는 이 제작기획서에 의거하여 프로그램 제작에 임한다.

제작기획서에는 작성일자, 프로그램명, 작성 PD, 방송일시, 제작의도, 주제 및 내용, 제작비 소요내역 등을 기입한다.

4. 라디오 프로그램 제작

1) 프로그램 제작의 정의

(1) 정 의

라디오 프로그램 제작은 라디오 프로그램의 편성과 기획이 선행된 다음, 구성 및 원고작성, 출연자 섭외, 취재, 선곡, 녹음, 편집 등의 과정을 거쳐 프로그램 기획내용의 생산작업을 말하며 녹음방송은 녹음완료까지, 생방송은 송출완료까지를 제작으로 간주한다.

(2) 송출형태에 따른 분류

- 생방송 프로그램의 제작
- 녹음방송의 프로그램의 제작

2) 프로그램 제작기법

라디오 프로그램은 채널별, 내용별, 포맷별로 그 종류가 다양하기 때문에 제작기법도 프로그램에 따라 크게 다르다. 특히 프로그램의 포맷에 따라 제작요소의 중요도가 각기 전혀 다르다.

- **생방송 프로그램** : 정보의 내용(아이템 결정)과 출연자 섭외, 진행자의 진행능력 등이 프로그램의 제작기법 요소로서 중요한 비중을 차지한다.
- **드라마 프로그램** : 드라마 제작의 기획의도 목표설정과 드라마작가의 우수한 원고, 출연성우의 연기력과 PD의 연출력이 삼위일체가 되어야 훌륭한 드라마로서 완성도를 높일 수 있다.
- **토크 프로그램** : 토크 프로그램이야말로 MC의 진행능력이 가장 중요하며 아울러 출연하는 패널의 섭외에 좌우된다. 특히 주어진 제한된 시간내에 프로그램 기획목표에 도달할 수 있도록 집약적이고 총체적인 진행이 원활하게 이루어져야 한다.
- **음악 프로그램** : 프로그램을 진행하는 MC와 DJ의 역량과 인기도, 지명도가 우선하며 해당 음악 프로그램의 청취대상을 고려한 선곡과 프로그램을 엮어가는 진행솜씨가 제작기법의 요체라 하겠다.
- **공개 프로그램** : 버라이어티한 구성내용과 출연진의 인기도, 이에 앞서 공개방송을 진행하는 사회자의 능력이 선행되어야 한다. 특히 공개방송의 경우 방청객도 넓은 의미의 프로그램 출연자들이므로 진행자, 출연자, 방청객이 혼연일체되어야 공개방송으로서의 생동감이 넘친다. 공개방송에서 방청객의 반응(*re--action*)은 공개방송의 생명이라 해도 과언이 아니다.
- **녹음구성 프로그램** : 취재녹음 인서트의 구성에 프로그램의 성패를 좌우하므로 취재대상, 취재내용, 녹취상태 등이 프로그램 구성내용과 제작목표에 도달해야 한다.

라디오 드라마 녹음장면

라디오 토크 프로그램 진행장면

3) 프로그램 제작과정

(1) 기획구성

프로그램의 기본적인 기획은 이미 편성단계에서 그 목표가 설정되지만, 매회 제작되는 단위 프로그램에서 좀더 구체적인 구성내용이 시의성에 맞게 짜여져야 한다.

이렇게 짜여진 구성안은 건축에서의 설계도와 같은 것이어서 구성내용에 담긴 메뉴가 청취자들의 식성에 맞고 관심과 호기심의 대상이 되어야 한다.

프로그램 구성원칙은 다음과 같다.

- **도입과정** : 모든 프로그램은 시그널 타이틀에서부터 시작되는 도입부분이 있어야 한다. 시그널 음악부터 청취자의 귀를 사로잡을 수 있어야 하며, 도입과정에서 프로그램의 방향을 제시하고 흥미를 유발할 수 있도록 유도해야 한다.
- **전개과정** : 프로그램 구성작업에서 가장 중요한 것이 시간계획이다. 부여된 시간량 범위내에서 프로그램 제작목표가 달성될 수 있도록 치밀하게 구성내용을 담아야 한다. 특히 생방송의 경우 프로그램을 진행하다 시간이 남거나 부족해서도 안되며 1초의 오차도 없이 시간계획이 철저해야 한다.

  프로그램 구성상 전개과정에서 구성내용의 핵심이 되는 포인트를 강조해야 하며 구성의 묘미를 살려야 한다. 또한 프로그램별 특성을 고려해서 극적인 구성연출이 필요하며 구성연결 진행이 물흐르듯 매끄러워야 한다.
- **정리 마무리 단계** : 구성의 시간계획에 맞춰 프로그램을 알맞게 끝맺음해야 하며 잘 진행되어온 전개과정의 마무리가 명쾌하게 정리되어야 한다.

(2) 원고작성

프로그램의 내용, 분량과 심도에 따라 담당PD가 직접 원고작성을 하지만 해당 프로그램 전문성의 요구에 의해 전문 스크립터와 방송작가에 의뢰한다. 작가와 PD는 프로그램 구성에 대해서 심층적인 연구와 토의 및 여론수렴에 노력해야 한다.

(3) 출연자 섭외

라디오 프로그램에서 출연자란 마이크 앞에 등장하는 모든 인물을 라디오 프로그램 출연자로 간주하며, 출연빈도에 따라 다음과 같이 나눈다.

- 프로그램 진행자 : MC, DJ
- 고정출연자 : 매회 출연자, 요일별 고정출연자
- 일반출연자 : 필요시 수시출연

MC와 DJ를 선정할 때는 프로그램 내용과 방송시간대, 청취대상을 고려, 가장 적합한 인물을 선택해야 한다. 일반 출연자의 섭외는 청취자가 공감하는 전문가, 권위자 그리고 방송에 적합한 보이스 컬러의 소유자를 섭외하는 것이 좋다. 드라마 프로그램의 성우출연은 출연빈도, 타 프로그램과의 출연 중복성, 연기력, 개성 등을 고려해서 배역을 해야 한다. 공개 프로그램의 가수, 개그맨, 코미디언 등 인기인 섭외는 인기도, 무대매너 등을 고려해서 청취자의 호응도가 높은 출연자를 섭외하는 것이 프로그램 제작의 효율성을 높여준다.

(4) 선 곡

라디오 프로그램의 시그널 음악은 그 프로그램의 얼굴이며, 이미지와 직결되므로 매우 중요하고 비중도가 높은 만큼 신중한 선곡이 요구된다.

시그널 음악선곡을 국내외 기존 연주곡에 의존해오던 경향에서 탈피해서 그 프로그램 성격에 맞는 창작곡으로 제작하는 것이 바람직하다. 기존 기성곡을 선곡하는 것은 안이한 제작자세일 뿐만 아니라 저작권 문제가 수반되므로 유의해야 한다.

음악 프로그램에서의 선곡은 방송채널, 시간대, 청취대상 등을 신중하게 참작해서 음악의 종류를 선택해야 한다.

방송자료실에서 선곡할 음악자료는 음반의 경우 음반의 상태 등을 점검하고 확인한 후 선별해야 한다. 당일 동일곡을 2회 이상 방송되지 않도록 각별히 유의해야 한다.

(5) 제작진행표 작성

제작진행표란 프로그램 제작설계도와 같은 것으로서 바로 큐시트(*cue sheet*)이다. 라디오 프로그램의 기획에 의한 구성 및 원고작성, 출연자 섭외, 인서트물 취재녹음, 음악선곡 등의 프로그램 제작을 위한 준비작업과 병행해서 제작진행표를 작성한다.

제작진행표에는 프로그램 주제(*main-title*)와 부제(*sub-title*), 방송일시, 담당PD가 명시되어야 하며 정확한 시간배정과 제작내용이 자세하게 기록되어야 한다.

제작내용란은 자세한 순서와 내용, 삽입음악의 배열, 출연자의 취재 인서트 등을 상세하게 기록해야 하며, 제작스탭도 일목요연하게 파악할 수 있도록 작성되어야 한다.

(6) 사전심의

작성된 제작진행표에 의해서 녹음제작이나 생방송에 임하기 전에 모든 프로그램은 방송심의실의 사전심의나 제작부서 자체심의를 거쳐야 한다.

방송심의실 심의를 요하는 프로그램과 사전자체 심의를 요하는 프로그램으로 대별할 수 있으며, 프로그램의 비중도와 내용, 성격에 따라 심의대상이 구분된다.

- 원고의 사전심의를 요하는 프로그램
- 제작진행표의 사전심의를 요하는 프로그램
- 원고와 제작진행표의 사전심의를 요하는 프로그램
- 녹음된 테이프의 심의를 요하는 프로그램(특집 녹음프로그램의 경우가 많음)

제 작 진 행 표

라디오국 (제 1 라디오)
프로명 : **라디오 동서남북**
작성 PD : 강희창, 정유라
방송일시 : 1999. 5 . 10. (월) 10:10 ~ 10:57

결재	차 장	부 주 간	국 장

시간	순서	제 작 내 용	출 연 (직업)
10:10	TR 1	SIGNAL + OPENING	MC : 황인용 작가 : 김남광
10:11	TR 1	LOGO (동서남북 돋보기)	
	출연	# 동서남북 돋보기 ; 「아파트 관리 비리, 어떻게 해결할까?」 - 아파트 관리비리가 예상보다 심한 것으로 나타나면서 도시주민들의 현안으로 대두되었다. 비리사례와 더불어 해결책을 모색해본다. - 시민들의 반응과 시민들이 생각하는 해결책 - 주민들 스스로의노력으로 해결하는 모범사례 - 아파트 공동체 연구를 통한 대안 모색 등	한은주 리포터 최병순 (수원 삼환APT) ☎ 0331-295-4922 심현천 부소장(참여연대 아파트공동체연구소) ☎ 019-307-6797
	TR 1	LOGO	
10:32	LINE	# 라디오정보센터 소식 + 오늘의 날씨	ANN
	LINE	# 고속도로 표정 ; 한국도로공사 # 항공기 운행 상황 : 김포공항	☎ 4513 ☎ 4516
10:38	TEL	# 청취자 칼럼 화물차 1차로 통행허용 - 화물차의 1차로 통행허용에 대한 배경과 현장에서 어떤 상황으로 나타나는지 알아본다.	박종국 교통기획과장 (경찰청) ☎ 313-0671
	TR1	LOGO(청취자 칼럼 예고)	
10:43		# 정보특급 : 쉽게 푸는 생활경제 「국내 은행들, 얼마나 튼튼해졌나」 - 제일, 서울은행의 매각협상은 어떻게 진행되고 있나? - 외국에 매각, 합병으로 생기는 은행들의 체질 변화는 - 소비자들의 시각에서 본 은행 판별법	정규재 논설위원 (한국경제신문) ☎ 3604-128
10:54	출연	# 생활 뉴스	성우 오길경
10:57	TR1	후 Signal	

사전심의 결과 부분삭제, 수정보완, 재구성 등의 제반 지적사항에 따라 제작작업이 이루어져야 한다.

(7) 녹음제작

① 스튜디오 배정

녹음제작에 앞서 녹음할 스튜디오를 스튜디오 배정을 담당하는 편성부서로부터 배정을 받아야 한다. 녹음 스튜디오 배정은 정규 프로그램의 경우 개편과 동시에 주간 녹음 스튜디오 배정표에 따라 배정이 이루어지나 임시편성에 의한 특집편성에 의한 특집 프로그램의 경우는 별도 스튜디오 배정을 받아야 한다.

② 스탭회의

제작진행표가 사전에 MC, DJ 등 진행자와 녹음을 담당할 엔지니어에게 제공되어 제작과정을 상세하게 사전에 숙지할 수 있도록 스탭회의가 충분히 이루어져야 하며, 녹음도중에 실수로 인한 NG 현상이 유발되지 않아야 한다.

③ 출연자 협의

담당 PD는 제작내용이 기획의도와 일치하도록 진행자와 출연자가 충분한 사전협의를 거칠 수 있도록 하며 최선의 프로그램이 제작될 수 있도록 녹음연출을 해야 한다.

④ 배정시간 엄수

특히 스튜디오 배정된 시간내에 녹음제작이 완성될 수 있도록 제작시간에 유의해야 한다.

⑤ 테이프 사인

녹음제작시 제작진행표에 따른 내용녹음 직전에 프로그램명, 방송일시, 담당 PD, 녹음담당 엔지니어 등을 명시하는 테이프 사인(*tape sign*) 녹음을 반드시 해야 한다.

(8) 생방송 제작

라디오의 특성인 속보성과 현장성을 극대화하기 위한 방안으로 전

라디오 생방송 진행장면

화연결, 중계차 연결 등을 활용하여 생방송 스튜디오에서 사전작성된 제작진행표에 따라 생방송을 제작하게 된다.

생방송 프로그램은 제작과 동시에 청취자에게 전달되어 생동감을 지니는 장점이 있으나 잘못을 수정하거나 편집 보완할 수 없어 치밀한 제작계획이 요구된다.

생방송 제작은 정확한 시간관리와 배열, 완벽한 사전준비, 출연자에 대한 충분한 사전 기획의도 전달 및 토의, 생방송 스튜디오의 엔지니어와 진행에 관한 충분하고 상세한 사전설명 등이 요구된다.

특히 전화연결, 중계차 현장탐방 등의 경우 예상밖의 내용이나 기술상의 문제 등에 대비해서 빠른 전환과 순발력이 요구된다.

(9) 테이프 편집

생방송 프로그램의 인서트물이나 녹음제작이 완료된 프로그램을 시간의 길이에 맞게 단축하거나 잘못된 부분을 삭제하기 위해서 녹음테이프의 편집이 불가피하며 테이프 편집에는 복사편집과 가위편집이 있다.

① 복사편집
시간계획이 정확하지 않고 프로그램 진행이 정교하지 못한 공개방송 프로그램의 테이프 편집이나 장시간에 걸쳐 녹음제작된 프로그램 테이프를 짧은 시간으로 단축해서 편집할 경우는 가위편집보다는 복사편집이 용이하다. 복사편집은 녹음기 세트가 기본적으로 2대 이상인 녹음 스튜디오에서 가능하다.

② 가위편집
취재 인서트 등 짧은 시간의 압축된 내용이 필요한 테이프의 편집은 가위편집이 편리하다. 가위편집은 녹음 스튜디오가 아닌 편집실이나 녹음기 1대로서 편집이 가능하다. 편집은 필요한 부분의 테이프를 물리적으로 가위로 잘라 붙이는 것으로서 테이프와 테이프의 접속부분에는 녹음되지 않는 편면(片面)에 스플라이싱(*splicing*) 테이프의 접착 테이프로 정교하게 이어 붙여서 편집한다.

(10) 녹음테이프 인계

① 테이프커버 작성
녹음제작이 완료되어 편집까지 마친 프로그램은 테이프커버에 필요한 사항인 제목, 방송일시, 녹음일시, 소요시간, 녹음속도와 녹음방식, 녹음장소, 주요내용 및 연사, 담당자 등을 기입한다.

② 라디오 운행부서 인계
테이프커버 작성 후 녹음테이프 확인서를 작성, 라디오 운행부서에 인계한다. 인계할 때는 테이프 인계대장에 기록·확인 후, 송출 주조정실 테이프장에 비치한다.

(11) 프로그램 홍보
모든 프로그램은 반드시 홍보에 역점을 두어서 청취율에 기여토록 사전 홍보계획을 수립하여야 한다.

① 자체 프로그램 예고
해당 프로그램에서 다른 프로그램의 내용과 인기도와 지명도가 있

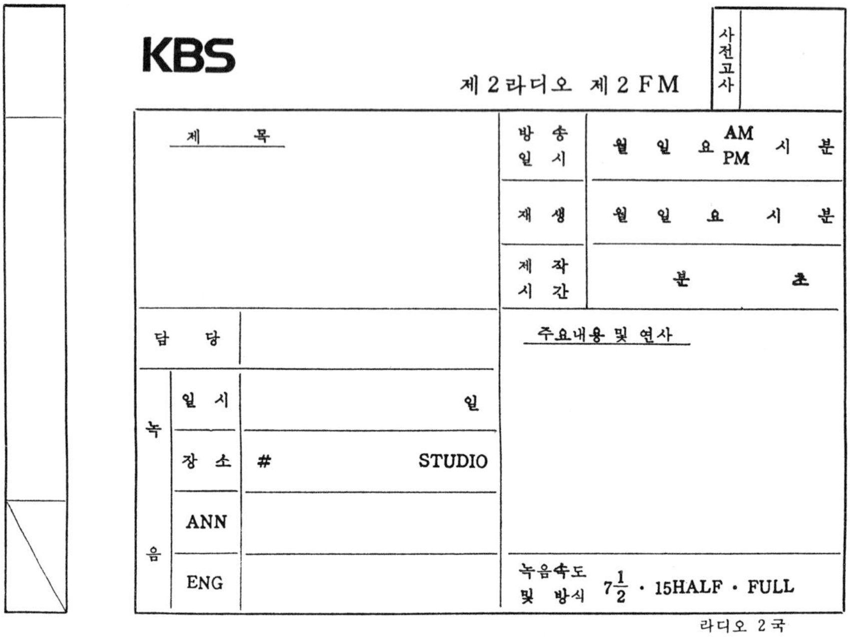

KBS

제 2 라디오 제 2 FM

사전고사

제 목	방송 일시	월 일 요 AM PM 시 분
	재 생	월 일 요 시 분
	제작 시간	분 초

담 당		주요내용 및 연사
녹음 일시	일	
장 소	# STUDIO	
ANN		
ENG		녹음속도 및 방식 $7\frac{1}{2}$ · 15HALF · FULL

라디오 2국

KBS 2FM 테이프 커버

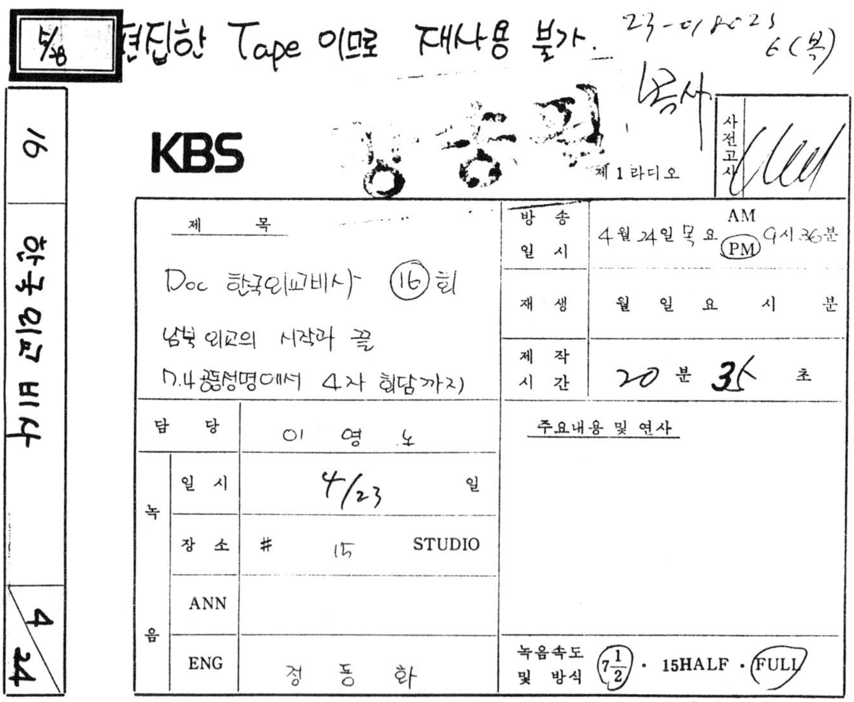

5/8 편집한 Tape 이므로 재사용 불가. 23-01-8025 6(복)

KBS

제 1 라디오

사전고사

제 목	방송 일시	4월 24일 목 요 AM (PM) 9시 36분
Doc 한국외교비사 (16)회 남북 외교의 시작과 끝 7.4공동성명에서 4자 회담까지)	재 생	월 일 요 시 분
	제작 시간	20 분 35 초

담 당	이 영 노	주요내용 및 연사
녹음 일시	4/23 일	
장 소	# 15 STUDIO	
ANN		
ENG	정 동 하	녹음속도 및 방식 ($7\frac{1}{2}$) · 15HALF · (FULL)

라 디 오 국

16 한국외교비사 4 24

KBS 1라디오 〈다큐멘터리 한국외교비사 16회〉 테이프커버 작성례는 출연자의 소개 등으로 자체 프로그램 예고를 함으로서 홍보효과를 올린다.

② 스파트 예고

특집 프로그램이나 임시편성에 따른 이벤트가 있을 경우에는 특별히 스파트 예고를 할 수도 있다.

③ 인쇄매체 홍보

첫째, 자사에서 발간하는 사보 및 제반 인쇄홍보물에 프로그램 소개를 하므로 홍보효과를 상승시킬 수 있다.

둘째, 각 일간지 방송란에 프로그램 소재를 제공, 기사화할 수 있으며 기타 인쇄매체를 다각적으로 활용할수록 홍보효과를 볼 수 있다.

④ 판촉물 제작

첫째, 해당 프로그램 출연자나 방청객에게 프로그램 홍보내용의 출연기념 품을 제작 배포할 수도 있다.

둘째, 그외 안내판, 옥외광고물의 활용도 할 수 있다.

(12) 온 에어(On Air)

송출 주조정실 테이프 보관장에 비치된 방송테이프는 당일 MD의 운행에 따라 기술주조근무 엔지니어에 의해서 송출·진행한다.

(13) 자료정리 보관

온에어된 테이프는 중요한 내용에 따라 말소와 영구보관으로 구분, 방송자료실에 이관 보관해야 하며 테이프 보관은 방송제작진행표(*cue-sheet*)와 함께 보관되는 것이 바람직하다.

이외 프로그램 제작을 위해 사용되었던 중요한 자료와 홍보자료 등도 참고자료로 정리 보관하는 것이 좋다.

3장

TV 프로그램 개관

1. TV 프로그램 개관

1) TV의 특성

텔레비전이 사회와 인간에 미치는 막대한 영향에 대해 많은 연구자들은 이론적 시각에 따라 다양하게 설명하고 있다. 텔레비전이 사회와 인간에 미치는 막대한 영향에 대하여, 다니엘 부스틴(D. Boorstin)은 단순한 혁명(*revolution*)이 아니라 대변혁(*cataclysm*)이라는 말로 표현하고 있으며, 토니 슈월츠(Tony Schwartz)는 텔레비전이 우리 인간에게 있어 '제2의 신'이 되었다고 표현하고 있다. 즉, 신은 전지전능하며, 우리들 내부와 외부에 다 존재하며, 우리와 항상 같이 있으며, 무한한 창조력을 지니고 있는데 이러한 신의 속성을 텔레비전은 빠짐없이 구비하고 있다는 것이다.

텔레비전의 위력에 대해서 조지 거브너(G. Gerbner)도 슈월츠와 유사한 견해를 나타내고 있다. 그에 의하면 중세에 신(신앙)이 인간에게 끼친 영향처럼, 현대사회에서 텔레비전이 인간에게 신의 역할을 대신하게 되었다는 것이다. 거브너는 그의 동료들과 함께 지속적으로 벌여온 일련의 문화지표(文化指標, *cultural indicator*) 연구를 통해서, 텔레비전이 오늘날 미국사회의 중심적인 문화적 주류(*cultural mainstream*)를 형성시키는 문화적 무기(*cultural arms*)

라고 규정하고 있다. 그에 의하면 텔레비전은 사람들에게 사회적 현실의 상황에 관한 기본적 가정을 배양시킴으로써 특정 의견이나 태도에 영향을 주어 그들로 하여금 표준화된 역할과 행위를 하게끔 사회화시킨다는 것이다. 다시 말해 텔레비전은 기술적으로 만들어지고 매개된 메시지 체계로서, 이를 통해 세계를 이해하며 공통의 방법을 공중에게 전달함으로써 현상을 선택하거나 해석하거나 하는 공통의 방법을 만들어낸다는 것이다. 거브너는 이를 '지배적인 이미지 패턴의 배양'이라고 부르고 있다. 말하자면 텔레비전은 사회적 현실에 대하여 균질적이고, 비교적 합의를 얻을 수 있는 해석을 제시하고 있다는 것이다.

이와같이 텔레비전 미디어 속성이나 그 영향력에 대한 시각은 다소 뉘앙스는 다르나 그 막대한 영향력에 대해서는 연구자들간에 대체로 일치하는 경향이 있다.[1] 그리고 수용자도 여기에 상응해서 문화변용을 하게 된다는 것이다.

TV 방송이 지니고 있는 사회심리적 특성을 다음과 같이 살펴볼 수 있다.

(1) 시청각매체

TV 방송이 지닌 시각(視覺)과 청각(聽覺)의 동시 수용능력이야말로 타매체에 비해 강한 호소력과 아울러 장점을 누린다고 하겠다. 특히 동적(動的)인 시각과 흑백 TV에서 컬러화되면서 갖게 된 강한 시각효과는 TV 방송이 창조하는 이른바 TV 방송의 독자적인 위력을 지녔다고 하겠다. 이러한 TV 방송의 시청각적 구체성(*audio visual concreteness*)은 TV 매체의 가장 강한 효과적 특성이다.

(2) 사 실 성

TV의 영상은 실제있는 상황 그대로를 그려낸다. 이를 자연성(*naturality*)이라고도 할 수 있으며, TV의 메커니즘적 요소의 특성은

---

1) 최충웅, "TV 프로그램 제작과정에서 상징적 상호작용과 Gate keeping 연구," 박사학위논문, 1991, pp. 1~2.

있는 그대로의 화상 또는 실상을 묘사·전달한다는 사실성(寫實性)에 있다.

(3) 공공성

공공성(公共性)은 비단 TV뿐만 아니라 라디오를 포함한 전파매체가 지닌 특성이다. 방송의 근본적인 자원인 전파라는 물리적인 에너지는 어떤 기존의 특정인만이 대상이 될 수 없고 불특정다수인(不特定多數人), 즉 공중(公衆)이 대상이다.

우리나라 방송법 제1장 2조 1항에 방송의 개념을 "'방송'이라 함은 정치, 경제, 사회, 문화, 시사 등에 관한 보도, 논평 및 여론과 교양, 음악, 오락, 연예 등을 공중에게 전파함을 목적으로 방송국이 행하는 무선통신의 송신을 말한다"라고 규정짓고 있다.

여기서도 분명한 것은 공중에게 전파함을 그 목적으로 규정하고 있어 방송의 공공성을 뒷받침하고 있다.

그러므로 방송은 특정한 개인이 아닌 다수인 공중(公衆)을 대상으로 하는 공적(公的) 커뮤니케이션으로서 공개적(公開的), 공공적(公共的), 사회적(社會的) 커뮤니케이션이라 할 수 있다.

(4) 강한 호소력

방송미디어가 지닌 특성으로서 생생한 현실감(*reality*)이나 현장감(*actuality*)의 표현전달 기능은 다른 미디어에 비해 월등히 강한 호소력을 지니고 있다.

스포츠 축구 중계장면 중 절묘한 슛 골인 순간의 생생하고 현장감을 살린 생중계 장면과 대형 사고현장에서 생중계중인 뉴스속보 등은 다른 미디어의 추종을 불허하는 강한 호소력을 가지고 있다.

(5) 동시성

신문의 경우는 신문이 각 가정에 배달되는 시간이 일치될 수 없으며 독자마다 신문을 읽는 시간과 읽고자 하는 지면(紙面)과 기사내용도 서로 다를 것이다. 그러나 방송의 경우 저녁 9시 뉴스의 경우 전국의 시청자가 동시에 시청을 해야 하는 동시성(同時性)의 특성이 있다. 그러므로 방송은 사건의 발생 또는 전개과정을 수용자인 시청자로 하여금 같은 시간에 파악하게 하는 시간적 동시성의 특성이 있다.

(6) 친근성

TV 매체의 시청각적인 인식작용은 수용자에게 강한 흡수력으로 용이하게 전달되므로 개인적 커뮤니케이션과 그 형식면에서 유사하기 때문에 다른 미디어보다 친근성(親近性)을 느끼게 한다. TV의 경우 접촉장소가 대부분 가정에서 이루어지며 전달적 특성과 청취상황적 분위기 조성이 다른 매체에 비해 친근성이 강하다.

(7) 참가성

TV 시청자가 TV 메시지에 대한 동일화(同一化, *indentification*)와 자아관여(自我關與, *ego-involvement*) 현상을 일으키고 메시지에 의해 체험 또는 간접체험을 느낌으로 TV 화면의 상황을 별다른 거리감없이 수용한다. 즉, 참가성(參加性)은 메시지와 수용자 간의 심리적 거리(*phychological distance*)의 단축을 의미한다.

이는 수용자가 TV 프로그램을 통해 대리만족(代理滿足, *vicarious satisfaction*)을 느끼는 것으로서 대상만족(代償滿足), 즉 메시지를 통해 수용자의 욕구를 대상적으로 혹은 대리적으로 해소한다는 것이다. 긴장해소, 욕구불만을 경감(輕減)시킨다는 심층심리학(深層心理學) 분야에서의 카타르시스(*catharisis*)의 일종이다.

(8) 보편성

전파가 미치는 지역까지 광범위한 TV 매체의 전달영역(傳達領域)과 최대다수의 시청자 확보라고 하는 전파미디어의 특성은 어느 특정지역이나 사회적 특수 일부계층을 초월한 보편성(普遍性)을 요구한다. TV 방송은 메시지의 내용물 구성에서 최대한 많은 수용자가 공통의 문화적 경험을 공유하는 기회를 제공하는 보편적 최대공약수를 창출해 내어야 한다.

이러한 보편적 특성은 긍정적인 면으로 보면 방송은 어떤 국가적 차원의 합의점을 조성하는 데 크게 기여할 수 있다. 그러나 한편 부정적인 측면에서 보면 개성의 약화나 소수의견의 경시현상을 초래할 우려가 있다.

방송의 보편적 특성인 동조적 분위기를 형성하고 평준화된 가치관을 창조하게 되는 것은 가족구성원이 한자리에 모여 TV를 시청해도 모순이나 갈등없이 받아들여질 수 있는 보편타당한 메시지를 담게 된다는 배경에 근거한 것이라 볼 수 있다.

(9) 설득성

일반적으로 대인 커뮤니케이션이 직접관찰, 통제, 상호교신 수정 작용이 가능하다는 점에서 매스 커뮤니케이션보다 효과적인 것으로 인식되고 있다.

TV가 갖고 있는 표현전달 수용적 우수성으로 강한 설득력을 보여준다는 것이 인정되고 있다.

(10) 오락성

방송을 포함한 모든 대중매체가 전반적으로 오락성(娛樂性)을 배제한 채 순수한 정보전달만을 위한 기능을 수행한다고 볼 수 없다. 방송이 제공하는 오락의 바람직한 방향은 현실의 문제성이나 모순을 완전히 도외시한 것이 아니고 오히려 자기를 객관화시키고 현실을 의식하면서 생산적이고 창조적인 활동을 위한 능력의 비축요소적(備蓄要素的) 기능을 발휘할 수 있도록 뒷받침되어야 한다.

방송매체가 제공하는 오락은 생활감의 촉진, 생산적이고 건설적인 힘의 축적을 위한 재생산적 특징을 지녀야 한다.

(11) 일방성

방송의 메시지가 전파의 물리적 속성에 의해 필수적으로 대상지향적(對象指向的, *target-oriented*) 현상으로 수용자에게 일방적으로 전달된다. 수용자 입장에서의 반응이나 요구를 피드백(*feed-back*)시킬 수 없는 전달의 특성을 지니고 있다.

물론 수용자의 반응이나 의견이 서신이나 전화 등에 의해 프로그램에 반영되기도 하지만 전반적인 투영이 기대될 수 없으므로 방송은 일방성(一方性)의 성격을 가지고 있다.

(12) 동조성

일반적으로 방송 프로그램 속의 도덕률(道德律, *moral code*)이나 가치관, 생산양식과 같은 것은 중립적, 중도적, 중간적 다수의 경향을 따르는 것으로 나타난다.

이러한 경향은 방송의 내용들이 대체로 그 사회 중간계층의 사회상을 반영하여 가능한 한 다수의 공감대와 취향에 맞게 방송하여 논쟁의 여지나 문제점에 대하여 중립성을 견지해서 논쟁을 회피하고자 하는 경향이 있다. 그러므로 자연히 동조주의나 보수성을 띠게 되는 것이다. 동조성이나 보수성은 매스 커뮤니케이션 내용 전반에 걸친 특성이라 하겠다. 그러나 이러한 동조성이나 보수성을 부정적인 것으로만 평가할 수는 없다. 오히려 비동조주의나 진보적 태도가 동조주의나 보수성과 균형을 유지할 수 있는 상태에서는 바람직하고 필요한 것이다.

(13) 가정성

TV 매체가 가정성(家庭性)이 높다는 것은 TV의 소유형태가 가족의 공동소유 형태를 띠고 있으며 TV의 시청형태가 집단시청성이 강한 가족매체로서 대부분 가정에서 같은 장소, 같은 시간에 시청하기 때문이다.

(14) 구속성

구속성(拘束性)이란 시청자 스스로가 방송 프로그램 시간대에 자기 자신의 생활을 적응하고 조절한다는 구속성과 제한성의 의미를 말한다. 이러한 구속성은 프로그램의 정기성이나 일과성의 영향으로, 방송시간을 놓치면 시청을 할 수 없다는 결과이다. 이는 수용자 입장에서는 행동적, 시간적 구속상태에 처하게 된다는 것이다.

2) TV와 신문매체의 특성

TV는 전파매체로서의 특성이 있고 신문은 활자매체로서의 특성을 지니고 있으므로 TV와 신문의 차이점을 엄격하게 구별짓기는 어렵지만 TV와 신문의 차이점을 대충 살펴보면 다음과 같다.

TV	신문
1. 시청각	시각
2. 기록성이 없는 일과성(一過性)	기록성이 있음
3. 화법(話法) 중심	문법(文法) 중심
4. 시간성	공간성
5. 마감시간이 거의 없음	거의 있음
6. 방송순서 일방적임	독자가 마음대로 골라 읽음
7. 동적인 생동감의 영상처리	사진효과
8. 출연자의 표정 등 감정에 호소	이성에 호소
9. 긴급뉴스 신속처리	호외(號外) 제작
10. 뉴스기사 도입문 중시	제목과 활자크기 중시
11. 시간, 장소에 제약	제약이 없음
12. 동시성	시차성
13. 즉시성(전파속도)	배달속도
14. 청취자수 불명	구독자 수 분명
15. 사건현장 생중계	불가

2. TV 프로그램의 유형

1) 분류의 개념

유형의 분류란 일반적으로 유별화(*grouping*)의 과정을 의미하는 것으로 동일한 실체와 동일하지 않은 실체를 구분하여 분리시키는 것이다.

이러한 분류의 정의에 따라 방송 프로그램도 분류기준과 유형별 특성에 의해 분류될 수 있다. 방송의 분류는 각 방송사의 장기적인 방송정책 수립이나 효율적인 편성기획을 위해 매우 중요한 것이다. 또한 편성의 다양성에 대한 연구나 프로그램 유형별 비율분석 등의 고찰에 비중있는 분야를 차지한다.

TV 프로그램의 유형분류는 국가별 또는 방송사 사정에 따라 기준이나 성격이 꼭 일치될 수는 없다. 이처럼 프로그램의 유형분류는 한 사회의 방송정책이나 방송문화의 특성을 투영시키고 있다. 프로그램의 분류유형을 설정하는 작업은 이러한 사회문화적 여건을 충분히 인식해야 한다.

TV 프로그램이란 그 사회의 문화적, 정신적 소산물(所産物)이므로 프로그램 분류는 철학적, 이념적 성격을 갖고 있어서 어디나 적용할 수 있는 꼭 맞는 보편적 이론을 제시하기는 어렵다. 또한 국가별, 방송사별, 채널과 매체마다 방송의 목표와 정책이 일치하지 않으므로 이를 모두 만족시킬 만한 만국공통의 분류기준을 설정한다는 것은 매우 쉽지 않은 난제이다. 그러나 다매체, 다채널 시대의 개막과 아울러 프로그램의 수입, 수출 및 공동제작 등 국제적인 교류가 불가피해짐에 따라 이러한 목적에 맞는 프로그램 유형분류에 대한 요구도 절실해지고 있다.

2) 프로그램 유형분류의 기준

(1) 내용별 분류

프로그램이 담고 있는 내용물이나 주제가 무엇인가에 따라 분류하는 방법이다. 예를 들면 다음과 같이 분류되는 것을 말한다.

- 뉴스 : 시사종합뉴스, 정치, 경제, 사회, 문화, 스포츠, 기상 등
- 다큐멘터리 : 시사, 휴먼, 역사, 기행, 자연과학, 종교 등
- 드라마 : 가족, 애정, 탐험, 추리, 수사, 과학, 종교, 전쟁, 다큐드라마 등

(2) 대상별 분류

방송 프로그램의 제작목적이 수용자인 시청자를 위해 제작 송출되므로 대상 시청자의 특성을 반드시 고려해야 한다. 수용자의 생활

환경이나 취향, 기호, 선호하는 유형 등 수용자의 대상에 대한 연구에 따라 프로그램이 제작된다. 특수대상이 아닌 불특정 대상으로 일반 시청자를 위한 프로그램도 제작된다.

- 방송지역 : 전국, 지역, 국내, 해외
- 연령층 : 유아, 어린이, 청소년, 성인, 노인 등
- 직업별 : 국군, 운전기사, 중고생, 대학생, 주부, 직장인 등
- 생활환경 : 도시, 농어촌 등

(3) 기능별 분류

기능별 분류가 일반적으로 프로그램 분류기법상 대표적인 것으로 가장 널리 통용되고 있다. 즉, 보도, 교양, 오락의 기능별 3분법이다. 이 3분법은 영국의 BBC에서 사용한 것에 의해 비롯된 것으로 여기에 정보나 교육을 첨가시켜 네가지로 분류하기도 한다.

(4) 형식별 분류

프로그램의 구조 또는 전달방식에 의해 분류되는 방법으로 장르에 의한 분류라고도 할 수 있다.

- 공개와 비공개
- 생방송과 녹화방송
- 장르별
  - 다큐멘터리 : 내레이션, 종합구성
  - 대담, 토론 : 공개, 비공개
  - 드라마 : 일일연속극, 주간연속극, 단막극, 미니시리즈, 시추에이션, 특집극 등
  - 코미디 : 코믹 버라이어티, 시추에이션 코미디, 토크 코미디, 콩트식 옴니버스(*omnibus*) 코미디 등
  - 퀴즈, 게임 : 개인대결, 팀대결, 패널쇼 등
  - 뉴스 : 종합뉴스, 스트레이트 뉴스, 리포트 뉴스, 속보, 뉴스해설, 기획보도, 기자회견, 뉴스매거진, 특별행사중계 등

3. 기능별 분류방법

1) 보 도

시사적인 사건과 현실적인 상황을 보도의 가치성에 입각하여 보도 형식으로 전달하는 프로그램을 말한다.

- 종합뉴스 : 국내외 전반적인 시사와 뉴스를 진행자인 앵커를 중심으로 보도하는 것으로 간단한 해설과 취재한 기자의 리포터 등으로 구성, 진행된다.
- 스트레이트 뉴스 : 앵커나 아나운서 등 진행자에 의해서 뉴스해설이나 리포터없이 사건의 단순보도 형식으로 구성된다.
- 시사해설 : 하나의 사건이나 주제를 중심으로 그 의미와 해석을 다루어보는 구성물이다.
- 기획보도 : 시사와 관련 특정주제를 다각도로 심층적으로 진단해보는 형식의 구성물이다.
- 행사중계 : 시사적 성격의 기념행사의 중계
- 기자회견 : 언론사 기자들과 뉴스가치가 있는 인물들간의 질의응답식 회합
- 해외뉴스 : 국외에서 일어난 뉴스
- 스포츠뉴스 : 스포츠와 관련된 모든 뉴스
- 기상예보

2) 교 양

(1) 일반교양

(2) 생활정보 : 일상생활에 도움이 되는 상식, 실용지식 등의 정보

- 종합구성
- 집중탐구
- 소재별 : 육아, 자녀교육, 법률, 건강, 미용, 과학, 기술, 종교, 문화예술, 취미, 레저, 생활경제, 교통 등

(3) 다큐멘터리

다큐멘터리는 '허구'(虛構)가 아닌 '사실'(事實, *fact*)을 요소로 한

KBS 2TV 〈꼬꼬마 텔레토비〉 한 장면.

기록적인 제작기법의 프로그램이다. 이러한 사실에 대해 깊은 통찰력으로 사실 속에서 진실을 찾아내야 한다.

① 구성형태별 분류
- 종합구성 : 사건의 재현, 인터뷰, 심층취재 등 다양한 접근방식의 구성.
- 내레이션 : 내레이터의 해설을 통해 주제를 전개시켜 나가는 방식의 구성.

② 유형별 분류
- 방송 다큐멘터리 : 문화적이고 교육적인 것으로 방송을 목적으로 시사적인 사회문제, 역사적, 전기적, 자연관찰 등 다양한 정보 프로그램.
- 다큐멘터리 영화 : 사실의 기록에 따라 제작된 영화, 논픽션 영화, 기록영화.
- 다큐드라마 : 주어진 주제 속의 사실을 드라마 기법으로 재구성하여 다큐멘터리로 연결시켜 가는 구성형태.

③ **촬영형태별 분류**
- 필름 다큐멘터리
- ENG(혹은 VTR) 다큐멘터리
- 혼합 다큐멘터리(필름과 VTR을 같이 쓰는 경우)

④ **내용상 분류**
- 역사 다큐멘터리
- 문화 다큐멘터리
- 과학 다큐멘터리
- 인물 다큐멘터리
- 자연 다큐멘터리
- 시사 다큐멘터리

⑤ **시점에 따른 분류**
- 과거 다큐멘터리
- 현재 또는 현장 다큐멘터리
- 미래 또는 가상 다큐멘터리
- 과거, 현재, 미래 복합 다큐멘터리

(4) **대담, 토론**

특정인사나 전문가와 일반인을 중심으로 사회자와 대화를 중심으로 진행하여 광범위하게 의견을 교환하는 형식의 프로그램이다. 토론 프로그램은 어떤 사회적 현상이나 그 과정에 관한 문제점을 도출해서 주제로 삼고, 토론자들의 의견을 제시·교환하면서 문제를 분석·설명·평가하고 여론을 조성함으로써 시청자들의 합의점을 찾아 문제해결을 모색하는 프로그램이다. 그러므로 토론 프로그램은 토론주제에 대한 분석적·평가적 기능과 시청자들에게 인지적·숙지적 기능도 아울러 수행한다고 볼 수 있다.

① **대담 프로그램**

구성형식에 따라 사회자가 소수의 출연자를 상대로 인터뷰 형식으로 진행되는 프로그램이다.

- 단독대담

사회자와 한 사람의 출연자가 하는 대담 프로그램으로 스튜디오 또는 특정장소에 초청하는 형식으로 진행되는 경우와, 대담대상

〈일요진단〉

자가 거주하는 현장으로 탐방하는 형식으로 제작되는 경우와, 서로 멀리 떨어져 있으면서 카메라 영상매체를 통해 국내외 대담이 이루어지는 방법도 있다.

- 복수대담

진행자와 한 사람 이상의 출연자와 대담이 이루어지는 형식의 프로그램으로서, 스튜디오나 특정한 장소에 초청해서 진행되는 경우와, 서로 원거리에 떨어져 영상매체를 이용한 국내외 다원으로 유선 또는 마이크로 웨이브나 위성으로 연결·진행될 수 있다.

② 토론 프로그램

특정 패널이나 다수의 출연자를 상대로 한 가지 주제에 대한 토의와 논쟁, 의견교환이 이루어지는 형식의 프로그램이다.

- 공개와 비공개 토론 프로그램
- 내용 : 주제의 성격에 따라 정치, 경제, 사회, 문화, 예술, 교육, 종교, 인물 등

KBS, 〈퀴즈탐험 신비의 세계〉 진행장면

- 구성진행 형태에 따라
  - 찬반토론 : 어떤 주제에 대해 두 사람 이상의 출연자가 서로 상충되는 의견을 제시, 토론 형태로 진행
  - 기자회견식 토론 : 기자회견을 하는 것처럼 특정 인물에 대해 각 패널들이 질문을 하는 형식의 토론 프로그램
  - 난상토론 : 한 주제를 중심으로 여러 사람이 자유롭게 의견을 교환하는 형식의 토론 프로그램
  - 시사논단 : 특별한 사안에 대해 진행하는 토론 프로그램

(5) 퀴 즈

- 정보퀴즈　　　　- 학습퀴즈

진행형식에 따라 개인대결, 팀대결, 고정 패널 또는 패널

(6) 학 습

- 종합구성　　　　- 강의형식　　　　- 실습형식

(7) 문화예술

- 종합구성　　　　- 대담　　　　- 공연중계

내용에 따라 국악, 고전음악, 연극, 미술, 무용 등

(8) 기능강좌 : 요리, 서예, 그림, 분재, 기타 취미교실 등

3) 오 락

(1) 드 라 마

텔레비전 방영을 목적으로 제작된 극형식 유형의 모든 프로그램을 말한다.

① 드라마의 길이, 방영횟수 등의 형식에 따른 구분

- 연속극 : 일일연속극, 주간연속극
- 단막극 : 이야기 전개가 한 회로 끝나는 드라마
- 시추에이션 : 등장인물이나 배경은 같지만 매회 이야기의 소재가 달라지는 드라마
- 미니시리즈 : 제작형식은 연속극처럼 연결되지만 대략 10회 안팎으로 짧은 기간 안에 이야기가 종결되는 드라마
- 대하드라마 : 역사의 흐름 속에서 큰 획을 잇는 한 단원의 테마를 중심으로 깊이감과 중량감이 있는 대단원의 장편드라마로서, 일반적으로 주말 프라임타임(*prime time*)에 편성해서 드라마로서의 무게를 더해준다.

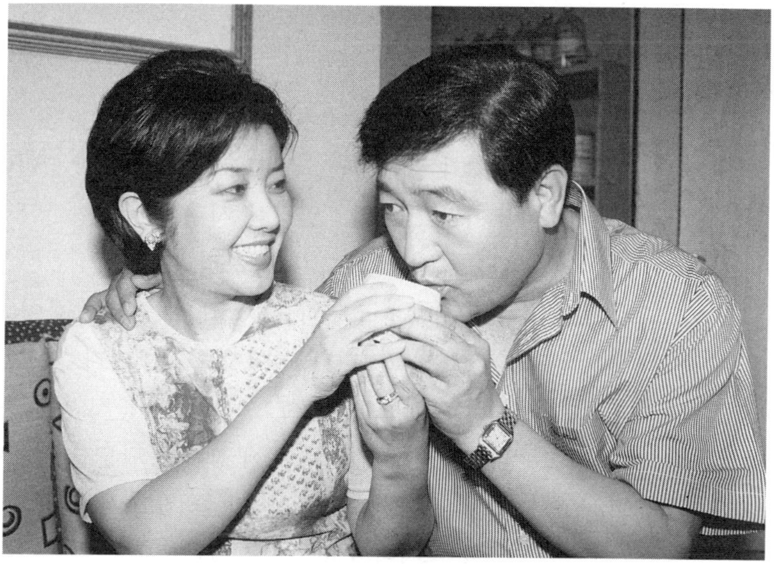

KBS 1TV 일일연속극 〈살다보면〉 한 장면

② 드라마 스토리 전개의 시대적 배경에 따른 구분

- 사극 : 역사드라마로서 정사와 야사물로 다시 구분된다.
- 시대물 : 이를테면 근대사에서 현대사에 이르는 한 시대를 배경으로 제작되는 드라마
- 현대물 : 순수한 현대를 배경으로 제작된 드라마

③ 드라마의 내용에 따른 구분

- 가족, 애정, 역사, 탐정, 추리, 전쟁, 수사, 모험, 과학, 기록, 전기(인물), 학원, 우정, 음악, 괴기, 공포, 실험, 종교, 산업, 정치, 경제, 농촌, 무협 등

④ 드라마 대상에 따른 구분

- 어린이, 청소년, 주부, 노인, 근로자 등

(2) 코 미 디

TV에서 웃음을 주제로 한 프로그램으로서 코미디언이나 개그맨의 연기비중이 높거나 프로그램 전체의 목적이 희극적인 성격이 강한 프로그램을 말한다.

① 포맷에 의한 분류

- 시추에이션 코미디 : 등장인물이나 배경은 같지만 매회 이야기의 소재가 달라지는 코미디로서 한마디로 코미디 드라마라 하겠다.
- 코미디 단막극 : 일정한 시추에이션 형식이 없이 한회로 이야기가 마무리되는 코미디 드라마이다.
- 버라이어티 코미디쇼 : 노래와 춤과 웃음이 섞여 있는 버라이어티 쇼와 코미디가 엮어지는 포맷이다.
- 토막코미디(콩트) 쇼 : 2~3분에서 길면 10분 안쪽에 이르는 토막코미디를 연결하여 구성하는 단순한 포맷이다.
- 고전 코미디쇼 : 고전의상을 입고 내용도 고전풍으로 각색한 역사적 코미디라고 할 수 있다.
- 뮤지컬 코미디쇼 : 뮤지컬 형태의 코미디쇼

- 고전해학극 : 고전야담이나 유머를 소재로 구성한 고전 단막드라 마이다.
- 만담 : 한 사람 또는 두 사람이 나와 이야기의 재치와 유머로 웃기는 것으로 연기위주가 아니고 어디까지나 이야기 중심으로 웃음을 유도한다.

② 소재와 내용에 의한 분류
- 음악코미디 : 음악적인 내용을 주제로 한 코미디로서 가사나 박자, 리듬, 멜로디를 변화시키거나 악기연주나 합창, 기타 음악적인 요소를 소재로 웃음을 유도한다.
- 무용코미디 : 코미디 무용극 또는 코미니화한 무용노박을 말한다.
- 시사, 풍자코미디 : 정치문제나 시사적인 이슈로 풍자하는 코미디
- 뮤지컬 코미디, 오페레타식 코미디
- 곡예코미디
- 마술코미디
- 원맨쇼

③ 제작기법상에 의한 분류
- 야외제작 코미디
- 필름제작 코미디
- ENG제작 코미디
- 고속, 슬로비디오기법 코미디
- 만화제작형식 코미디

(3) 버라이어티쇼
기본적으로 노래와 춤, 곡예, 토막극, 재담 등을 중심으로 한 오락적 색채가 짙은 프로그램 유형을 말한다.

- 가요순위쇼 : 구성형식상 국내가요의 순위를 알려주는 쇼구성물로서, 국내 가요순위도 트로트 가요와 발라드 및 랩뮤직 등 댄스뮤직을 구분하기도 하며, 외국 팝송의 순위를 알려주는 구성

물로 제작될 수도 있다.

- 연예정보쇼 : 화제의 연예인이 직접 출연하거나 인터뷰를 통해 화제의 주인공에 대해 심층취재하고 각종 연예계 동정과 소식을 알려준다.
- 영상음악쇼 : 국내외 뮤직비디오를 중심으로 소개하는 쇼 프로그램
- 토크음악쇼 : 토크와 노래를 적절히 엮어 구성한 쇼
- 음악경연쇼 : 노래자랑 또는 대학가요제처럼 노래와 기타 음악적인 경연을 통해 우열을 가리는 콘테스트 성격의 쇼프로그램
- 버라이어티 구성쇼 : 음악, 춤, 코믹한 콩트, 묘기 등 오락적인 요소의 혼합구성 쇼프로그램

(4) 토크쇼

형식은 토론이나 대담 프로그램과 비슷하나 소재선택이 초대손님의 생활주변 이야기, 화제중심, 인생담 등 오락성이 있으면서 흥미를 자극하는 내용으로서 구성의 테크닉을 복합적으로 꾸밀 수도 있다.

(5) 게임, 퀴즈

오락성이 짙은 각종 게임, 놀이, 경연 등의 기량을 겨루는 흥미위주의 구성 프로그램이다. 게임의 종류에 따라 다양하며 실내에서 할 수 있는 게임과 수영장이나 야외 특수시설이 구비된 장소에서 할 수 있는 실외게임으로 구분될 수 있다.

앞서 교양 프로그램에서 다룬 학습, 상식 등 교육적인 퀴즈 프로그램이 아닌 재치나 흥미위주의 퀴즈 프로그램은 오락적인 퀴즈로 간주된다.

- 진행형식에 따라 : 개인대결, 팀대결, 패널쇼

4. TV 프로그램 기획

1) 기획의 개념

상품을 생산하는 생산업체가 상품개발을 위한 독창적이고 뛰어난 창의성과 기획력이 없이 기업의 성공을 기대할 수 없는 것과 같이, 프로그램의 철저하고 완벽한 사전기획의 준비없이 프로그램의 성공은 전혀 기대할 수 없다.

프로그램의 기획이란 프로그램의 목표설정과 소재선택에 따른 프로그램 제작방향 결정과 프로그램 내용이 시청자에게 미칠 영향을 예측하고 계획하는 행위를 말한다.

프로그램 기획은 프로그램 전 제작과정 중에서 근본적으로 가장 중요하고 핵심이 되는 부분이다. 프로그램 기획단계에서 프로그램의 전반적인 목표가 설정되고 프로그램의 개념이 정립되고 구체화되며 시청자에 대한 기대효과가 측정된다.

2) 프로그램 기획의 요건

(1) 기획목표 설정

프로그램 기획에서 가장 먼저 고려해야 할 사항은, '왜 이 프로그램을 제작해야 하느냐'라는 기획목표가 우선 설정되어야 한다.

일반적으로 모든 프로그램의 기획목표와 기저와 근간은 공익성의 구현에 두어야 한다. 공익성은 방송이 지닌 공공성의 특성상 방송이 특정인의 사적 이익이 아니라 방송의 주인이 되는 수용자의 이익을 추구해야 한다는 방송활동의 기준을 제시하는 개념이기 때문이다

이러한 공익성 추구라는 기본적인 기획목표의 배경으로 각 단위 프로그램이 의도하는 구체적인 기획목표가 설계되어야 한다.

(2) 시청대상의 선정

프로그램의 성격상 특정 시청자층을 대상(*target*)으로 선정할 수

있으며, 일반적으로 불특정다수의 수용자를 대상으로 하는 프로그램이 있을 수도 있다. 특정 시청자층을 대상으로 할 경우 수용자의 세분화 계획을 수립해야 한다.

- 일반시청자 대상
- 연령별 대상 : 노인, 장년, 청소년, 어린이, 유아
- 그룹별 대상 : 주부, 대학생, 중·고등학생, 근로자, 각종 직업별(군인, 경찰) 등
- 지역별 대상 : 국내, 국외, 도시, 농어촌

(3) 방송시기와 편성시간

프로그램 기획과 제작이 완료된 후에 방송시기와 편성시간대를 결정하는 경우가 있으나 이미 사전기획단계에서 방송시기와 편성시간대와 시간의 분량에 대한 치밀한 계획을 수립해야 한다.

(4) 구성과정 설계

프로그램 기획단계에서 기획목표만을 향해 무조건 질주할 것이 아니라 프로그램 첫 도입부분을 어떻게 유도해서 전개해갈 것이며 적정시간내 어떻게 정리와 마무리를 할 것인지 설계의 골격이 형성되어야 한다.

① 도 입

프로그램의 첫 시작과 더불어 수용자들의 관심과 시선을 몰입시킬 수 있는 아이디어가 매우 중요하다. 아울러 영상처리, 음향효과, 음악처리를 어떻게 해야 할 것인지 흥미유발에 대한 구체적인 아이디어가 선행되어야 할 것이다.

② 전 개

수용자의 관심을 끝까지 놓치지 않고 전개시켜 나가는 테크닉이 필수조건이다. 전개과정에서 프로그램 기획의 핵심이 되는 클라이맥스 부분도 유효적절한 요소요소에 잘 처리되어야 한다.

③ 정 리

주어진 시간내에 프로그램의 마지막 마무리 과정이 잘 정리되지

않으면 제아무리 전개과정이 물 흐르듯 잘 진행되었어도 프로그램을 성공적으로 이끌 수 없다. 특히 방송프로그램의 경우 편성된 시간에 정확히 맞추어 제작되어야 함은 가장 기본원칙이다. 프로그램 기획목표에 잘 도달될 수 있도록 끝부분의 마무리가 깔끔하게 잘 정리되어야 한다.

(5) 방송기준

프로그램 기획단계에서 각 방송사의 방송강령이나 방송법상의 제반 규정사항 또는 방송심의규정 등에 충실할 수 있도록 기획의 기준이 명확해야 한다.

(6) 제작여건과 제작비

기획 아이디어가 우수해도 현실적으로 제작여건이 형성되지 않으면 '그림의 떡'일 뿐이다. 아울러 제작비의 허용범위도 사전에 점검되어야 한다.

3) 기획과정

(1) 수용자분석

방송 프로그램 제작의 근본적인 목표는 시청자에게 보이기 위한 것이고, 수용자인 시청자가 프로그램을 시청하고자 함에 궁극적인 핵심이 있다고 하겠다. 수용자에 대한 구체적인 상황, 즉 시청자의 성향과 프로그램에 대한 욕구, 프로그램 선호도 등 시청자의 관심과 행태(行態)를 과학적이고 심층적으로 분석해야 한다.

① 조사자료 분석

시청자 조사, 국민생활시간대 조사 등 수용자 대상의 조사자료를 과학적으로 분석하고 최대한으로 활용한다.

② 수용자의 세분화

기획목표의 시청자군을 선정하고 목표 시청자군의 위치와 시청자를 세분화하는 요인들을 탐구하고 특징을 정리해서 세분화된 각 시청자군의 속성을 측정 분석한다.

▪ 세분화 요인들[2)]

- 인구사회학적 요인 : 나이, 라이프사이클 단계, 성별, 수입
- 심리학적 요인 : 사회계층, 라이프스타일, 성격
- 시청정도 : 경시청자, 중간시청자, 중시청자
- 시청 프로그램 취향 : 보도물, 연예물, 교양물

▪ 프로그램에 대한 취향과 태도에 영향을 미치는 요인

시청자의 개인적 취향과 프로그램에 대한 태도는 본래적 성격에 의해 형성되는 것보다는 개인을 둘러싼 환경적 요인에 의해 변화하는 동태적 성격을 지니고 있다. 그러므로 시청자의 취향과 시청태도의 결정요소를 이해하는 데는 시청자의 심리적 요소, 개인적 요소뿐만 아니라 사회적 요소, 문화적 요소의 파악도 중요하다.

(2) 아이디어 개발

① 기획의 3요소[3)]

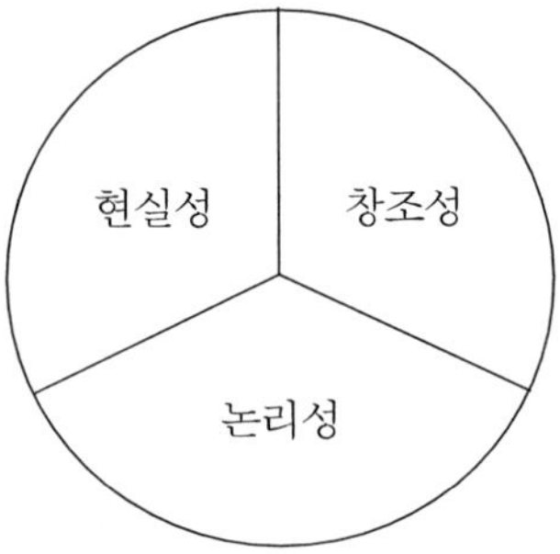

② 기획순서의 원칙

▪ 제 1 단계

- 기획대상을 구성한다.
- 기획대상을 선별한다.
- 기획대상을 명백히 한다.
- 기획대상을 조사, 파악한다.

---

2) 한국방송공사, 《교양프로그램제작편람》, 1992, p. 29.

3) 한국방송공사, 《기획제작자료집》, 1988, p. 11.

- 제2단계
  - 기획이미지를 생각한다.
  - 기획목표를 설정한다.
  - 기획힌트를 찾는다.
  - 발상을 하여 아이디어를 찾는다.
- 제3단계
  - 기획(복수)을 정리한다.
  - 결과를 예측한다.
  - 기획안을 선택한다.
- 제4단계
  - 세안을 준비한다.
  - 제안한다.
  - 실행으로 옮긴다.
  - 경과를 다음 기회에 활용한다.

③ 기획의 4철학

- 훌륭한 기획자·제작자의 역할
  - 사회에 아름다움을 운반해주는 운반인
  - 보이지 않는 것, 감춰진 것, 있어야 할 것 등을 가져다주는 공급인
- 기획의 4철학
  - 첫째 : 품질 제고(*quality*)
    - ○ 기획은 무엇보다도 먼저 더 좋은 사실을 만드는 데에 중점을 두지 않으면 안된다.
    - ○ 소프트로 하건 하드로 하건 그 품질을 높이는 것이 첫단계 프로세스이다.
  - 둘째 : 효용창출(*utility*)
    - ○ 기획이 만든 사실에 의해 인간사회에 더 유효한 성과를 가져오는 것이 아니어선 안된다. 첨단기술을 개발하더라도 그것이 인간에게 도움을 주는 것이 아니면 아무런 가치가 없다. 아무리 바이오 테크놀로지가 발달하더라도 그것이 인

류를 죽이는 무기가 되어서는 핵개발과 다를 것이 없다.

○ 기획은 쌓아올린 사실이 갖고 있는 가치를 효과적으로 활용, 될 수 있는 한 많은 은혜를 사회에 돌려보내는 활동이지 않으면 안된다.

- 셋째 : 쾌적성(*amenity*)

○ 기획은 결과로서 사회 전체에 쾌적함을 가져다주는 것이어야 한다는 것이 조건이다. 따라서 특정한 기획대상의 쾌적함을 희생시켜서는 안된다.

○ 기획은 언제나 사회 전체와 조화가 잡힌 쾌적함을 보증할 수 있는 내용일 필요가 있다. 그러므로 부정한 자에게만 쾌적함을 갖다주는 기획은 거부되어야 한다.

- 넷째 : 아름다움의 실현(*beauty*)

○ 인간사회는 가정이든 학교든 산업체든 학술계든, 결국 아름다움을 추구하면서 활동하고 있다. 기획 또는 결과적으로 아름다움의 달성이 그 목적임과 동시에 아름다움을 최고의 규범으로 하여 전개되지 않으면 안되는 성질의 것이다.

○ 앞에서 말한 '품질', '효용', '쾌적' 등도 아름다움의 규범에 따랐을 때 비로소 그 의의가 있는 것이다.

④ **기획발상의 4단계**

▪ 제 1 단계 (준비기)

문제를 정하고, 이것저것 재료를 모으고 본격적으로 생각하는 과정이다. 이를테면 의식적인 노력의 시기이다.

▪ 제 2 단계 (품고 있는 시기)

아무리 생각해도 좋은 지혜가 떠오르지 않아 숨막힐 것 같은 답답함을 느끼거나 집어던져 버리거나 하면서 의식적인 노력을 중단하는 시기. 그러나 이 시기에는 본인도 미처 느끼지 못하지만 잠재의식이 열심히 활동해 주고 있는 것이다.

▪ 제 3 단계 (번득이는 시기)

갑자기 문제해결의 힌트가 될 아이디어가 번득인다. 이 번득임은 본인의 노력없이 답이 나오는 것을 말하는데, 그 타이밍은 대체적으로 피곤해서 쉬고 있거나 다른 일에 몰두하고 있을 때가 많다. 그리고 이러한 번득임은 말보다도 시각적 이미지로 나타나는 경향이 있다.

- 제 4 단계 (검증기)

  번득 생각난 힌트가 음미되고 구체화되는 과정, 이 시기를 거쳐야 아이디어는 비로소 현실적인 감각을 갖추게 된다고 할 수 있다. 현실에 적응시킬 때 모순점은 없을 것인가, 과연 이 아이디어가 최선의 것이라 할 수 있을까 하는 점 등이 체크된다.

⑤ 기획입안의 작전

- 상식과 고정관념에 도전하라.

  상식화되고 제도화된 지식이야말로 일단 의심해볼 필요가 있다.
- 풍부한 정보를 수집하라.

  개인적인 직감만을 바탕으로 한 기획은 실패를 부른다.
- 자신의 욕망을 분석하라.

  자기의 욕망을 분석함으로써 다른 사람의 욕망이 무엇인지를 알 수 있다.
- 미래를 내다보고 입안하라.

  기획에는 불완전한 미래예측이라도 있는 편이 없는 편보다 훨씬 낫다.
- 과거의 역사를 돌이켜본다.

  미래는 과거의 역사와 현재를 바탕으로 해서 진단할 수 있다.
- 자기성격의 특성을 살펴라.

  성격을 무시한 발상법은 무리와 역효과만을 산출시킬 뿐이다.
- 기획회의는 오전에 열어라.

  창의적인 두뇌활동을 요구하는 중요회의는 오전이 효과적이다.
- 만복시나 공복시를 피하라.

  만복감, 공복감, 열등감, 죄악감, 알콜 등은 사고력의 적이다.

⑥ 기획 및 아이디어 체크리스트

- 이것과 비슷한 것은 없을까?

- 어딘가 바꾸어 보면 어떨까?
- 빛깔을 바꾸어 보면 어떨까?
- 모양을 바꾸어 보면 어떨까?
- 위치를 바꾸어 보면 어떨까?
- 재료를 바꾸어 보면 어떨까?
- 순서를 바꾸어 보면 어떨까?
- 일정을 바꾸어 보면 어떨까?
- 크기를 바꾸어 보면 어떨까?
- 방향을 바꾸어 보면 어떨까?
- 위아래를 바꾸어 보면 어떨까?
- 뒤집으면 어떨까?
- 거꾸로 하면 어떨까?
- 평면이나 입체로 하면, 구상(球狀)이나 둥글게 하면, 사각이나 삼각으로 하면, 원통으로 하면, 또는 그 밖의 모양으로 하면 어떨까?
- 좁게 하거나 넓게 하면 어떨까?
- 끝없이 축소하거나 확대하면 어떨까?
- 단단하게 하거나 부드럽게 하면 어떨까?
- 굵게 하거나 가늘게 하면 어떨까?
- 미끄럽게 하거나 거칠게 하면 어떨까?
- 강하게 하거나 약하게 하면 어떨까?
- 높게 하거나 낮게 하면 어떨까?
- 길게 하거나 짧게 하면 어떨까?
- 두껍게 하거나 얇게 하면 어떨까?
- 2배로 하거나 반으로 하면 어떨까?
- 결합하거나 분할하면 어떨까?
- 어른용으로 하거나 어린이용으로 하면, 남자용으로 하거나 여자용으로 하면, 또는 노인용으로 하면 어떨까?
- 여름용으로 하거나 겨울용으로 하면 어떨까?
- 더 시간을 걸리게 하거나 시간을 단축하면 어떨까?
- 역사를 거슬러 올라가도록 하거나 미래를 향하여 나아가게 하면

어떨까?

- 회전식으로 하면 어떨까?
- 다른 사람에게 시키면 어떨까?
- 동물로 하면 어떨까?
- 기계로 하면 어떨까?
- 물을, 전기를, 불을, 빛을 이용하면 어떨까?

⑦ **발상의 단계**

- 문제를 명확히 한다.
- 정보를 수집한다.
- 사실을 조사한다.
- 문제의 순서를 정한다.
- 마감일을 설정한다.
- 해결목표를 설정한다.
- 논리적으로 따져본다.
- 키워드, 체크리스트를 활용한다.
- 이미지를 그려본다.
- 시점(視點)을 바꿔 본다.
- 유추(類推, *analogy*)를 찾는다.
- 집요하게 생각한다.

⑧ **아이디어 발상을 저해하는 요인**

- 당신의 생각은 지나치게 유별나다.
- 이전에도 그렇게 한 적이 있었다.
- 생각해보자(실은 생각나지 않음).
- 그것은 훌륭한 생각이긴 한데.
- 이론은 그럴지 모르나 실제와는 다르니까.
- 그런 생각은 지나치게 앞서 있다.
- 전례가 없다.
- 그것은 어렵다. 특히 우리 사회에서는.
- 급히 변경하면 무리가 된다.

- 우리들과는 관계가 없다.
- 잘해나가고 있는데 왜 변경하려고 하는가.
- 파는 것이 어렵겠지.
- 비용이 너무 든다.
- 그 외에도 할 일이 태산같다.
- 손이 모자란다.
- 아직 이르다.
- 상급자가 들어주지 않는다.
- 해보지 않아도 뻔하다.
- 잠시 때를 기다려보자.

⑨ **기획 체크포인트**

- 기획이 성립하기까지의 체크포인트
  - 이 기획에는 충분한 정보를 채용하고 있는가, 채용한 정보는 잘 이용하고 있는가?
  - 타인이 따라올 수 없을 만한 독창성이 포함되어 있는가?
  - 현실성의 검토는 충분한가, 선견성은 어떤가?
  - 낙관적인 태도나 비관적인 태도를 취하지는 않았는가?
  - 성공할 경우나 실패할 경우에, 각각 그 대응방법을 생각하고 있는가?
  - 이용할 수 있는 모든 인원, 기구를 충분히 이용하고 있는가?
- 기획을 체크하는 체크포인트
  - 대안은 전부 검토를 마쳤는가?
  - 좀더 비용을 절약할 수 없을까, 좀더 사치스럽게 할 수는 없을까?
  - 스케일이 너무 크지 않은가, 너무 작지는 않은가?
  - 이 기획은 5년 후, 10년 후에는 적용되는가?
  - 도시에서나 농촌에서나 전국 어디에서나 통용되는가?
  - 한국뿐만 아니라 전세계에서도 통용되는가?
  - 남성에게는 어떤가, 여성에게는, 어린이에게는, 청년에게는, 성인에게는, 노인에게는 어떤가?

- 온갖 계층, 온갖 직업에 종사하는 사람에게 흥미를 줄 수 있는가, 샐러리맨에게는, 상인에게는, 주부에게는, 직업여성에게는, 인텔리에게는 … ?
- 반감을 사거나 받아들이지 않을 가능성은 없는가?
- 방송의 기사거리로 될만한 가치가 있는가?
- 자기의 입장을 바꾸어 생각해 보았는가. 만일 자기가 시청자였다면, 만일 자기가 소비자였다면, 만일 자기가 사장이었다면, 부장이나 동료, 부하였다면?

(3) 제작방식

프로그램 아이디어가 결정되면 개발된 상품을 어떤 형태의 디자인으로 어떤 그릇에 담을 것인가, 그리고 어떻게 포장할 것인가 하는 문제를 풀어야 하듯이 프로그램 아이디어를 어떤 방식으로 제작할 것인가를 결정해야 한다.

① 생방송과 녹화방송

▪ 생방송

생방송은 생생한 현장감과 생동감을 그대로 전달할 수 있는 즉시성이 장점이다. 즉시성이 강점인 생방송은 녹화방송에 비해 시청자의 관심을 집중시켜 모을 수 있다. 단 한 번의 기회밖에 주어지지 않는다는 긴장감으로 제작 스탭진이나 출연진은 실수로 인한 NG를 범하지 않게 심혈을 기울여 진행을 최대한 효율적으로 이끌어낸다. 또한 생방송은 제작시간이 녹화방송에 비해 단축되지만 리허설 과정이 철저하고 충분해야 한다.

▪ 녹화방송

녹화방송은 생방송에서 미처 처리할 수 없는 섬세한(*detail*) 부분까지 연출해낼 수 있는 것이 강점이라 할 수 있다. 녹화과정에서 잘못된 부분이 발생하면 재녹화를 시도해서 보완할 수 있으며, 녹화가 끝난 후 편집과정에서 필요한 영상자료의 인서트나 화면 특수효과 등 연출기법을 최대한으로 살릴 수 있는 장점을 갖고 있다.

② **스튜디오 제작과 야외제작**

- 스튜디오제작

스튜디오 제작은 제작의 불리한 요인들을 최대한 통제할 수 있는 장점을 지니고 있다. 불필요한 소음이나 자연조건을 초월할 수 있다. 비, 바람 등의 기후상의 자연현상에 아무런 영향을 받지 않고 제작과정을 수행할 수 있다.

- 야외제작

프로그램 제작상 예를 들면 바닷가, 호수, 강변 같은 배경을 필요로 할 경우 구비조건에 맞는 야외현장 제작이 불가피할 것이다. 또한 프로그램 특성상 이미지 제고를 위해 특수현장을 필요로 할 수도 있다. 광복절 특집제작을 독립기념관 배경으로 진행하거나, 피서 납량특집 오락게임 프로그램을 풀장이나 해변 또는 강변에서 제작하는 것 등이 그 사례가 될 것이다. 그러나 야외제작의 경우 제작시간과 제작비가 증가되기 때문에 전체 제작규모내에서 야외제작 기획이 선행되어야 한다.

③ **공개방송과 비공개 구성**

특별대담이나 공개가 필요치 않는 프로그램의 경우 비공개 제작을 원칙으로 하고, 프로그램의 구성상 공개형식을 통해 방청석의 반응이나 직접 참여를 통해 프로그램 구성효과를 객관적이면서 공간적 효과를 극대화할 수 있다.

④ **이원방송 또는 다원방송**

프로그램 진행과정에서 국내외 다른 장소를 이원 또는 다원으로 연결해서 구성하는 포맷으로 라인연결 또는 마이크로웨이브, SNG 등 위성으로 연결한다.

4장

TV 교양프로그램 제작*

1. TV 교양프로그램의 개념

방송법 시행령 제50조에 "'교양방송'이라 함은 국민의 교양향상 및 교육을 목적으로 하는 방송프로그램과 어린이·청소년의 교육을 목적으로 하는 방송프로그램"이라고 규정하고 있다. 이와 같이 교양프로그램은 시청자의 인간성 완성을 구현하려는 방송프로그램으로서, 시청자 개개인의 교양을 충실하게 하여 사회문화를 향상, 발전시키고자 하는 프로그램이다. 교양프로그램은 교양방송의 이념을 지닌 모든 프로그램으로서 연예 오락 프로그램에 대칭되는 개념이다.

방송의 역할이 사회의 공익성 구현과 문화창달에 기여하며 시청자에게 정보전달과 교육기능을 지니고 있다. 특히 교양프로그램은 이러한 기능을 중점적으로 수행하는 것을 목적으로 한다. 인간의 내면생활을 풍부하게 하기 위하여 정신활동을 원만히 신장시키고 정신세계를 학문이나 예술분야로 넓혀 풍요로운 정서함양과 생활태도를 유지하게 하는 것이다.

---

* 한국방송공사, 《교양프로그램제작편람》.

2. 교양프로그램의 종류

교양프로그램은 일반적으로 포맷에 따라 구분되기보다는 프로그램 제작목표와 이념을 중점적으로 지칭하므로 교양프로그램의 범위를 프로그램의 종류로 한정시키기는 어렵다. 최근에는 다양한 형태의 혼합된 포맷의 '다큐-드라마' 같은 새로운 형식의 프로그램이 개발되므로 교양프로그램을 포맷에 따라 한마디로 결정짓기는 어렵다.

흔히 분류되는 유형은 다음과 같다.

- 인터뷰 프로그램
- 토론 프로그램
- 다큐멘터리
- 퀴즈
- 여성 프로그램
- 어린이 프로그램
- 젊은이 대상 프로그램
- 종교 프로그램
- 다큐드라마

KBS 1TV, 〈TV 유치원 하나 둘 셋〉

3. 교양프로그램의 기획

1) 교양프로그램의 기획 개념

프로그램 기획은 전 제작과정 중 가장 중요한 부분으로 기획단계에서 프로그램의 개념이 정의되고 구체화되며 그에 따라 프로그램의 전반적 목표가 세워지고 그것이 스탭들에게 전달되는 단계이다.

프로그램 기획은 소재선택과 소재에 따른 방송방향 결정과 그러한 소재와 내용이 시청자에게 미칠 영향을 예측하고 계획하는 행위를 말한다.

2) 교양프로그램의 기획 목표

교양프로그램의 목표는 궁극적으로 공익성을 구현하고 문화창달에 기여하는 데 있다. 시청사에세 정보선달과 교육기능을 충실히 수행해서 수용자의 욕구를 충족시켜야 한다.

- 효과적인 주테마의 설정
  - 독특한 내용
  - 문화적 추세를 반영
- 시청자 호기심 유발과 흡인력있는 기본적 요소를 두 개 이상 충분히 다룬다.
  - 흥미유발
  - 정서적 자극
  - 정보의 충족성
- 프로그램 제작상 5개 요소를 충족시킨다.
  - 효과적인 오프닝과 종결처리
  - 자료선택상의 통일성과 충실한 연결
  - 사용자료의 다양성
  - 흐름조절, 소주제 처리의 적절성
  - 소주제의 선정, 순서배열 구성의 짜임새

- 시각적으로 효과를 발휘해야 한다.
  - 영상의 통일
  - 영상의 변화
  - 페이스(*pace*)
  - 영상의 전달(*picture routing*)
- 편성된 시간량에 맞는 구성요소를 갖춘다.
  - 한정된 시간에 맞는 아이템 선정과 구성
  - 흡인력있는 임팩트 부분 구성
- 내용이나 전달되는 메시지가 실제적이고 구체적이어야 한다.

3) 기획시 유의사항

- 방송의 기준준수
  - 방송편성의 기본방향과 기획의도 일치
  - 방송법, 심의기준, 방송강령, 제작 가이드라인 준수
- 중요 고려사항
  - 시의적절성
  - 시청대상의 선정
  - 제작비와 제작여건 고려
  - 방송편성 시간과 방송내용의 적절성
  - 프로그램 성격과 내용에 맞는 PD, 연출자 선정
- 교양프로그램 기획의 특수성
  - 교양프로그램은 일반적으로 불특정 다수의 수용자를 대상으로 하기보다는 세분화된(*segmented*) 수용자를 대상으로 제작할 경우가 많다.
  - 교양프로그램은 다른 프로그램에 비해 주제 및 소재가 분명하다.
  - 교양프로그램은 기획단계에서 '유익'과 '재미' 두 차원 중 '유익'에 우선하여 초점을 두며, 그 다음에 '재미'를 강조한다.
  - 교양프로그램은 제작자의 과학적 분석능력이 강조되는 반면 드라마나 연예 오락 프로그램은 예술적 감각이 더욱 요구된다.

KBS 1TV, 〈아침마당〉

- 교양프로그램 기획과정의 8S 공식(*formula*)
  - 목표시청자 선택(*Select market to evaluate*)
  - 수용자 세분화 계획 수립(*Segmentation planning*)
  - 방송환경에 관한 정보 수립(*Secure information*)
  - 수용자에 관한 구체적 정보 수립(*Segment formation I*)
  - 수용자 세분화를 상황에 맞게 수정(*Situational segmentation*)
  - 세분화하여 시장을 더욱 단순하게 표시(*Segmentation formation II*)
  - 목표시청자를 구체적으로 설정(*Select target markets*)
  - 전략수립(*Strategy formulation*)
- 기획전략의 고려사항
  - 프로그램 대상시청자는 누구인가?
  - 시청한다면, 왜 시청할까?
  - 수용자들이 프로그램을 통해 얻고자 하는 혜택(*benefit*)은?
  - 교양프로그램에 대해 수용자들이 어떤 점을 싫어할까?
  - 프로그램의 제목은 적절한가?
  - 어떤 채널, 어느 지역에 방송될 것인가?
  - 교양프로그램의 종류는?

- 유사한 프로그램에 대한 과거 시청률 및 질적 평가는?
- 현재 유사한 프로그램을 편성하고 있지 않은가?
- 경쟁프로그램은 어떠한가?
- 프로그램에 대한 홍보계획은?

4) 기획단계

(1) 프로그램 소재 개발

프로그램 소재 선택은 시청대상과 시청상황의 조사를 토대로 결정한다. 대상별로는 자연물, 문학작품, 정치, 사회, 경제, 교육현상, 자연과학, 인간의 희로애락, 미래학, 초자연적인 현상 등 인간사의 모든 것이 될 수 있다. 또한 시청자의 연령층, 교육, 경제수준의 차이, 지역적 특성, 직업, 남녀 성별차이 등이 소재선택의 기준이나 대상이 될 수 있다. 선택된 소재가 성공하려면 시의에 적절하고 새로운 이론이나 현상 혹은 유익한 정보이면 더욱 좋다.

기획자는 프로그램의 아이디어를 개발하여 그 아이디어를 프로그램으로 구체화시키기 위해 몇 단계의 기획과정을 거쳐야 한다.

〈6시 내고향〉

(2) 기획의 요점

① 수용자 분석

시청자의 구성, 프로그램 욕구, 프로그램 선호도 등은 기획자가 프로그램 아이디어를 개발하는 데 고려해야 할 중요한 요인이다. 시청자의 관심과 태도를 분석하는 데는 기획자의 직감이나 경험에 의한 판단보다는 과학적으로 얻어진 자료를 충분히 참고하는 것이 바람직하다. 이를테면 시청행태조사나 수용자 분석조사 자료 등의 활용이다.

② 프로그램 아이디어 연구, 개발

- 전문가의 자문

  기획자가 지니고 있는 기초적 아이디어에 대한 그 분야의 전문가와의 접촉을 통해 아이디어를 더욱 구체적으로 발전시킨다.
- 문헌조사

  참고도서, 학술서, 특성주제에 관한 서석과 학술지 등에서 아이디어를 얻을 수 있다.
- 뉴스기사

  신문, 일반잡지, 기관지 등은 최근의 경향과 쟁점에 관한 다양한 정보를 제공한다. 이러한 인쇄물의 정보를 체계적으로 정리하면 좋은 아이디어를 얻을 수 있다.
- 면 담

  각계각층의 여러 사람들과 만나서 면담을 통한 새로운 아이디어를 얻을 수 있다.
- 상대사의 분석

  상대사의 프로그램이나 편성을 분석, 조사하여 새로운 프로그램 아이디어에 대한 힌트를 얻을 수 있다.
- 시청자 세분화

  프로그램 기획자는 시청대상층을 염두에 두고 시청자의 욕구와 취향을 충족시키는 프로그램을 개발한다. 시청자들의 비슷한 욕구를 가지고 있는 프로그램과 동질성의 반응을 보이는 시청자들의 집단을 세분화하여 목표시청자를 명확히 함으로써 프로그램의 시청대상의 다양성을 실현시킬 수 있다.

시청자를 세분화하는 요인들을 탐구하고 특징을 정리해서 세분화된 각 시청자군의 속성을 측정, 상세화한다. 세분화 요인은 앞서 TV 프로그램 기획과정에서 기술한 바와 같이 인구사회학적 요인으로는 나이, 라이프사이클 단계, 성별, 수입 등이 있다. 심리학적 요인으로는 사회계층, 라이프스타일, 성격 등을 분석할 수 있다. 시청 프로그램 취향으로 보도물, 연예물, 교양물 등으로 구분할 수 있다.

- 개인의 시청행위 결정요인

수용자의 무의식적 또는 의식적 욕구가 의식적인 동기유발로 이어져 시청행위로 귀결된다.

욕 구	동 기	행 위
무의식적 · 의식적	의식적	의식적
관찰불가능		관찰가능

KBS 2TV, 〈체험 삶의 현장〉 진행.

- 프로그램에 대한 취향과 태도에 영향을 미치는 요인
  시청자는 개인 취향과 성격, 환경적 요인에 의해 변화하는 동태적 성격을 지니고 있다. 그러므로 시청자의 심리적 요소, 개인적 요소, 사회적 요소, 문화적 요소를 분석하고 파악해야 한다.

(3) 효과적인 아이디어 산출과정

① 제 1 단계 : 조사단계

정세를 분석, 평가하는 단계로서 많은 정보를 수집해야 한다.

첫째 : 프로그램에 직접적으로 관련된 지식을 흡수
둘째 : 시청자의 욕구, 필요성, 심리적 태도 등에 대한 지식흡수
셋째 : 경쟁 프로그램이 직·간접적으로 시청자에게 어떻게 호소하고 영향을 주고 있는지 연구
넷째 : 제작하고자 하는 프로그램의 특색, 경쟁 프로그램과의 차이점, 소구방법의 차이점을 비교분석

② 제 2 단계 : 분석단계

문제를 명확히 하는 단계로서 흡인력의 포인트를 찾아야 한다. 조사단계로부터 파악된 문제점, 그것을 정확하게 추출함으로써 프로그램이 진정으로 소구해야 할 시청포인트를 발견한다.

시청포인트는 다음과 같다.

- 적합성 : 그 프로그램은 시청자의 욕구에 적합한가?
- 난이도 : 그 프로그램은 아무나 시청할 수 있는가?
- 스타일 : 시청자의 스타일에 들어맞는가?
- 매력성 : 프로그램이 유형(사회추세)에 어울리는 매력이 있는가, 없는가?
- 내구성 : 프로그램이 얼마만큼 오래갈 것인가?
- 쾌적성 : 프로그램을 시청하면 쾌적함을 느끼는가?

(4) 제작방식의 결정

프로그램 아이디어가 결정되면 그 다음으로 그것을 어떤 방식으로

제작할 것인가를 결정해야 한다.

① **스튜디오 제작**

스튜디오 제작의 경우는 대부분의 제작요인들을 최대한 통제할 수 있다. 스튜디오 안에서는 야외촬영에서 부딪히는 여러 불리한 요소들, 불리한 제작조건, 나쁜 기후 등을 피할 수 있다.

② **야외제작**

세트나 제작장비들이 스튜디오 안에서 구비될 수 없을 때 야외촬영이 필요하며, 특히 최근 향상된 제작장비의 이동성으로 야외촬영이 점점 늘어나고 있다. 그러나 야외촬영인 경우 시간과 비용이 늘어나기 때문에 전체 제작 스케줄내에서 야외촬영의 정도를 결정해야 한다.

③ **제작방식**

- 생 방 송

  생방송이 지닌 좋은 점은 즉시성이다. 즉시성은 시청자의 관심을 끌 뿐만 아니라 생생한 현장을 연결한다는 생동감이 시청자의 시선을 더욱 집중시킬 수 있다. 특히 생방송은 진행상의 실수가 없어야 하므로 단 한 번의 기회라는 점에서 제작진이나 출연진은 최대한으로 진행을 효율적으로 이끌어야 한다. 이 경우에는 녹화나 편집의 번거로움이 없어 시간과 제작비용을 절약하는 이점이 있다.

- 녹 화

  일반적으로 가장 많이 제작되는 방식으로 제작상의 실수나 오점을 커버할 수 있으며 편집과정을 통해 프로그램 제작의 완성도를 높일 수 있는 이점이 있다. 드라마나 다큐멘터리의 경우는 생방송이 불가능하므로 녹화방식으로 제작되어야 한다.

- 필름제작

  열악한 환경에서 제작될 경우 장비의 이동이나 제작조건이 전자장비에 적합하지 않을 경우 필름제작이 더 효과적일 수 있다. 그러나 최근에는 비디오 촬영장비의 콤팩트화로 인해 많이 개선되었다.

KBS 2TV, 〈TV는 사랑을 싣고〉

(5) 기획안 작성

기획안은 프로그램의 기획의도를 간결하고 명확하게 요약·정리하여 프로그램의 제작목표를 뚜렷하게 구체화해야 한다. 기획안에는 기본적인 프로그램의 제작방식과 프로그램 아이디어가 잘 정리·요약되어야 한다.

(6) 예산안 작성

프로그램 제작에 소요되는 비용을 구체적이고 자세하게 추정하여 총제작비용을 산출한다. 각 방송사마다 출연료 등 각 등급별 제작비 산출내역을 기준으로 책정한다. 총예산은 직접비와 간접비 기준으로 나누어 책정한다.

(7) 대본작성

프로그램 기획이 최종 마무리되면 제작시간량에 맞추어 제작방식에 따라 정리된 아이디어를 진행 구성요소별로 섬세하게 대본을 작성한다. 대본작성에서 가장 중요하게 고려되어야 할 사항이 제작 전체시간량에 맞추어 시간배정을 정확히 조정해서 맞추는 작업이 매우 중요하다. 대본작성의 기본 요건 양식은 다음과 같다.

- 제목(*title*)
- 부제(*subtitle*)
- 방송일시(생방여부)
- 녹화일시
- 녹화장소(*studio*)
- 기획, 연출, 조연출
- 스탭진
- 스탭회의
- 연습실시
- 카메라 리허설 일시
- 전체진행표(타임스케줄 포함)
- 진행자 멘트
- 프로그램 진행 전과정을 명료하게 정리

(8) 프로그램 제목

① 프로그램 제목의 요건
- 짧을 것
- 명확할 것
- 적절(말의 구성)할 것
- 독창적인 것
- 기억되기 쉬운 것
- 흥미있는 것

② 프로그램 제목 평가

(9) 기획절차

방송의 기획과정 절차는 사전조사에서 사후방송자료 보관·처리까지 전과정에 걸쳐 있다.

① 프로그램 아이디어 창출을 위한 기획회의
② 아이디어에 따른 예비조사 자료수집
③ 특정분야 전문가 분석토론
④ 프로그램의 제작방식을 정하고 기본구성작업(토론, 인터뷰, 방청객 여부, 스튜디오, 생방송, 녹화방송, 제작시간량 등)
⑤ 제작비 추정 예산안 작성(회당제작비, 직접·간접비 등)
⑥ 기획보고 승인 절차(보고서, 제작기획서)
⑦ 제작진행표, 큐시트, 대본, 제작일정표 작성
⑧ 출연자섭외
⑧ 스탭회의
⑩ 야외취재 사전 헌팅
⑪ 촬영스케줄 및 샷 리스트 작성(다큐멘터리 제작 경우)

교양프로그램 타이틀 로고

⑫ 세트디자인, 소품협의
⑬ 음악, 음향효과 협의
⑭ 컴퓨터그래픽, 애니메이션, 영상화면 특수효과
⑮ 캡션(*caption*) 협의 결정(크기, 위치, 색상)
⑯ 인서트용 편집
⑰ 홍보전략(홍보문안, 사진자료 준비)
⑱ Floor plan 준비
⑲ Planing meeting(기술스탭, 미술스탭, 카메라)
⑳ 제작 기술장비 의뢰점검
㉑ 드라이 리허설(*dry rehersal*)
㉒ 최종점검(자막, 소도구, 애니메이션, 인서트용 등)
㉓ 카메라 리허설
㉔ 방송녹화(또는 생방송)
㉕ 제작 사후처리(출장비 등 제작비 정산, 행정 사무처리, 출연자 사례지불 확인, 출연자에 대한 고마움 인사, 대여품 반납처리)
㉖ 녹화테이프, 방송진행표, 대본 자료실 보관
㉗ 방송제작에 따른 출판물, 홍보자료, 스틸자료, 출연자 연락처 등 인적 자료 정리보관
㉘ 제작분석 평가, 시청자 반응정리

(10) 원고작성

원고는 기획의 마지막 단계이며, 연출(*directing*) 실행단계의 시작이므로 프로그램의 근간이 된다.

① 작가의 독창성

기획과정에서 결정된 프로그램 제작방식, 시간량에 따라 어떤 내용과 메시지를 흡인력있게 감동적으로 시청자에게 접근하느냐가 매우 중요한 작업이다. 그러므로 작가의 원고작성의 재능이 프로그램의 성패를 가늠한다.

② **원고작성시 유의사항**

- TV 원고는 말하는 것이지 읽는 것이 아니다.
- 아름다운 문장, 즉 미사여구보다 말하기 편해야 한다.
- 문장은 짧고 핵심을 지적해야 한다.
- 시청자는 개체이다. 복수화하지 않는다. “여러분 안녕하세요”보다 “안녕하세요”가 좋다.
- 내용전달이 명확한 영상에 지나친 글을 첨가하지 않는다. 글을 최소화하고 영상화면으로 줄거리를 얘기한다.
- 시제는 가능한 현재를 사용한다.
- 제작기법상 기술적으로 가능한 내용을 써야 한다.
- 원고의 흐름상 이야기의 자연스러운 진전이 요구된다.
- 얘기골자가 앞에 나오고 세부사항이 뒤에 나오는 것이 알기 쉽다.
- 계산된 시간보다 많은 양의 글을 쓰고 리허설 과정에서 적절히 압축한다.
- 시청자가 얘기의 핵심을 파악할 시간적 여유가 있어야 한다.
- 전체 분위기를 원고내용과 음악으로 함께 강조할 때는 포즈를 갖는 것이 좋다.
- 원고는 낭독하는 사람의 캐릭터를 고려하면서 작성하는 것이 좋다.

KBS 1TV, 〈무엇이든 물어보세요〉

4. 기획회의

프로그램에 참여하는 모든 제작인원들의 아이디어를 종합, 정리하고 실제 제작에 무리가 없는지를 검토하여 계획을 세운다. 프로덕션 회의와 기술스탭회의로 나눠 실시하거나 통합하여 시행한다.

1) 기획회의 절차

- 1차회의 : 연출자, 조연출자, 구성작가의 아이디어 창출회의
- 2차회의 : 기획의도 목표, 아이디어 정리, 보고서 작성
- 3차회의 : 제작 CP 보고서 검토, 수정보완
- 4차회의 : 제작책임간부 보고, 제작확정
- 5차회의 : 관계전문가, 제작진

이상 기획회의 절차는 신설 프로그램을 기획할 경우이며, 기존 프로그램의 강화를 위한 기획회의는 필요에 따라 간소화할 수 있다.

2) 기획회의 방법론

(1) 기획회의의 목적

사전기획회의는 기획의 실질적인 작업시작으로 기술스탭, 미술스탭, 카메라, 음악, 음향담당자 등과 제작에 앞서 회의를 한다.

- 프로그램의 기획의도, 프로그램 제작 흐름, 방향에 대한 이해
- 제작스탭들의 목표에 대한 이해
- 제작일정 스케줄에 대한 인지
- 각 전문스탭들의 다양한 관점에서 계획 평가
- 스탭들간의 동의와 바꿀 것은 바꿔야 한다.

(2) 스탭회의 종류

① 프로덕션 회의

기술스탭을 제외한 프로듀서, 연출, 조연출, 구성작가, 카메라,

기록, 제작 보조요원 등의 스탭회의

② 기술스탭회의

기술감독, 음향, 영상, 조명, 마이크, 미술스탭 등을 포함한 스탭회의

③ 통합회의

프로덕션 스탭과 기술스탭을 포함한 전체 스탭회의로서, 기존 프로그램이 아닌 특집프로그램을 제작할 경우 스탭 전체의 통합회의를 한다.

(3) 스탭회의 과정

프로듀서는 구성개요, 요점, 목표를 파악, 포맷, 프로그램 유형, 세트위치, 구성, 연출의 주요무대, 제작진행상의 특별한 계획, 효과구성 등을 치밀하게 수립해야 한다.

① 기 술

- 세트와 출연자 위치
- 조명-일반조명, 특수 조명효과 여부
- 마이크 숫자와 배치
- 마이크 종류와 배정(스탠드, 핀, 붐마이크 등)
- 스튜디오 모니터 배치
- 영상효과 처리(컴퓨터그래픽, 화면 특수효과)
- 자막 수퍼 테크닉 처리방법(색상, 자막크기, 위치 등)

② 영상카메라

- 카메라 종류, 양, 위치 배정
- 카메라 특수장비(크레인, 무인카메라 등)
- 렌즈종류, 특수효과렌즈 배정

③ 미 술

- 세트, 대도구 디자인
- 스튜디오 면적과 세트 위치, 장치
- 소도구
- 분장, 미용

KBS 1TV, 생방송 〈사랑의 리퀘스트〉

- 의상
- 특수효과(바람, 비, 눈, 천둥, 폭약 등)
- 타이틀, 글씨, 색상

이상 제작스탭회의를 통해서 수정·보완할 부분을 점검하고 문제점에 대한 스탭들의 충고를 참고한다. 제작진행상 특별한 포인트에 대해서는 특별히 강조하고, 회의과정에서 변경되는 부분을 철저히 메모한다.

5. 기획자와 연출자

1) 프로그램 기획자(프로듀서)

(1) 프로듀서의 역할

프로듀서의 개념은 원래 연출자인 디렉터와는 분리되는 개념으로 프로그램 기획을 총괄한다. 텔레비전 프로그램 제작은 집단작업이며 이 집단의 리더가 곧 기획자이다. 텔레비전은 기획자의 창의적 활동이 중심이 되는 매체로서 프로그램 제작의 주체는 기획자이다.

기획자는 권한과 책임과 어려운 결정을 하고 일을 계획해나갈 수 있는 능력이 있어야 한다. 기획자는 프로그램 아이디어를 개발하고 기획회의부터 최종편집, 과정에 이르기까지 제작의 전과정을 감독한다. 궁극적으로 프로그램 제작 전반을 책임진다.

(2) 프로듀서가 갖추어야 할 조건

① 제작 전반에 걸친 지식

기획자는 제작과정에서 현명한 결정을 위해 기술적인 문제나 각 제작요원들이 담당하는 일 등을 포함하여 제작과정 전반을 상세하게 파악하고 있어야 한다.

② 창 의 성

기획자는 무엇보다 창의적이어야 하며 경험과 통찰력을 바탕으로 프로그램의 비전을 제시하고 프로그램을 통한 메시지가 가장 효과적이고 감동적으로 전달될 수 있도록 제시해야 한다.

③ 조 직 력

텔레비전의 제작과정이 매우 복잡하고 기술적인 매체이므로 기획자는 각 기능별 다양한 일들을 조정하는 조직력과 경영적인 마인드를 갖추어야 한다. 그러므로 기획자가 조직적인 능력이 없다면 창의적인 개념을 텔레비전 프로그램으로 완성시킬 수 없다.

④ 커뮤니케이션 능력

기획자는 제작진에게 기획의도와 목적을 정확히 전달하는 것이 매우 중요하다. 각 기능별로 다양하고 개성이 다른 여러 제작진들에게 기획의도의 공동목적을 향해 모두의 힘을 하나로 결집시켜 한 방향으로 끌고갈 수 있어야 한다. 기획자는 유능한 커뮤니케이터여야 하고 결과적으로 기획자의 비전을 텔레비전 현실로 창출시키는 것은 제작팀이다.

2) 프로그램 연출자(디렉터)

(1) 연출자의 역할

프로그램 제작과정에서 연출자는 가장 중요한 중추적 역할을 담당한다. 기획된 프로그램을 영상화해서 시청자에게 전달시키는 최종 책임을 진다. 연출자는 기획된 프로그램의 여러 요소를 조합하고 조직해서 영상화해야 한다. 프로그램에 동원되는 진행자, 영상, 음향, 카메라, 조명, 효과, 음악, 대도구, 소도구, 분장, 의상 등 모든 스탭진이 목적하는 프로그램을 생산하기 위해 혼연일체가 되어 성공적인 프로그램을 제작할 수 있도록 지휘감독한다. 제작스탭진들은 기술적 전문가이며 전문예술가들이다. 그러므로 연출자는 기술적인 면과 예술적인 분야에 깊이있는 분석력과 조화시킬 수 있는 창의적인 전문가로서의 지식과 소양을 갖추어야 한다.

연출가는 대본화된 기획의도를 어떻게 하면 시청자에게 흡인력이 있고 감동적인 소구력을 밀도있게 전달할 것인가에 치밀하게 연출해서 나타내야 한다.

① 예술가로서의 연출가

대본에 담긴 내용을 영상으로의 전환을 개념화하는 능력은 예술가로서의 연출기량을 갖추어야 한다. 미술세트 디자인, 소품의 배열 장식, 효과적인 조명색상, 카메라 위치와 각도에 따른 영상 미학적 요소에 효과와 배경음악의 조화, 이러한 전문적이고 다양한 제작요인을 어떻게 조화시키고 승화시켜 기획의도에 맞는 예술성이 높은 작품을 창출시키느냐 이 모두가 연출자의 몫이요 역할이다.

프로그램 전개과정에서 논리성과 흐름의 강약, 영상과 음향, 음악의 밀도있는 조화 이러한 모든 요소들은 예술가로서의 연출가이어야 함을 말해준다.

② 기술자로서의 연출가

연출가는 프로그램 영상화과정이 기술적 메커니즘화 과정을 거쳐야 하므로 비디오 이펙트 활용, 마이크의 성능에 따른 배열배치, 카메라 종류, 카메라 렌즈의 기능과 특수성, 효과적인 조명을 위한 조명종류와 특성, 카메라 높이와 각도에 따른 영상차이, 이러한 각 전문분야의 기술부분 담당자와 사전에 충분한 협의과정을 거쳐 프로그램 완성도를 높여야 한다.

또한 다양한 방송기술 장비와 컴퓨터그래픽의 최신장비 개발정보를 신속히 입수해서 첨단화되는 방송기술 분야를 잘 파악하고 앞서 활용하는 것이 프로그램 제작 성공의 지름길이다.

이와같이 연출가는 기술분야에 대한 폭넓은 전문성이 있어야 하며 최종편집에 이르기까지 여러 전문분야에 포괄적이고 민감한 지식으로 효용가치를 높이는 연출력을 발휘해야 한다.

③ 포용력과 자제력을 지닌 연출가

다양한 전문적인 기능인들과 개성이 각각 다른 스탭진과 연기자들이 모여 긴장된 제작작업을 하므로 상충된 의견이나 갈등요인이 발생되기 쉽다. 특히 제한된 시간에 제작작업이 이루어지면서 빚어지는 예기치 않은 갈등을 해소시키고 하나의 목적을 위해 조화를 이루고 협력해야 하므로 제작진에 대한 통제력과 자제력 그리고 깊고 넓은 포용력으로 리더십을 발휘해야 한다.

(2) 연출자가 갖추어야 할 조건

① 좋은 취향

명석하고 상상력이 풍부하며 조직적인 능력을 갖춘 연출가라도 평소에 좋은 취향(*taste*)을 가져야 한다. 이를 두고 이른바 끼가 있다고 하는데 어디서 이런 끼를 얻는가? 그것은 평소에 좋은 책을 읽고 음악을 감상하고 훌륭한 예술작품들을 감상함으로써 얻어진다. 그러므로 적극적이고 능동적인 창조작품에 대한 접근과 노출은 우리의 상상력을 풍부하게 하고 끼를 계발하는 기회를 제공한다.

② 전문성

프로그램을 제작·연출하려면 그 분야에 대한 전문성을 갖춰야 한다. 프로그램 제작연출에 기본적인 연출기법, 원고작성, 제작기술, 미술, 음악, 연기 등 광범위하면서 깊은 지식을 갖춰야 한다. 전문성있는 연출가가 되기 위해서는 부단한 노력을 투자해야 한다.

〈심야토론〉

③ 호기심

호기심은 연출가에게 독창적인 프로그램을 제작할 수 있는 발판을 마련해준다. 호기심은 연출가에게 각 전문분야 작품감상, 세미나 참석, 현장탐방 등과 각종 전문저널지 탐독을 통해 연출자 자신을 스스로 알차게 교육하게 한다. 다른 사람보다 한발 빠른 경험과 지식의 습득은 그만큼 자신을 한발 앞선 성공의 길로 이끌게 한다. 건강한 호기심은 연출가에게 전문성의 축적에 귀중한 자산을 가져다준다.

6. 제작실무

1) 플로어 플랜(Floor Plan)

(1) 정 의

프로그램의 녹화 또는 생방송에 앞서 스튜디오 제작 전반에 걸친 타임스케줄에 따라 위치 공간 카메라 활용계획 등 총체적인 계획의 수립 전반을 일컬어 플로어 플랜이라 한다.

(2) 필 요 성

교양프로그램은 쇼, 드라마, 연예오락 프로그램에 비해 인터뷰, 토크, 토론 등의 형식이므로 출연자의 움직임이 적어 정적 상태에서 진행되므로 플로어 플랜을 소홀히 다루기 쉬우나, 이는 어느 프로그램에나 매우 중요한 기본요건으로 필수적인 계획이 수립되어야 한다. 특히 방송제작은 1초의 시간을 다투는 분야이므로 시간적으로 밀도있는 계획이 선행되어야 프로그램의 완성도와 질을 높일 수 있다.

(3) 유 의 점

- PD는 플로어 플렌을 프로그램 진행과정에서 한점의 오차도 없이 치밀하게 수립해야 한다.
- PD는 플로어 플랜을 머리 속에 기억, 이해하고 응용할 수 있어야 한다.
- 세트, 소품, 카메라, 조명, 출연자, 마이크의 위치와 이동사항이 정확하게 표시되어야 한다.
- 제작스탭이 플로어 플랜을 쉽게 이해해야 한다.
- 기술적인 요구사항인 그래픽, 음향, 조명, 특수효과 등에 대한 사항이 명기되어야 한다.
- 큐시트와 콘티의 필요에 따라 CAM 위치, 콘티 등이 준비되어야 한다.
- CAM 앵글에 따라 위치, 이동이 명기되어야 한다.
- 스탭회의, 드라이 리허설, 카메라 리허설을 통해 플로어 플랜이 제대로 짜여졌는지 정확하게 점검해야 한다.
- 플로어 플랜 가운데 PD 혼자만 알고 있고 스탭이 미처 인지하지 못한 부분은 없는지 면밀히 점검해야 한다.

2) 플로어 매니저(FM)

(1) 역 할

플로어 디렉터(FD)는 스튜디오에 있는 연출자의 연락책이며 무대감독의 역할을 한다. 연출자의 지시를 연기자에게 전달하고, 프로그램 진행상 필요한 연락을 취하고, 스탭진과 제작진행요원을 점검하며, 스튜디오내의 제작작업이 원활하게 진행될 수 있도록 모든 진행의 책임을 진다. 플로어 디렉터는 스튜디오에서 제작·진행되는 분야의 책임과 초기 준비단계에서부터 무대감독보조(AFD : *assistant floor director*)의 도움을 받아가며 연출자를 지원한다.

① 리허설 준비

플로어 매니저는 리허설 시작 전 미리 스튜디오내의 제작준비 모든 사항인 세트장식, 소품배치, 조명설치, 마이크, 특수효과장비, 그래픽, 모형, 필요한 기구 등의 준비사항을 총점검해야 한다. 특히 출연자의 도착 상황과 출연자 준비 적응 여부를 확인한다. 또한 스튜디오내에서의 금연, 소음, 화재방지, 안전수칙을 지키도록 점검한 후 연출자에게 준비상황을 통보한다.

② 리허설 수칙

스튜디오내에서 플로어 매니저는 연출자의 지시나 메시지 전달을 위해 스튜디오 카메라에 연결된 공용 토크백 회선에 신축성있는 긴 라인의 이어폰을 끼고 연출자와 스탭진에 사인을 주는 데 지장이 없도록 행동반경을 넓게 갖는다. 또는 라인이 필요없는 단파용 이어폰을 사용하면 FD의 행동이 더욱 기동성이 있고 편리하다.

리허설은 생방 또는 녹화방송 계획대로 추진하는 사항이므로 NG 요소가 발생하지 않도록 긴장상태에서 치밀하게 진행되어야 한다.

일체의 소음이 발생해서는 안되므로 스튜디오 출입문 통제에서 스탭들의 움직임도 카메라 앵글의 변화과정에 따라 조심스럽게 이루어져야 한다.

플로어 매니저는 연기자들에게 큐를 주고, 그들을 안내하며 연출자의 메시지를 잘 전달해 주어야 한다. FM가 연출자와 얘기를 하거나 스튜디오 상황을 전할 경우 스튜디오 마이크를 사용하거나 토크백 회선을 이용한다. 또는 CAM 영상을 통해 스탠바이 여부와 전달내용을 제스처를 보내 의사를 전달한다. 스튜디오내에서 연출자의 눈에 띄지 않거나 연출자가 미처 느끼지 못한 점까지도 지적해주고 문제점을 설명하거나 고쳐줄 수도 있다.

녹화를 시작할 경우 모두 스탠바이시키고 시작 카운트다운을 전 출연자와 스탭들이 듣고 인지할 수 있도록 정확하게 한다. 녹화가 끝난 후에는 녹화된 테이프의 이상유무가 확인될 때까지 모두 자리를 뜨지 않도록 한다. 확인결과 이상유무를 알려주고 만약 이상이 있으면 재녹화를 준비시킨다. 생방송 또는 녹화가 무사히 끝난 후에는 출연자 관리 및 사후정리를 깔끔하게 처리한다.

③ 녹화시 유의사항

- 리허설 과정에서 나타난 문제점이 되풀이되지 않게 한다.
- 출연자 및 스탭과의 관계를 정중히 하고 신뢰감을 주어야 한다.
- 스튜디오 내부 출연진, 스탭진이 혼연일체가 되어 성공적인 제작을 위해 상호 협조적이고 의욕적인 참여분위기를 유지시킨다.
- 출연자 의상은 중간 밝기가 무난하고, 강한 원색이나 대비가 심한 색, 줄무늬가 많거나 어지러운 무늬를 피한다.
- 그로마키 효과를 사용할 때에는 푸른색 의상은 사전에 점검 배제한다.

3) FD의 큐

FD의 큐

Stand by
준비→큐
빨리(진행)
천천히(진행)
OK
얘기하시오
시간이 다 되어간다
진행시간은?
잔여시간 2분
잔여시간 30초
빨리 다음으로
끝내시오(나머지는 생략하시오)
오프 카메라
볼륨을 내리시오
더 크게 말하시오
볼륨을 올리시오
조용히
마이크 앞으로 가까이
가까이 오시오
멀리 가시오
멈추시오 (위치)
왼쪽으로 도시오
카메라 오른쪽으로 도시오
서로 가까이
서로 떨어질 것
저 카메라로 향하시오
조명쪽으로 향하시오
CM 시간입니다
박수
멈추시오 (관객)

7. 연출실무

1) 화면구성과 스위칭

(1) 컷

- TV 방송에서 통용되는 컷(*cut*) 용어의 의미는 부조정실의 스위치가 A 화면에서 B 화면으로 카메라를 바꾸는 것으로서 테이크(*take*) 혹은 스위치(*witch*)의 의미이기도 하다.
- 영화를 촬영할 때 연출자가 하나의 화면을 다 찍고 카메라맨에게 '거기까지'라는 의미로 신호하는 말로서 '스타트' 또는 '고'(*go*)의 신호로 돌기 시작한 카메라는 '컷'으로 멈추는데, 이러한 촬영과정상의 의미로서 그 사이에 촬영된 하나의 화면을 가리켜 원 컷이라고 한다(미국이나 영국에서는 이 경우 원 샷(*shot*)이라고도 한다). 이 컷을 여러 개 이어 1편의 작품을 만든다.
- 컷은 행위가 진행중일 때 한 샷에서 다른 샷으로 화면을 바꾸어 주는 가장 보편적인 방법이다. 컷은 또한 장면과 장면을 연결해 주는 수단이 되기도 한다. 같은 장소에서 일어나는 계속적인 행위의 경우에도 컷은 다른 앵글에서 잡은 색다른 그림을 보여준다. 텔레비전 연출자는 무분별하게 화면을 전환시켜서는 안된다. 반드시 샷과 샷 사이의 특별한 관계를 가리킬 수 있어야 한다. 화면전환의 가장 중요한 수단인 컷의 유의점을 살펴보면 다음과 같다.

- 행위중 컷해야 한다면 행위 전이나 후가 아니라 행위가 계속되는 동안에 한다.
- 팬(*pan*)중인 카메라에서 정지 샷으로 컷하지 않는다. 팬에서 팬은 가능하다.
- 지나치게 컷을 쓰지 않는다. 시청자가 짜증스러워 한다.
- 반대쪽에서 측면행위를 컷하지 않는다. 움직임의 방향이 스크린에는 반대로 나타난다.
- 같은 샷은 컷하지 않는다.

- 서로 조화되지 않는 샷끼리 컷하지 않는다.
- 극단적인 앵글 사이에 컷하지 않는다(하이앵글에서 로앵글로, 와이드 샷에서 클로즈업으로 컷하지 않는다).
- 음악이 있는 경우 커팅 대목은 음조에 따라 결정해야 한다.

이 외에도 '컷'의 의미는 다양하게 쓰이는데,

- 촬영한 필름에서 필요하지 않은 부분, 바람직하지 않은 부분을 잘라 내버리는 것 또는 녹음테이프에서 필요하지 않은 부분을 잘라내는 것.
- 검열에서 가위질하는 것.
- 방송국에서 송신이나 프로그램을 중단하는 것.
- 연기자의 연기를 멈추는 것.
- 한정된 방송시간내에 프로그램이나 CM을 내보내기 위해 대본의 일부를 생략하는 것.
- 녹음할 때 연기나 연주, 테이프 수록을 멈추는 것.

(2) 디졸브

영어에서 디졸브(*dissolve*)가 '녹인다', '용해시킨다' 등의 의미를 지니고 있듯이, 하나의 영상이 사라지면서 동시에 다른 영상이 선명하게 나타나는 것을 만한다. 영화나 TV에서 하나의 화면이 점점 어두워지면서(페이드 아웃), 다음 화면이 점점 밝아지며 나타나는(페이드 인) 기법이다. 줄여서 DIS라고 한다. 디졸브는 시간이나 장소의 변화가 있었음을 의미하나, 경우에 따라서는 심미적인 이유에서 사용되기도 한다. 일반적으로 디졸브는 2초에서 3초 사이에 이루어지는 것이 적당한데 이때 일시적인 영상의 오버랩 현상이 일어난다. 문법적으로 말하자면, 디졸브는 단락의 종결 또는 장에서의 주요 액션의 종료를 뜻한다.

(3) 페이드 인(FI : fade in)

TV나 영화의 연출기법 용어로서 피사체가 화면에 차츰 모습을 나타내는 것이다. 상황에 따라서 영상기법상 급속히 나타나게도 할 수 있고 서서히 나타나게도 할 수 있는 영상의 테크닉 처리기법이다. 줄여서 FI라고도 한다.

(4) 페이드 아웃(FO : fade out)

화면의 피사체가 차츰 사라져가는 것을 말한다. 영상이 빨리 사라지게 할 수도 있고 아주 서서히 사라지게 할 수도 있다. 줄여서 FO라고도 한다.

(5) 수퍼(super)

특수효과 장치의 페이드 컨트롤(*fade control*)을 써서 어떤 신호 속에 다른 신호를 수퍼 임포즈한 것이다.

(6) 수퍼 임포즈(SIP : superimpose)

한 화면내에 자막이나 화면내의 특정한 위치에 특정한 영상을 중첩시키거나 삽입하는 것을 의미한다. 줄여서 SIP라고도 하지만 보편적으로 간단히 수퍼라고 통칭한다.

(7) 와이프(wipe)

카메라에 잡힌 화면의 일부를 지우면서 새로운 장면을 보여주는 영상의 특수효과를 말한다. 즉, 화면을 어떠한 점 또는 한쪽에서부터 지워가면서 이어서 다음 화면을 보이게 하는 것으로 영화나 TV에서 행하는 장면 전환기법 중의 하나이다. 가장 기본적이고 보편적인 와이프 효과는 한 이미지가 영상에서 다른 이미지를 수직 또는 수평적으로 밀면서 앞 영상화면의 이미지를 전환 대치시켜 주는 것을 말한다.

와이프 모형의 기본적인 형태는 수직, 수평 이외에 원형, 다이아몬드형, 십자가모형, 톱날모형 등 다양하게 구사될 수 있으며 와이프 접선의 초점을 흐리게 사용하거나 와이프의 전환속도도 상황에 따라 특수효과레버를 필요한 만큼 조정할 수 있다. 스위치의 특수효과에 의해 다종다양한 와이프를 사용할 수 있고, 와이프의 속도, 위치, 방향 등을 조정할 수 있다. 영상전환기법상 이미지

전환 등 목적하는 바에 따라 설정해서 사용해야 한다. 최근에는 2차원에서 3차원적인 특수영상효과 장비들이 많이 개발되어 애니메이션 효과와 컴퓨터그래픽 효과를 통합해서 영상효과를 나타낼 수 있어 매우 다양한 기법을 활용할 수 있다.

2) 카메라 샷(CAM shot)

카메라에 잡힌 한 장면, 한 화면을 샷이라고 한다. 미국이나 영국에서는 원 샷(*shot*)이라고 하지만, 우리나라에서는 보통 원 컷(*one cut*)이라고도 한다.

(1) 프레임에 따른 샷

① 롱 샷(LS : long shot)
원경을 넣고 장소의 전경(全景)을 설명하는 샷으로 먼거리의 경치 촬영을 말한다. 클로즈업의 반대되는 영상으로 피사체 대상에서 상당히 떨어진 카메라 위치에서부터 촬영된 샷이다. 롱샷은 클로즈업의 강렬함에 비해 서정성이 있고 정감이 있는 시각이라 할 수 있고 어떤 의미에서 거시적 시각이라 할 수 있다.

② 풀 샷(FS : full shot)
TV나 영화에서 흔히 사용되는 연출용어로서, 특정의 피사체를 화면에 가득 포착하는 것, 또는 그 구도를 말한다. 예를 들면 사람의 머리끝에서 발끝까지 전신을 화면에 나타내는 것으로 FS로 약칭한다.

③ 미디엄 샷(MS : medium shot)
피사체 포인트인 액션을 주로 하고, 배경은 그 환경을 이해할 수 있는 정도로 넣어준다. 인물의 허리위나 아래까지를 포함시킨 샷으로 표준 TV 프로그램의 기본적인 샷으로 볼 수 있는데 드라마의 대화장면, 게임쇼, 좌담회를 위시한 여러 다양한 프로그램에 사용된다.

롱샷(LS)

풀샷(FS)

니샷(KS)

미디엄샷(MS)

웨스트샷(WS)

바스트샷(BS)

클로즈업(CU)

빅클로즈업(BCU)

④ 니 샷(KS : knee shot)

인물의 무릎 이상의 상반신을 찍은 화면으로 다리가 움직이지 않을 경우 인물의 전신이나 표정은 이것으로 충분히 표현할 수 있다.

⑤ 웨이스트 샷(WS : waist shot)

인물의 허리 위쪽을 찍은 화면으로 주로 상반신의 움직임을 중심으로 할 때 이 크기로 촬영한다.

⑥ 바스트 샷(BS : bust shot)

가슴 윗부분을 프레임 안에 촬영하여 가슴 윗부분 중심으로 얼굴 표정을 살리는 샷이다.

⑦ 클로즈업(CU : close up), 업 샷(US : up shot)

배경이나 환경설명을 고려하지 않고 피사체의 주요한 부분이나 움직임을 포착해서 화면 가득히 촬영하는 것으로서 피사체가 인물일 경우 통상 어깨 부위와 얼굴을 포함한 샷을 말한다. 클로즈업은 눈 이상으로 확대해서 볼 수 있는 렌즈의 기능을 살려 피사체의 세부를 표현하고 또 근접촬영이므로 친밀감을 준다. 또 피사체의 주관적인 감정이나 의사 등을 표현해주기 때문에 높은 긴장감과 강한 감정의 순간을 포착하는 데 효과적이다.

⑧ 빅 클로즈업(BCU : big close up), 익스트림 클로즈업(ECU : extream close up)

피사체의 한 부분을 크게 잡은 샷. 인물의 경우 얼굴 한 부분인 눈, 코, 입 등을 크게 잡은 샷을 말한다. 이를 빅 클로즈업 또는 익스트림 클로즈업, 타이트 클로즈업(TCU : tight close up)이라고도 한다.

(2) 포착 인원수에 따른 샷

① 그룹 샷(GS : group shot) — 하나의 화면에 4~5명 또는 그 이상의 인물을 그룹으로 촬영하는 것.
② 원 샷(1S : one shot) — 한 사람 중심으로 잡는 화면
③ 투 샷(2S : two shot) — 두 사람 중심으로 잡은 샷
④ 쓰리 샷(3S : three shot) — 세 사람 중심으로 잡은 샷

(3) 카메라 위치에 따른 샷

① 오버 숄더 샷(O/S 또는 OSS : over shoulder shot)
토크 프로그램이나 드라마 장면에서 많이 활용되는 샷으로 얘기 도중 상대방의 어깨 너머로 잡은 구도의 샷을 말한다.

(4) 카메라 동작에 따른 샷

① 팬(pan : left / right)
카메라를 좌우로 움직이는 촬영기법을 말한다.

② 틸트(tilt : up / down)
카메라가 상하로 신회하면서 촬영하는 기법이다. 틸트업은 카메라가 렌즈가 상승하면서 내려다보며 찍는 기법이고, 반대로 카메라 렌즈가 아래로 움직이면서 촬영하는 것은 틸트다운이라 한다.

③ 페디스틀(pedestal : up / down)
TV 카메라를 올려놓은 받침대로 카메라 전체의 높낮이를 조정한다. 카메라의 키를 높이는 것이 '페디스틀업'(*pedestal up*) 이고 카메라의 키를 낮추는 것이 '페디스틀 다운'(*pedestal down*) 이다. 때로는 페디스틀 대신에 붐(*boom*) 을 사용하며 붐업과 붐다운으로 사용하기도 한다. 페디스틀 움직임은 수직적인 움직임이다. 카메라 영상적인 목적에 따라 카메라 받침대인 페디스틀 조정으로, 고각(*high angle*) 과 저각(*low angle*) 샷을 구사할 수 있다.

④ 줌(zoom : in / out)
줌렌즈(*zoom lens*) 를 사용하여 촬영하는 카메라 기법으로 줌렌즈를 사용하면 피사체와 카메라의 위치를 바꾸지 않고도 피사체에 가까워지거나 멀어지거나 하는 화면효과를 얻을 수 있다. 피사체 목표물을 줌인(*zoom in*) 에 의해 클로즈업하는 화면효과를 쉽게 얻을 수 있다. 또한 클로즈업이 되어 있는 줌인(*zoom in*) 상태에서 줌아웃(*zoom out*) 할 경우 피사체 목표물에서 멀어지는 화면효과를 볼 수 있다. 이와같이 가까워지거나 멀어지는 속도를 조절하면 다이나믹한 화면효과를 낼 수 있다. 줌인을 줌업(*zoom up*) 이라고도

하고 줌아웃을 줌백(*zoom back*)이라고도 한다.

⑤ 달리 (dolly : in / out)

주로 TV 스튜디오 카메라 연출에서 사용하는 용어로서 카메라 밑받침대에 바퀴가 달려 카메라가 자유롭게 움직일 수 있게 된 경우를 달리(*dolly*)라고 한다. 카메라가 달리에 의해 피사체에 가깝게 전진하면서 촬영하는 것을 달리인(*dolly in*), 피사체로부터 멀어지면서 촬영하는 것을 달리 아웃(*dolly out*) 또는 달리 백(DB : *dolly back*)이라고 한다.

⑥ 아크 (arc)

피사체를 중심으로 하여 카메라의 위치를 원을 그리며 좌우로 이동시키는 것, 방향에 따라 Arc-left 또는 Arc-right라고도 한다. 아크샷에서는 카메라가 움직임에 따라 피사체와 피사체의 크기 등은 변하지 않으나 단지 카메라의 관점 또는 촬영각도가 변경된다.

⑦ 트럭 (truck : left / right)

카메라가 위치를 좌 또는 우로 이동시키는 것. 카메라 헤드는 고정시킨 채 카메라 전체를 왼쪽으로 이동시키는 샷을 왼쪽 트럭(*left truck*)이라고 하고 오른쪽으로 이동시켜 얻는 샷을 오른쪽 트럭(*right truck*)이라고 한다. 트럭샷은 주로 움직이는 피사체를 따라가는 스포츠 중계나 창 밖의 풍경을 포착하는 데 이용되기도 하고 또는 일렬로 배열되어 있는 피사체를 연결해서 보여줄 때 사용된다. 트럭은 피사체를 따라 카메라가 함께 이동하므로 줌인보다 긴장감이나 박력을 나타내는 데 효과적이다.

⑧ 트래킹 (tracking : track in / track out)

줌인이나 줌아웃과는 달리 카메라 자체가 피사체에 다가가거나 멀어지면서 촬영하는 것. 피사체에 가깝게 다가서는 것을 트랙인(*track in*), 반대로 멀어지는 것을 트랙아웃(*track out*)이라 한다. 카메라가 흔들리지 않도록 레일(트랙)을 깔고 그 위로 설치된 카메라를 움직이기 때문에 트래킹이라 부른다.

⑨ 프레임 (frame : out / in)

프레임이란 '틀'이란 의미로 TV 화면을 '틀'로 보았을 때, 피사체가 프레임에서 빠져나가는 것을 프레임 아웃(*frame out* : FrO)이라 하고, 이와 반대로 프레임에 없던 피사체가 프레임 안으로 들어오는 것을 프레임 인(*frame in* : FrI)이라고 한다.

프레임 왼쪽에서 피사체가 들어오는 것을 프레임 레프트 인(*frame left in*), 오른쪽에서 들어오는 것을 프레임 라이트 인(*frame right in*), 왼쪽으로 사라지는 것을 프레임 레프트 아웃(*frame left out*), 오른쪽으로 사라지는 것을 프레임 라이트 아웃(*frame right out*), 프레임 아래로 사라지는 것을 프레임업(*frame up*), 프레임 위로 사라지는 것을 프레임다운(*frame down*)이라고 한다.

⑩ 헤드 룸 (head room : more / less)

출연자의 머리에서 세트 상단까지의 공간, 또는 화면의 구도에서 인물의 머리위 공간을 말한다. 출연자 머리위 공간을 좀더 여유있게 잡는 샷을 헤드룸 모어(*head room more*), 머리공간을 좀더 좁혀 잡는 샷을 헤드룸 레스(*head room less*)라고 한다.

3) 야외촬영

화면구성과 스토리 전개를 사전에 치밀하게 계획을 세워 촬영 스케줄과 스크립트에 맞는 콘티구성 작업이 선행되어야 한다.

(1) 헌 팅

연출자는 촬영현장 사전답사가 매우 중요하며 프로그램의 성공적인 제작에 결정적인 요인이 되며 담당 카메라맨과 구성작가가 동행하는 것이 바람직하다.

실내 또는 야간 장면 촬영시에는 조명을 위한 전원, 발전장치 등이 고려되어야 한다. 특히 야외촬영 경우 현시각에서의 태양의 위치, 역광의 여부, 조명용 램(*Lap*) 사용, 교통편, 도로, 숙박시설 등을 면밀하게 점검해야 한다.

(2) 스토리보드

기획의도에 맞게 연출에 필요한 장면, 시퀀스(*sequence*)를 요약한 스토리보드를 구성해야 하며 정확한 화면구성 연출 콘티(*continuity*)를 준비하는 것이 좋다.

4) 편 집

(1) 편집시 유의사항

- 영상의 연결도 중요하지만 음향의 내용에도 비중을 둔다.
- 생각하고 있는 이미지와 실제 편집내용을 비교하여 편집 콘티에 의해 편집한다.
- 방송시간 길이에 맞춰 편집해야 한다. 자칫 시간계산이 잘못된 경우, 중요하고 강조되어야 할 부분이 생략되거나 짧게 편집될 수 있어 유의해야 한다.
- 편집이 끝난 테이프는 방송일자, 시간 명기 후 테이프 보관실에 넘기고 녹화테이프 일지에 적어 방송운행에 만전을 기한다.

(2) 편집순서

- 프리뷰

  촬영(또는 녹화) 후 전체 내용을 프리뷰(*preview*)해서 내용과 시간을 정확하게 기록, 점검한다.
- 편집콘티(*conti*)

  인서트 영상자료 목록을 작성한 후 넣을 부분과 버릴 부분을 재검토, 재구성하여 정리한다. 기획의도와 프로그램 목표를 다시 한번 유념해서 정리한다.
- 편 집
  - 편집콘티에 의해 채택된 구성안대로 연결해 간다.
  - 연결부분을 스위칭 기법상 컷(*cut*), 디졸브(*dissolve*), 수퍼(*super*) 처리 등으로 영상 연결의 효과를 살린다.
  - 해설(*narration*)이 들어갈 부분, 음악이 들어갈 부분, 현장음을 살릴 부분 등을 리듬감있게 배치·편집한다.

5) 프로그램 제목

(1) 편집후 프로그램 제목 최종점검

① 주의집중력

제목 자체가 시청자의 주의를 집중시켜 프로그램을 시청하게 할 만큼 흥미있는 내용과 개성있는 표현으로 되어 있는가를 재점검, 확인한다.

② 개념의 초점

프로그램 제목에서 컨셉트가 드라마틱하게 함축된 표현으로 정리되어 있는가?

③ 소구점

프로그램 제목에서 소구점을 하나로 묶어 놓았는가?

④ 제목의 길이

프로그램 제목이 너무 길지 않게 간결하고 짜임새 있는가?

⑤ 부제

주제를 뒷받침해줄 부제(*sub title*)를 둘 필요성은 없는가? 부제를 둔다면 좀더 구체적인 핵심을 표현하는 부제를 둔다.

⑥ 유기적 연관성

제목과 내용, 배경영상과의 유기적인 연관성을 지니고 있는가?

⑦ 로고타입

프로그램 내용과 제목의 로고타입(*logo type*)이 일치해야 하며 글씨체와 활자의 크기 종류가 제목의 이미지를 제고시켜야 한다.

⑧ 인지도

제목을 읽기 쉽고 기억하기도 쉬우면서 임팩트가 강해 인지도가 높아야 한다.

8. 프로그램 홍보와 판촉

1) 홍 보

(1) 홍보계획

아무리 훌륭한 프로그램이라도 시청자가 보지 않으면 아무런 의미가 없다. 제작자는 가능한 한 많은 시청자가 프로그램을 볼 수 있도록 홍보하고 판촉활동을 전개해야 한다. 홍보 포인트를 어디에 둘 것인가 미리 계획을 수립한다.

(2) 예고제작

프로그램 홍보에 가장 직접적이고 효과적인 방법이 예고방송이다. 해당 프로그램의 핵심적인 내용을 알리고 시청욕구를 유도할 수 있는 집약적인 예고 스파트 제작이 매우 중요하다. 스테이션 브레이크(SB) 사정과 프로그램 비중도에 따라 1분 내외의 예고 스파트 제작을 가장 효과적으로 제작한다.

(3) 홍보자료 제작

① 기사자료 작성

자국(自局) 프로그램 예고 전략 외에도 각 일간지 및 출판매체를 통한 프로그램 홍보기사 계획을 수립해야 한다. 즉, 프로그램 소재자료에는 제목, 방송일시, 출연자와 홍보효과가 있는 프로그램의 간단한 요약내용을 기사화할 수 있는 자료를 정리한다. 제작과정에 얽힌 재미있는 이야기들도 홍보자료로 활용하면 더욱 효과적이다. 또한 프로그램에 관한 독특하고 특별한 이야기는 어떤 것이라도 홍보자료로 이용될 수 있다. 이렇게 작성된 홍보자료를 신문이나 잡지의 방송란 담당기자에게 홍보부서를 통해서 제공한다.

② 영상자료 제작제공

홍보기사 자료작성에 못지않게 프로그램 제작내용이 담긴 사진자료를 제작하는 것도 매우 중요하다. 기사내용에 적합한 영상자료는 홍보효과를 높이는 데 유용하게 사용된다.

2) 자료보관, 판매, 출품

(1) 방송자료 보관

① 방송테이프 보관

방송완료된 테이프는 큐시트, 대본 등과 함께 방송자료실 대장에 기입(컴퓨터 입력) 보관한다.

② 보관기간 설정

각 방송사마다 방송자료 말소 심의위원회가 있어 방송내용의 비중이나 중요도에 따라 영구보관의 필요성이 있을 경우, 영구보관과 일시보관 또는 즉시 말소 등을 결정·시행한다.

(2) 프로그램 판매

① 국내판매

CATV, 위성 TV, 비디오 등 프로그램 판매 부서에서 판촉이 될 수 있도록 자료를 정리, 보관한다.

② 해외판매

영상산업의 획기적인 발전과 더불어 프로그램 기획 제작시에 해외 판매여부도 사전기획되어야 한다. 해외판매를 고려해서 ME(음악효과) 테이프 제작까지도 사전기획이 선행되어야 한다.

3) 프로그램 콘테스트 출품

(1) 국내출품

① 방송협회

매년 9월 3일 방송의 날에 국내 각 방송사 TV, 라디오 전분야에 걸쳐 방송대상 시상식 행사가 있다.

② 방송위원회

방송위원회에서 매월 '이달의 좋은 프로그램' 상 시상이 있고 연말 종합시상 및 상금으로 제작비 지원금이 시상되고 있다.

〈표 4-1〉 1998년 국제상 출품현황(9월 11일)

국제상	부 문	프로그램명	연 출	소 속	매 체	비 고
'98 피버디	어린이	소리는 내친구	안경은	R1국	R	출품
	다큐멘터리	강마을의 반란	여명용	R1국	R	
	오락(드라마)	KBS무대-판결	조원석	R2국	R	
	다큐멘터리	성덕 바우만	김창조	TV1국	TV	
'98국제청소년상 출품작	12~17세 픽션	어른들은 몰라요 '중독된 아이들'	황제연	TV1국	TV	출품
'98골든글로즈상 출품작	버라이어티	TV는 사랑을 싣고 김보성, 이민영 편	이상운	TV2국	TV	출품
'98 이태리상	공연예술	국악한마당	이상흡	TV2국		출품
	드라마	신 TV 문학관 아들과 함께 걷는길	윤석호	드라마 제작국	TV	
	다큐멘터리	KBS 일요스페셜 지금 북한 무슨 일이 일어나고 있나	신동환	TV1국		
	공연예술	장애인의 날 특집 청각장애인을 위한 작은 음악회	백용철	R2국	R	
	드라마	KBS무대-판결	조원석	R2국		
지구환경영상제	드라마	신 TV 문학관 나는 집으로 간다		드라마 제작국	TV	출품
상해TV 페스티발	〃	〃	〃	〃	〃	
ABU상	TV 정보	특종 비디오 저널 '최초공개! 안양교도소 24시'	권혁만	TV1국	TV	제작중 (9월 31일 마감)
	드라마	신 TV 문학관 나는 집으로 간다	김충길	드라마 제작국	TV	
	음악	특집-가창리 농요	이순철	R1국	R	
	어린이	교실밖 세상 엄마 아빠 어렸을 적에	조원석	R2국	R	
온다스상	TV 연예오락	생방송 사랑의 리퀘스트	전진국	TV2국	TV	재제작중 (9월 31일 마감)

(2) 국제상 출품

매년 에미상, ABU상, 이탈리아상, 골든글로즈상 등 세계 각국에서 전통과 지명도가 높은 국제상이 시상되고 있다. 각 국제상마다 출품부문도 제한 또는 특정지어지고 있다. 참고사항으로 중요한 국제상 분야는 다음과 같다(KBS 자료).

9. TV 다큐멘터리 제작실무

1) TV 다큐멘터리 개설

(1) TV 다큐멘터리의 정의

TV 다큐멘터리는 사실적 내용을 필름이나 비디오 테이프에 담은 영상물이다. 꾸밈없이 있는 그대로의 사실을 기록·전개한다. 기획의도에 초점을 맞추면서 중요한 사실을 연결해 나간다. TV 다큐멘터리는 TV 드라마나 연예오락 프로그램의 형식을 비교해 봄으로써 그 차별적, 독립적 양식의 개념을 쉽게 파악할 수 있다.

(2) TV 다큐멘터리의 요건

다큐멘터리는 '기록'이어야 한다는 것과 '가공적'이 아닌 것, '허구'가 아닌 것이어야 한다. 그리고 사실(*fact*)이 다큐멘터리의 필수적인 요소이긴 하지만 단순한 사실 또는 기록의 나열, 배열, 혼합이 다큐멘터리는 아니다. 어떤 사실을 재해석하거나 재구성해서 사실 속에 숨은 진실을 발견해내는 작업이 중요한 것이다. 따라서 다큐멘터리는 '왜?'라는 의문과 함께 평범한 사실에 대한 깊은 통찰력을 요구한다.

다큐멘터리 제작자는 사실 속에서 진실(*reality or truth*)을 발견하는 것이 그의 임무이다. 즉, 어떤 사실과 시청자 사이에는 메신저(Massager : PD)가 있어서 사실을 해석하고 그 속에서 진실(*massage*)을 발견해내게 된다. 뉴스보도는 객관성을 쫓는 데 반해 뉴스 다큐멘터리는 해석과 명쾌한 견해에 비중을 둔다. 다큐멘터

KBS 1TV, 〈생방송 사랑의 리퀘스트〉 중 다큐구성장면. 북한 귀순자 김혜영씨 출연.

리는 뉴스보다 심층적으로 사건 자체뿐만 아니라 그 사건의 이유 또는 관련된 사람들의 태도와 감정, 전문가의 해설, 시민의 반응, 개인과 사회에 주게 된 의미 등을 다룰 때 다큐멘터리로서의 요건을 갖추게 된다.

TV 다큐멘터리는 저널리스틱한 사건보도에 비해 상상적인 반응을 불러일으킬 수 있는 요소를 더 풍부하게 지니고 있어야 한다. 즉, 다큐멘터리는 사회적으로 의미가 있는 현상에 대해 시청자의 이해를 돕기 위해 유익한 정보를 제공하고 이와 관련해서 시청자들이 그 사실에 대해 재해석하고 유추해 볼 수 있는 사고력을 제공하게 된다.

(3) 다큐멘터리 유형

① 방송 다큐멘터리

방송을 목적으로 시사적인 사회문제나 정보 프로그램으로서 문화적이고 교육적인 프로그램과 역사적, 전기적 또는 자연관찰까지 포함하는 프로그램이다.

② **다큐멘터리 영화**
사실의 기록에 따라 제작된 영화로서 기록영화, 논픽션영화 등 사진, 필름 등을 재편성하여 새로운 현실을 창조하는 예술적 영화라 할 수 있다.

③ **다큐드라마**
단순한 사실의 기록에 따라 해설자가 해설만 하는 것이 아니라 과거와 현재의 현상을 다시 드라마기법으로 재현함으로써 이해를 돕고 시간과 공간을 묶어 동시에 나타낼 수 있어 흥미유발에 도움이 된다.

(4) 다큐멘터리의 종류

다큐멘터리의 관심은 모든 자연현상(*natural fact*)과 역사적 사실(*historical fact*), 그리고 모든 문화적 현상(*cultural fact*)을 포함한다. 따라서 그 종류도 다양하다.

① **촬영형태에 따른 분류**
- 필름 다큐멘터리
- VTR 다큐멘터리
- 혼합(필름과 VTR) 다큐멘터리

② **내용상 분류**
- 역사 다큐멘터리
- 문화 다큐멘터리
- 과학 다큐멘터리
- 인물 다큐멘터리
- 자연 다큐멘터리
- 시사 다큐멘터리

③ **시점에 따른 분류**
- 과거 다큐멘터리
- 현재 또는 현장 다큐멘터리
- 미래 또는 가상 다큐멘터리
- 과거, 현재, 미래 복합 다큐멘터리

이러한 분류도 서로 배타적으로 구분되는 것은 아니며 역사와 문화, 문화와 인물, 과학과 보도 등을 동시에 다룰 수 있고 소재에 따라 의학, 공해, 사회문제 등으로 얼마든지 분류 또는 통합이 가능하다. 그러나 중요한 것은 이런 분류가 아니라, 무엇을 어떻게 왜 다루느냐 하는 것이다. 다큐멘터리는 그 특징상 어떠한 소재도 가능하다. 문제는 그 소재가 '통계적으로나 역사적 사실'을 얼마나 중요성과 가치성을 가지고 있느냐에 있으며, 그 중에서도 결정적인 요인은 인간의 모습과 인간과의 상관관계에 있다고 하겠다.

(5) 필름과 ENG의 차이

어떤 소재가 필름 다큐멘터리에 적합하고 ENG에 알맞는가를 확정할 수는 없다. 그러나 이들의 기계적 특성과 화상의 차이는 이해하고 있어야 한다. 일반적으로 필름과 ENG의 차이점을 정리하면 다음과 같다.

- 필름이 정적이라면, ENG는 동적이다.
- ENG가 언제나 동시녹음이 가능한 반면, 필름은 제한을 받는다.
- ENG가 기동성이 있다면 필름은 안정성이 있다.
- ENG가 즉시 편집이 가능한 반면, 필름은 몇 단계의 과정을 거쳐야 한다.
- ENG가 단기기획에 적당하다면, 필름은 장기기획에 알맞다.
- ENG는 인위적인 편집에 제한이 있으나 필름은 가능하다.
- ENG가 물리적, 전자적 화상이라면 필름은 화학적 화상이다. 따라서 화상의 밀도가 필름이 훨씬 더 조밀하다.
- ENG가 장기적 보관에 결함이 있는 반면, 필름은 영구적이다.

(6) 스튜디오 제작과 TV 다큐멘터리

TV 스튜디오에서 동시 제작되는 프로그램과 TV 다큐멘터리는 대개 다음과 같은 차이점이 있다.

- 다큐멘터리는 스튜디오 제작보다 시간적 공간적 제한성이 있다.
- 다큐멘터리는 스튜디오 제작보다 기동성이 훨씬 뛰어나다.
- 다큐멘터리는 촬영과 편집이 분리되지만 스튜디오 제작은 카메

라와 스위칭에 따라 동시편집 형식이다.

- 스튜디오 제작은 몇 대의 카메라가 포착하는 영상을 연출자가 확인하고 연출계획에 따라 디렉팅(*directing*) 하여 영상연결 편집이 동시에 이루어지지만 다큐멘터리는 특별한 경우가 아니면 카메라에 포착되는 화면효과를 확인할 수가 없다. 따라서 연출자와 카메라맨의 수시적인 이션 소성이 불가능하므로 촬영 전에 콘티에 의한 연출계획을 상호간 충분히 협의할 필요성이 있다.
- 스튜디오 제작은 카메라 영상간에 디졸브(*dissolve*) 에 의한 오버랩(*overlap*) 등이 화면 특수효과를 동시적으로 생산해낼 수 있으나 다큐멘터리는 편집과정에서 조정이 가능하다.
- 스튜디오 제작은 카메라 수에 따라 피사제에 대한 위치, 각도에 따라 화면생산에 제한이 있으나, 다큐멘터리는 카메라 위치, 공간에 따라 화면생산에 제한이 거의 없다.
- 다큐멘터리는 스튜디오 동시 제작물에 비해 밀도있는 편집과정에서 프로그램의 완성도를 높일 수 있다.
- 다큐멘터리는 스튜디오 제작에 비해 제작기간과 시간이 많이 소요된다.
- 스튜디오 제작의 경우 화면의 완성도에 대한 제한성이 문제가 된다. 하지만 다큐멘터리의 경우, 하나하나의 샷이 충분히 계산되어 촬영된다. 그러나 긴박한 사건, 사고, 분초를 다투는 일회성, 일과성 현상을 다루어야 할 때는 샷의 신중한 계산보다는 임기응변적 순발력이 요구된다. ENG 다큐멘터리의 경우 화면 구도상의 흔들림이나 다소 거친 카메라 조작이 영상의 생동감과 박진감으로 전환되는 경우도 허다하다. TV 다큐멘터리의 카메라 워크는 소재에 따라 끊임없는 연구와 시행착오를 거쳐 경험적으로 파악하고 있어야 하는 수공업적이면서 예술적인 연출력 분야이다. 그만큼 가변적이고 창의적인 영역이다.

(7) TV 다큐멘터리의 제작여건

TV 다큐멘터리는 항상 시청자를 의식해야 하는 TV 프로그램이므로 몇가지 제약이 있다.

① 제작일수

일반 TV 프로그램은 1주를 단위로 주간단위의 정규편성에 의해 제작되므로 소재선택, 제작기간이 제한적일 수밖에 없는 반면, 다큐멘터리의 경우는 단일소재로 1~2년 이상 몇 년이 소요되는 기획이 있을 수도 있다.

② 제작비

영화의 경우는 투자비가 회수될 때까지 상영 횟수를 늘리거나 조정할 수도 있겠으나, TV 프로그램은 특별한 경우 재방을 제외하고는 일회성이기 때문에 제작비가 제한받을 수밖에 없다. 제작비 투자는 예상되는 방송효과, 광고주에 대한 프로그램 판매액수, 타 프로그램과의 균형, 그리고 방송정책과의 함수관계에서 결정되겠지만 최소투자로 최대효과라는 경제원칙이 적용된다.

③ 방송소재

다큐멘터리는 사실을 바탕으로 진실을 전달하는 프로그램이지만, 다큐멘터리 역시 안방에서 시청하는 것을 원칙으로 하기 때문에 소재선택과 표현에 한계가 있다. 다큐멘터리의 진실성(*reality*)과 윤리적 기준 사이에는 마찰적인 갈등요소가 흔히 존재한다. 따라서 TV 다큐멘터리의 소재도 엄격한 윤리적 기준에 구속될 수 있다.

(8) TV 다큐멘터리 제작단계

① 기획단계 : 소재수집 - 기획회의 - 소재선택 - 보고서 작성 - 품의

② 구성단계 : 자료수집, 정리 - 자문 - 사전답사 - 섭외 - 구성안작성, 확정 - 제작기 획서 작성

③ 촬영단계 : 촬영콘티 작성 - 스탭협의 - 촬영 - 현장 프리뷰

④ 편집단계 : 프리뷰 - 취재보고서 작성 - 편집콘티 작성 - 편집

⑤ 녹화단계 : 원고집필 - 대본완성 - 캐스팅 - 효과협의 - 녹음연출 - 부조리허설 - 녹화

⑥ 예고 스파트 제작 : 효과있는 예고 스파트 제작

⑦ 방송단계

⑧ 방송후 처리 : 방송자료보관 - 판촉, 출품

2) TV 다큐멘터리 기획 및 구성

(1) 기획단계

① 소재수집

TV 다큐멘터리도 결과적으로 '무엇을', '어떻게' 다루느냐가 핵심적인 과제이다. 모든 자연현상과 문화현상을 그 소재로 포괄한다고 해서 아무것이나 소재가 되는 것은 아니다. '무엇을' 다루느냐 하는 문제는 방송 프로그램의 성패를 좌우한다. 때문에 TV 다큐멘터리 담당자는 소재수집에 우선적인 비중을 두어야 한다. 그러나 한 사람이 접할 수 있는 정보량은 한계가 있으므로 다큐멘터리의 발전을 위해 다양한 소재나 제안을 수집, 분석하는 일은 전사적인 차원에서 광범위하고도 과학적, 조직적으로 이루어진다.

② 소재 협의

소재수집이 끝나면 다큐멘터리 제작자는 차상급자, 단위부서장, 동료제작자가 참여하는 기획회의에서 수집된 소재에 대한 의견을 교환하고 토론을 거쳐 1차적인 여과과정을 밟는다.

③ 소재 채택

소재로 채택되기 위해서는 다음 사항을 고려해야 한다.

- TV 다큐멘터리 포맷으로 적당한가?
- 시의성이 있는가?
- 참신한 것인가?
- 흥미가 있는 것인가?
- 방송사의 정책에 부합하는가?
- 예상되는 방송의 효과는 어떤 것인가?
- 인력과 예산지원은 가능한가?
- 투자회수는 가능한가?(프로그램 판매 등에서)
- 중복 편성은 없는가?
- 장비는 충분한가?

단위부서장은 이들 조건을 충분히 검토한 후 1차적인 소재 채택을 한다.

④ 보고서 작성

단위부서장의 1차 결정으로 단위부서에서 소재가 선택되면, 보고서 또는 기획안을 작성, 1차 결재과정을 밟는다. 보고서 작성에는 다음의 사항들을 명기한다.

- 주제(*theme*)
- 소재와 제목
- 기획의도(방송목적)
- 방송일자, 방송시각, 방송량(길이)
- 구성방법
- 대체적인 제작비용(예산요구액)
- 취재인원, 취재지역, 취재장비 등을 알기 쉽고 간략하게 작성한다.

⑤ 내부 품의

보고서 또는 기획안에 의한 보고가 끝나면 특집 다큐멘터리의 경우 구체적인 제작행위에 들어가기에 앞서 내부 품의를 받아야 한다. 이것은 실제적인 제작행위, 예산집행과 집행결과, 제작내용 등에 구체적인 구속력을 갖기 때문에 치밀성과 정확성이 요구된다. 품의서에는 다음의 사항들이 포함된다.

- 제목
- 기획의도
- 방송일자
- 제작편수와 방송의 주제, 방송의 양
- 제작일수와 취재지역
- 취재인원과 취재장비
- 제작비
- 예산지원, 기타사항

- 첨부 또는 부속 서류
  - 방송구성안
  - 취재행동 예정표
  - 1차보고서 또는 기획안 사본
  - 기타 예정사항에 참고가 될 만한 부속서류 등

국내 취재물의 경우 내부 품의가 완성되면 구체적인 제작행위에 착수하게 되나, 해외취재가 포함되거나 전편을 해외취재물로 구성할 경우 다음의 과정이 필수적이다.

- 공무해외여행심사 : 인사부 협의후 서류작성
- 외환사용승인요청 : 해외 취재물의 경우 대부분 개인의 외환지참한도를 초과하게 됨.
- 여권신청, 발급
- 비자신청, 발급
- 관계기관 협조공문 발송

(2) 구성단계

구성은 작품의 설계도이다. 따라서 TV 다큐멘터리의 구성은 고도의 전문성과 숙련도가 요구된다.

① 구성의 정의 및 방법

구성이란 선택된 주제를 이루는 소주제를 분류해서 효과적으로 전개시키는 것을 말한다.

- 기승전결로 분류하여 '기'를 하나의 소주제로 잡고 알맞게 전개시킨다. 이때 몇 개의 단위로 주제와 유기적인 통합을 이루도록 해야 한다.
- 기승전결을 발단, 전개, 갈등, 위기, 절정, 대단원, 결말 등으로 세분하고, 가장 중요한 반면 지루해지기 쉬운 전개부분에 PD나 구성작가는 적당히 복선을 깔거나 서스펜스, 크라이시스 등 다양한 기술을 구사해서 흥미를 돋구도록 한다.

- 도치법 형식, 즉 주제의 결론을 프로그램 첫머리에 제시하고 그 결론이 나오게 된 과정을 소주제로 나열해 보이는 방법으로 토론, 다큐멘터리, 수사극 등에 자주 쓰인다.
- 논리적, 연역적 구성법이 흔히 사용되나 TV 매체의 특성에 맞는 귀납적 방법에 주목할 필요가 있다(TV적인 접근).

② 구성효과의 극대화 요건

- 어떤 기자재를 사용할 것인가?
- 현장상황과 장소 고려
- 출연인물 선정 고려
- 음악과 음향효과 고려
- 드라마나 쇼프로적인 효과를 노릴 것인가, 기획취재적인 다큐멘터리 기법이 좋을까를 고려

③ 구성의 종류

한 가지 주제라도 방송형식에 따라 시청자들에게 주는 효과는 전혀 달라진다. 현재의 추세는 그 프로그램이 보도, 교양, 연예, 드라마라 할지라도 상호의 형식을 복합적으로 사용하는 '무형식'의 구성이 주류를 이루고 있으므로 복합구성(장르믹스)이라는 표현이 적당하다고 본다.

- 다큐멘터리
- 게임, 퀴즈쇼 및 콘테스트 프로그램
- 토크쇼
- 생활과학
- 쇼구성
- 뮤지컬
- 드라마
- 다큐드라마, 다큐쇼
- 종합구성(현장취재+중계차 연결+토크+게임+노래)

④ 구성자의 위치

구성자는 교양, 쇼, 코미디 등 전반적인 분야에 걸쳐 탁월한 문장력과 유머감각으로 줄거리를 전개하고 PD의 기술과 경험, 철학에 상호보완하면서 제작에 참여함으로써 프로그램의 기획, 제작상의 중요한 위치를 차지한다. 따라서 제작자는 평소에 극작가나 구성작가와의 유대를 깊게 하여 그들의 재능과 취미를 파악하고 프로그램에 최대로 그들의 능력이 발휘될 수 있도록 유도해야 하며, 집필자 즉 극작가나 구성자는 기본적인 방송지식을 가지고 집필된 것을 제작자와 상의, 수정하여 집필자 및 제작자 모두의 의도가 프로그램에 분명하게 드러날 수 있도록 해야 한다.

- 관련자료 수집

  다루는 소재에 대한 광범위한 지식을 축적하기 위해 선택된 소재를 취급한 신문, 잡지, 관계사진, 기록, 기방송물, 관련서적(외국서적 포함), 사진, 관련기록 등을 망라, 확보해야 한다. 방송의 신뢰도와 객관성의 유지는 물론 작품내용의 충실성과 깊은 관련이 있으므로 자료수집능력이 곧 작품내용을 결정하는 예가 많다.

- 자료분석 정리

  수집된 자료를 모두 제작에 포함시킬 수는 없다. 수많은 자료를 분석하고 정리하며 중요도를 평가해서 작품의 기본방향을 설정하고 기본방향에 따라 활용도를 점검한다.

- 전문가의 자문

  제작물의 전문성, 중립성, 방송의 방향과 효과 등에 대한 예측을 위해 광범위한 의견수렴이 필수적이다. 직접 방문하는 것과 서신, 전화의 방법도 있다.

- 관계기관의 자문과 협조

  방송소재에 따라 취재지역이 제한을 받는 경우가 있다. 따라서 이런 지역에 대한 취재는 사전 허가가 필요하므로 공문으로 협조를 의뢰해야 한다.

▪ 사전답사

취재지역, 인물, 대상에 대한 사전예비지식의 축적을 위한 현장의 확인은 필수적이다. 또한 사전답사는 카메라의 위치, 세팅의 잠정결정, 촬영의 사전준비, 관계인물 등의 협조 또는 참여를 위한 예비연출단계이다.

▪ 섭 외

섭외는 방송을 위해 출연인물, 취재지역, 관련기관 등 직접 제작자를 제외한 외부와 교섭하는 행위를 말한다. 이 섭외의 성패야말로 작품의 본질적인 내용을 구속한다. 외부와의 교섭은 직접적이거나 간접적으로 또는 문서를 통하여 이루어진다고 볼 수 있다. 인물이든 지역이든 문서를 통해서든, 섭외는 '인물'과 관련이 있기 마련이므로 인간에 대한 이해가 필요하다. 구체적인 섭외요령은 개인적인 화술이나 경험, 끈기, 평소의 출연자 관리 등에 따른 문제가 있겠지만, 인물섭외에서는 다음과 같은 점을 유의한다.

· 어떤 경우이든 공손해야 한다(어떤 형태의 방송이건 출연자는 초대되는 손님이다).
· 방송의 취지를 자세히 설명한다.
· 의견을 묻는다(의견을 강요하지는 말라).
· 일방적 요구는 절대 금물이다(불쾌감을 준다).
· TV 방송에 대한 공포심을 덜어준다.
· 상대의 일정을 먼저 확인한다.
· 친분관계를 유지하는 것이 중요하다.

해외취재 다큐멘터리의 경우 사전답사가 없이 제작에 임하기 쉬운데, 이런 경우는 섭외의 성패가 바로 프로그램의 성패와 직결된다. 취재일정의 경직성, 취재지역 또는 취재대상 인물에 대한 정보부족 등을 감안한다면, 현장에서의 직접섭외는 상당한 제약을 받는다. 해외취재의 섭외방법은 다음과 같다.

· 한국주재 대사관을 통해

· 현지주재 한국대사관을 통해
· 공사의 현지특파원을 통해
· 직접적인 방법으로(전화나 서신으로)
· 현지교민 유학생, 상사주재원을 통해서 등 여러 가지 경로가 있을 수 있다. 어떻든 섭외는 구체적 제작행위의 전제가 되기 때문에 그 중요성은 매우 크다.

▪ 구성안

다큐멘터리의 소재선택과 함께 작품성공의 핵심적인 요소가 방송구성안이다. 아무리 단순한 메시지를 담는다 해도 다큐멘터리 속에는 플롯이 있어야 한다. 같은 소재를 다룰 때도 구성기술에 따라 작품수준도 달라질 수 있다. 따라서 다큐멘터리의 능력과 구성력은 거의 같은 것이라 할 수 있다. 이런 점에서 TV 다큐멘터리 담당자가 기본적으로 갖추어야 할 조건은 다음과 같다.

· 사실을 수집하고 평가하는 언론인적 감각
· 사실을 재미있고 서스펜스가 가미되도록 드라마적으로 구성할 수 있는 극작가적 능력
· 사실을 아름답게 표현할 수 있는 예술적 감각

이러한 능력을 바탕으로 TV 다큐멘터리 담당자는 아래와 같은 구성상의 특질을 이해하고 있어야 한다.

· 통일성
· 연속성
· 필연성
· 흥미성
· 전문성
· 다양성
· 정확성과 공정성
· 유연성
· 의외성(연속성과 배치되는 것은 아니다)
· 암시성(계속적인 복선이 주요하다. 각 단락의 의도적인 미결성을 살린다)
· 속도감과 균형성

- 구성안 확정

작성된 구성안은 단위부서장이 주재하는 제작회의에서 미비점을 보완한 후 확정하고, 확정된 구성안에 따라 방송제작기획서를 작성, 결재를 받는다.

3) TV 다큐멘터리 제작 및 방송

(1) 촬영단계

① 촬영 콘티뉴어티 작성

일부 정물, 또는 정지된 자연현상을 다루는 다큐멘터리를 제외하고, 긴박한 사건이나 사고, 현재 벌어지고 있는 사실 또는 행위를 다룰 경우 정확한 콘티뉴어티에 의한 촬영은 불가능하다. 그러나 그럴 경우라도 개략적인 콘티뉴어티는 반드시 필요하다. 즉, 사건의 전개방향을 서너 가지로 설정하여 그 설정에 따른 각각의 촬영 콘티가 사전에 작성되어 있어야 한다.

② 촬영 콘티뉴어티 작성시 유의사항

- 메시지의 효과적 전달을 위한 샷으로 정리되었는가?
- 정리된 샷이 전체적인 흐름과 분위기에 알맞은가?
- 꼭 필요한 샷이 누락되진 않았는가?
- 스테디 캄, 레일 등 필요한 특수장비는 언제 어디서 필요한가?
- 각 샷의 소구점과 아이캐처(*eye catcher*)는 무엇인가?

③ 스탭과의 협의 및 촬영

일반적으로 TV 다큐멘터리 스탭은 PD, AD, CA, CA보조(VTR맨 겸), 조명 1, 오디오맨 1 등 6명으로 구성된다. 스튜디오 제작과는 달리 일단 촬영을 시작하면 연출자는 피사체의 화면효과나 진행상태, 음향 등의 녹음상태를 확인할 수가 없다. 이런 점에서 현장촬영은 완벽한 팀웍이 중요하며, 스탭에게 작품의 내용이나 연출자의 의도를 충분히 이해시켜야 한다. 스탭과의 협의가 끝나면 다음과 같은 과정을 밟는다.

- 카메라를 작정위치에 설치하고
- 샷 또는 씬을 결정하고
- 조명을 확인한 뒤
- 카메라를 조직, 촬영하게 된다.

필름일 경우 화면과 음향이 대부분의 경우 분리된 장비로 수록이 되지만, ENG의 경우는 서로 독립적으로 이루어지므로 특별한 주의가 필요하다. 어떠한 경우라도 ENG 촬영의 경우 동시녹음은 반드시 이루어져야 한다.

④ 현장실사

필름촬영의 경우 이 과정은 불가능하다. 그러나 ENG VTR의 경우 현장 또는 현지에서의 녹화상태 확인은 반드시 필요하다. 샷이나 신은 부족하지 않는가? 의도대로 촬영이 되었는가? 등을 점검 확인하며 후속촬영에 참고해야 한다.

다큐멘터리 제작도 가능하면 드라마나 영화와 같이 정확한 콘티뉴어티에 따라 촬영이 이루어져야 하고, 여기에 현장에서의 기동성과 감각을 살린 애드립 샷의 다양화가 추가로 요구된다. 이때 스탭들은 샷의 다양화와 NG 개념을 혼동해서는 안되는데, 이는 생산된 화면을 편집과정에서 어떻게 이용할 것인가의 여부를 현장에서 일일이 판단해내기란 어려운 일이기 때문이다. TV 다큐멘터리 담당자는 항상 '살아 있는 화면' 생산에 진력해야 한다. 그리고 현장에서의 실수나 결점을 후속단계에서 보완하기란 쉽지 않기 때문에 촬영현장에서는 언제나 긴장하고 성실한 태도가 중요하다.

(2) 편집단계

'편집은 예술이다.' 편집은 어떤 확립된 원칙이 있는 것이 아니기 때문에 창조적 영역이 무궁무진하다. 편집은 소재선택, 구성, 촬영과 함께 실질적으로 작품의 내용을 결정한다. 이 편집은 감각과 경험, 끊임없는 연구와 시행착오로 얻을 수 있는 기술과 예술의 영역이다. 따라서 편집기술에는 완성이 있을 수 없다. 그리고 편집은 메시지를 효과적으로 전달하기 위한 수단이지, 편집의 어떤 원칙에 따라 메시지가 종속되는 것은 아니다. 다큐멘터리에서는 언제나 메시지가 우선이다.

① 프리뷰

촬영된 필름 또는 VTR을 편집 전에 면밀히 분석하고 점검, 확인하는 작업으로 프리뷰의 내용을 자세하게 기록해 두어야 한다. 혹시 누락된 샷은 없는지 확인, 대안까지 생각해 둔다(보충촬영, 자료활용, 구성변경 등).

테이프 기록대장은 특별한 양식은 없다. 그러나 편집의 전단계로서의 기록대장은 어떤 형식이 필요하다.

② 취재보고서 작성

취재결과를 종합한 보고서로서 현장의 취재여건, 취재내용과 작품의 내용에 대한 최종보고서를 작성한다.

③ 편집 콘티뉴어티 작성

프리뷰 과정이 끝나면 그 내용의 구성자 또는 작가와 함께 구체적으로 협의, 최초의 구성안을 참고하면서 화면 또는 음향을 선택하고 연결하기 위한 콘티뉴어티 대본을 작성하게 된다. 이 콘티뉴어티 대본 완성 이후의 모든 제작과정은 기능적인 오퍼레이션에 불과하므로 이 작업은 그만큼 중요성을 갖는다.

④ 필름 다큐멘터리의 경우

순수 필름 다큐멘터리의 경우 일반적으로 다음의 과정을 거쳐야 한다.

- 네가필름(*nega-film*)으로 촬영
- 촬영된 네가 필름 현상

- 포지필름(*posi-film*)으로 프린트
- 포지필름 현상
- 포지필름 커팅
- 포지필름 편집
- 편집된 포지필름(*rush-film*)을 토대로 녹음(*magnatic sound tape*)
- Magnetic Sound Tape를 사운드 필름으로 카피
- 사운드필름 현상
- 네가필름 편집
- 편집된 네가필름과 사운드필름을 다시 포지필름으로 프린트
- 텔레시네로 VTR

(3) 편집의 실제

① 개 요

다큐멘터리의 편집은 영화 또는 드라마커팅에서의 경직된 편집원칙으로부터 비교적 자유롭다는 특징이 있다. 그러나 자유롭다는 말이 편집의 용이성을 대신하지는 못한다. 다큐멘터리는 단지 메시지가 우선일 따름이다.

② 편집상의 주의점

- 컷과 컷의 연결은 자연스러운가?
- 전체구성과 조화하는가?
- 시간은 적당한가?
- 리듬과 페이스는 살리고 있는가?
- 속도가 적당한가?
- 음향과 화면은 잘 조화하는가?
- 중복되는 화면은 없는가?
- 유연성을 살리고 있는가?
- 시간 공간 처리는 자연스러운가?
- 극적인 요소를 살리고 있는가?
- 내레이션과 화면길이는 맞는가?

- 화면은 명시적 또는 암시적으로 주제와 관련이 있는가?
- 의외성의 묘를 살리고 있는가?
- 미결성(서스펜스적 요소)은 충분한가?

③ **화면접속의 몇 가지 원칙**

다큐멘터리의 편집에서도 영화의 편집원리나 스튜디오에서의 커팅의 일반원칙이 적용된다.

- 행위중에는 행위가 계속되는 것으로 접속하라.
- 팬화면은 팬이 정지된 뒤에 정지한 화면으로 접속하라.
- 이유없이 화면을 자주 전환하지 말라.
- 이미지 라인을 지켜라.
- 같은 방향에서 샷끼리는 가급적 접속을 피하라.
- 샷의 크기는 변화를 주어라.
- 조화되지 않는 샷은 피하라.
- 극단적인 앵글의 전환은 피하라.
- 배경음악의 리듬을 생각하라.

④ **편집후의 체크포인트**

- 방송의 기본방향에 부합하는가?
- 통일성 속에 다양성이 있는가?
- 현장음은 정확한가?
- 도입부분은 시청자의 주의를 집중시켜 관심을 끌 것인가?
- 마지막 부분은 주제를 마무리하면서도 인상적인가?
- 지루한 부분은 어디인가?
- 화면과 음향은 매체 특성이 있는가?
- 지나치게 인위적인 요소가 있는가?
- 제작시간은 정확한가?
- 감동적인가?

(4) 부조녹화

편집으로서 내용은 이미 결정되어 있다고 볼 수 있다. 그러나 편집완료상태가 TV 프로그램은 아니다. 아직도 TV 프로그램으로서의 생명을 부여받으려면 제목을 정해주어야 하고 편집된 내용을 수정, 보완하여 프로그램이 완성도를 높여야 한다. 이와같이 방송을 위해 최종적인 VTR을 제작하는 것이 부조녹화이다.

① 제목, 부제의 결정

작품의 이름을 지어주는 과정이다. 제목은 작품의 내용이나 주제를 함축하고 있어야 하며 알기 쉽고 간결해야 한다. 복잡한 것, 까다로운 것, 너무 긴 것은 피하는 것이 좋다. 한 편의 제목을 위해 10~15개의 후보제목을 놓고 검토하는 것이 보통이다.

② 원고집필

원고를 연출자가 쓸 것인가, 전문 스크립터에게 의뢰할 것인가를 결정한다. 대개의 경우 스크립터는 구성에서부터 방송에 참여하고, 또 연출자가 작가적 역량까지 구비할 수는 없다는 점과 PD업무 자체의 한계와 하중, 우수한 작가의 전문적인 재능은 작품의 진실성을 높여준다는 점에서 연출과 원고집필은 분리하는 것이 바람직하다. 그러나 연출자가 직접 원고를 쓸 수 있다면 작품의 치밀성과 완성도를 더욱 높일 수 있다.

③ 원고의 수정

방송원고는 방송의 필수적 요건이므로 일반 문학작품과는 다르다. 방송문장은 그 나름대로의 독특한 영역이 있으며 화면을 떠나서는 생각할 수 없다.

④ 해설자, 성우의 캐스팅

특히 해외취재물일 경우 성우의 캐스팅이 중요하다. TV 매체라고 해서 이 부분을 소홀히 할 수는 없다. 평소에 남녀, 연령, 연기력, 목소리의 개성 등을 면밀하게 파악하고 있어야 한다. 다큐멘터리의 주제에 맞는 개성의 목소리를 찾는 것이 프로그램 제작의 승패를 가늠한다.

⑤ 녹음전 리허설

캐스팅이 끝나면 수정된 원고와 함께 편집된 내용을 가지고 최종 녹음전 리허설이 필요하다.

⑥ 음악, 음향효과의 협의

음악의 효과는 TV 다큐멘터리에서도 필수적이다. 음악은 작품 전체의 분위기를 좌우한다. 프로그램이 극적인 분위기나 장면효과의 극대화를 위해 선곡, 작곡을 의뢰한다. 그러나 강한 현장감이나 사실감 또는 긴장감을 손상하지 않도록 음악사용은 절제한다.

⑦ 녹화대본의 완성

최종녹화를 위해 화면의 내용, 길이, 테이프의 순서 음향 또는 해설, 음악과 자막, 특수효과 등의 효과적 연출을 위해 대본을 작성한다.

⑧ 녹음연출

TV 다큐멘터리의 녹음연출은 화면과의 유기적 관계에 주의하고, 화면효과를 극대화하는 한도내에서 하도록 한다. 화면에 앞서는 녹음연출은 있을 수 없다. 녹화와 동시에 진행할 수도 있으나 가급적 사전녹음이 바람직하다.

⑨ 자막제작

화면효과에 큰 상승작용을 한다. 이러한 시각적 효과의 극대화를 위해서는 다음 사항에 유의한다.

▪ 타이틀의 경우
  - 프로그램 내용과 시각적 효과가 일치하는가?
  - 예술적 감각이 있는가?
  - 글자의 크기와 배열은 어떤가?
  - 화면에 상승효과가 있는가?
  - 내용을 충분히 설명하면서도 간결한가?

▪ 내용자막일 경우
  - 내용을 알기 쉽게 제작
  - 간결하고 함축된 내용으로 작성

⑩ **부조 리허설**

최종녹화 전 녹화대본에 따른 리허설이 필요하다. 편집물의 확인, 자막처리, 특수효과의 처리, 컴퓨터그래픽 처리 등 기술적 효과에 대한 협의가 필요하다. 이런 점에서 TV 다큐멘터리 제작자도 특수 영상효과에 대한 예비지식은 절대 필요하다.

⑪ **최종 녹화**

부조를 통한 녹화는 원칙적으로 한 번에 그치는 것이므로 고도의 완성도를 요구한다. TV 다큐멘터리 연출자는 지휘자와 같이 제요소를 결합, 완벽한 하모니를 창조해 내야 한다.

⑫ **예고의 제작**

예고는 프로그램의 소구점을 정확하게 픽업하여 시청자의 주목을 받기에 충분하도록 정련된 기법을 개발 활용토록 한다. 예고의 제작으로 비로소 작품제작 과정은 종결된다.

(5) 방송단계

최종녹화가 완료된 작품은 ① 방송심의 단계를 거쳐, ② 주조정실을 통해 방송을 송출한다.

10. 토론 프로그램 제작 실무

1) 토론 프로그램의 정의

토론 프로그램은 사회적 현상 또는 과정에 관한 문제에 대하여 토론자들의 의견을 제시, 교환하면서 그 문제를 분석, 설명, 평가하고 여론을 조성함으로써 시청자들의 합의점을 찾아 문제의 해결방안을 모색하도록 하는 프로그램이다.

그래서 토론 프로그램은 어떤 문제에 대해 시청자들에게 더욱더 잘 알린다는 인지적·숙지적 기능을 수행하고, 토론주제에 대한 분석적 평가적 기능을 수행한다고 볼 수 있다.

2) 토론 프로그램의 기능

- 해당 주제에 대한 종합적이고 집중화된 여론을 형성시킨다.
- 합의점을 도출함으로써 사회통합의 기능을 수행한다.
- 공적인 문제에 대한 시청자들의 관심을 유발한다.

3) 토론 프로그램의 종류

① **찬반토론**
어떤 문제에 대해 이해관계가 상충되는 두 사람 이상의 출연자와 사회자 한 사람이 진행하는 토론
② **기자회견식 토론**
기자회견을 하는 것처럼 중요한 인물에 대해 각 패널들이 질문을 하는 형식의 토론
③ **난상토론**
어떤 문제를 놓고 여러 사람이 자유롭게 이야기하는 것
④ **공개토론**
한 사람의 응답자나 전문패널과 방청객이 함께 참여하여 벌이는 토론
⑤ **시사논단**
특별한 사안에 대해 잇달아 진행하는 토론

4) 진행자의 역할

- 토론 프로그램에서 진행자는 중추적 역할을 하여 전반적으로 토론의 주도권을 행사해야 한다.
- 프로그램의 목적과 취급내용, 허용된 시간에 대해 숙지하고 있어야 한다.
- 토론주제와 출연자에 대한 사전조사를 충분히 한다.
- 출연자들이 공평하게 토론할 수 있도록 전체적인 토론의 기강을 잡는다.
- 토의내용이 주제쪽으로 향하도록 방향키를 잡아 선로를 이탈하

지 않게 한다.

- 토론 진행상에 예기치 않게 발생하는 진행상의 방해요소를 적절히 해결한다.
- 토론과정을 주도할 수 있도록 문제점을 미리 예상 · 대비한다.
- 유능한 진행자는 가장 적은 말로 가장 필요한 내용을 많이 유도해낸다.
- 출연자의 말이나 토론의 흐름을 차단하는 진행이 되지 않도록 객관성을 견지한다.

5) 출연자

(1) 출연자 선성

토론 프로그램의 제작에서 가장 중요한 작업은 토론에 참여할 인물의 결정이다. 주제와 관련하여 최고의 인물들을 출연시키는 것도 중요하지만 찬, 반, 중립의 의견을 고루 대변할 수 있는 사람들을 찾아서 출연시켜야 한다.

(2) 출연자 배치

토론 프로그램에서 출연자의 배치는 샷의 처리와 토론의 분위기

〈국민대토론〉

조성에 중요하다. 출연자의 배치는 토론의 주제나 성격을 고려하여 정한다. 출연자 배치는 개인별 효과를 위해 각기 개인별로 따로 따로 앉거나 혹은 부분 집합형이 있다. 책상을 놓고 앉는 경우는 딱딱한 느낌을 주게 되고 책상없이 의자에만 앉게 되면 더 편안하고 자유로운 느낌을 준다. 인터뷰 프로그램에서와 마찬가지로 사람과 사람과의 거리가 적정하게 되도록(상대방의 눈, 입, 얼굴표정 등이 미세하게 보일 수 있는 거리) 배치한다.

11. 인터뷰 프로그램의 제작

1) 인터뷰의 정의

inter(=between, among) + view(=to see)의 합성어

인터뷰란 공식적인 쌍방교호작용의 대인 커뮤니케이션으로 특수한 목적을 갖고 사전에 계획될 뿐만 아니라 치밀한 전략이 동원되는 의도적 커뮤니케이션이다. 그러나 사전에 계획되지 않고, 또 아무런 전략을 갖지 않을 수도 있다.

인터뷰는 다양한 각기 각층의 사람들을 만날 기회를 열어주며 그들의 지식, 의견, 관심사를 통해 시청자들은 즐거움을 얻고 그들과 감정적으로 공유하게 된다.

2) 인터뷰 프로그램 제작

인터뷰가 토크쇼에서처럼 단독 프로그램을 구성하는 경우도 있지만, 일반적으로 인터뷰는 프로그램의 한 부분이 되는 경우가 흔하다. 예컨대 뉴스나 스포츠 프로그램, 생활정보 프로그램, 다큐멘터리, 게임쇼와 같은 프로그램의 한 요소로서 인터뷰가 실시된다.

인터뷰를 준비할 때 연출자는 인터뷰의 소구점을 정확히 파악해야 한다. 연출자는 가능한 한 많은 시청자들을 인터뷰에 끌어들여야 한다. 이를 위해 시청자들에게 정보 혹은 오락을 제공할 것인

지의 분명한 소구점을 파악하여 그것에 인터뷰 장소나 장식, 카메라, 편집 등을 결정한다.

인터뷰 제작시 연출자는 다음의 문제들을 체크한다.

- 무엇 때문에 묻는가?
- 무엇을 물어야 하는가?
- 왜 이 사람에게 묻는가?
- 어떻게 물을 것인가?

3) 인터뷰 제작 방식

(1) 스튜디오 인터뷰

출연자들을 뜨거운 조명 불빛 아래 앉혀놓고 샷을 조정함으로써 짜증내지 않도록 적절한 시간에 도착하게 하고, 그들이 도착하기 전에 대역을 이용해서 샷을 조정하여 각자가 앉을 자리가 어디인지 표시해둔다. 인터뷰할 내용과 직접 관련이 없는 화제거리로 잠시 이야기를 나누는 것은 출연자들을 안정시키는 데 도움이 되고, 음성레벨을 체크하고, 출연자 각자의 특이한 표현방법을 알아볼 수 있게 해서 실제녹화시 그러한 습성의 허용 여부도 검토할 수 있다. 그러나 결코 인터뷰 자체를 연습해서는 안된다. 그렇게 하면 자발성을 감소시킨다.

인터뷰 진행자는 사전조사 메모를 작성하고 항시 출연자들의 대답에 관심을 나타내야 하며 미리 준비된 질문순서에 따르기보다는 그 대답과 연관된 질문을 해야만 된다. 일반적으로 인터뷰 진행자는 출연자의 출생지, 교육정도, 직업 등의 자료에 관해 되풀이해서는 안된다. 신상에 관한 내용은 소개할 때 포함하는 것이 낫다.

대부분의 인터뷰 프로그램은 대화상의 실수나 시간초과, 그 밖에 중요한 내용이 소홀히 다루어졌다는 이유로 손질을 해주어야 한다. 어떤 연출자들은 인터뷰 내용별로 시간을 체크해가며 잘못된 부분을 즉시 재녹화하는 방법을 쓴다. 또 다른 연출자는 수다스러운 인터뷰 모두를 녹화한 다음 그 중에서 흥미있는 부분을 편집을 통해 추출하는 방법을 쓴다.

(2) 현장 인터뷰

경험이 없는 출연자들은 공식적인 스튜디오에서보다 그 사람의 집이나 작업장에서 인터뷰를 진행하면 덜 긴장한다. 보통 카메라 한 대로 처리하는데 모든 영상처리를 출연자에게 집중시키고 샷의 크기만을 조정하기 위해 달리나 줌을 쓴다.

인터뷰가 끝난 다음 질문을 다시 하면서 편집용으로 필요한 투샷 화면을 따로 촬영하고 그 밖에 리액션 노드 샷과 질문을 받을 때의 반응샷도 촬영한다. 이러한 샷의 촬영때에는 입술을 움직이지 않게 한다. 편집과정에서 이러한 샷을 삽입하면 시청자들이 계속해서 변화없는 화면을 쳐다보는 단조로움을 피하게 하는 데 도움이 되고 지루하거나 부적절한 부분을 땜질해 주거나 대화상의 어떤 공백을 연결시켜줄 수 있다.

4) 인터뷰 진행자

인터뷰에서 중추적 역할을 하는 이가 인터뷰어이고 인터뷰 진행자의 인터뷰 방식이 인터뷰 프로그램의 성패를 좌우한다. 어떤 식의 인터뷰 방식으로 접근할 것인지가 연출의 중요 관심사이다.

(1) 인터뷰 진행자가 해야 할 일

- 주제에 대하여 가능한 한 숙지해야 한다.
- 뻔한 질문, 사소한 질문은 피한다.
- 배경이 되는 자료를 정리해 두라.
- 예민한 문제에 대해 정보가 필요하면 방송시간 전에 간접 접근하도록 한다.
- 방송(*on air*)이 되기 전에 게스트와 함께 충분히 이야기해 두라.
- 모든 퍼스낼리티를 각별히 대접하라.

(2) 인터뷰어 유형

① **탐문형 인터뷰어** (The Sincere Inquirer)

여기서 인터뷰어는 2차적 혹은 배경적 위치를 차지하고, 게스트의 전문성이나 특출난 지식을 강조하고, 게스트를 돋보이게 한다. 여기서 인터뷰어는 창의성있는 청자가 되어 게스트에게 주목하고, 그의 의견을 지지하고 격려하여 게스트가 계획된 순서대로 대화를 이어 나가도록 유도하는 것이 임무이다.

종종 게스트는 타부영역을 설정하여, 이야기되는 것을 원치 않는 영역들을 제시한다. 이런 경우에 인터뷰어는 게스트의 의견을 존중해야 한다. 게스트가 얼마나 잘 이야기하는가에 프로그램의 성패가 달려 있음을 인식하고 인터뷰어는 게스트를 존중하고 그가 편하게 말할 분위기를 조성한다. 인터뷰시 카메라는 게스트 중심으로 배치된다.

② 퍼스낼리티 인터뷰 (The Personality)
인터뷰어가 중심이 되어 그가 시청자의 주목을 끈다. 대부분 인터뷰어의 유머, 재치, 개인적 매력 때문에 게스트보다는 인터뷰어가 더 시청자들을 사로잡는다. 따라서 카메라는 게스트보다는 인터뷰어를 중심으로 잡는다.

③ 공격적 인터뷰어 (The Provocateur)
인터뷰어는 게스트로부터 정보를 밝혀내기 위해 게스트를 공격하거나 흥분시키거나 비난하는 등의 갈등적 요소를 이용하기도 한다. 이것은 시청자의 흥미를 자아낸다. 진실을 밝혀내기 위해서 게스트의 변호를 제쳐두고, 게스트에게 강도높은 공격적인 질문으로 솔직한 이유를 얻어낸다.

인터뷰어는 게스트가 선정한 금기분야를 질문하기도 한다. 시청자들은 대개 이런 부분에 흥미를 가지고 있기 때문에, 인터뷰어는 게스트가 허용하는 한 솔직한 이야기를 끌어내도록 노력한다.

5) 녹화시 주의사항 및 용어

- 세트 설치시 사람과 사람과의 거리가 상대방의 눈, 입, 표정들을 정확하게 보고 느낄 수 있는 거리가 되도록 배치할 것
- Chair-angle : 인터뷰시 의자들이 일정한 각도를 유지하지 않으

면 느슨하고, 너무 마주보면 딱딱한 느낌을 준다.

- Cross-Shouting : 두 카메라가 서로 X방향으로 물체를 잡을 것. 인터뷰가 가장 바람직한 방법으로서 얼굴의 많은 면을 잡을 수 있다.
- Looking-room : 화면내 사람들이 바라보고 있는 방향에 약간의 공간으로서 이것이 일정치 않은 그림의 커팅은 서로 다른 쪽을 보고 있는 듯한 느낌을 준다.
- Live-of-Action(행동방향) : 물체가 움직이고 있는 방향으로서, 두 개의 카메라가 서로 다른 방향에 있을 때 이 행동방향은 다른 것으로 나타난다. 인터뷰의 경우 마주보고 얘기하는 것이 아닌 것처럼 보인다.
- 소재에 따라 리허설을 생략해야 할 때가 있다(감동적이거나 비밀스러운 얘기 등).
- 객관적인 소재의 접근은 눈높이(*eye level*)에 맞추어 잡는다.
- 미처 얼굴을 보이지 않은 사람의 어깨나 머리를 넣은 OS Shot을 만들지 말 것
- 리액션 샷은 너무 자주, 오래 쓰지 말 것
- 말하는 사람에 따라 커팅하지 말 것. 사회자가 질문할 때는 듣고 있는 출연자쪽을 비추는 것이 더 좋다.
- 인터뷰 형식에 집착하지 말고 자연스럽게 할 것
- 커팅의 타이밍을 중시하고, 기계적인 타이밍이나 말이 끝나야 넘어가는 식은 지양할 것
- 줌인, 줌아웃을 절제, 특히 강조하고 싶은 부분에서 적절히 활용하여 소구력을 높일 것
- 특별한 경우 빅 클로즈업을 활용하여 내용전개에서 극적인 효과를 높이도록 할 것

12. 게임쇼

1) 정 의

게임쇼는 보통 개인 혹은 팀간의 시합형태로 짜여진다. 경쟁자들은 긴 테이블에 배치되는데 그 위치에서 진행자를 마주 볼 수 있도록 한다. 때때로 경쟁자들이 질문에 교대로 대답을 하게 한다.

게임쇼에서는 늘 승자와 패자가 있게 마련이다. 이것이 시청자들이 누구 혹은 어떤 대상을 응원하도록 하고 동정하도록 한다. 좋은 게임쇼는 스튜디오 관람객과 가정시청자를 다 참여시킬 수 있는 것이다. 또한 게임쇼는 제작비가 적게 든다. 게임형식이나 무대 등은 변하지 않고 단지 출연자들이나 상품이 변할 뿐이다. 제작자는 스튜디오 관람객이나 가정 시청자들이 함께 참여할 수 있는 게임쇼를 만들어야 한다.

KBS 2TV, 〈수퍼 TV 일요일은 즐거워〉 한 장면

2) 처 리

모은 샷은 쇼 시작 전에 검토되어야 하는데, 대역을 앉혀 놓고 하는 방법도 있지만 경쟁자들에게 직접 연습문제를 던지면서 하는 방법이 더 낫다.

퀴즈 진행자는 롱샷과 미디엄 샷으로 처리한다. 패널은 그룹샷, 투샷, 개인 클로즈업, 리액션 샷으로 처리한다. 패널 게임인 경우 각 카메라맨은 샷을 정확히 그리고 재빨리 선택할 준비를 갖추고 있어야 하며, 알아보기 쉽게 각 경쟁자 앞에 명패를 놓아둔다. 그래서 대답하는 사람이 누구인지, 개인별 점수가 어떤지를 알아보게 한다. 그룹샷은 즉흥적인 대답을 처리하는 데 도움이 된다.

3) 구 성

게임쇼에 필요한 문제를 고를 때 그 문제들이 출연자나 시청자 어느 쪽에서 봐도 아주 쉬운 문제서부터 어려운 문제까지 균형있게 선택해야 한다. 문제들은 분명해야 하고 애매모호한 점이 없어야 한다. 정답은 사전에 치밀히 검토되어야 한다. 특히 정답으로 간주될 수 있는지 없는지 세밀하게 알아봐야 한다. 프로그램 진행상의 묘미를 얻기 위해서 처음 시작부분의 문제는 비교적 쉬운 것이어야 한다는 것이 대체적인 원칙이다.

퀴즈진행자는 친절하되 단호한 태도를 취해야 하고 완전히 불편부당하고 지휘권을 확립하고 있는 것처럼 보여야 한다. 그가 갖고 있는 정답카드와 타이밍시트는 시간을 조절하는 데 도움이 된다. 쇼 시작 무렵에 규칙을 간단히 설명해주고 출연자들을 소개한다.

5장

TV 드라마 제작

1. 드라마의 정의

일반적으로 드라마의 포괄적인 의미는 모든 극작품을 일컫는 용어로서 양식과 내용에 따라 복고시대극, 사실주의극 등으로 구분하기도 한다. 하나의 극작품에 따라 연출되는 상황이 아닌 경우에도 극적인 상황에 대해 흔히들 '드라마틱'하다, 또는 '한 편의 드라마 같다', '한 편의 드라마다'라는 표현을 흔히 쓴다. 이와같이 극적인 효과를 위한 갈등, 갈등의 해결 등을 내포한 모든 상황에 적용할 수 있는 용어이기도 하다.

극적인 본능은 인간에게는 선천적인 것으로서, 노래와 춤이 결합된 대부분의 기초적인 대사도 드라마로 간주될 수 있다. 그러나 좁은 의미에서 드라마란 고도의 정서적 내용을 가진 극을 의미하며, 문학적인 걸작품에서 멜로드라마까지 포괄된다.

드라마(*drama* : 劇, 演劇), 즉 연극의 발생지가 그리스였던 만큼 연극(*drama*)이라는 말도 그리스어 'dramenon'에서 유래한다. 그리스어의 'dramenon'은 '행동하다'(*act*, *do*)와 같은 뜻이다. 여기서 행동(*action*)이란 단순한 행위가 아닌 뚜렷한 동기와 목적을 가진 행위로서 무엇인가 하려는 의지가 담긴 행동이며 그 행동 속에는 감정이 포함되어 있다. 또한 극장(*theater*)이라는 말은 그리스어로

'보다'(*see, view*)의 뜻이다. 그러므로 이 '행하고 보는 것'이 연극의 근본적인 개념을 형성한다고 하겠다. 무엇인가 나타내려는 행위, 스토리를 가진 행위가 드라마의 근본 원형을 이루는 것이다.

우리는 하나의 스토리 현상을 두고 문학으로서의 소설작품을 접하는 것보다는 드라마를 통한 배우의 행동을 통하여 볼 때 사실처럼 생생히 표현됨으로써 강렬한 재미를 느낄 수 있다. 배우의 감정이 내포된 행동을 통해 관객을 스토리 속에 몰입시키고 사실과 같은 강렬한 감동과 재미를 주는 것이 곧 바로 드라마이다.

17세기 극작가 John Dryden은 "연극은 인류를 즐겁게 하고 교화하기 위해 정열과 해학을, 나아가 인간 천성이 예속하는 운명의 변화를 재생하면서 인간 성격의 공정하고도 생생한 상을 그려야 한다"고 말했다. 또한 W. T. Price는 "연극이란 완전한 행위의 모방으로서 인간에 대한 공감있는 관심을 갖게 하며 일련의 끊임없는, 흥미롭고 서로 밀착된 사건 속에서 전개되며, 언어와 상징과 실제성과 인간의 조건 등을 매개로 하여 연기되고 실현되는 것이다"라고 정의내리고 있다. 그 밖에 Elizabeth Drew는 "연극은 극장을 매체로 하여 인생을 창조하고 재현하는 것이다"라고 했으며, Ormerod Greenwood는 "연극이란 살아있는 인간들에 의해 무대에서 행동되는 그 어떠한 것이다", Alans Downer는 "연극이란 인생의 모방이요, 집약이요, 지시이다"라고 정의하고 있다.

2. 드라마의 역사

1) 드라마의 기원

(1) 종교의식과 연극

희곡은 고대 희랍극에서 유래되었으며, 이미 희곡 이전에 연극이 있었고 이 연극은 원시인의 종교적인 양식에서 출발했다. 인간은 변화무상한 자연 앞에 무력한 존재였으며 사나운 맹수에 비해 나약한 존재였기에 초인적인 신의 존재를 믿고 신에게 의지하고자

했다. 이러한 여건 속에서 인간들은 집단을 형성하고 전쟁이나 사냥을 나가기 전에 인간집단적인 의식을 행하게 된 것이다.

이러한 집단의식에는 신에 대한 호소와 주문이 있었고 노래와 춤이 뒤따르며 집단적인 감동상태와 더불어 집단 사이의 일체감이 형성되었다. 이들은 신에 대한 신앙심의 경지를 체험하게 됨으로써 원시형태의 종교의식이 곧바로 원시적인 연극행위로 이어졌다.

Jurius Bab은 그의 저서 《극장사회학》(*Sociology of the Theater*) 에서 다음과 같이 말하고 있다.

> 원시인류는 그 불안을 극복하기 위하여 마술적인 연극(무용, 음악) 으로써 자기를 황홀경(*ecstasy*) 가운데로 몰입시겼다. 그것은 실로 하나의 전체적, 통일적인 현상으로서 아직 배우, 극작가, 관객이 분리되기 전의 집단적 도취현상이다. 그리고 이 군중의 도취된 행위야말로 연극의 근본체험으로서, 만일 이 체험을 소실하게 되면 모든 연극은 무력해지지 않을 수 없는 동시에 연극이 지닌 사회성 또한 이 근본체험 가운데서만 존립한다.

이것은 원시인의 집단의식이 연극의 기원이라는 말이며, 동시에 연극이 연극화되는 조건을 제시하는 말이라고 할 수 있다.[1)]

(2) 아리스토텔레스의 《시학》

드라마에 대한 원리와 이론을 세운 사람은 아리스토텔레스 (Aristotle, B.C. 384~322) 이다. 아리스토텔레스가 B.C. 330년경 강의 초고의 일부로 저술한 《시학》(詩學, *Poetics*) 은 원래 2부로 되어 있었으나 희극 기타의 부분은 소실되었다.

이 《시학》은 희랍극에 대한 이론서일 뿐만 아니라 오늘날 전통적 서양연극의 이론적 근거를 제공하고 있다는 점에서 그 고전적 가치를 인정받고 있다.

《시학》은 시와 그 종류, 이야기의 구성, 성격 등을 논한 것으

---

1) 조용재, 《드라마 총론》, 원광대학교 출판국, 1996, p. 34.

로, 모든 예술은 모방이며, 모방의 대상은 성격을 가진 행위이고, 이 행위를 중심으로 비극론이 전개된다. 《시학》 제6장에서 비극의 정의를 "비극이란 고귀하고 완결된 상당한 길이를 가진 행동의 모방이다. 그리고 극의 부분들에는 각각 여러가지로 맛을 낸 말이 따로따로 쓰이고 있다. 비극은 서술하는 형식이 아니라 배우가 행동으로 나타내며, 가엾음(*pity*)과 두려움(*fear*)을 일으키는 사건을 통해서 카타르시스(*catharsis*)를 이루어내는 것이다"라고 했다.

아리스토텔레스는 행위를 고귀한 신분의 행위와 낮고 비천한 신분을 가진 자의 행위로 나누어, 비극은 높은 신분의 소유자 행위를 모방하고, 희극은 낮고 비천한 신분의 소유자 행위를 모방한다고 보았다. 아리스토텔레스에 의하면 비극은 첫째, 차원높고 고상한 행동을 대상으로 해야 하며 처음과 끝이 분명한 완결된 스토리를 가져야 한다. 둘째, 극의 표현은 대사와 음악을 사용하되 말로써 설명할 것이 아니라 배우가 직접 행동으로, 즉 연기로 나타내야 한다. 셋째, 비극의 목적은 앞장에서 설명한 바와 같이 두려움과 동정의 감정을 불러일으킴으로써 마음속에 느끼고 있던 해로운 감정들을 씻어내는 데 두고 있다.

여기서 우리는 아리스토텔레스가 희랍시대의 주인공들을 고귀한 신분을 가진 고상한 인격의 소유자로 규정하고 있음을 주목해 볼 필요가 있다. 본질적으로 희랍극은 신화(神話)에 바탕을 둔 영웅담이며 그들이 겪게 되는 비극적 상황 역시 도덕적 결함이나 의도적으로 저지른 악행 때문이 아니라 지극히 인간적인 약점 때문에 생긴다. 다시 말해 희랍극의 주인공들은 그가 숙명적으로 지니고 있는 성격상의 결함과 잘못된 판단의 결과에 의해 몰락한다. 그러므로 강도, 강간범 같은 사악하고 부도덕한 인간은 비극의 주인공이 될 수 없었던 것이다. 아리스토텔레스는 비극은 보통보다 나은 인간을 모방하는 것이며 희극은 보통보다 못한 인간을 모방하는 것이라고 하였다.

희랍시대의 사람들은 비극 속에 등장하는 나보다 나은 주인공(귀족, 영웅)의 모습을 통해서 자신의 인격을 가다듬었고, 희극 속에 등장하는 나보다 못한 주인공(바보, 도착된 인간, 편집광)에게 한껏 조소를 보내면서 만족감을 느꼈다. 그러나 그 시대의 주인공들은 이른바 위대한 선인(善人)이나 위대한 바보였기 때문에 서민 대중들이 진정으로 공감할 수 있는 대상이 아니었다.

연극에 보통 사람들이 등장한 것은 입센(Henrik Ibsen)의 사실주의 극에서 비로소 실현될 수 있었다. 그 이후 사람들은 드라마를 통해 참으로 공감할 수 있는 사신들의 주인공을 갖게 된 것이다. '나와 비슷한 사람이 등장하여 나와 비슷한 일로 고민하고 있구나' 하는 안도감과 친근감은 특히 오늘날 TV 드라마의 시청자들이 맛보는 재미의 근원이 되고 있다.[2]

《시학》은 작시법인 동시에 그리스 문학을 이해하는 데 귀중한 문헌이요, 고선주의 예술론의 원천이나.

아리스토텔레스 이래 여러 시대를 통하여 시학은 상반되는 두 범주로 발전한다. 그 하나는 '시란 무엇인가'라는 명제에 대하여 나타난 그대로의 현상을 진술하는 존재의 시학(모방적 관점)이다. 그리고 시는 이러이러해야 한다는 당위의 시학(실용적 관점)이 그 다른 하나이다. '모방은 진실이 아니다', '모방은 재창조이다', '모방은 생활의 반영이다' 등은 모방론에 속한 시학의 주장들이다. '시는 쾌락의 효과를 지닌다', '교훈을 준다', '쾌락과 교훈을 동시에 결합시키는 것이다' 등은 실용론의 관점에 해당된다. 르네상스 시대의 시학은 포괄적으로는 시의 고유한 법칙을 강조하는 존재의 시학이라고 할 수 있다. 그 후 슐레겔(F. Schlegel)의 예술론, 헤겔(Hegel)의 미학강의에 의하여 낭만주의 시학이 심화되었고, 그에 따라 시와 예술의 창조 개념이 발전되었다.[3]

(3) 아리스토텔레스의 모방

아리스토텔레스는 연극을 "연기라는 형태로 된 행동의 모방(*imitation*)"이라고 했다. 따라서 연극은 곧 행동이라는 점을 먼저 인식할 필요가 있다. 즉, '연극'이란 관객들 앞에서 사람이 행동하는

---

2) 최상식, 《TV 드라마작법》, 한국방송작가협회 교육원, 1991, p. 23.
3) 조용재, 《드라마 총론》, 원광대학교 출판국, 1996, p. 17.

것이라고 단적으로 표현할 수 있다. 무대 위에서 행동하는 사람이 무엇을 어떻게 전할 것인가를 전제하게 될 것이다. 그 전하고자 하는 이야기는 바로 인간의 생활에 근거를 두거나 그것을 반영하고 있음을 알 수 있다. 이야기를 전하고자 하는 그 행위 속에는 언어와 침묵, 표정과 동작이 포함되어야 할 것이다.

'행동의 모방'은 연극을 이해하는 데 매우 중요한 술어가 된다. 인간이 자기행동이 아닌 남의 행동을 모방할 수 있기 때문에 이 행동은 바로 연기일 수밖에 없는 것이다.

연극은 일정한 시간 안에 끝나야 한다. 그러므로 실제의 상황을 모방한다 해도 그중 일부는 삭제하고 어떤 부분은 재구성해서 행동으로 표현해야 할 것이다. 따라서 연극은 사실을 그대로 모방하는 것이 아님을 알 수 있다. 그러니까 있음직한 일, 행동을 모방한다. 그것도 정해진 시간 안에 보는 사람에게 감동을 줄 수 있는 방법으로 어떤 사건이나 이야기를 모방한다. 그러기에 있음직한 이야기라 해도 함부로 아무렇게나 모방해서는 안되며 그럴 듯 하지 않은 일이나 엉뚱한 행동을 모방해서도 안된다.

따라서 연극 속의 행동은 어떤 기본적인 요건을 갖추어야 한다. 그것은 C. B. Tenntson에 따르면 다음과 같은 것들이다.

첫째, 연극은 갈등이 있어야 한다. 그 갈등이 생기도록 행동에 어떤 법칙이 있어야 된다.

둘째, 연극에는 위기가 있어야 한다. 연극 속의 행동은 이 위기를 일으킬 수 있는 것이어야 한다. 그래야만 관객이 그것을 흥미있게 구경할 것이기 때문이다.

셋째, 연극의 행동에는 목표가 있어야 한다. 창가에서 책을 읽고 있는 소녀가 있다. 그런데 그녀가 일어선다. 이것만으로는 연극이 될 수가 없다. 왜 일어섰는지가 밝혀져야 한다. "불이야!" 하는 소리를 듣고 일어서야 그 행위가 납득이 간다. 그 행위는 달아나려 한다든지 창밖을 내다본다든지 어떤 목적을 띠고 있어야 한다.

우리는 일상생활에서 '극적'이란 말을 자주 사용한다. 이 '극적'이란 말은 반드시 흥분이 고양될 때, 감정이 급상승할 때 사용되는 말이다. 따라서 연극은 행동의 모방이되 격앙된 감정의 인간행위의 모방이다. 행운, 의지의 갈등, 손해, 재난, 대담한 행위 그리고 승리 등에 대해서 일어나거나 없어지는 행동을 모방한다. 따라서 연극 속의 행동은 이런 행동들을 반드시 포함해야 한다는 말이다. 그들이 인생을 구성하는 여러 자료들이기 때문이다. 또 그 때문에 연극 속의 행동에는 앞서 말한 갈등이나 위기나 목적이 있어야 한다는 얘기도 성립된다. 그들이 갈등이나 위기를 조성하고 또 목적을 성취시키는 사건들이 될 수 있기 때문이다.

연극에는 필수적인 요소로서 행동이 있어야 한다. 동작, 대사, 몸짓이 있어야 하고, 인간생활에 근거를 둔 어떤 양상을 표출하거나 분명히 해주는 사건을 행동으로 보여주어야 한다.

행동의 모방은 실세 행동의 모방이 아니라 있음직한 행동의 모방이라고 했다. 그러나 여기에서 말하는 모방(*imitation*)은 재현(*representation*), 연출(*rendition*), 묘사(*depiction*), 투사(*projection*) 등과 같은 뜻이다. 모방이 상상이나 환상 따위를 배제한다는 뜻이 아니라, 오히려 그들을 포함하는 모방이기 때문에 재창조요, 재현인 것이다. 연극 속의 모방은 무대상에 행동을 재현하는 것을 뜻한다. 재현은 재생이 아니다. 상상력이 동원되고 배우의 창조성이 포함된 개념이다. 여기에서 연극은 비로소 상상의 산물임을 알 수 있다. 그것을 쓴 작가의 사상뿐만 아니라 그것을 모방하는 배우의 사상까지 곁들여져 있는 것이다. 그래서 우리는 연극을 보고 생각을 하게 되고 연극 속에서 무한한 상상의 나래를 펼 수가 있는 것이다.

알고 보면 사실주의 연극조차 사실은 아니다. 사실과 가장 닮았을 뿐 상상의 소산이다. 그러기에 우리는 사실적인 연기를 통해 인생의 개념을 얻고 사상을 얻는다. 아니 우리가 사실적인 행동의 모방을 통해 얻는 것은 사실(*fact*)이 아니라 진실(*truth*)이라는 점을 명심할 필요가 있다. 과학이 우리에게 주는 것은 사실이다. 그러나 예술이 우리에게 주는 것은 진실이다. 우리는 사실을 알고 있는 것만으로는 충분하지 못하다. 그 속에서 진실을 발견해야 한다. 이 말은 우리가 과학만으로 살 수 없고 예술이 있어야 참으로 살 수 있다는 얘기와 같다.

연극이 중시하는 것은 사실이 아니라 진실이고, 우리는 있음직한 행동의 모방을 통해 현실을 재현하고 거기에서 진실을 찾자는 것이다.

연극이란 의미있는 인간행위가 관객 앞에 배열되어 재현되는 것이라고 말할 수가 있다. 따라서 모방은 우리의 행동반경을 구속하는 것이 아니고 도리어 넓혀주는 것이라고 바꿔 말할 수 있다. 아리스토텔레스의 '행동모방설'이 연극의 정의에 광범위하게 원용되고 있음을 알 수 있다. 사실 아리스토텔레스의 《시학》에 의하면 연극만이 모방은 아니다. 미술, 음악 등 모든 예술이 모방의 결과인데 미술은 선과 색채의 모방이요, 음악(연극 속에도 음악, 합창은 있으나 주로 악기를 쓰는 음악)은 소리의 모방이고 연극은 행동의 모방이라고 했다.

이 '행동의 모방' 속에는 서사시(*epic*)도 포함된다. 단지 서사시는 행동을 모방하되 언어로 모방하는 것이요, 연극은 행동으로 모방한다는 점이 다르다. 따라서 an imitation of an action in the form of action(연기라는 형태로서의 행동의 모방)에서 하선부에 주의를 해야 된다.

이런 점으로 미루어 우리는 모방이라는 말이 창조요, 재현이요, 재창조라는 뜻임을 다시 한번 확인할 수 있다.[4)]

3. 드라마의 본질

1) 희곡과 소설

희곡과 소설 모두 문학의 한 장르로서 희곡은 압축된 구조와 문학적인 언어를 사용하는 점에서 시와 유사한 점이 있지만, 희곡에는 등장인물과 이야기의 줄거리(構成 : *plot*)가 있다는 점에서는 소설과 가깝다.

---

4) 조용재, 《드라마 총론》, 원광대학교 출판국, 1996, pp. 20~22.

(1) 소설의 특성

① **장소와 상황 전개에 제약이 없다.**

소설은 이야기 전개과정에서 장소 설정이나 사건 상황에 제약이 없이 사건의 이동이 자유롭다.

② **메신저를 등장인물의 제 3 자의 설명으로도 가능하다.**

소설은 이야기 전개과정에서 극중인물뿐만 아니라 제3자의 서술이나 설명을 통해 인물의 성격, 심리, 환경, 생활 등을 장황하게 묘사 또는 표현할 수 있다.

③ **과거, 현재, 미래의 시간적 공간에 제한이 없다.**

소설은 과거, 현재, 미래의 시간적 공간에 제한이 없이 자유롭게 뛰어 넘어서 전개시킬 수 있다.

④ **분량에 제한이 없다.**

소설은 짧은 콩트에서부터 방대한 내용의 대하소설에 이르기까지 분량에 제한이 없다.

⑤ **순수한 심리적인 묘사가 가능하다.**

소설은 심리적인 상황과 긴 명상의 내용을 얼마든지 표현할 수 있다.

(2) 희곡의 특성

① **장면 전개가 제한적이다.**

희곡은 소설과는 달리 사건의 이동에 제약을 받으므로 한 장소에서 사건이 전개될수록 좋은 특성을 지닌다.

② **스토리 전개과정의 표현은 극중인물에 의존해야 한다.**

희곡은 극중인물들의 환경이나 생활을 행동(연기)과 대사를 통해서 성격이나 심리상태를 표현해야 하므로 등장인물의 직접적인 표현으로만이 가능하다.

③ **시간적 공간에 제약을 받는다.**

희곡은 소설처럼 과거, 현재, 미래를 마음대로 넘나들며 시간을 전개시킬 수 없으며, 과거나 미래의 상황을 현재의 사건으로 전개해야 한다.

④ **분량이 제한적이다.**

희곡은 분량에 제한이 있으며 길어도 두시간 반 정도에서 끝내야 한다. 따라서 소설처럼 방대한 내용을 담을 수 없으므로 내용을 집약적으로 제시해야 한다.

⑤ **순수한 심리적인 행동은 불가능하다.**

희곡에서는 장시간 명상에 잠긴 행동을 묘사할 수가 없다. 행동이 없는 생각만으로는 연극이 진행될 수 없기 때문이다. 희곡은 남이 볼 수 있게 행동과 대사를 통해서 보여야 하는 지극히 제약을 받는 문학형식이라 하겠다.

2) 헤겔의 희곡관

독일의 철학자 헤겔(Hegel, 1770~1831)은 희곡의 표현법은 서사시와 서정시의 표현법을 결합하여 형성하는 것으로서 희곡의 사건전개는 서사시와 닮았으나 그것이 고도로 농축·집약된 점에서는 서정시와 유사하다고 지적했다.

- 무대상연의 문학이다.

  희곡은 무대상연이 전제된 문학이다. 상연을 보지 않고 희곡을 읽을 경우에도 상연되는 것을 가상하고 무대와 인물의 행동을 상상하며 읽어야 희곡의 내용을 더욱 잘 이해할 수가 있다.

- 대사의 문학이다.

  희곡의 언어는 무대지시와 대사로 되어 있으며 거의 대사가 압도적으로 많은 문학이다. 따라서 희곡은 대사문학이라고 바꾸어 말할 수 있으며, 대사를 뺀 문학은 상상할 수도 없는 것이다.

- 행동의 문학이다.

  희곡은 대사로 되어 있고 그 대사에는 반드시 행동이 수반된다. 다시 말해 행동이 주가 되는 문학이기 때문에 행동의 모방(*imitation of action*)이라고 하는 것이다. 따라서 희곡은 서술이나 묘사가 아닌 행동의 문학이라고 할 수 있으며, 이러한 특성으로 볼 때 대사도 넓은 의미에서는 행동이라고 할 수 있다.

- 현재화된 인생의 표현이다.

  모든 문학이 그렇지만 희곡은 인생의 표현이다. 그것도 소설처럼 과거형이 아닌, 현재형으로 된 문학이며 그러기에 현재화된 인생의 표현이라고 할 수 있다. 제3자가 개입되지 않는 문학으로서, 직접 인물들의 행동과 사건을 보게 된다. 그러기에 그 감동도 생생하고 강력하다.

3) 연극과 희곡

희곡은 연극이 탄생할 때부터 연극과 함께 탄생했고 또 연극 속의 한 요소로서 발전을 해왔다. 연극의 3대요소로서 희곡, 배우, 관객을 들 수 있다. 연극이 이루어지기 위해 먼저 희곡이 있어야 하며 희곡이 없는 연극은 상상하기 어렵다. 따라서 희곡은 연극의 요소 중에서 절대 불가결한 요소라 하겠다.

희곡은 무대상연을 전제로 하고 씌어져야 한다. 그렇지 않으면 그것은 희곡이라고 할 수 없으며 또 굳이 희곡이라는 형식을 빌려 씌어질 필요도 없다. 따라서 희곡은 그 탄생부터가 연극 속에서 시작했고 또 그 목적이 연극을 하기 위해 있으며, 그러기에 그 속성상 연극과는 헤어질 수 없는, 즉 상연을 전제로 한 작품일 수밖에 없다. 그러므로 연극과 희곡은 상호 숙명적인 관계인 것이다.

4. 드라마투르기

드라마투르기(*dramaturgy*)는 원래 희곡의 창작에서 비롯되었다. 따라서 희곡을 쓰는 작법, 극작술의 뜻으로 일반적으로 연극이론, 희곡을 공연하는 방법, 즉 연출법 등을 의미한다. 이러한 드라마투르기는 오늘날 드라마의 영역이 연극에서 영화, 라디오드라마, TV 드라마로 확대되고 있기 때문에 드라마투르기 역시 극작법, 극작술 등의 폭넓은 개념으로 파악되는 것이 일반적인 경향이다.

드라마투르기에 대해서 최초로 기본적인 원리와 법칙을 밝히고 이론을 세운 사람은 아리스토텔레스(Aristotle, B.C. 384~322)이다. 아리스토텔레스가 B.C. 330년경에 저술한 것으로 알려진 《시학》(*Poetics*)은 희랍극에 대한 이론서일 뿐만 아니라 오늘날 전통적 서양연극의 이론적 근거를 제공하고 있다는 점에서 최고의 가치를 인정받고 있다.

드라마투르기는 18세기 이후 독일에서 이 명칭으로 불렸다. 아리스토텔레스는 드라마가 반드시 갖추어야 할 요소로서 ① 이야기의 줄거리(*plot*), ② 인물의 성격(*character*), ③ 사상(*thought*), ④ 언어(*diction*), ⑤ 음악(*music*), ⑥ 배경(*spectacle*) 여섯가지를 들고 있다. 특히 이 중에서도 플롯과 성격을 중요시했으며 여기서 성격보다 드라마의 줄거리를 더 중요시했다.

5. 드라마 구성론

1) 드라마 구성의 정의

한 사건의 단순한 줄거리만의 이야기(*story*)와 구성(*plot*)은 다르다. 구성은 단순한 이야기로 끝나는 것이 아니라 원인과 결과가 있어야 한다. 포스트(E. M. Foster)는 이야기와 구성의 차이점으로 구성에는 인과(因果)가 있어야 한다고 주장했다. 즉,

> '왕이 죽었다. 그리고 나서 왕비가 죽었다' 이것은 스토리다. '왕이 죽었다. 그리고 그 슬픔 때문에 왕비가 죽었다' 이것은 플롯이다.

테니슨(G. B. Tennyson)은 "플롯이란 연결, 관계, 인과를 보이기 위해 이야기로 형성되고 정리될 때 생긴다. 따라서 플롯이란 갈등의 매듭을 맺고 푸는 사건의 순서이다. … 그런데 갈등에는 ① 다른 인간과 갈등하는 개인 ② 자기자신과 갈등하는 개인 ③ 외적인 세력과 갈등하는 개인, 이와같이 세 가지 유형이 있다"고 했다.

플롯(*plot*)이란 작가가 나타내려는 자기의도를 효과적으로 전하기 위해 이야기(소재)에 인과관계를 부여하면서 사건을 발단시키고 전개시켜 하나의 결말에 이르게 하는 인위적인 사건의 배열이라고 할 수 있다. 따라서 하나의 사건은 다른 사건을 필연적으로

일으키며 그 사건은 다시 다른 사건을 일으키는 가운데 갈등을 일으키다가 해결에 이르는 전과정이 플롯이라고 하겠다.

2) 드라마 구성론의 유형

(1) 3단계론

구성론은 학자에 따라 여러 가지가 언급되고 있으나 아리스토텔레스는《시학》제7장에서 드라마의 구조에 대해 언급하고 있는데, 비극은 일정한 크기를 가진 전체적인 행동을 모방해야 하며, 전체적인 행동이란 시초와 중간과 종말을 가지고 있는 것이라 했다. 이것을 3단계설(三段階設) 또는 3막구조설(三幕構造設)이라고 부른다. 3막구조를 요약해보면 다음과 같다.

1막 : 주인공 소개, 주인공과 적대관계 등장, 위기직면
2막 : 갈등심화, 주인공 위기감 신박, 클라이맥스 고조
3막 : 주인공 문제해결 엔딩(해피엔딩, 언해피엔딩, 미해결엔딩)

이와 같이 드라마의 줄거리가 다양하고 복잡하다고 해도 그 기본골격은 이 3막구조에서 크게 벗어나지 않는다.

(2) 4단계론 : 기승전결

일반적으로 흔히 많이 사용하는 드라마투르기 법칙인 '기승전결'의 4단계의 틀 속에서 운용됨을 말한다.

기(起) : 발단
승(承) : 전개
전(轉) : 발전
결(結) : 결론

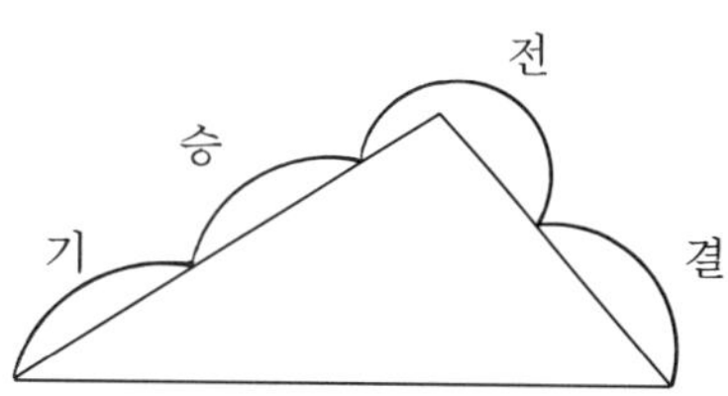

(3) 5단계론

프라이타그(Gustav Frytarg : 1816~895)는《희곡의 기교》(*Technik des Drama*)란 명저에서 아리스토텔레스의 3단계설을 더욱 발전시

켜 극의 구조를 다섯 개 지점으로 나누고, "드라마는 도입에서 정점까지는 상승하고 거기서 파국에 이르기까지는 하강한다"는 이론을 제시하였는데 이것을 3부 5관점설(三部五觀點設)이라고 한다.

A - 도입(導入)
B - 상승(上昇)
C - 정점(頂點 : *climax*)
D - 하강(下降)
E - 파국, 종말(破局, 終末)

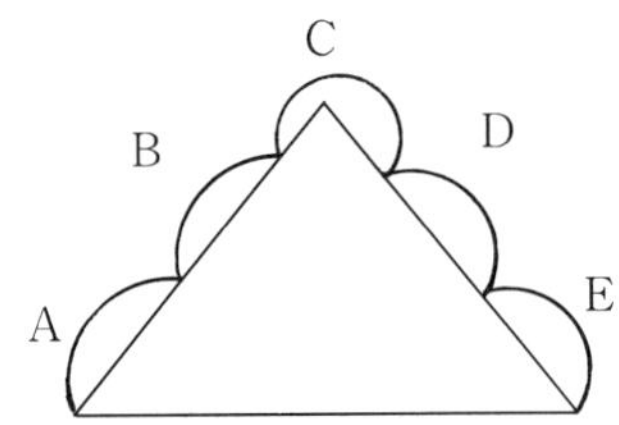

프라이타그가 제시한 도표에서와 같이 극의 흐름을 상승하고 하강하는 피라밋 구조로 파악했으며 그의 이론을 오늘날에 이르러서도 거의 그대로 많이 수용되고 있다.[5)]

5단계론을 다시 정리해보면 다음과 같다.

도입(導入 : *exposition*) - 발단
전개(展開 : *complication*)
정점(頂點 : *climax*)
반전(反轉 : *anticlimax*)
결말(結末 : *catastrophe*)

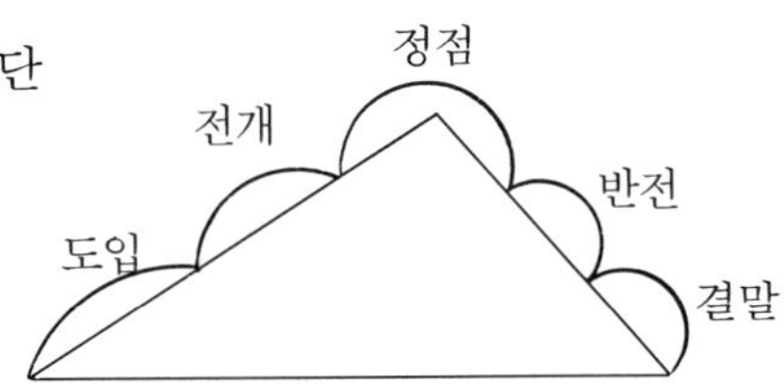

다양한 드라마의 형태를 삼각형의 구도로 표시해보면 다섯 단계가 갖는 비중에 따라서 그 모양이 결정되는데 대체로 다음과 같은 세가지 형으로 분류된다.

〈그림 1〉

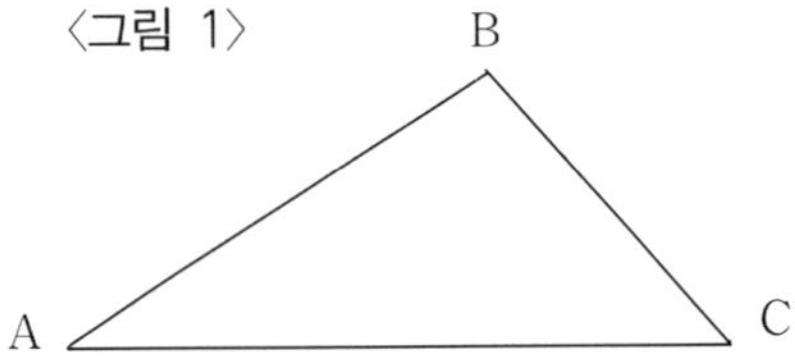

〈그림 1〉의 경우는 사건의 전개진행에 대부분의 시간을 많이 진행시키고 반전되는 해결의 종말부분이 비교적 짧은 특

---

5) 최상식, 《TV 드라마작법》, 인동, 1991, pp. 30~38.

성을 지니고 있다. 대부분 현대극이 이런 형태를 취한다.

〈그림 2〉

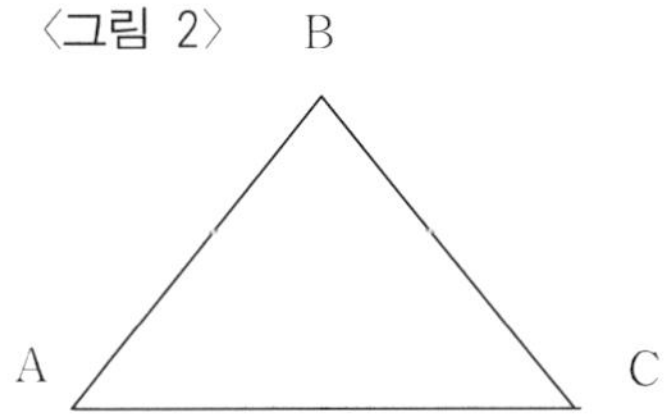

〈그림 2〉의 경우는 정삼각형의 형태로 사건의 발생, 전개, 해결 과정이 거의 같은 비중으로 진행시간이 안배되어 있다. 세익스피어극은 대체로 이런 구조로 이루어져 있다.

〈그림 3〉

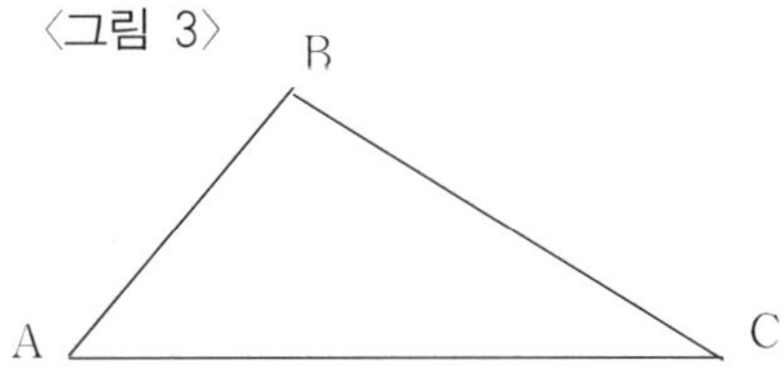

〈그림 3〉의 경우는 사건의 발생, 전개 단계에는 시간이 짧고 해결과정에 비중을 두어 진행시키는 유형이다. 이 형태는 주로 희랍극을 비롯한 고전극이 많이 취하고 있는 형태이다.

6. 드라마 구성방법

1) 드라마 구성의 줄거리

(1) 큰 줄거리

드라마는 하나의 테마를 중심으로 전체적인 큰 줄거리를 바탕으로 한 기승전결을 토대로 시간배정, 스토리배열 등 극적 요소가 잘 구성되어 있어야 한다. 그러기 위해 다음 사항을 잘 유의해야 한다.

① 시간적인 제한으로 보아 에피소드의 수는 적절한가?
② 기승전결이라는 제각각의 기능에 따라 일어나는 드라마의 배열이 적당한가?
③ 테마가 극적으로 잘 살 수 있도록 아이디어와 에피소드가 잘 배치되어 있는가?[6]

(2) 중간 줄기
드라마를 구성하는 전체 줄거리를 효과적으로 연결해주는 한토막의 짧은 스토리의 단위로서 하나의 시퀀스라고 할 수 있다. 이러한 시퀀스인 짧은 스토리가 잘 엮어짐으로써 기승전결에 의한 효과적인 스토리 전개가 이루어진다. 이러한 중간 줄기 구성이 전체 큰 줄기와의 거리감을 잘 유지하면서 큰 줄기에 대한 연계성을 잘 유지하고 있어야 한다. 그럼으로써 전체 테마를 상승시키는 극적인 효과를 이어가야 하며 인물의 성격을 조화롭게 잘 승화시켜야 한다.

(3) 작은 줄기
중간 줄기를 연결시켜주고 뒷받침해주는 한 장면으로서, 중간 줄기를 시퀀스라고 한다면 작은 줄기는 한 장면 한 장면을 나타내는 신(*scene*)이라 하겠다.

2) 드라마 구성의 5단계

(1) 도 입
드라마의 도입부분에 해당되는 드라마의 발단은 매우 중요한 부분으로서 스토리 전개의 사건 원인이 제시되고 드라마를 끌고가는 주요인물이 소개된다. 드라마의 발단은 드라마의 시대와 장소, 사건발단의 상황, 개성있는 등장인물간의 대립관계, 흡인력과 매력있는 인물, 즉 캐릭터의 설정, 갈등의 암시, 배경이 될 족쇄가 설정된다.

드라마 전개의 생명력은 극적인 사건의 설정을 어떻게 하느냐에 달렸다. 이러한 극적인 사건발단이 전개될 수 있는 원인을 유발시켜 미리 포진시키는 일이 중요한데, 이를 암시적으로 비춰주고 지나가느냐 아니면 미리 뚜렷이 제시하고 시작하느냐 하는 것은 드

6) 장기오, 《TV 드라마 바로보기, 바로쓰기》, 커뮤니케이션북스, 1997, pp. 214~216.

라마의 성격과 배경, 작가의 기량에 따라 상황이 설정된다.

드라마의 발단에서 사건이 돌발적으로 일어나 쇼킹한 충격적인 도입유발을 하는 기법과, 돌발적인 것과는 달리 극적인 것들을 암시적으로 하나하나 쌓아가는 것으로 마지막에 그 필연성이 증명되도록 한다. 즉, 돌발적인 사건이 아니라 일상을 통한 에피소드를 통해 분위기를 잡아가는 기법으로 전개할 수도 있다. 돌발적인 사건으로 전개되어도 우연이 아닌 필연의 사건으로 연결되어야 한다.

드라마의 첫 장면은 인과관계에서 첫인상과 같은 것이어서 첫 장면에서 드라마의 관심과 흥미를 유발시켜, 시청자의 시선을 사로잡아야 한다. 드라마의 처음 시작 5분 안에 시청자를 잡아두지 못하면 채널은 돌아가 버린다는 말이 있듯이, 처음 시작장면이 매우 중요하다.

(2) 전 개

드라마의 발단에서 예시된 사건의 실마리가 드라마 전개 부분에서 본격적으로 구현된다. 드라마 전개과정에서 인물간의 갈등과 대립관계가 더욱 깊어지고 갈등이 증폭되어 사건이 이어진다. 드라마 도입부분인 발단을 기폭제로 해서 연속적인 사건이 유발되고 갈등을 구체화시키고 심화시킨다. 새로운 갈등과 배경이 위기(*crisis*)를 만들어가고 사건과 사건이 클라이맥스로 치달으면서 인물의 캐릭터가 더욱 강하게 부각되고 드라마의 전개가 본격화된다.

① 서스펜스

서스펜스(*suspense*)는 한마디로 극적인 긴장을 말하는 것으로, 막 일어나려고 한다(*hang over*) 또는 억제한다(*hold back*) 등의 라틴어에서 유래되었다. 시청자들로 하여금 다음에 무엇이 일어날 것인가 하는 궁금증을 일으켜 긴장시키는 것이다. 클라라 베란저는 서스펜스를 불러일으키는 방법을 다음과 같이 제시한다.

첫번째, 호기심을 통한 서스펜스이다. 시청자는 스토리가 어떻게 전개되며 결말이 어떻게 되느냐에 대해 항상 호기심을 갖고 있다. 시청자가 예상치 못한 방향으로 스토리가 전개되면 시청자는 마지막까지 호기심을 더욱 유발시킨다. 이와같이 TV 드라마의 사건배합은 시청자가 호기심을 잃지 않도록 배열하는 것이 매우 중요하다. 시청자들은 대체로 주인공을 자기편으로 무의식중에 인식하고 주인공이 위험에 부딪쳤을 때 그가 과연 그 위기에서 벗어날 수 있을까 하고 마음을 졸인다. 바로 이런 점에서 서스펜스가 생긴다. 드라마 등장인물 중 착한 사람과 나쁜 사람이 있다면, 착한 사람이 나쁜 사람 때문에 곤경에 빠지지 않도록 바라는 것이 인간의 마음이다. 또 강자와 약자가 있으면 약자가 강자의 권력 앞에 무력해지지 않도록 바라는 것이 시청자의 바람이다. 이러한 시청자의 바람에 역행하는 방향으로 드라마를 전개시키면 서스펜스는 높아진다. 여기서 유의해야 할 것은 서스펜스를 위한 서스펜스는 안되며 사건의 합리성을 무시하고 서스펜스를 조장하면 오히려 역효과로 실패하기 쉽다.

두번째, 공포를 이용한 서스펜스이다. 스토리 전개 도중 시청자들에게 주인공의 위기 상황을 충분히 알려주는 경우와 시청자들이 전혀 눈치채지 못하게 마지막까지 유도하는 방법도 있다.

세번째, 예측을 통한 서스펜스이다. 시청자가 장차 일어날 사건을 예견해보는 것으로서 자신의 추측이나 판단이 얼마나 맞는지를 가늠해보는 재미의 서스펜스로서 희극적인 서스펜스가 여기에 해당된다.

네번째, 공감을 통한 서스펜스이다. 시청자와 등장인물 사이의 일체감과 공감을 일으킬 진실한 서스펜스를 유발해야 한다.

② 위 기

드라마 전개과정에서 갈등이 격렬해져 어느 정도 긴장감에 이르면 위기(*crisis*)가 생긴다. 각 드라마에는 두세 군데 위기가 있기 마련이다. 그러나 그 수는 작품의 성격에 따라 각기 다르지만 너무 많으면 벅차게 느껴 부담을 주게 되고, 시청자들을 불감증으로 유도할 수도 있다. 그러나 너무 적으면 드라마가 재미없고 싱거워진다.

(3) 정 점

정점(頂點 : *climax*)은 드라마의 최고 정상이다. 긴박하게 전개되는 사건들이 서로 부딪치면서 새로운 갈등을 만들고 그 갈등이 위기를 만들고 위기가 또 다른 위기를 만드는 등 드라마가 숨가쁘게 진행되면서 어떤 결정적인 지점까지 도달한다. 클라이맥스와 위기, 그리고 서스펜스는 떼어놓고 생각할 수 없다. 서스펜스의 상승이 드라마의 분위기를 상승시켜 주는 추진력이며, 드라마의 갈등이 서스펜스의 상승에 따라 고조된 것이 위기다.

드라마에 반드시 클라이맥스가 있어야 한다고 해서 지금까지 전개된 이야기나 시추에이션에서 벗어나 공감할 수 없고 납득하기 힘든 설정을 한다는 것은 오히려 역효과로 실패하기 쉽다. 바람직한 클라이맥스는 극적 전개와 밀접한 관계를 갖고, 시청자들을 충분히 납득시킬 만한 내면적 필연성을 지녀야 한다.

(4) 반 전

클라이맥스로 집약시킨 극적 긴장감을 전혀 의외의 사건으로 역전시키는 극적인 효과로서의 반전(反轉)이다. 클라이맥스에 의해 최고조에 도달한 긴장감이 급격하게 내리막길로 내닫는다. 이때 드라마의 기조(基調)는 기쁨이 슬픔으로, 혹은 슬픔이 기쁨으로 변화한다. 이것이 반전이다. 클라이맥스는 흥분과 긴장이 주가 되지만 반전에서는 그것보다 시청자의 관조(觀照)가 주를 이룬다. 작품의 예술성은 여기서 유감없이 발휘되며, 주인공의 내면세계가 시청자들에게 감동으로 전달되는 포인트이기도 하다. 흔히 이 반전을 안티클라이맥스(*anticlimax*)라고 말하기도 한다. 이 반전은 그 결과가 의외일수록 더 큰 효과를 불러일으킨다. 따라서 '드라마는 반전이다'라고 극단적으로 말하는 사람도 있다.

(5) 결 말

TV 드라마에서 처음 시작 5분과 마지막 5분이 중요하다. 이 말은 드라마의 처음 5분간이 시청자의 흥미를 끌지 못한다면 채널이 딴 곳으로 돌아가버리고, 드라마의 라스트신에서 감동을 주지 못한 드라마는 시청자 머리 속에 남지 못하고 깨끗이 지워진다.

클라이맥스까지 끌고온 드라마의 갈등이 해소되고 이야기의 결말이 간결하게 마무리되어 작품의 테마가 증명되는 부분이다. 여기서 '테마의 증명'이란 반전부분에서 이루어진 테마의 강조가 시청자의 가슴속에 절실하게 전해오는 것으로 정서적 감동, 여운 등을 말한다. 이 여운이 남는 정서적 장면을 보통 라스트신이라 부른다.

라스트신 결말의 유형에는 해피엔딩(*happy ending*), 미해결의 엔딩, 언해피엔딩(*unhappy ending*) 등이 있다.

- 해피엔딩

  해피엔딩은 흔히 멜로드라마에서 많이 볼 수 있는 유형으로 결혼, 사랑의 결실, 승리 등의 형태로 나타난다. 이 해피엔딩이 돋보이기 위해서 주인공은 여러 가지 역경과 고민을 겪기도 하고, 겹쳐오는 시련을 견디다 못해 죽음을 결심하기도 한다. 이런 여러가지 고난을 물리친 다음에 오는 해피엔딩은 더욱 감격적일 수 있다.

- 미해결엔딩

  미해결의 엔딩은 의문을 남기는 엔딩이다. 결말을 쉽사리 말할 수 없는 어떤 명제를 시청자들에게 던져주어 시청자로 하여금 드라마의 의미를 생각하게 한다. 즉, 작가가 문제에 대한 해답을 제시하는 것이 아니라 시청자의 상상과 지성에 해결을 맡기는 방법이다. 이 방법은 시청자의 수준있는 교양과 지성을 요구하므로 시청자 타겟을 지식층에 의존해야 성공하기 쉽다. 그러므로 이 방법은 이에 걸맞은 내용의 드라마에 적용되어야 하며 일반적으로 대중성이 강한 드라마에는 걸맞지 않다.

- 언해피엔딩

  언해피엔딩은 불행한 결말이다. 행복이 계속되다가 결말에 가서 갑자기 반전되어 불행으로 몰락하는 경우와 또 불행에서 벗어나려고 무척 애쓰지만 처음부터 끝까지 불행을 벗어나지 못하는 경우도 있다.

라스트신은 인상적이며 여운이 남아야 한다. 그러므로 라스트신은 우선 간결해야 한다. 엔딩에서 질척거리면 감동이 반감될 수밖에 없다. 라스트신이 인상적이고, 여운이 남으면 관객이나 시청자들은 언제까지나 그 드라마의 테마를 가슴속 깊이 간직하고 그때의 감동을 잊지 못한다. 따라서 드라마 내용은 다 기억 못해도 라스트신만큼은 선명히 각인되는 경우가 많다.

라스트신이 중요하므로 작가가 미리 라스트신을 설정하고 시작하면 그 고정된 이미지에 사로잡혀 어딘가 매끄럽지 못하게 전개될 수도 있다. 그러므로 라스트신은 작가가 쓰고자 하는 드라마의 내용을 얼마나 정확히 파악하고 있느냐에 따라 설정되어야 하며, 드라마의 처음 시작과 라스트신은 작가의 역량과 의지를 단적으로 증명하는 부분으로서 작가적 역량을 다 쏟아야 할 것이다.[7]

7. TV 드라마

1) TV 드라마의 정의

TV 방송극이라고도 한다. TV 드라마는 연극의 방식으로는 소화시키고 표현할 수 없는 TV라는 매체를 통한 새로운 양식의 드라마가 탄생될 것이다. TV 드라마는 인간이 살아가는 다양한 모습을 그린다는 의미에서 연극의 기본틀을 바탕으로 영화제작기법인 영상적인 제작으로 옷입혀진 이 시대에 우리 가정 안방에 가장 영향력 있는 대중매체로서 TV 예술의 한 장르로 자리매김되고 있다.

TV 드라마는 연극이나 영화와 마찬가지로 드라마투르기(*dramaturgie*)를 기본으로 한다. 그러나 매체의 특성이 다르고 표현방식의 독자성도 있으나 방송이라는 미디어적 속성으로 인해 창조성의 확대나 표현의 자유라는 측면보다는 방송이 갖는 일반적 이념인

---

7) 장기오, 《TV 드라마 바로보기, 바로쓰기》, 커뮤니케이션북스, 1997, pp. 218～244.

공공성과 공익성을 더 요구받게 된다.[8)]

TV 드라마는 연극에 비해 영상적이고 영화에 비해 영상적이기보다는 연극적인 면에 가깝다. TV 드라마는 영상이 가진 자유로운 기능을 충분히 구사할 수는 있지만 영화에 비해 TV 드라마는 TV 시청자 한사람 한사람을 대하고 말하듯이 친근감이 있어야 하고, 영상적인 면 위주보다는 드라마의 내용으로 접근하는 것이 중요하다.

TV 드라마는 문자로 표시된 드라마 대본에 의해 작품제작이 이루어진다는 본질적인 입장에서는 문학이라는 우산 속의 범주에 머문다고 볼 수 있을 것이고, 제작과정에서 카메라의 영상적 메커니즘에 의해 표현된다는 속성에서 영화와 맥을 같이 할 수 있으며, 직접적인 메시지 전달방법에서는 출연배우들의 대사에 의존한다는 점에서 연극이 그 근원적인 바탕으로 파악되고 있다. 이러한 시각에서 본다면 TV 드라마는 연극을 아버지로, 영화를 어머니로 삼고 태어난 새로운 매체로서 영향력있는 예술의 한 장르로 자리매김되고 있다. 흥행에 성공한 영화의 관객동원이 100만 명 정도이고, 베스트셀러의 문학서적일 경우 10만 부 정도이나, TV 드라마 경우는 시청률이 30%만 되면 전국의 시청자가 약 1000만 명으로 추산된다는 점에서 TV 드라마는 이 시대 가장 영향력있는 매체로서 예술의 한 장르임이 확실하다.

드라마란 인간의 성격과 극적 상황을 선정하며 거기에서 야기되는 대립과 갈등을 통하여 흥미와 감동을 추구하는 오락물이다. 그러므로 드라마는 허구를 얼마나 진실성(*reality*) 있게 보여주느냐에 달려 있다고 하겠다.

2) TV 드라마와 소설

(1) 형 식

① TV 드라마

TV 드라마는 방송편성과 대중시청의 속성상 우선 시간과 길이의

---

8) 장기오, 《TV 드라마 바로보기, 바로쓰기》, 박영률출판사, 1997, p. 12.

KBS 1TV, 대하드라마 〈용의 눈물〉

제약이 있다. 따라서 일일 연속극, 주간 연속극, 단막극 형식으로 제작된다.

② 소 설

소설은 문자로 표현되는 순수한 문학형식으로 시간과 길이의 제약이 없으며, 길이와 내용에 따라 장편소설, 중편소설, 단편소설 등으로 구분된다.

(2) 표현수단

① TV 드라마

무대세트나 야외현장 배경으로 출연자의 연기와 대사를 카메라 영상에 의해 표현되므로 움직이는 영상을 통한 시각적 효과를 기대한다.

② 소 설

순수히 문자로만 표현되며 독자들에게 상상적 효과를 기대하므로 작가의 생각과 주인공의 심리상태를 섬세하게 묘사할 수 있다.

(3) 소 재

① **TV 드라마**

TV 드라마는 현실성을 바탕으로 한 철저한 리얼리티를 생명으로 한다. 그것은 시청자들이 TV 드라마를 통해 하나의 현실을 간접경험하고자 하므로 TV 드라마의 소재는 현실성을 요구한다. 때로는 비현실적인 소재가 다루어지기도 하나 이는 TV 드라마의 본류로 보기 어렵다.

② 소 설

소설은 독자들에게 상상적 효과를 기대하므로 현실적인 소재뿐 아니라 공상적인 소재와 가상의 현실이 얼마든지 가능하다. 극히 심리적인 상태를 섬세하게 묘사할 수 있기 때문에 현실과 동떨어진 환상적인 소재도 가능한 것이다.

(4) 표현기법

① **TV 드라마**

TV 드라마는 소재 자체가 현실성이 있는 스토리 중심이므로 드라마투르기 법칙에 따라 도입, 전개, 서스펜스, 위기, 절정, 반전 등 구성의 조화를 적절히 이루면서 진행되어야 한다. 그러므로 TV 드라마는 짧고 재미있는 에피소드 중심으로 재미의 요소를 강조한다. TV 드라마는 표현기법에서도 씬(*scene*) 중심의 구성단위로 연결되며 영상적인 효과편집 등으로 영상중심의 표현기법이 동원된다.

② 소 설

소설은 서사적인 기법에서 수필적인 형식에 이르기까지 수사적 표현기법상 서술방법도 매우 다양하며, 스토리텔링(*story telling*) 적인 것에서 논스토리(*non-story*) 적인 것까지도 가능하다. 소설은 길이에 제한이 없이 자유로우며 방대한 스토리 흐름 속에서 인간내면의 심리적 상황을 섬세하고 예리하게 접근하므로 작품성이 작가의 문장력에 의존된다.

(5) 작업형태

① **TV 드라마**

작가, 연출자, 카메라맨, 미술, 조명, 기술스탭 등 많은 인원이 동원되고 한 작품을 탄생시키기 위해 모두 공동체적 협업에 의해 작업이 이루어지는 종합예술형태라 하겠다.

② **소 설**

소설은 한 작가의 지식과 문학적 역량이 총동원되는 작가 개인의 정신적 소산으로서 개인적 작업형태이다.

3) TV 드라마와 영화

(1) 기능적 특성

① **소 재**

- TV 드라마는 공익적 개념을 바탕으로 가정 중심의 매체이므로 소재선택에서 자유롭지 못하다.
- 영화는 흥행을 목적으로 하는 기업적 측면의 배경으로 소재선택이 자의적이며 자유롭다.

② **환 경**

- TV 드라마는 화면의 크기가 가정환경 중심으로 일반적으로 화면이 큰 TV를 선호하려는 편이지만 대개 14인치 기준이다.
- 영화는 관객의 시각적 집중성이 요구되므로 시네마스코프 등 대형화면이 기준이 된다.
- TV 드라마는 열린 공간에서 자유롭게 시청할 수 있다.
- 영화는 보고 싶은 영화를 선택해 입장료를 내고 고정된 객석에 어둡고 은밀한 공간에서 관람한다.

③ **시 간**

- TV 드라마는 단막극, 연속물 등 20분, 30분, 1시간, 2시간, 연속물의 경우는 수십회, 백회 이상으로 연장될 수 있다.
- 영화는 일반적으로 2시간에서 3시간 정도로 제한된다.

(2) 내용적 특성

- 영화는 스펙터클(*spectacle*)한 대규모 군중의 몹신(*mob-scene*)과 움직이는 영상을 중요시한다.
- TV 드라마는 영화 스크린에 비해 제한된 좁은 브라운관에 지나친 동적인 영상보다는 등장인물의 표정, 연기 등 클로즈업을 통한 친근감과 TV 탤런트들의 캐릭터에 대한 의존도가 높다.
- TV 드라마가 영화에 비해 연극적인 측면이 강한 반면, 영화는 탈연극적이고 영상위주이다.
- TV 드라마는 내레이션이 잘 어울리고 효과적일 수 있으나 영화는 내레이션이 잘 어울리지 않고 영상적인 효과를 우선한다.

4) TV 드라마와 연극

(1) 시 간

TV 드라마는 현재에서 과거, 미래에 대한 시공의 비약이 가능하지만 연극은 시간의 진행이 실제속도와 같이 진행된다.

(2) 공 간

연극은 근본적으로 무대라는 극히 한정된 공간에서 배우의 동작과 대사, 조명 등에 의해 진행된다. TV 드라마는 무대세트의 공간 외에 야외 현장녹화로 원하는 장소와 배경을 자유롭게 구사할 수 있다.

(3) 매체의 특성

- 연극은 배경장면을 무대장치에 의해 자연과 사회환경을 모방하지만, TV 드라마는 실제현장 모습을 그대로 보여줄 수 있다.
- 연극은 관객의 위치가 고정되어 있어 무대를 바라보는 시각도 고정된 입장이 지만, TV 드라마는 카메라가 포착하는 시각에 따라 다양한 시점에서 시청할 수 있다.
- 연극은 관객이 무대위의 배우를 직접 대할 수 있으나 배우의 표정이나 미세한 부분을 볼 수 없다. TV 드라마는 연기자를 직접

대할 수 없고 TV 화면을 통해서만 시청할 수 있으나 TV 카메라의 줌렌즈에 의한 클로즈업, 화면을 통해 표정이나 미세한 부분을 확대시켜 볼 수 있어 줌인(*zoom in*), 줌 아웃(*zoom out*) 등 영상기법에 따라 시청자 시점의 변화를 줄 수 있다.

- TV 드라마는 복제사본을 통해 자기가 보고 싶은 시간, 장소가 언제든지 가능하지만, 연극은 극장이라는 장소와 공연시간에 따라 관람이 가능하므로 제한적이다.
- TV 드라마는 영상미학적인 구도에 의한 콘티뉴어티(*continuity*)에 의해 진행되지만 연극은 배우의 연기에 따른 대사의 고저와 스피드를 중시한다.
- 연극의 경우 비교적 인간 삶의 깊이에 시추하는 철학적인 대사처리에 비해, TV 드라마는 비교적 낮고 부드러운 연기를 주축으로 친밀감을 느낄 수 있는 연기패턴이 더 효과적이므로 현실적인 소재와 생활적인 대사 등 리얼리티를 바탕으로 하는 생활적인 매체이다.

〈TV 역사드라마〉

8. TV 드라마 분류

1) 방송형식

(1) 연속물

① **일일연속극**

매일 연속적으로 방송되는 드라마로서 월요일에서 금요일까지 이어지고 일반적으로 편성상 토요일과 일요일은 제외되는 경우가 보통이다. 내용은 가벼운 홈드라마나 멜로물이 주류를 이루고 있으며 방송시간은 20분 정도가 기준이나 10분, 15분, 30분물 일일연속극도 있다.

우리나라 최초의 라디오연속극은 1956년 10월 첫 일요일에 시작된 KBS의 〈청실홍실〉(조남사 작, 이상훈 연출)이고, 1964년 12월 7일에 개국하여 12월 9일에 시작된 TBC TV 〈눈이 나리는데〉(한운사 작, 황은진 연출)가 최초의 TV 드라마연속극이었다. 이후 〈아씨〉, 〈여로〉, 〈보통사람들〉, 〈당신이 그리워질 때〉, 〈바람은 불어도〉 등의 일일연속극이 TV 드라마가운데 큰 비중을 차지하였다.

KBS 1TV, 일일연속극 〈살다보면〉

KBS, 〈당추동사람들〉(1989).

② 주간연속극

주간단위로 스토리가 계속되는 연속성을 지닌 드라마로서 그동안 국내에서는 여성대상의 멜로드라마가 주종을 이루고 있다. 방송시간은 대개 50분이 기준이며 40분 또는 60분물도 있다. 이러한 주간물도 주 2회씩 방송되는 연속극으로 월화드라마, 수목드라마, 주말드라마 등이 있는데 이중 토·일요일 프라임타임대에 방송되는 주말연속극은 방송사간의 경쟁이 치열하다.

③ 미니시리즈

미니시리즈는 넓은 의미로 특집드라마의 범주에 속하며 10회 내외의 연속극으로 제작된다. 때로는 한 회에 60분 또는 90분씩 3~12부작 연속물로 방송되기도 한다. 미니시리즈는 1977년 초 미국 ABC 방송에서 시도했던 〈뿌리〉(Roots)가 효시였다. 주로 계기특집으로 기획되므로 이를 특집드라마로 규정짓고 있으나, 최근 국내에서 정규편성으로 주 2회씩 12~16회에 걸쳐 방송되는 미니시리즈는 실제적으로 연속극이나 마찬가지이다.

드라마 야외촬영(공항) 장면.

④ 대하드라마
역사의 큰 흐름 속에 획을 잇는 한 단원의 테마를 중심으로 깊이감과 중량감이 있는 대단원의 장편드라마로서 일반적으로 주말 프라임타임대에 편성해서 주간 연속물로 이어진다.

(2) 단막물

① 시추에이션 드라마 (*situation-drama*)
같은 출연진의 고정배역이 연속적으로 출연되나 스토리는 연속성이 없고 매회 하나의 테마로 이야기가 완결되는 형식의 드라마이다. 시간은 주 1회, 50~60분 정도이며 매일 방송되는 경우는 15~30분 정도가 보통이다.

② 단 막 극
하나의 독립된 이야기가 단회로서 완결되는 드라마를 말한다. 문학적 깊이와 영상예술로서의 고품격 드라마로 승화시킬 수 있는

KBS 1TV, 대하드라마 〈용의 눈물〉

KBS 1TV 대하드라마 〈왕과 비〉

KBS 1TV 〈대추나무 사랑걸렸네〉

드라마의 특징적 요소를 지니고 있으며, 목적극으로도 이용된다. 단회에 끝나는 드라마로 60~90분 또는 120분까지도 제작된다. 단막물로서 상·하편으로 둘로 나누어질 수도 있다.

③ 촌 극

주로 캠페인용으로 많이 제작되는 드라마로서 5~10분 정도의 스파트 드라마(*spot drama*)의 경우로 주제의 이미지를 강하게 살릴 수 있는 함축성과 밀도있는 구성이 요구된다.

2) 내용과 성격

(1) 홈드라마

홈드라마는 가정을 중심으로 일어나는 이야기로 엮어지며 가정과 가족애를 중심으로 서로 사랑하고 미워하는 갈등의 요소와 생활의

KBS 1TV 일일연속극 〈내사랑 내곁에〉

에피소드를 통해 표현된다. 가정과 이웃 그리고 그 가족구성원들의 직장과 사회로 연결되는 생활권이 모두 홈드라마의 무대가 된다.

따라서 홈드라마는 어둡고 인생을 부정하는 절망적인 내용은 맞지 않고 평범한 사람이 보통의 환경에서 겪는 건강한 삶을 그리는 내용이어야 한다. 드라마를 통해 인생의 지혜와 꿈을 심어주고, 인간과 사회를 보는 넉넉하고 훈훈한 마음과 진솔하고 따뜻한 인정미가 오가는 사람냄새가 배어 있어야 한다. 홈드라마의 작가는 보편적인 사고와 건전한 상식과 올바른 의식과 철학이 있어야 한다.

(2) 멜로드라마

멜로드라마(*melo-drama*)란 원래 음악이라는 뜻의 'melos'와 연극의 'drama'의 합성어이다. 18세기 이탈리아에서 성행된 하나의 드라마 형태로서 음악을 반주로 하여 대사를 낭독하는 형식의 극이었다. 이후 오페라, 뮤지컬 등으로 발전하여 로맨틱한 경향을 띠게 되었는데, 오늘날의 감상적이고 통속적인 의미로 사용되는 멜로드라마가 되었다.

멜로드라마는 테마나 줄거리의 심각성을 배제하고 사건적인 재미만을 추구하기 때문에 인물의 성격이나 내면세계를 표출하기보다는 통속성과 저질성을 야기해 물의를 일으키기 쉽다.

멜로드라마는 남녀간의 애정을 전형적인 삼각관계의 갈등구조 형태를 취하면서 강한 흡인력을 지니고 있지만 통속적인 불륜 등을 묘사해 비판의 대상이 되는 약점도 지니고 있다.

(3) 사회극

사회극은 말 그대로 사회성을 주제로 다룬 드라마이다. 사회성이 짙은 드라마들은 이데올로기를 지나치게 강조한 나머지 자칫 드라마성을 상실하기 쉬운 함정에 빠지기도 한다. 사회극이 안고 있는 또 하나의 과제는 정치적인 제약으로서 사회문제에 대한 작가의 비판의식은 정치적 권력층의 보수적인 인식과 맞서 마찰을 빚기도 한다. 또는 사회드라마에서 표출된 내용의 인식과 시각차이에서 주인공의 당사자나 가문, 연계된 집단으로부터 빚어지는 압력과 마찰이 심각해지기도 한다.

〈제1공화국〉, 〈제3공화국〉, 〈제5공화국〉, 〈야망의 25시〉 등이 대표적인 사례 드라마이다.

(4) 역사극

역사극을 주로 사극이라고도 하는데 정사(正史)를 다루는 정통사극(正統史劇)과 야사(野史) 위주의 통속사극(通俗史劇)으로 나누어진다. 정사를 다루는 정통사극은 스토리 전개과정에서 드라마화하는 작업상 약간의 픽션이 가미되기도 하지만 역사적인 사실 그 자체를 왜곡시킬 수 없으며 철저한 고증을 바탕으로 한다. 그러나 야사 중심의 통속사극은 역사적인 배경만 존재할 뿐 내용은 가공의 인물과 사건 중심의 허구일 뿐이다.

사극드라마 〈KBS 삼국기〉

(5) 시대극

시대극은 한 역사적 시대배경으로 꾸며지는 드라마로 허구에 의한 구성이 자유로우며 역사 속의 한 시대라는 옷을 입힌 통속극을 의미한다. 주로 현대 이전의 근대사적 배경의 시대물을 통칭하는 의미가 강하다.

(6) 특집드라마

국경일이나 명절 등 특별한 계기(契機)에 맞추어 기념 또는 의미성을 살려 기획·제작되는 특집으로서 1회 단회로 끝나는 특집도 있으나 2부작에서 8부작 등 미니시리즈 형태로 방송되는 경우도 많다.

〈3·1절 특집〉, 〈8·15 특집〉, 〈추석특집〉, 〈신년특집〉, 〈크리스마스 특집〉, 〈창사기념 특집〉 등 많은 특집이 제작된다. 특집드라마는 주제의식이 뚜렷하며 강한 극성을 가지고 비정규적으로 방송되는 것이 그 특징이다.

(7) 목적극

어떤 뚜렷한 목적을 위해 의도적으로 기획·제작되는 드라마로 다분히 공리주의 사고에서 비롯되는 경우가 많다. 일제시대의 제국주의와 군국주의, 독일의 나치주의, 소련의 전제주의(專制主義), 전체주의(全體主義) 사상 등을 고취시키기 위해 당시 드라마나 예술작품을 선전도구화한 사례를 들 수 있다. 우리나라에서는 반공드라마가 그 대표적인 목적극의 하나라 하겠다. 이와 같이 어떤 목적을 위해 계도적(啓導的) 차원에서 제작되는 드라마이다.

(8) 비 극

비극(*Tragedy*)은 희랍극에 기원을 두고 있다. 아리스토텔레스는 그의 《시학》(詩學)에서 비극의 두 가지 독특한 힘이 바로 연민(*pity*)과 공포(*fear*)의 생성이며, 이 양자의 정화(淨化 : *catharsys*)는 완전히 형식화된 진지한 행위의 특성에서 일어난다고 설명하고 있다. 즉, "비극적 감정은 여러가지가 있으나 그 중에서 가장 중요한 것은 연민과 공포이다. 인간은 실생활에서 여러가지 고통과 비애를 경험하지 않으면 안되며 이것들은 우리들 심리의 바탕에 침전되어 있다. 그것을 발산하기 위해서는 흔들어 주어야 한다. 즉, 인공적으로 흥분시켜야 한다. 비극은 그것을 가능케 한다. 그 결과 새로움을 느끼게 하는 청정의 감정은 비극에 의한 치료결과이며 이런 감정의 정화(*catharsys*)는 바로 비극의 작용이다"라고 지적했다.

셰익스피어(William Shakespeare, 1564~1616)의 4대 비극과 쉴러(Johann Friedrich Schiller, 1759~1805)의 성격비극, 그리고 근대극 시조라 할 수 있는 입센(Henrik Ibsen, 1827~1906)의 사회비극 등 희랍에 기원을 둔 비극이 근대까지 희곡의 주류를 이루어 왔다. 이 비극은 시대에 따라 그 형식이 계속 변해왔지만 내용면에서는 큰 변화없이 지금까지 내려오고 있다.

(9) 희 극

희극의 기원은 그리스이다. 그리스 최초의 희극작가는 아리스토파

네스(Aristophanes, B.C. 445~385)이며 40편의 희곡을 썼는데 그중 11편이 전해오고 있다. 당시 고희극들은 이야기가 환상적인데다 비형식적이고 서정적이었다. 음란한 대화 중에 서정적인 대사가 나오는 등 자유롭게 진행되었으며, 실제인물을 비판하고 풍자하기도 했다. 아리스토파네스의 대표작 〈구름〉(The Clouds)에서는 당시 철학사 소크라테스(Socrates)를 쓸데없는 새로운 사상과 교육을 부르짖는다고 비난하는 내용까지 담고 있다. 당시 고희극은 노래와 춤이 등장하면서 가면을 쓰고 우스운 장면이 연출되면서 전개되는 것이 특색이었으며, 인물이나 정치적인 문제를 풍자하는 시사성이 있었다. 당시에도 희극은 비극보다 한 차원 낮은 것으로 생각되었나. 우리나라의 봉산탈춤이나 오광대춤 등 가면극 형태의 마당놀이 등은 음란스런 대사와 사회풍자 내용들을 비교해 보면 희랍의 고희극과 유사한 점이 많다.

희극은 주로 해피엔드(*happy end*)로 끝나는데 세익스피어의 대표적 희극인 〈뜻대로 하세요〉(As you Like)과 〈말괄량이 길들이기〉(The Training of the shrew) 등이 이러한 범주에 속한다.

희극은 진실을 주된 주제로 설정하기보다는 허위를 주된 내용으로 진행하면서 상식을 전도시켜 웃음을 유발한다.

(10) 심리극(사이코드라마)

인간의 심리적인 면을 다루지 않는 현대 드라마는 거의 없겠으나, 심리드라마(*psycho drama*)란 스토리 전개과정이 심리묘사에 더 많은 비중을 두어 주인공을 비롯한 출연자들의 미묘한 심리변화 추이와 섬세한 심리적 반응을 예리하게 다룬 드라마를 말하며 사이코드라마라고도 한다.

(11) 문제극

드라마를 통해 어떤 사회현상의 문제점에 대한 결말을 내리는 것이 아니라 관객이나 시청자들을 생각하게 하여 결론에 이르게 하는 드라마로서 하나의 문제점을 제시하는 드라마이다.

(12) 소재대상별 구분

① **청소년 드라마**

청소년 대상을 소재로 한 드라마로서, 주로 청소년들의 문제점을 제시하고 풀어나가는 계도적인 내용이 많은 편이다.

② **농어촌 드라마**

농어촌을 무대배경으로 일어나는 가족과 이웃 간에 일어나는 여러 생활상을 소재로 한 드라마이다. 대표적인 작품으로 KBS의 〈대추나무 사랑걸렸네〉와 MBC 〈전원일기〉이다.

③ **로컬드라마**

특정지역을 배경으로 그 지역의 특성을 살린 드라마이다.

④ **수사드라마**

한 사건을 중심으로 수사관의 수사과정을 다룬 드라마로서 전개과정에 서스펜스, 위기, 반전 등 템포감과 범죄심리 등이 잘 묘사되어 수사과정의 긴박감이 드라마의 생명이라 하겠다.

⑤ **정치드라마**

사회극의 범주에 속하는 드라마로서 정치적 배경 속에 정치인들을 주인공으로 등장시켜 정치적 문제를 소재로 다룬 드라마이다. 그 예로 〈제1공화국〉 등이 있다.

⑥ **무협드라마**

문자 그대로 무협적인 기교를 살려 흥미와 박진감을 불러일으키는 시대물 드라마이다.

⑦ **경제 · 산업드라마**

경제적인 문제와 산업적인 소재로 다분히 목적성 드라마로 제작되는 경우가 많다.

⑧ **문예물드라마**

주로 수준있는 명작 문학작품을 각색하여 TV드라마로 제작되는 것으로 창작물에 의해 제작될 수도 있다. 대표적인 드라마로 〈TV 문학관〉을 들 수 있다.

⑨ **추리드라마**

시청자들을 추리와 상상력을 불러일으켜 재미를 유도해내는 오락위주의 드라마이다.

KBS TV 문학관 〈길위의 날들〉

⑩ 미스테리, 탐정드라마

드라마 진행에 따라 수수께끼가 풀리고 손에 땀을 쥐게 하는 미스테리물과 탐정물을 소재로 한 드라마로 〈추리특급〉, 〈미스터리 법정〉 등이 탐정물로 다루어졌다.

⑪ 창극드라마

대사 대신 창으로 의사를 전달하는 드라마로, 〈토끼전〉 등이 있다.

⑫ 뮤지컬 드라마

노래와 춤과 음악으로 엮은 드라마로, 〈시집가는 날〉 등이 있다.

(13) 넌픽션 드라마

① 인물드라마(일대기 드라마)

주로 역사적인 한 인물을 대상으로 생애와 업적을 통해 오늘을 사는 현대인들에게 교훈이 되고 삶의 지표가 될 만한 내용들을 드라

KBS 선구자 중 〈거인의 길—황희정승편〉, 1986.6.

마화한 작품으로서 계도적이고 교육적인 드라마이다. 해당인물의 귀감이 될 만한 실제생활을 중심으로 넌픽션으로 구성되어야 하는 것이 원칙이지만, 드라마제작 과정상 다소 픽션요소가 가미되기도 한다.

② 다큐멘터리 드라마

최근에 이런 류의 제작기법이 많이 활용되고 있는 구성으로서, 일부는 다큐멘터리와 인터뷰 해설부분으로 제작되고, 일부는 드라마로 재연시켜 이해를 돕고 흥미있고 흡인력있게 제작되는 것으로, 엄격히 말해 다큐멘터리 드라마는 드라마로 분류하기보다는 그 소재와 주제에 따라 거의 교양물로 간주되는 경우가 많다.

9. TV 드라마 제작과정

1) TV 드라마 기획 실무

(1) 기획제안

드라마 기획은 시청자의 현실에 대한 의식구조 위에서 그 시대가 안고 있는 정치, 경제, 사회, 문화적 환경에 따라 교감이 증폭된다는 사실을 잘 인식해야 한다.

① 목 적

드라마 제작의 목적이 뚜렷해야 한다. 테마가 불분명한 드라마는 초반부터 목표를 잃고 표류하다 실패로 끝난다. 드라마를 통해 시청자에게 무엇을 전할 것인지 목적과 메시지가 분명해야 한다.

② 시청대상

드라마의 시청대상을 어떻게 설정하느냐가 매우 중요하며 시청대상층에 따라 작품의 방향, 성격 등이 규명될 것이고 방송시간대 편성까지도 맞추어 수반되어야 한다.

③ 무 대

드라마 이야기가 펼쳐지는 장소와 배경 설정이 드라마 구성에 비중있는 부분으로 드라마 성격을 강하게 뒷받침해 준다.

④ 계 절

드라마가 전개되는 계절은 어느 의미로 모든 인간의 생활과 사고에 많은 영향을 주며 계절이 주는 심리적 효과도 매우 중요하다.

이상과 같이 드라마 기획에서 목적과 시청대상, 배경무대 그리고 계절 등을 분명히 설정한 다음 구체적인 발상작업으로 기획해야 한다. 이러한 기초적인 드라마 기획안은 드라마PD, 연출가, 드라마 제작관련자와 작가에 의해 제안된다.

(2) 기획협의

드라마PD, 연출자, 드라마 기획 책임간부 등이 제안된 드라마 기획안의 적격여부를 논의한다. 필요에 따라 회의범위를 넓혀 연출자, 제작부서 간부, 편성관계자 또는 자문위원을 참여시켜 프로그램의 기획의도 제안취지 등을 토론, 작품의 적격여부를 심사한다.

(3) 작가, 연출자 선정

기획협의를 거쳐 제안이 채택되면 프로그램 제안과 기획의도를 취합해서 작품방향에 적합한 작가와 연출자를 선정한다.

(4) 시놉시스

시놉시스(*synopsis*)란 소설, 영화, 드라마의 스토리를 간추린 개요 또는 대강의 줄거리이다. 작가, 연출자, 제작자가 작품제작에 앞서 가장 먼저 필요한 작품의 주제와 방향, 이야기의 줄거리를 정리한 것으로 작품선택을 위한 행정적 결제과정에 필수적으로 필요할 뿐만 아니라 드라마 홍보를 위한 기본적인 자료이며 제작스탭들의 기본적인 준비자료로서 제작비 예산산출의 근본적인 자료가 되기도 한다.

방송사나 영화사, 신문사, 잡지사가 극본이나 시나리오, 소설 등을 현상공모할 때 응모원고와는 별도로 원고내용을 압축한 줄거리 요약원고를 반드시 제출하도록 하고 있으며, 시놉시스는 작품을 선택하기에 앞서 판가름하는 데 중요한 척도가 된다.

시놉시스는 기본적으로 ① 제목 ② 주제 ③ 제작의도 ④ 대상 ⑤ 방송시간 ⑥ 등장인물 ⑦ 인물구성도 ⑧ 줄거리 등의 순으로 기록하는 것이 보편화되어 있다.

① 제 목

프로그램 제목은 드라마의 얼굴과 같은 것으로 매우 중요하다. 제목 자체가 드라마의 주제와 내용, 성격을 요약해서 대변해줄 수 있어야 하며 시청자의 주의를 집중시키는 개성있는 표현이 되어야 한다. 프로그램 제목은 짧고 명확하고 독창적이어서 기억하기 쉽고 흥미있고 소구력이 있어야 한다.

드라마 타이틀 로고

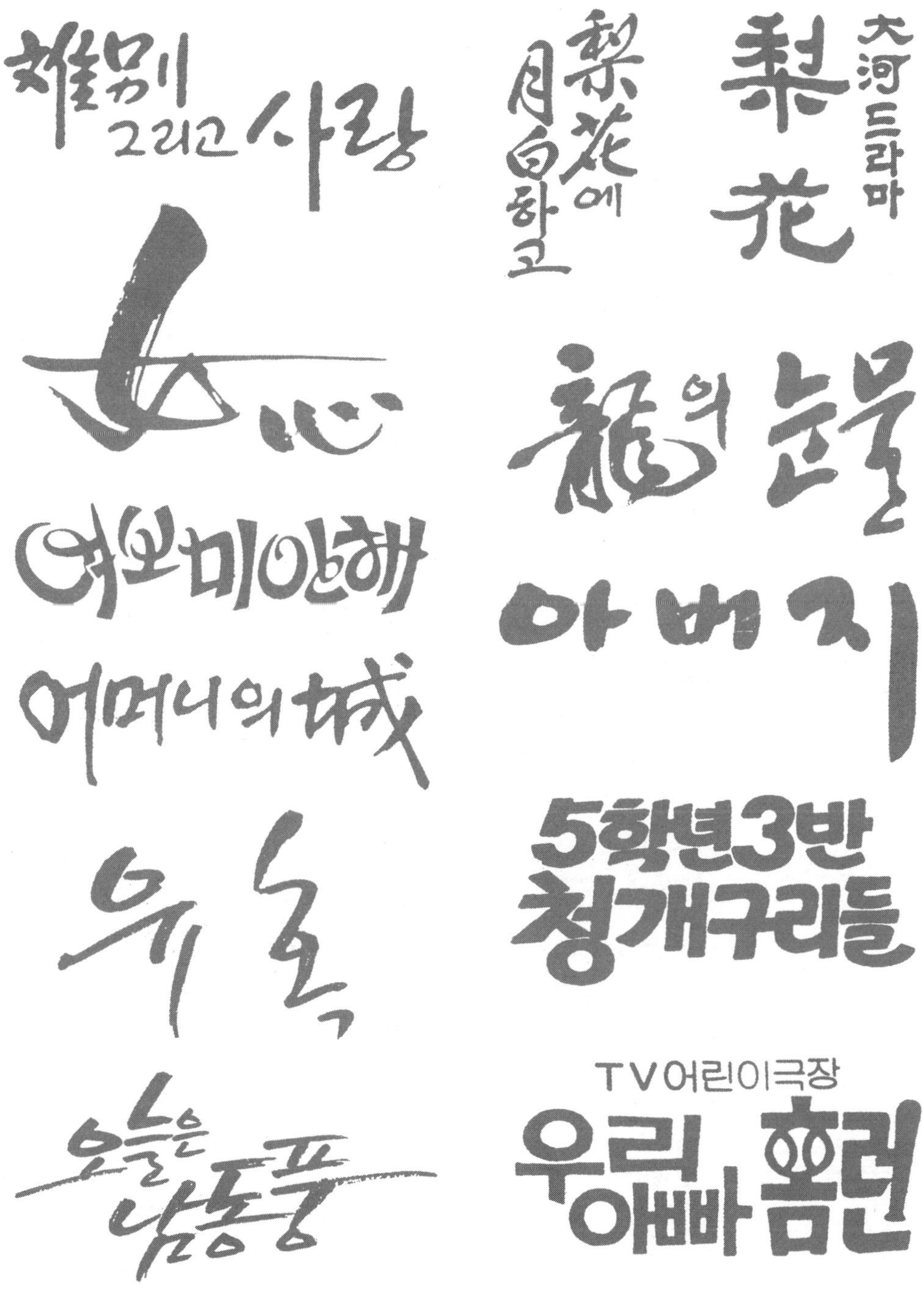
離別 그리고 사랑
梨花에 月白하고
大河드라마
梨花
女心
龍의 눈물
여보미안해
아버지
어머니의 城
5학년3반
청개구리들
유혹
TV어린이극장
우리 아빠 홈런
오늘은 남동풍

② 주 제

주제는 드라마의 제작목표가 쉽고 명확하고 간결하게 함축성있는 주제로 정리되어야 한다.

③ 제작의도

제작의도는 드라마 제작의 목적이며 덕목으로서, 드라마를 제작해야 할 이유를 분명하게 밝혀야 한다.

④ 대 상

드라마가 기획단계에서 시청할 대상층을 면밀히 분석해서 겨냥해야 할 주된 대상을 어떤 계층에 두느냐에 따라 드라마의 성격과 품격이 결정된다. 앞서 'TV 교양프로그램 제작'의 기획부분에서 이미 지적했지만 수용자 분석에서 시청자군의 속성을 인구사회학적 요인과 심리학적 요인, 시청 프로그램 취향 등을 측정하고 분석해야 한다. 시청행위 결정요인과 드라마에 대한 취향과 태도에 미치는 요인들을 세분화해서 시청자의 심리적 요소, 개인적 요소, 사회적 요소, 문화적 요소들을 잘 분석하고 파악해야 한다.

⑤ 방송시간

드라마 시청 대상층의 결정에 따라 방송시간량과 편성시간대가 효율적으로 제시되어야 한다.

⑥ 등장인물

드라마의 줄거리에 따라 주요 등장인물이 설정되는데, 작가의 순수한 창작에 따라 등장인물의 성격과 캐릭터가 결정되기도 하지만, 주인공을 포함한 주요 등장인물에 실제 연기자의 이미지와 캐릭터를 옮겨놓고 설정·구성하는 경우도 있다. 등장인물의 나이, 성격, 생활환경, 극중 다른 인물과의 관계 등을 요약해야 한다. 드라마 구성에서 가장 중요한 근간이 되는 등장인물과 배역의 결정은 드라마의 승패를 좌우하는 결정적인 요소가 된다.

⑦ 인물구성도

드라마에 등장하는 주인공을 중심으로 주요 등장인물들의 가족관계와 상관관계를 도표로 작성함으로써 출연자들의 관계설정을 일목요연하게 파악할 수 있다. 인물구성도표는 드라마 기획보고와 결제용으로 필수적인 자료가 된다.

⑧ 줄거리

드라마의 기본적인 스토리를 간추린 줄거리(*story outline & content outline*)가 곧 시놉시스의 요체이다. 이 줄거리에서 드라마의 주제와 제작방향, 목표, 성격 등이 함축성있게 요약·정리되어야 한다.

(5) 내본완성

① 작품 구체안 협의

드라마 기획제안 보고에 따라 기획안이 확정되면 곧 바로 작품에 대한 구체적인 협의에 들어간다. 작가와 연출가가 작품의 내용, 방향구성, 소재 등에 대하여 구체적이고 전반적인 협의를 거쳐 작가가 집필에 들어가는데 원작자가 있는 경우에는 원작료 지불에 대한 협의를 거쳐야 한다.

② 작가 대본완성

작가의 원고집필이 끝나면 연출자와 상호협의를 해서 기획의도에 미흡한 부분의 보완 또는 수정단계를 거쳐 완성된 원고는 인쇄의뢰를 거쳐 대본화한다.

③ 대본 검토

작가와 연출자는 기획단계에서부터 면밀한 협의를 거쳐 대본을 작성하지만 작가의 능력에 따라 완성도 면에서 미흡한 부분이 도출될 수도 있다. 이런 경우 다시 협의해서 대본이 인쇄되기 전에 수정, 보완되어야 한다. 대본 검토에서 중요한 사항은 첫째, 기획의도에서 밝힌 테마와 메시지가 분명한가, 둘째, 아무리 잘 구성된 내용이라도 현실적으로 제작이 가능한가, 셋째, 드라마투르기 기법에 따라 짜임새있게 구성되어 있는가, 넷째, 감동을 줄 수 있는가를 잘 검토·분석해야 한다.

④ 대본 심의

완성된 대본은 각 방송사 심의부서에서 사전심의를 거치게 되며 심의규정에 저촉될 부분에 대해서는 삭제 또는 수정·보완되어야 한다.

드라마 〈내사랑 내곁에〉 인물구성도

STAFF

촬영/지한규

조명/박정래

편집/한만웅

음악효과/임효택

음향효과/최경상

미술/박영대

디자인/이향

소품/윤진기 성영훈

분장/최경호

미용/최혜영

의상/이재경

녹음/권영근

동시녹음/옥승훈

특수장비/김병기

특수효과/이동천

행정/여인희

섭외/유상대

기록/음미아

진행/유호준

조연출/이교욱 김상휘

(6) 배역결정 (캐스팅)

드라마에 등장하는 인물에 대한 배역결정은 드라마의 승패를 좌우하는 결정적 요소가 되므로 인물의 성격과 이미지를 잘 고려해서 가장 적합한 배역을 선정해야 한다. 또한 배역결정에 앞서 방송시간, 채널간 타 프로그램과의 중복사항 등을 고려해야 한다.

2) TV 드라마 제작실무

(1) 스튜디오 제작

① 제작스탭 구성

제작에 앞서 각 스탭구성조직이 이루어져야 하는데 먼저 스튜디오 제작물일 경우 스튜디오 부조가 결정됨에 따라 해당 스튜디오에 배정된 스튜디오 카메라를 포함, 기술스탭으로 구성된다. 미술분야인 세트디자인, 세트제작조립, 소도구, 의상, 미용, 분장은 미술 전담부서와 협의해서 배정이 되며 스크립터와 FD는 거의 외부 용역에 의존하게 된다.

스튜디오 제작물일 경우도 야외촬영 인서트 부분이 있게 마련이므로 카메라, 음향, 조명, 의상, 소품, 분장, 미용 등에 필요한 스탭진을 구성·조직해야 한다.

② 대본전달

대본에는 작가, 연출, 조연출, 녹화일시, 방송일시, 연습일시, 출연진, 스탭진이 명시되어야 하며 제작 스탭진이 구성되면, 대본을 연기자와 조명, 영상, 녹화, 음향, 의상, 소품, 분장, 미용, 카메라, 음악, 디자인, 작곡 그리고 특수효과 등 제작요원 전원에게 전달된다.

③ 제작협조의뢰

드라마 녹화, 촬영에 필요한 협조와 의뢰사항으로 미술분야인 타이틀 디자인, 소품, 의상, 분장, 미용에 대한 협조의뢰와 스튜디오 배정, 카메라, 조명, 특수효과, 주제가, 배경음악 등을 의뢰하고 특수출연이나 보조출연자가 필요한 경우에는 동원의뢰를 하게 된다.

④ 대본 연습

미리 배부된 대본에 의하여 연습이 실시되며 작품성격, 인물에 대해 고려할 점을 위주로 연기자의 숙지사항 전반에 걸쳐 내용설명과 연기자의 질문을 통하여 개괄적인 준비작업으로 이루어지고 완료단계에서는 대본독해 위주로 실시하게 된다. 연기자는 작가와 연출이 전하고자 하는 메시지를 진달하는 중요힌 임무를 띠고 있다. 그러므로 연기자 전원은 드라마 전체의 흐름을 잘 파악해야만 일치성을 이룰 수 있다.

대본읽기 연습은 연기자 전체 모임에서 한차례 읽기가 끝나면 각 연기자의 역할과 성격을 충분히 파악하고 그에 합당한 의상과 소품, 분장 등을 설징한다. 의싱은 연기자의 역할을 특정짓는 기장 중요한 요소이며 등장인물의 성격, 성품, 연령, 정신상태, 계층, 빈부의 정도 등 구체적인 상황을 표출한다. 대본읽기 연습과정에서 연출자는 연기자의 역할과 성격에 따른 발음과 발성 그리고 대사의 전달력을 철저히 점검해야 한다.

▪ 표정음성과 의미음성

'말'이란 인간의 지적, 의지적 요소가 입을 통해 나오면서 표정음성(表情音聲)과 의미음성(意味音聲)으로 전달된다.

▪ 그 말은

i) 찰라적 충동에 의한 경우,

ii) 그 충동을 내부에서 조정해서 나오는 경우,

i)과 ii)가 교차되어 나는 경우가 있다.

i)은 충동(衝動)표현으로 표정음성이 되며,

ii)는 지성과 의지력에 의해 의미음성이 된다.

그리고 i)과 ii)가 동시에 교차되어 나오는 말도 있다.

▪ 음성(*voice*)

높고 낮음(예, *tenor-base*),

진동(振動) : 크고 작음(예, *volume*),

완급(緩急)이 있다.

▪ 사이(*pause*)

동작과 대사에 있어 중요한 위치를 차지한다. 동작과 대사를 끊고 잇는 방법으로, 연기자가 주요한 포인트(*point*)를 전달하는데 필수불가결한 요소가 된다.

- 속도(*tempo*)

  동작과 대사를 표준속도보다 빨리 하느냐 늦게 하느냐에 따라 감정이 달라진다.

- 역점, 힘(*emphasis*)

  행동과 말에는 역점을 주고 힘을 줄 곳이 반드시 있다. 강조하기 위해서 그전의 행동과 말을 어떻게 구사해야 할 것인가 연구할 필요가 있다.

- 강세, 말씨(*accent*)

  사투리 구사도 필요하지만 악센트를 잘못 구사하여 다른 뜻이 되어버리는 경우도 있다.

- 명료, 정확(*articulation*)

  정확한 발성과 발음을 필요로 한다. 어물거리는 말투는 의미전달을 방해한다. 특히 연기자가 울면서 대사할 때 이런 경우가 많다. 호흡조절과 입술 움직임으로 극복해야 한다.

- 억양(*intonation*)

  말에는 긍정, 부정, 의문, 완결, 희노애락 등 여러가지 정서가 내포되어 있으며 그 정서를 표현하기 위해 고저(高低 : *pitch*), 대소(大小 : *force*), 완급(緩急 : *tempo*), 강약(强弱 : *prominence*)이 발생한다. 감정없는 평행적인 언어구사는 살아 있는 말이 아니다. 음성표현에 있어 감각적 매력과 생명력있는 언어로 만드는 억양이 되어야 하겠다.

- 음조(*tone*)

  분위기에 맞는 말을 구사해야 한다. 생리적, 심리적으로 작용하는 음성이다. 분위기에 맞지 않는 음조는 음치라 할 수 있다.

- 음률(*rhythm*)

  말에는 말하는 사람의 마음(심리, 감정)의 리듬이 음성화된 리듬으로 나타난다. 모든 화술의 표현요소는 마음의 리듬을 기점으로 활동한다. 바로 그것이 생활의 리듬, 생명의 리듬으로 고

양되는 것이다.

리딩(*reading*)을 하는 동안 연출은 그 연기자의 장단점을 파악하는 한편 머리 속으로 연기자의 표정과 동작을 상상하기 바란다. 그런 상상을 계속하는 동안 자연히 동작 플랜과 몽타주 플랜이 떠오르며 극흐름의 강약이 일루션(*illusion*)화하여 굳어진다. 책읽기는 하면 할수록 연출과 연기에 도움을 준다.[9]

⑤ **스탭회의**

스탭회의는 녹화에 관한 전달사항, 숙지사항, 문제점을 상호협의하기 위해 전 스탭이 참여한다. 여기에는 연출, 조연출, 기술감독, 소명, 음향, 영상, 음악효과, 세트디자인, 의상, 소품, 분장, 미용 등 스탭들이 참석한다.

⑥ **콘티대본**

세트디자인이 완성된 후에는 콘티 작업에 들어가는데 무대완성후 실녹화를 전제로 이루어진다. 또한 콘티대본이 완성되면 콘티대본을 인쇄하여 연기자와 스탭진에게 전달한다. 스튜디오 녹화분은 두 대 이상의 스튜디어 카메라로 녹화되므로 복수의 카메라에 의한 콘티대본이 필요하다.

⑦ **음 악**

드라마 제작에서 음악이 차지하는 비중은 매우 높다. 우선 주제가 제작은 기성음악을 사용하는 경우도 있으나 드라마의 주제와 성격을 잘 표현할 수 있는 주제가를 작곡하고 용도에 따라 다양하게 편곡해야 한다. 드라마 성격에 맞는 멜로디와 그 성격과 특색을 잘 살릴 수 있는 편곡과 악기선정, 합창, 성악의 활용을 잘 고려해서 드라마 장면에 따라 배경음악으로 효율성을 높여야 한다. 특히 주제가는 그 주제와 성격에 맞는 가수선정도 중요하다. 때로 가수를 배제하고 악기연주로 대신하기도 한다. 드라마 주제가의 멜로디와 드라마의 인기도에 따라 주제가가 히트송으로 떠오르기도 한다. 라디오드라마 〈청실홍실〉, TV드라마 〈아씨〉는 가수 이

9) 임학송, 《TV드라마 연출개론》, 집문당, 1998, pp. 178~179.

C　　P : 윤흥식
극　본 : 정하연
프로듀서 : 윤용훈
연　출 : 윤창범
조 연 출 : 김용수
김성근
진　행 : 김철민
이황봉
기　록 : 김금순

귀하

KBS 대하드라마

王妃

제143회

D R 야외촬영
일 정: ( ) ( )
장 소: ( ) ( )
(STUDIO: TS-4)
세트.소품 : 월 일 09:00
스텝 회의 : 09:00-09:30
조 명 : 09:30-12:30
리 허 설 : 11:00-12:30
녹 화 : 14:00-21:00
철 수 : 21:00-21:30

☎: 사무실: 3375-7
호출) 5-8443-1773 (김용수)
핸드폰) 011-440-0226 (김성근)
011-470-6598 (김철민)
011-733-8943 (이황봉)
011-708-3332 (연출부)

CONTI
한국방송공사

왕 과 비 〈제143회〉

	씬1 대비의 방 안(밤)		
④부감 FS ①쪽에서	고개를 숙이고 가만히 눈물을 흘리고 앉아있는 인수대비 황망해서 감히 바라보지 못하고 숙이고 있는 임상궁	인수대비	......
② BS	억제하듯 한숨을 내쉬더니 손수건을 꺼내 눈가를 찍어 누른다	인수대비	......
① OS WS	문득 그 모습을 바라보다 황급히 다시 숙이는 임상궁		
② BS		인수대비	늙기도 전에 눈부터 침침해 지니...
① OS WS		임상궁	(얼른) 불을 더 밝히올까요 마마
② BS		인수대비	......
① OS WS		임상궁	불이 어두운지 쇤네의 눈도 침침하옵니다
② BS		인수대비	(본다)
① WS		임상궁	(숙이는)
② BS		인수대비	자네가 올해 몇이냐
① WS		임상궁	황송하오나 서른 아홉이옵나이다 마마
② BS		인수대비	서른 아홉?
① WS		임상궁	....
		인수대비	그렇게 됐느냐

① WS		임상궁	예, 마마. 덧없이 나이만 들었나이다
② BS	웃는 인수대비	인수대비	덧없이 나이만 들었다?
① WS	그 웃음에 가만히 미소하는 임상궁		
② BS	문득 한숨을 내쉬며 술잔을 집어드는 인수대비 한모금 마시더니	인수대비	안됐구나. 시집 한번 못 가보고 대궐에 들어와 덧없이 늙어가니
① WS		임상궁	쇤네는 대궐에 들어온 것을 후회해 본 적이 없사옵니다
② BS		인수대비	선왕의 승은을 입은 적이 있느냐
① WS		임상궁	(당황)
	뭐가 재밌는지 자꾸만 웃는다		참으로 복도 없구나
① WS	가만히 바라보는 임상궁		
② BS Z-T TB	다시 어둠을 노려보는 인수대비 보일 듯 말 듯 파르르 떨고 있다	인수대비	....
	씬2 대전의 뜰(밤) (인수대비의 의식)		
② BS	불이 켜진 전각이 다가오듯 조여지더니 중전의 웃음소리	인수대비	그런 기회가 한번쯤은 있었을 것이 아니냐
① WS		임상궁	쇤네는....
② BS		인수대비	......(지그시 보더니) 없었느냐
① WS		임상궁	예, 마마
② BS		인수대비	.......(더 유심히 바라보더니) 허긴 (끄덕이고) 자네가 청춘일 때는 세조대왕을 뫼시던 시절이니 기회가 없었겠지. 그 어른께서는 여색을 가까이 하지 않으셨으니...
① WS		임상궁	(숙이는)
② BS		인수대비	(재밌다는 듯) 예종께서는 재위하시는 동안 내내 병석에 누워 계셨고 금상께서는 어린 나이에 보위에 오르셨으니.....(웃고는)

미자가 불러 크게 히트한 대표적인 사례이기도 하다. 기성곡을 배경음악으로 사용할 경우 저작권 문제 등을 사전에 잘 체크해서 법적 소송문제가 제기되지 않도록 유의해야 한다. 좋은 주제가와 좋은 배경음악이야 말로 드라마라는 음식의 깊고 오묘한 맛을 돋구는 중요한 양념재료가 되는 것이다.

⑧ 음향효과

드라마는 허구 그 자체를 현실감있게 리얼리티를 창출해내야 하는 작업과정이므로 음향효과야말로 허구를 사실화하기 위해 지극히 섬세함을 요구하는 전문분야이기도 하다. 음악에서와 마찬가지로 음향효과 사용에서 음(音)의 원근감과 입체감을 살려 음의 강약과 농도를 예술적으로 믹싱조절하는 것이 생명이다.

⑨ 세트디자인

스튜디오내의 세트설치를 위한 디자인은 사실적인 표현이 생명이라 하겠다. 디자이너는 대본의 내용을 파악한 후 연출자와 협의해서 한정된 스튜디오 스페이스에 맞게 카메라 동작의 각도와 영역까지 철저히 계산된 디자인을 설계해야 한다.

⑩ 세트설치

디자인의 설계에 따라 무대장치를 한다. 스튜디오 사정상 세트를 분해·철거해서 다시 세울 것을 염두에 두고 세트조립이 용이하도록 목공작업이 이루어져야 한다. 편의상 나무로 제작된 시멘트 계단이 녹화시에 나무계단 소리가 나지 않도록 세심한 배려가 필요하다. 이와같이 매우 섬세한 세트조립이 이루어져야 한다.

⑪ 의 상

앞서 지적했지만 연기자의 의상은 드라마에서 등장인물의 신분, 성격, 성품, 연령 등 여러가지 상황을 설정해주고 그 역할을 특정짓는 중요한 요소이다. 특히 사극과 시대극의 의상은 고증에 충실해야 한다. 의상이야말로 극중인물의 역을 극명하게 표현하므로 매우 중요한 역할을 맡고 있다.

⑫ 소 품

드라마에서 가장 많이 설정되는 방안 세트의 소품은 그 방을 사용하는 주인공의 신분과 성격에 맞추어 섬세하게 장식되어야 한다.

소품 설치된 드라마 세트.

사극 드라마의 의상

벽에 걸린 한 폭의 그림에서부터 책꽂이, 장식품 등 디테일을 요구하는 부분이며, 역사물과 시대물인 경우에는 철저히 고증해야 한다.

⑬ 분 장

분장은 일반적인 분장과 특수분장으로 구분되는데 뉴스앵커나 일반대담 프로그램 출연자도 분장이 필요하나, 드라마의 경우는 얼굴 분장을 포함해서 신체의 흉터나 개성있는 특징적인 점까지 분장한다. 〈전설의 고향〉에 등장하는 여우귀신이나 젊은 연기자가 한 인생의 전과정을 연기할 때 노인으로 분하기 위하여 특수분장이 불가피하다. 영화 〈노틀담의 꼽추〉의 안소니 퀸의 꼽추역 분장은 뛰어난 특수분장이라 할 수 있다.

⑭ 야외녹화

스튜디오 제작 중심의 드라마일 경우에도 강변이나 바닷가 등 실제 자연을 배경으로 한 씬(*scene*)을 포함해서 야외장면을 현지녹화해야 할 필요성이 있다. 이런 경우 스튜디오 녹화 이전에 미리 야외장면을 녹화해 두었다가 스튜디오 녹화진행시 인서트 처리로

(HD) 〈TV 문학관〉 "소나기"

드라마 드라이 리허설 장면.

연결해야 한다. 야외 녹화분의 콘티대본은 스튜디오 녹화작업과는 달리 대개 한 대의 카메라에 의한 작업으로 스튜디오 녹화분의 콘티와는 다르게 작성된다.

⑮ **드라이 리허설**(dry rehersal)

스튜디오에서 미술디자인에 의해 세워진 세트를 배경으로 연기자들이 의상을 착용하지 않은 채 연기자의 움직임과 대사중심의 연습과정으로, 연기자들에게 카메라 위치와 각도를 설명한다.

⑯ **카메라 리허설**(camera rehersal)

드라이 리허설이 끝난 후 연기자들의 분장, 의상준비를 마치고 조명, 음악효과, 세트장식, 소품 등 모든 준비를 완료한 후 실제 본 프로그램과 똑같은 조건으로 콘티대본에 의해 카메라를 작동시켜 리허설을 한다.

⑰ **타이틀 제작**

드라마 앞부분의 타이틀 제작 또한 중요한 부분이다. 프로그램 제목의 로고타입이 결정되면 드라마의 얼굴 부분에 속하는 타이틀을 제작하는데 주로 등장인물 중심으로 영상적인 기법을 활용한다. 타이틀에는 출연 연기자의 이름이 자막으로 소개된다. 일일연속극의 경우에는 드라마 주제가를 타이틀 음악으로 사용한다.

KBS 일일연속극 〈사람의 집〉 타이틀 로고.

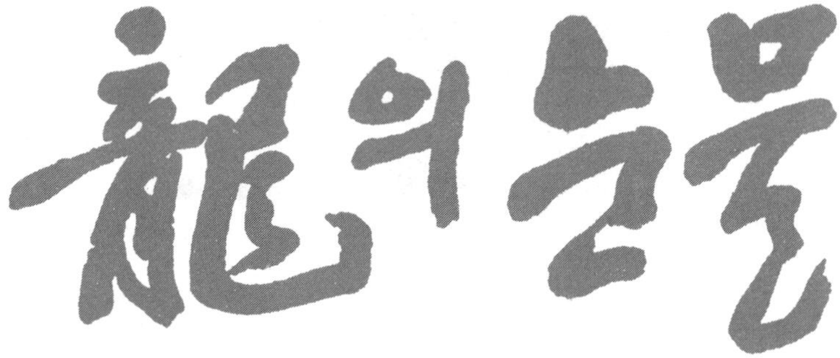

KBS 1TV 대하드라마 〈용의 눈물〉 타이틀 로고.

⑱ 스튜디오 녹화

카메라 리허설이 끝난 후 리허설 과정에서 수정·보완해야 할 부분을 총점검하고 실제 녹화에 들어간다. 스튜디오 녹화 단계에서 야외녹화분이 순서에 따라 인서트 녹화된다. 리허설 과정에서 NG 요소를 철저히 제거해서 스튜디오 녹화중 NG가 나지 않도록 연기자, 전 스탭진들의 집중력을 결집시켜야 한다. NG는 시간적·경제적 소모요소로서 배제되어야 한다.

⑲ 시 사

녹화가 완료되면 연출자는 시사(試寫)를 통해 미처 발견하지 못한 결점이나 부분적인 컷과 신을 검토하여 드라마의 전체적인 흐름과 리듬을 반드시 점검해야 한다. 작품의 완성도를 높이기 위해서는 꼭 필요치 않은 컷과 신은 과감히 삭제하며 보충해야 할 장면도 추가로 제작·삽입해서 작품의 완성도를 최대한 높여야 한다. 작품의 최종결과는 결국 연출자에게 돌아가며 드라마 성패의 책임도 연출자에게 있기 때문이다.

⑳ **방송심의**

제작완료된 작품을 방송심의부서에 넘겨 최종 방송적격 여부와 방송심의 규정의 저촉여부를 심의받는다. 내용상 문제가 있을 경우 수정·보완되어야 한다.

㉑ **시사회 및 홍보**

드라마 홍보물을 제작하고 드라마 관련자, 방송관련 신문 및 인쇄매체 기자들을 초청해서 시사회를 통한 간단한 합평회를 갖는다. 드라마 홍보자료를 통한 드라마의 홍보를 극대화해야 한다.

㉒ **예고방송 제작**

드라마 예고는 시청자의 시신을 끌 수 있는 내용을 집약적으로 함축성있게 제작되어야 한다. 예고를 보고 드라마를 시청하고자 하는 욕구와 흡인력이 있어야 하며 시간도 1분내 제작으로 이펙트 효과등 소구력이 있어야 한다.

㉓ **테이프 입고**

본 프로그램 앞부분에 컬러바(*color bar*) 신호와 테이프사인(*tape sign*)에 프로그램 제목, 방송일자, 녹화일자, 스튜디오, 연출자, 기술감독을 명시해야 한다. 테이프 케이스에도 프로그램 제목, 방송일시 등을 명시하고 방송운행 부서 테이프보관실에 인수인계 확인한 후 입고시킨다.

㉔ **자료 정리·보관**

녹화테이프 보관과 아울러 대본의 보관도 필수적이다. 그외 드라마 제작에 관련된 참고자료를 정리·보관해 두어야 한다.

㉕ **해외 출품 및 판매**

녹화시에 해외출품을 고려해서 ME(음악효과) 테이프제작과 해외판매에 대비해야 한다.

(2) 야외제작

드라마 야외제작은 앞서의 스튜디오 제작분야의 스튜디오 녹화부문을 제외하고는 준비사항이나 제작과정이 거의 동일하나 야외현장답사와 촬영계획 수립, 연기자 및 스탭진 일정조정, 편집, 더빙

작업이 추가된다. 야외녹화에만 의존할 경우 대본콘티작업도 카메라 한 대 위주의 콘티작업이 이루어지나 특수장면 촬영을 대비할 경우 2~3대까지 카메라를 동원해야 하는 사례도 있다.

① 사전답사

드라마의 야외배경으로 적합한 장소를 사전에 답사해서 녹화장소를 결정한다. 장소가 개인이나 공공단체 소유인 경우에는 섭외과정에서 임대료 등을 협의·결정한다. 사전답사에는 카메라맨, 미술 디자이너가 함께 동반해서 카메라 위치, 각도 등 영상에 관한 현장협의와 미술 디자이너는 현지에 필요한 세트의 규모와 방향 등 카메라에 담길 영상을 고려해서 디자인을 연출자, 카메라맨과 협의·결정한다.

야외녹화 장소를 답사할 경우 반드시 지형지물 등 넓이와 길이를 평면도에 그려두어야 한다. 이는 연기자의 동작서기 연습때 필요하며 몽타주 플랜을 짤 때 긴요하게 사용된다. 현장에 갈 때는 반드시 스틸(*still*) 카메라나 즉석 카메라를 휴대해서 배경들을 스케치해두어 풍경을 담아 디자인에 참고해야 한다.

야외 현장답사할 경우 카메라 렌즈에 의해 TV 화면에 담길 영상을 육안으로 측정하기보다는 뷰파인더(*view finder*)를 휴대해서 피사체를 파악해야 큰 차질을 피할 수 있다. 또한 야외인 경우 자연광을 이용하게 되므로 일출, 일몰과 동서남북 방향을 잘 확인해서 키라이트(*key light*)와 백라이트(*back light*) 설정에 각별히 유의해야 한다. 계절에 따라 일조량과 일조시간이 차이가 있으므로 면밀한 검토와 계산이 필요하다.

특히 야외장소 거리에 따라 연기자 스탭들의 이동, 소요시간 등은 제작비와 직결되므로 경제성이 고려되는 장소선택이 중요하다.

② 콘티대본

스튜디오 제작용 콘티대본은 스튜디오 카메라 2~3대에 의해 녹화되므로 세트위치와 카메라 위치, 연기자 위치, 동작에 따라 콘티가 작성되지만, 야외녹화의 경우에는 카메라 1대에 의존해서 녹화하게 되므로 스튜디오 녹화와는 다른 카메라 1대 중심의 녹화계획

〈대추나무 사랑걸렸네〉 드라마 세트 설치.

에 따라 콘티가 작성되어야 한다.

③ 세트 디자인 및 설치

사전 현장답사할 때 스틸카메라에 담긴 현장사진을 잘 활용해서 현장에 초가집이나 주막, 또는 강가의 나루터 세트 디자인을 규모와 위치 등을 면밀하게 사실적으로 설계해서 설치해야 한다. 연기자의 연기에 의한 동작과 카메라 위치와 각도, 태양빛의 방향 등을 고려해서 디자인하며 카메라 조명, 특히 소도구 위치가 자연스럽고 안전하게 설치될 수 있도록 배려해야 한다.

④ 연기자, 스탭진 녹화일정

출연진에 대한 캐스팅과 더불어 개별섭외와 스탭진과 함께 녹화일정을 수립한다. 특히 주인공과 등장인물 외에도 대사없는 엑스트라 요원도 대본에 따라 적정인원을 준비한다.

⑤ 몽타주

짧은 씬(*scene*)들을 연결하여 개개의 씬이 가지고 있지 않은 새로운 의미를 나타내는 수법이다. 몽타주(*montage*)는 연출언어이며 산문작가의 문장력과 같은 연출의 개성이다. 즉 몽타주는 하나의 단편적인 영상들을 의도하는 바의 의미와 사상을 표현하기 위해 연결해서 이어가는 영상문법을 말한다. 영상 그 자체를 통한 의미 표현과 함께 하나의 영상과 또 다른 하나의 영상을 결합시킴으로써 새로운 의미를 창조하는 몽타주 기법은 영화나 드라마 제작에서 영상표현수법으로서 영화감독이나 드라마 연출자의 능력과 기량으로 가늠될 수 있는 중요한 표현기법이다.

티모센코(*timoshenko*)는 몽타주를 15가지 종류로 분류했다.

- 장소의 전환(*change of place*)
  장소를 자유롭게 바꿀 수 있다. 롱샷으로 잡을 수밖에 없는 시대에 장소를 바꿀 수 있다는 것은 대단한 혁명이다.
- 카메라 위치의 전환(*change of position of the camera*)
  정면으로 카메라를 고정시켜 찍을 수밖에 없었던 시대에서 부감이나 앙각으로 잡을 수 있다는 것 또한 경이적인 것이었다.
- 영상배열의 전환(*change of range of image*)
  클로즈업이나 롱샷, 버스트샷 등 원하는 대로 영상을 배열할 수 있다.
- 세부묘사(*stressing of details*)
  특정한 부분만을 확대시켜 볼 수 있다.
- 분석적 몽타주(*analytical momtage*)
  컷으로 나눌 수 있는 것, 예컨대 갑이라는 남자를 찍은 다음에 을이라는 여자를 찍을 수 있다.
- 과거의 재현(*return to past*)
  회상 씬을 재현할 수 있다.
- 미래 예측(*anticipation of the future*)
  미래를 재현할 수 있다.
- 병행해서 일어나는 사건(*parallel events*)
  지금 사형집행을 하려는 현장과 이를 구하러 달려오는 사람을 교대로 보여주는 것, 즉 컷백을 말한다.
- 대조(*contrast*)
  가슴에 번쩍이는 훈장을 달고 가는 장군 옆에 깡통훈장을 달고

전쟁놀이를 하는 아이들을 대조시켜 훈장이 그냥 깡통쪼가리에 불과하다는 것을 영상으로 셔레이드하는 기법, 밖에는 배가 몹시 고픈 거지가 침을 삼키며 레스토랑 안을 보고 있는데 그 안에서는 배가 불러 반도 못먹은 스테이크를 개에게 던져주는 장면들이 바로 이런 기법이다.

- 연상(*association*)

한 사물이나 사건을 통해 다른 어떤 것을 연상시키는 기법이다. 간단한 예로 돼지를 클로즈업시켜 살찐 여자를 연상하게 하는 것 등이다.

- 집중(*concentration*)

많은 군중, 무리 속에 한 사람을 카메라가 잡는 수법이다. 쉽게 말하면 줌인 기법이다.

- 확대(*enlargement*)

집중과는 반대로 한 사람을 잡고 있던 카메라가 점점 멀어지면서 군중 속의 한 사람이 된다. 이것은 줌아웃 기법이다.

- 모노드라마적 몽타주(*monodramatic montage*)

이것은 카메라가 주인공의 눈이 되는 것인데 일종의 '주관적 묘사' 기법이다. 영화 〈블루〉에서 주인공 줄리가 자동차 사고 이후, 의식을 회복하는 과정에서 이 기법이 독특하게 사용되었다. 카메라는 주인공의 깜박이는 눈꺼풀과 눈동자에 비친 의사의 모습을 한 프레임에 담아 그녀의 의식 속 깊은 곳까지 카메라를 들이대는 기법을 사용했다.

- 반복(*refrain*)

이것은 강조할 때 화면을 되풀이해서 보여주는 기법이다. 도망가는 범인의 땀에 젖은 얼굴과 도망가는 발 등을 얼굴, 얼굴, 얼굴, 발, 발, 발 식으로 계속해서 보여주는 것이다.

- 슈퍼(*super impose*)

두 개 이상의 화면을 겹쳐 하나의 화면을 만드는 합성기법이다. 주인공이 헤어진 애인을 생각하면서 즐거웠던 과거를 회상한다고 할 때, 주인공의 얼굴 위에 과거의 즐거웠던 일을 겹치게 하여 과거의 일이 주마등처럼 스쳐지나가도록 하는 기법이다.

KBS 1TV 대하드라마 〈왕과 비〉 야외녹화

몽타주란 무엇인가 하는 원칙과 방법에 앞서 작품의 효과적 표현을 위해 가장 적합한 방법과 수단이 무엇인지를 파악하는 일이 더 중요하다.[10]

⑥ **야외녹화**

야외 현장녹화시에 동시녹음 여부의 결정에 따라 준비가 뒤따라야 하며 현장의 불가피한 소음을 제거하지 못할 경우 더빙을 대비할 수도 있다. 특히 야간씬을 녹화할 경우는 조명의 역할이 필수적이지만 낮씬 녹화에도 태양 및 중심의 키라이트와 백라이트를 잘 활용해야 하며 이를 위해 랩(*lap*)을 사용한다.

⑦ **편집** (*editing*)

녹화된 영상을 콘티대본에 맞추어 연결하여 완전한 작품으로 만드는 중요한 과정이다. 꼭 필요치 않는 것은 촬영과정에서 애써 찍은 장면으로 버리기가 아까워도 과감하게 잘라버려야 한다. 영상

---

10) 장기오, 《TV 드라마 바로보기, 바로쓰기》, 박영률출판사, 1997, pp. 345～347.

그림이 아까워 이것저것 조금씩 살려두다보면 루즈(*loose*)해져 다이나믹하고 스피디한 요소를 잃게 된다. 또한 드라마의 예정된 길이인 런닝타임도 편집과정에서 잘 조정해야 한다. 또한 씬(*scene*)의 편집연결도 컷(*cut*)과 디졸브(*dissolve*)를 구분해서 영상의 이미지를 고려한 편집을 해야 한다.

⑧ **더빙** (*dubbing*)

동시녹음이 되지 못한 부분은 편집된 영상을 프리뷰(*preview*)하면서 대사를 녹음한다. 또한 동시녹음으로 녹화된 대사도 다시 재생을 하면서 전체의 톤(*tone*)을 일률적으로 강하고 약한 부분을 조정한다. 음악과 음향효과를 설정, 조합(*mixing*)하여 총합된 하나의 사운드트랙(*sound track*)을 만든다.

드라마 대사와 음악, 음향효과는 원근감을 살려야 하며 영상과 음악, 음향 역시 원근법에 의해 입체적으로 믹싱되어야 한다.

〈서울 1945〉

6장

음악, 오락(쇼) 프로그램 제작

1. 음악, 오락(쇼) 프로그램의 개념

음악, 오락(쇼)은 TV 매체를 통하여 아름다움이나 미적 감각 그리고 감정이입을 즐거움과 재미로 연결하여 제작하는 프로그램으로서 감동과 긴장해소를 통하여 생활에 활력을 제공하는 동시에 가치문화를 정립하는 데 목적이 있다.

〈일요일은 즐거워〉

1) 쇼 프로그램 정의

음악, 연예, 오락 프로그램을 흔히 쇼(*show*) 프로그램으로 통칭한다. 쇼라는 단어 자체가 '보이다', '전시하다'는 원래의 뜻이 말해주듯이 시각적, 오락적 요소가 강한 각종 무대예술을 가리킨다. 즉, '볼거리', '웃음거리'를 총체적으로 가리킨다. 20세기 초반에 유럽에서 발생한 무용과 음악을 중심으로 한 쇼의 일종인 레뷔(*revue*)가 미국으로 건너가 음악, 무용, 콩트 등을 배열하여 신속한 전개와 호화로운 감각으로 변모한 대중오락을 가리켜 쇼라 지칭했다. 쇼는 또한 전시회를 뜻하기도 한다.

쇼의 기본은 춤, 노래, 코미디물로서 특히 음악은 쇼의 가장 기본요소이다. TV 쇼프로그램은 구성요소에 따라 순수 뮤직쇼의 버라이어티 쇼(*variety show*)로 대별할 수 있다.

2. 쇼 프로그램의 종류

1) 뮤직쇼

뮤직쇼는 순수 음악중심의 구성 프로그램을 통칭해서 뮤직쇼라고 한다.

KBS '99 전국장애인가요제 〈사랑의 노래, 마음의 노래〉

음악 오락프로그램 타이틀 로고

'97 평화와 화합을 위한 갈라콘서트

가요무대

'83 가요대제전

건국 40년 경축음악회

KBS '82 가요대상

1983년 KBS 가요대상

가족오락관

'84 그래미상 시상

가수총집합

'91 KBS 국악대상

國樂무대

국악교실

국악대공연

(1) 가요쇼

대중가요 중심으로 구성된 쇼 프로그램이다.

예 : 〈가요무대〉, 〈열린 음악회〉, 〈가요 Top 10〉 등

KBS 〈가요무대〉

(2) 국 악

우리 민요나 국악 중심으로 구성된 프로그램이다.

예 : 〈국악한마당〉, 〈우리가락 한마당〉, 〈국악무대〉 등

KBS 〈국악 한마당〉

(3) 클래식

순수 고전중심의 클래식 음악구성 프로그램이다.

예 : 〈정다운 우리 가곡〉, 〈신춘음악회〉 등

KBS 〈열린 음악회〉

KBS 2TV 〈채시라의 토요객석〉

(4) 연 주 회

각종 음악 연주회 실황을 녹화방송하는 프로그램을 말한다.

예 : 〈청소년 음악회〉, 〈 ○○○ 교향악단 연주회〉 등

(5) 음악경연쇼

음악경연을 통해 우열을 가리는 콘테스트 성격의 쇼프로그램.

예 : 〈전국 노래자랑〉, 〈도전 주부가요스타〉, 〈대학가요제〉 등

음악 경연 프로그램

2) 버라이어티쇼 버라이어티 쇼(*variety show*)는 쇼의 여러 요소를 혼합하여 구성한 것으로 노래, 연주, 춤, 코미디, 개그, 판토마임, 아크로 바트, 마술, 묘기, 만담, 동물쇼, 합창, 그룹사운드, 밴드, 서커스, 인형극, 오페라의 한 토막, 노래의 드라마타이즈 등 다양한 쇼의 요소를 복합적으로 구성한 프로그램을 말한다. 그러므로 버라이어티 쇼의 생명은 단조로움과 지루함을 극복하는 생동감과 청량감을 제공하는 재미요소의 '유머'와 '서스펜스' 감각에 있다.

버라이어티 쇼는 영국에서 시작된 뮤직홀쇼 형식과 미국 브로드웨이에서 시작된 보드빌 쇼 등이 원류를 이루면서 세계적인 명성을 날린 프랑스 파리 리도쇼 등이 대표적이라 하겠다. 이러한 극

KBS 2TV 〈일요일은 즐거워〉

장관객 중심의 버라이어티 쇼 형식이 TV 프로그램화로 많이 도입되기도 했다. 이러한 해외에서 시작된 극장식 버라이어티 쇼의 형태를 살펴보면 다음과 같다.

(1) 보더빌 쇼

음악과 가벼운 풍자, 토막극 등 여러 가지 행위가 잘 엮어진 유형의 모델쇼로서 〈에드 설리번 쇼〉가 그 대표적인 쇼라 하겠다.

(2) 뮤직홀 버라이어티 쇼

뮤직홀이란 노래와 춤과 토막극을 전문으로 공연하는 극장의 이름에서 비롯된 한 양식으로 보더빌과 본질적으로 다를 게 없다. 다만 보더빌이 미국 브로드웨이가 원산지인데 반해 뮤직홀은 영국이 본산이다.

(3) 레뷔 쇼

경쾌한 음악과 율동이 기본이나 사이사이에 시사적인 코미디 풍자극이 삽입된다. 레퍼터리 진행 브리지로 코미디언이 등장하기도 한다.

버라이어티 쇼 장면

(4) 코믹 쇼
노래와 댄싱보다는 코미디가 주도권을 갖고 있는 버라이어티 쇼로서 〈봅 호프 스페셜〉 등이 대표적인 쇼라 할 수 있다.

(5) 퍼스낼리티 쇼
주로 인기있는 유명한 가수, 연기자 등 지명도 있는 연예인이의 퍼스낼리티를 내세워 진행되는 버라이어티 쇼로서 〈캐롤 버넷 쇼〉가 좋은 예가 될 수 있다.

(6) 뮤지컬 코미디 쇼
플롯을 선정하여 뮤지컬 요소와 코믹한 코미디 요소를 복합 구성한 쇼의 형태이다.

(7) 개인 리사이틀 쇼
인기스타를 중심으로 한 리사이틀 형식의 쇼로서 때로는 구성상 친분관계나 관련된 연예인이 초청되기도 한다.

이상 해외에서 인기를 모았던 버라이어티 쇼의 유형들을 살펴보았

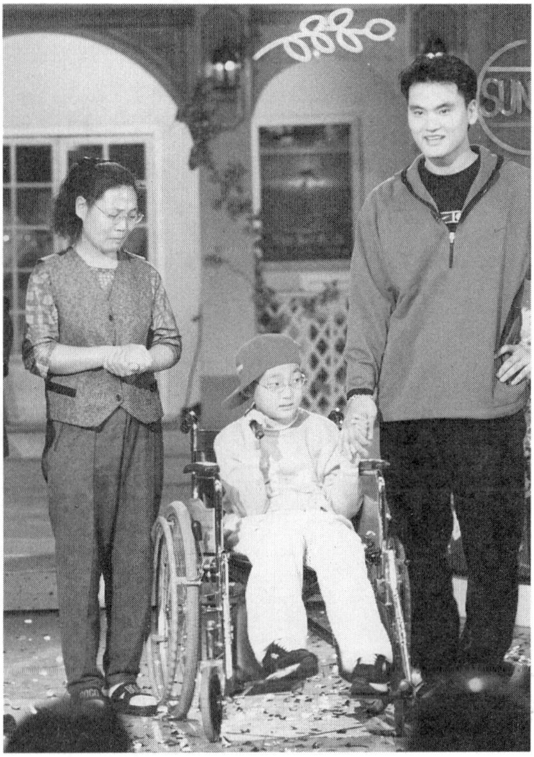

KBS 1TV 〈사랑의 리퀘스트〉

는데 국내 TV 쇼프로그램에서 구성의 유형을 도입한 프로그램이 선을 보이기도 했다. 노래와 연기, 위트가 뛰어난 스타를 요구하는 쇼 형태의 명맥을 유지하기가 쉽지 않았다.

다음은 국내 TV 버라이어티 쇼의 유형을 살펴보기로 하겠다.

(1) 테마 쇼

하나의 주제인 '사랑', '꽃', '봄' 등의 테마를 중심으로 노래와 꽁트, 춤 등으로 구성된 버라이어티 쇼를 말한다.

(2) 퍼스낼리티 쇼

가수, 탤런트, 영화배우, 코미디언, 스포츠스타 등 인기스타가 호스트가 되어 직접 진행해가는 버라이어티 쇼를 말한다.

예 : 〈이주일 쇼〉 등

KBS 2TV 〈가족오락관〉

3) 오락 게임쇼 재미있는 요소의 각종 게임, 놀이, 경연 등의 기량을 겨루어 우열을 가리는 오락 프로그램으로서 실내에서 할 수 있는 스튜디오 제작 게임 프로그램 또는 수영장이나 야외 특수게임 시설이 구비된 장소에서 제작할 수 있는 게임 프로그램 등이 있다.

게임 구성 진행방법에 따라 ① 팀대결 게임, ② 개인대결 게임으로 나눌 수 있다.

예 : 〈열전! 달리는 일요일〉, 〈힛 게임쇼〉 등

4) 퀴즈쇼 앞서 교양 프로그램 제작에서도 밝혔지만 교육적이고 교양적인 중심의 퀴즈 프로그램도 있지만 재미와 흥미 위주의 오락적인 퀴즈 프로그램을 말한다.

예 : 〈퀴즈탐험 신비의 세계〉, 〈퀴즈 영화탐험〉, 〈머리가 좋아지는 TV〉 등

5) 게임 퀴즈쇼 게임과 퀴즈를 혼합시킨 복합구성의 프로그램을 말한다.

예 : 〈캠퍼스 최강전〉 등

KBS 2TV 〈캠퍼스 최강전〉

6) 연예 매거진쇼 연예가 정보중심의 매거진 쇼 프로그램을 말한다.
예 : 〈연예가 중계〉, 〈생방송 한밤의 TV 연예〉 등

연예 메거진쇼 KBS2 TV 〈연예가 중계〉 장면

〈개그콘서트〉

〈스펀지〉

7) 토크 음악쇼 토크와 노래를 적절히 혼합해서 구성한 프로그램이다.
예 : 〈이소라의 프로포즈〉 등

8) 토크쇼 토크 위주의 쇼 구성 프로그램으로 인기인 또는 화제의 주인공들을 초청해서 토크 중심으로 진행되는 프로그램이다.
예 : 〈서세원 쇼〉, 〈임성훈입니다〉, 〈주병진 데이트라인〉 등

9) 패널쇼 주로 인기인 중심의 패널 대상으로 퀴즈, 게임 등의 구성으로 진행되는 프로그램이다.
예 : 〈가족오락관〉 등

10) 원맨쇼 인기스타 한 사람 중심의 모든 요소를 보여주는 쇼프로그램을 말한다.

11) 뮤시컬 쇼 뮤지컬 형식의 쇼 프로그램이다.
예 : 〈살짜기 옵서예〉 등

3. 코미디 프로그램

1) 코미디의 정의

웃음을 제공하기 위해 벌이는 희극을 코미디라 말한다. 코미디의 어원은 comus(잔치, 축제)와 ode(노래)의 합성어 또는 come(시골)와 ode(노래)로 추정되지만 '축제의 노래'(*comustode*)로서 술을 마시며 춤추며 노래불렀다는 그리스의 신화에서 찾을 수 있다. 답답한 현실을 떠나 마음대로 놀며 야유와 풍자와 욕설을 하면서 춤을 추었던 축제적 의미에서 유래된 것으로 본다.

앙리 베르그송(Henry Bergson)은 코미디는 "실제적 삶에서 유래하는 것이기는 하나 예술과도 유사한 그것은 예술과 삶에 대한 우리의 이해를 더욱 깊게 해주는 것이 아닐까?"라고 하면서 코미디

는 즉 "실제 삶에서 유래한 예술과 삶의 이해"라고 정의하고 있다. 또한 코미디의 표현용어로 유머(*humour*)가 있는데 우리말로는 '해학'이라고 하겠다. 윌라드 스미스(Willard Smith)는 "해학은 인간의 삶속에 있는 한 요소로서 개인에 대해 관객적이거나 번민에 찬 반성으로 야기되는 웃음"이라고 했다. 해리 쇼(Harry Show)는 위트(*wit*), 즉 재치를 "즐거움을 주는 생각에 대한 날카로운 지각과 솜씨있는 표현"이라고 정의하고 있다. 영국시인 드라이든은 위트를 '발상의 예리함'이라고 했으며 포프는 그의 비평론에서 "참다운 위트는 교묘히 꾸민 자연스러움"이라고 했다.

웃음을 뜻하는 용어로 '코미디', '희극', '유머', '위트', '익살', '풍자', '개그', '골계', '아이러니' 등이 있다.

2) 코미디의 특성

(1) 재미성

시청자들은 일상생활의 긴장이나 스트레스에서 벗어나고자 부담없는 재미와 웃음의 요소를 추구한다. TV가 지닌 오락적인 기능 가운데 재미성은 TV의 특성 중 오락기능의 하나이며 TV 코미디에 있어서 재미성은 대명제이자 사명이다.

(2) 풍자성

풍자는 웃음 그 자체인 동시에 강한 호소력을 갖고 있으며 또한 교훈적인 의미를 지닌다. 위대한 풍자는 교훈과 즐거움을 함께 줄 때 효력을 발생한다. 존슨(Johnson)은 '풍자'(*sttire*)를 "사악(邪惡)이나 우행(愚行)이 문책당하는 시(詩)"라고 정의하고 있다. 풍자의 목적은 '악의 교정'이다. 풍자는 대상을 바보스럽고 우스꽝스럽게 표현했으므로 그 대상을 모욕하며 웃기는 것인데 조롱하는 태도, 분개하는 형식을 취함으로써 대상의 품위를 격하시켜 버리는 것이다. 아서 폴라드(Arther Pollard)는 "풍자는 악을 단순히 비난하는 사람보다 더 교묘하고 능률적일 수 있는 입장에 서게 된다. 그렇게 되면 외관과 현실의 차이를 이용하여 위선을 폭로할 수 있게 된다. 악인은 숨긴 것이 없지만 위선자는 모든 것을 숨겨야 된다. 그의 체면은 매우 위태로운 것이다"라고 했다. 코미디는 인간의 잘못된 점, 어리석은 행동, 실수, 약점, 악덕 등을 비판하고 교훈을 줄 때 발생하는 풍자적 웃음으로서 이를 바로잡는 데 목적이 있다. 거기에는 잘못된 현상을 풍자적으로 비판하는 정신이 있어야 한다. 단지 비판만 한다면 그것은 논설적이거나 웅변적이 되어버린다. 풍자를 통해 비판할 때에는 딱딱한 느낌을 주지 않고 웃으면서 세상을 부드럽게 보는 시각을 키워준다. 코미디 특성으로서의 풍자성은 코미디의 생명력이라 하겠다.

(3) 보편성

TV 코미디는 불특정다수의 시청자들을 위하여 방송되기 때문에 보편성이 강조된다. 공감대 형성을 위해 보편성을 강조하다 보면 저질 코미디가 제작되기 쉽다. 즉, 보편성으로 인해 시청자의 범위는 각계각층으로 넓어지나 내용의 질적 수준이 떨어져 통속화된다는 것이 문제이다. 그렇다고 해서 보편성이 무시하는 일은 있을 수 없다. 코미디는 보편성이 생명이다. 보편성이 넓고 깊을 때 웃음의 영역은 확산, 증폭되는 것이다. 코미디에서 보편성이 넓고 깊으려면 우선 타당성이 있는 상황의 설정이 요구된다. 다양한 계층의 사람들이 보편성을 바탕으로 공감대가 형성되어야 드디어 웃음이 유발되는 것이다.

(4) 공감대

웃음은 문화의식과 문화수준에 따라 동질성의 공감대를 형성할 때 공유할 수 있다. 공감대를 느낄 수 없는 전혀 이질적인 생활과 문화에서 웃음을 생산할 수 없는 것이다. 웃음을 유발시키는 요인은 그 코미디를 받아들이는 대상에 따라 달라지면서 많이 웃기도 하고 덜 웃기도 하고 심지어 웃지 않는 경우도 있다. 이것은 개인의 성격, 생활환경, 교육정도, 시대와 사회의 변화 등에 따라 코미디에 대한 수용자의 의식과 상황이 달라지기 때문이다. 우리나라 생활습관에서 비롯된 코미디 소재가 외국사람에게는 전혀 웃음을 유발시킬 수 없다. 이와같이 웃음은 받아들이는 사람의 입장에 따라서 누구는 웃고 누구는 웃지 않을 수 있는 것이다. 그러므로 코미디와 공감대와의 상관관계는 절대적인 필수조건이라 하겠다. 코미디는 공유된 경험 속에서 웃음의 효과가 증폭될 수 있는 것이다. 공유된 경험이란 각계각층의 수용자인 노인, 어린이, 학생, 근로자, 주부, 공무원 등 다양한 계층의 사람들이 공감하는 대중의 심층적인 심도가 동질성을 유지하는 공감대의 일치라 하겠다. 이러한 공유경험의 영역 안에서 웃음의 보편성이 추구되며 코미디의 근본이 발생되는 것이다.

3) 웃음의 유형

(1) 자의적 웃음

즐겁고 기쁜 일이 생겼을 때 자의적(恣意的)으로 웃는 웃음이다. 자연스러운 웃음으로 꾸밈이 없는 웃음이라 하겠다. 이는 쾌심(快心)의 웃음으로서 웃음의 원형이라고 할 수 있다. 이 웃음은 즐거울 때, 기쁠 때 일어나는 인체의 자율적 신체운동으로서 원시적인 웃음이라고 할 수 있다.

(2) 언어적 웃음

언어적(言語的) 웃음은 말(言語)을 대신해서 하는 웃음으로 언어적 메시지가 담겨 있다. 이 웃음은 작위적(作爲的)인 연기로서의 웃음이며 이 웃음을 웃는 자의 동기에 따라 다음과 같이 여러 형태로 나타나고 있다.

① 친절한 웃음

이 웃음은 웃음의 동기가 상대편에서 온 것이 아니라 상대의 호감을 얻어내려고 자기가 짐짓 만들어 보이는 웃음이다. 주로 고객을 상대하는 종업원들의 친절 서비스 차원에서 웃는 웃음으로 무리하게 만들어내는 경우도 있지만, 몸에 배서 자연스럽게 흘러나오는 경우도 있다.

② **아첨하는 웃음**
이 웃음은 '친절한 웃음'보다 더욱 목적의식이 뚜렷한 웃음으로 상대의 호의, 호감 또는 정확한 이익을 얻기 위한 웃음이다.
③ **꾸며대는 웃음**
입장이 난처할 경우 그 상황을 돌파 또는 탈출하기 위해 과장된 웃음으로 상대의 분위기를 진환시겨 어물쩍 넘어가려는 웃음이다.
④ **비꼬는 웃음**
냉소(冷笑), 조소(嘲笑) 또는 빈정대는 웃음을 말한다.
⑤ **씁쓸한 웃음(苦笑)**
정신적 물질적으로 어떤 손해를 당했을 때 곤욕스러움을 삼키고 입가에 띄우는 웃음

(3) 타의적 웃음

타의적(他意的) 웃음은 자율적이 아닌 외부로부터 타의에 의한 코미디적인 요소에 의해서 웃는 웃음이나. 웃음을 자아내기 위해 제작되는 코미디 요소로서의 프로그램에 의해 웃음을 유발하는 것이다. 코미디 프로그램의 목적은 바로 이 타의적 웃음 유발에 있다.

4) 웃음의 효능

(1) 건강작용

웃음이 인체의 건강에 좋다는 것은 동서고금을 통해 이미 잘 알려져 있는 사실이다. '일소일소 일노일노'(一笑一少 一怒一老)의 고담명언도 다 과학적이고 의학적인 근거에 의한 것이라 하겠다. 일찍이 철학자 데카르트는 "웃음에 대하여"라는 논문에서 "웃음은 급격한 호흡운동으로, 그 특성은 강하여 짧은 경련적인 운동이 반복될 때 흉부가 공기로 팽창이 되어 혈액의 순환이 매우 빨라진다. 이 때문에 폐장이 강해지고 몸 전체의 기능이 활발하게 된다"고 말하고 있다.

최근에는 의학적으로 우리 몸에 침입하는 병균을 막아주는 백혈구 속에 '티임파구'가 있어 이 '티임파구'가 강해질 때 모든 병균을

더욱 강하게 막을 수 있는데, 우리 두뇌에 '엔도르핀'이라는 특수 호르몬이 생성되어 '티임파구'를 강하게 해준다는 것이다. 그런데 이 '엔도르핀'은 웃을 때와 희망을 가질 때, 감사하는 마음이 넘칠 때, 아름다운 경치나 좋은 음악을 들을 때, 적당한 운동을 할 때 우리 두뇌에서 생성된다는 것이다. 웃으면 '엔도르핀'이 생기고 따라서 '티임파구'가 강해지며 우리 몸에 침입하려는 모든 병균을 물리쳐주게 된다. 반대로 사람이 화를 내면 우리 두뇌에서 '아드레날린'이란 호르몬이 나오는데 이것은 '티임파구'를 매우 약하게 만든다고 한다. 따라서 웃음은 우리 건강을 위해 특효약이라 해도 과언이 아닐 것이다.

(2) 친화작용

모르는 사람을 처음 대한다는 것은 피차에 약간의 긴장감을 느끼게 한다. 이럴 때 웃음을 곁들이면 긴장감은 순간적으로 사라지고 상호간 친근감을 느끼고 대화를 부드럽게 이끌어가게 되는 경우를 경험하게 된다. 웃음은 모든 사람의 마음과 마음을 하나로 엮어주는 융화작용을 하는 것이다.

(3) 집중작용

딱딱하고 논리적인 강의일수록 웃음의 요소를 곁들이게 되면 집중력을 모을 수 있다. 웃음은 자리를 같이 한 모든 사람의 잡다한 생각들을 쫓아내고 시선을 끌고 집중력을 모아주는 요소가 된다.

(4) 기억작용

인상깊었던 일, 크게 감동을 받았던 일, 그리고 아주 우스웠던 일들은 쉽게 잊혀지지 않는다. 웃음은 상호간 친근감을 증대시켜 줄 뿐 아니라 인상을 깊게 하여 오랫동안 기억에 남게 해준다.

5) 웃음의 학설

사람이 무엇을 보고 웃는가에 대해서 알아보기 위해서는 먼저 사람은 왜 웃는가에 대해서 생각해 보아야 할 것이다.

사람이 왜 웃는가에 대해서 많은 철학자, 심리학자들이 자기 나름대로 학설을 주장하고 있는데 73가지의 학설이 있다.

임마누엘 칸트는 '기대했던 것의 돌연한 소실(消失)'에, 쇼펜하우어는 '관념과 실제의 차이'에, 마르세르 파뇰은 '돌연한 긴장으로부터의 해방'에, 토마스 홉스는 '우월감'에, 데카르트는 '타인의 불행'에, 알렉산더 페인은 '큰 사건은 아니지만 타인이 권위를 상실할 때'에 웃음의 발생원인을 찾아냈다. 유명한 베르그송은 '기계적인 것과 살아 있는 것 사이의 모순'에서 웃음의 원인을 발견했는데, 그 밖의 많은 학설들을 대별하면 다음 세 가지 유형으로 나눌 수 있다.

(1) 우월론

다른 사람의 실수를 보면 웃게 되는데 이 웃음은 자신의 우월감이 발동하게 되므로 웃음이 유발된다. 인기있는 코미디언 가운데 그 용모가 평균수준에 미달된다든지 용모 자체가 뭔가 모자라는 듯한 느낌을 주는 경우가 있는데 이러한 용모와 언동을 보고 우월감을 가지게 되는 것이다. 이 학설을 주장한 사람은 아리스토텔레스(Aristotels), 메레디드(Meredith), 위베르호스트(Uberhorst), 레흐만(Lehman), 토마스 홉스(Tomas Hobbes) 등이다.

(2) 기대론

당연하게 기대했는데 기대와 달리 의외로 엉뚱한 다른 현상이 나타났을 경우 웃음이 나온다. 따라서 머리속에 생각했던 개념과 실제 일어난 실체 사이의 부조화가 웃음을 일으키므로 이를 부조화론이라고도 하며, 기대와는 달리 의외의 상황으로 웃음이 유발되므로 이를 의외론(意外論)이라고도 한다. 이 학설은 알렉산더 베인(Alexander Bain), 설리(Sully), 립스(Lipps), 쇼펜하우어(Schopenhauer) 등이 주장했다.

(3) 사회론

평범한 사회성에서 어긋나 있던지 일반적 표준에 결함을 갖고 있던지, 표준에 적합하지 않을 경우 이러한 현상들은 일반적인 사회적 요구에 부응치 못하고 사회적 적응성에 결함이 있을 경우 웃음거리가 된다. 이 학설의 대표자는 철학자 베르그송(Bergsong) 인데 "웃음거리는 사회적인 이탈현상이요 웃음은 그의 배척을 의미한다'" 고 말하고 있다. 그의 철학에 의하면 "인생과 사회는 끊임없이 창조하고 진화해가야 하는데 이 진화에 역행하는 것들이 웃음거리가 된다"는 것이다.

이상의 학설들이 다소 불합리한 점도 없지 않겠으나 웃음에 대한 학설적인 접근으로서의 의미로 볼 수 있겠다.[1)]

6) 웃음의 요인

(1) 반 복

행동이나 말의 반복(*repetition*)은 상황에 따라 웃음의 요인이 된다. 그러나 지나친 반복은 지루함을 유발한다. 그러므로 상황에 따라 반복의 수는 조정되어야 한다.

(2) 모 방

흉내내는 것 자체가 웃음의 요인이 된다. 아리스토텔레스는 "희극은 보통 이하의 악인의 모방(*imitation*)이다"라고 했다. 여기서 악인은 비정상적인 우스꽝스러움을 만드는 사람을 뜻한다. 희랍시대 사람들은 이미 모방을 웃음의 요인으로 인정한 것이다.

(3) 과 장

'과장'(*exaggeratin*)이라 함은 진실된 실체 그 이상을 표현함을 말한

---

1) 김경태, 《당신도 남을 웃길 수 있다》, 지식산업사, 1991, pp. 11~33.

다. '과장'은 인간의 어리석음, 부조리, 과욕의 성격을 확대해 줌으로써 얻는 희극적 기교이며, 웃음의 요인이 된다. 그러나 과장이 지나치면 억지가 된다. 과장은 그것이 계속적으로 있거나 특히 체계적이 될 때 희극적이다.

(4) 우 매

웃음의 요인 중에서도 우매(愚昧 : *foolishness*) 한 요인이 가장 크다. 이것은 역시 우월성에서 나오므로 웃음 중에서도 가장 만족감을 주는 웃음이다. 일반적으로 우매한 행동이나 바보, 백치 등의 상황을 접하게 되면 우월감에서 무조건 웃게 된다.

(5) 기대와 기대밖

기대했던 상황으로 사건이 전개되었을 때와 반대로 기대밖의 상황이 전개되었을 때도 웃음이 유발된다. 칸트(Kant) 는 "웃음은 뜻밖의 아무것도 아닌 것으로 변화되는 기대에서 유래한다"라고 했다.

(6) 반 전

상황의 반전(*inversion*) 에서 웃음이 나온다. "자기가 남을 통쾌하게 웃겼다고 생각했는데 알고보니 자기가 속았다"라는 상황의 역전, 반전의 상황이다. 이때 그런 상황을 보는 사람은 웃기 마련이다. 역전의 효과는 예측된 결과를 전혀 무시하는 판이하게 다른 결과가 나타날 때 절묘한 통쾌감을 준다.

(7) 부조화와 불균형

조화스럽지 못하거나(*disharmony*) 균형이 어긋난(*disproportion*) 상태는 웃음을 유발한다. 부조화는 관객에게 기대를 걸게 하고 그것을 어긋나게 함으로써 성취되는 코미디적 요소이다. 베르그송은 "희극적이기 위해서는 원인과 결과 사이에 부조화가 있어야 한다"라고 했다.

(8) 연쇄반응

사건의 실마리가 종결되지 않고 연속하여 다른 사건으로 발전하면서 커다란 상황으로 변화하거나 계속 연쇄적 반응을 일으킬 때 웃음이 유발된다. 연쇄반응(*chain reaction*)은 두 가지로 나누어질 수 있는데 첫째 하찮은 원인에서 시작해서 점점 발전하여 엄청난 결과로 처음에는 대수롭지 않게 여겼던 상황이 중대하고도 예기치 못했던 결과로 이어지는 것이고 둘째는 그와 반대로 처음에는 기대했던 상황이 대수롭지 않은 결과로 끝나버리는 중요한 원인이 바로 그것이다. 웃음의 요인들은 상호 간섭적 상관관계에 있다. 연쇄반응은 기대적 요인과 역전적 요인이 상호관계에 있다. 연쇄반응에서 중요한 것은 역시 자연스러운 변화를 주기 위해서 현실에 바탕을 주고 전개되어야 한다는 것이다. 그러므로 비현실적인 연쇄반응은 억지를 유발하게 된다.

(9) 착오, 착각, 실수

인식과 대상 사이의 차이, 혹은 유사와 사실이 일치하지 않는 경우 웃음을 수반한다. 착각과 착오는 꼭 일치하지는 않지만 잘못을 깨달아서 실수를 초래한다는 점에서는 같은 범주에 속한다. 착각이나 착오에는 일정한 논리가 있다. 즉, 특정조건이 수반되어야 웃음이 성립된다는 뜻이다. 무조건 모든 상황을 착각과 착오 속으로 몰아넣을 수는 없다.

(10) 폭로, 풍자, 부조리

전제되었던 비밀이 폭로될 경우 곤란한 궁지에 몰리게 될 상황을 설정하여 웃음을 유발하는 것으로, 기대론적 웃음이 '폭로, 풍자'(*exposure, a satire, irrationality*)에서 나오는 웃음이다. 위선적 인물, 권위적 인물 등의 비밀이나 부정 또는 나쁜 일이나 음모가 폭로될 경우 웃음을 유발한다. 이런 웃음은 대개 '풍자'로 이어지는데 '위선'에서 발각되어 어쩔 줄을 모르고 쩔쩔매는 대상들의 모습에서 웃음이 증폭되는 것이다.

이 외도 모순, 허영, 놀람, 위선, 가장, 허위, 거짓말 등 여러 가지 웃음요소들이 있으나 모두 상호관계를 가지고 복합적으로 웃음을 발생시킨다. 이러한 여러 가지 상황의 웃음요인이 중복될 경우 그 웃음의 폭은 그만큼 증폭된다.[2)]

4. 코미디 프로그램의 종류

1) 포맷에 따른 분류

(1) 시추에이션 코미디, 시트콤

시추에이션 코미디(*situation comedy*)를 일명 시트콤(*sit-com*)이라고 한다. 상황을 전제로 스토리를 부여하여 그 이야기 속에서 웃음이 일어나도록 전개되는 극으로서 단막 주간극, 또는 연속 주간극과 같은 형대의 코미디 드라마이다. 1970년대 미국 TV의 프라임 타임대를 거의 차지해 미국 TV를 지배할 정도로 대표적인 형식의 프로그램이다. 〈한지붕 세가족〉, 〈LA 아리랑〉, 〈남자셋 여자셋〉, 〈사관과 신사〉, 〈토요시트콤 행복을 만들어 드립니다〉 등이 대표적인 프로그램이라 하겠다.

(2) 코미디 단막극

일정한 시추에이션 형식이 없이 한회로 이야기가 마무리되는 코미디 드라마이다. 〈웃으면 복이와요〉, 〈소문만복래〉, 〈코미디 극장〉 등이 이에 속한다.

(3) 버라이어티 코미디쇼

노래와 춤과 웃음이 섞여 있는 버라이어티 쇼와 코미디가 섞여 있는 포맷이다. 토막 코미디는 버라이어티 쇼의 한 부분으로 구성되었을 때 그 진가를 발휘한다. 〈폭소대작전〉, 〈웃으며 삽시다〉 등이 여기에 속한다.

---

2) 김일태, 《TV 쇼 코미디 이론과 작법》, 제3기획, 1995, pp. 164~179.

KBS 2TV 〈코미디 세상만사〉

(4) 토막 코미디쇼

2~3분에서 길면 십분 남짓에 이르는 토막 코미디를 연결하여 구성하는 단순한 포맷으로 옴니버스 형식의 프로그램이다. 〈쇼비디오 쟈키〉, 〈청춘 대행진〉 등이 이 범주에 속한다.

(5) 고전 코미디쇼

버라이어티 코미디쇼 구성형태로서 고전의상을 입고 내용도 고전풍으로 각색한 역사적 코미디 버라이어티 쇼라고 하겠다. 오늘의 경찰을 포졸이나 사또로 바꿔 다룰 수 있다는 이점이 있다.

(6) 뮤지컬 코미디쇼

코미디를 뮤지컬화한 것으로 가장 제작하기 어려운 포맷이다. 〈최진사댁 셋째딸〉 등이 있다.

(7) 고전 해학극

고전 야담이나 유머를 소재로 구성하는 단막 드라마이다. 〈고전해학극장〉이 여기에 속한다.

KBS 〈고전 해학극장〉

(8) 코미디 인형극

코미디언이나 개그맨이 직접 등장하지 않고 인형을 앞에 내세워서 웃음을 주는 형식을 말한다.

2) 내용과 소재에 따른 분류

(1) 토막(콩트) 코미디

우리 생활 주변에서 일어나는 재미있는 상황을 압축시킨 코미디로서 가장 흔히 사용되는 코미디의 모체라고 할 수 있다.

(2) 음악 코미디

음악적인 내용을 주제로 한 코미디로서 가사나 박자, 리듬, 멜로디를 변화시키거나 출연자가 지닌 음악적 개성을 살려 웃음을 유발시키는 코미디이다.

(3) 무용 코미디

코믹한 무용극 또는 코미디 무용토막을 가리킨다.

(4) 시사 풍자 코미디

시사적인 내용이나 정치적 이유를 풍자하는 코미디를 말한다.

(5) 뮤지컬 코미디

뮤지컬 또는 오페레타식 코미디물이다.

(6) 곡예 코미디

곡예, 서커스를 통한 코믹한 요소의 코미디로서 피에로의 판토마임 등이 여기에 속한다.

(7) 마술 코미디

마술을 소재로 한 코미디물을 말한다.

(8) 원맨쇼

다재다능한 코미디언이나 스타들이 혼자서 꾸미는 독무대쇼를 말한다.

(9) 복화술(腹話術)

인형을 손에 들고 인형과 대화를 하듯이 입술을 움직이지 않고 전혀 다른 목소리를 내어 관중으로 하여금 마치 그 인형이 말하는 것처럼 느끼게 하는 기술로서 풍자나 웃음의 요소를 유발한다.

3) 제작기법상의 분류

(1) 스튜디오 제작물

일반적으로 TV 스튜디오에서 제작되는 프로그램을 말한다.

(2) 야외 제작물

스튜디오에서 제작이 불가능한 야외 배경으로 현장감을 살려준다.

(3) 필름 제작물

필름 카메라의 기동성과 필름의 편집의 묘미와 특색을 살리는 장점이 있다.

(4) ENG 제작물

ENG 카메라의 기능과 특징을 살려 제작된다.

(5) 고속, 슬로비디오 기법 코미디

필름 또는 비디오의 하이스피드와 슬로기법을 살려 제작되는 것을 말한다.

(6) 만화 제작 형식 코미디

만화적인 요소를 기법화한 코미디 제작물을 말한다.

(7) DVE (Digital Video Effect)기법 코미디[3)]

영상효과기법과 컴퓨터그래픽 효과를 합성한 코믹물 제작을 말한다.

5. 음악, 오락 프로그램 제작과정

1) 음악, 오락 프로그램 기획 실무

(1) 프로그램 제안

프로그램 제안은 연출자, CP(*chief producer*) 또는 외부 제작사에 의해 주로 봄, 가을 정기개편시 또는 수시로 기획안의 제안이 이루어진다. 기획제안을 위해 편성, 제작부서 관련자의 브레인 스토밍(*brain-storming*) 과정을 거쳐 기획안이 마련된다. 특집의 경우는 계기 프로의 전제성을 목적으로 하거나 행사의 내용을 가지고 제안되며 방송사의 정책면에서 이루어지는 경우가 많다.

(2) 기획안 검토

제안된 프로그램에 대하여 적격여부를 검토하여 편성 및 제작관련부서 회의나 간담회 등을 통하여 이루어진다.

---

3) 유수열, “텔레비전 장르 : 코미디,” 《MBC 가이드》, 1998. 4, pp. 71~74.

KBS 2TV 〈일요일은 즐거워〉

(3) 기획보고서 작성

프로그램 제목, 기획목적, 포맷, MC, 출연예정자, 제작비 등을 종합하여 기획보고서를 작성해서 기획 결정자 라인을 통해 최종 기획결정 책임자까지 보고를 통해 기획안이 채택된다.

(4) 제작팀, 연출자 선정

연출자는 프로그램 기획내용과 분류에 따라 담당팀(CP)이 결정되며 제작부서 간부와 협의하여 연출자, 조연출자가 결정된다.

(5) 구성작가 결정

구성작가는 프로그램의 기획내용에 따라 전문성, 적격성을 감안하여 연출자와 제작팀장이 협의하여 결정한다.

(6) 프로그램 구성안 작성

기획보고서에 따라 CP, 연출, 조연출, 구성작가 등 기획구성 협의과정을 거쳐 프로그램 제작형식인 공개, 비공개, 녹화, 생방송, 스튜디오제작, 야외제작여부 등의 구체적인 구성안을 작성한다. 여기에서 프로그램의 핵심인 큐시트, 대본안이 이루어지며 MC,

KBS 〈국악한마당〉 MC 진행장면

출연예정자로 선정된다.

(7) MC, 출연자선정, 섭외

MC와 고정 출연자 등은 프로그램의 핵심인 간판역할로서 프로그램 승패에 중요한 비중을 차지하므로 기획안 의사결정 책임자까지 보고해서 결정된다. 그러나 매회 출연 예정자는 팀장과 연출자에 의해 결정된다. 출연자 결정에 따라 섭외직업에 의해 최종 확정된다. 연예 오락프로그램은 출연자 결정과 섭외 과정이 큰 비중을 차지한다.

(8) 큐시트, 대본완성

출연진 섭외 완료에 따라 출연자가 확정되면 프로그램 구성안에 따라 진행 큐시트(*cue-sheet*)와 대본을 작성한다. 대본에는 방송, 녹화, 연습일정과 스탭진, 연출진 등이 명시된다. 특히 큐시트에는 프로그램 런닝타임(*running time*)에 맞게 구성아이템별 타임스케줄이 정확하게 명시되어야 한다.

음악연습: 13:30-
카메라리허설: 15:00-
객석입장:16:10-
녹화: 16:30-18:00.
방송일:**6/7**(월)밤10:15-11:00(45분)
녹화일:'99.5/10
방송횟수:637

가요무대

-637회-

<한국 유행 100년>

CP:박성명
연출:채형석
조연출:장현석
자문:김점도
구성:홍성표

★2차구성안★
5/5

No.	Item 항목	Performers 출연자	Stage 무대	Sound 음향	Light 조명	Set 미술	Note 비　　고
	타이틀						
1900	면치마,비단치마	무용8		off ment		초가집	생활로표현(무용단) 소품-바구니,양산,
M1	**강남달**	**권성희**					
	MC오프닝 멘트	**김동건**	중앙				
1910	검정치마저고리(무용)	**남백송+** 무용10					무용으로표현
M2	**번지없는 주막**						
1920	잔꽃무늬치마저고리(문희옥)	**문희옥**					문희옥walking후 노래
M3	**찔레꽃**						
1930- 1940	몸배바지(무용1명) 꽃무늬 주름통치마(무용1명)	무용2		off ment			BG(대지의항구) walking으로 표현
M4	**대지의 항구**	**송대관**					
	MC 멘트						
1950	여자양장(무용1) 남자양복(가수1)	무용1 배일호	모델walking, 가수walking후 노래 BG(신라의 달밤)				
M5	**굳세어라 금순아**	**배일호**					
1960	월남치마(5)walking 미디스커트(5)	**서지숙+合** +무용10	무용으로 표현				
M6	**닐니리맘보**						
1970	판타롱(무용단2)						walking으로 표현
M7	**비내리는 호남선**	**오은정**					
1970	미니스커트(합창4)	**김국환+** 합창4(출연)					[illegible]
M8	**마음이고와야지**						
	DJ코너	**DJ설운도**	DJ BOX에서 진행(80년대 디스코 붐...)/소품준비				
1980	청바지(무용8)	**김수희+** 무용8					무용으로 표현
M9	**남행열차**						
1980	디스코바지(2) walking	**무용2**	offment	walking으로 표현/BG(구름나그네)			
M10	**앵두**	**최헌**					
1990	힙합스타일(무용6)	**설운도+合** 무용6					무용으로표현
M11	**삼바의 여인**						
	CLOSING MENT	**김동건**	중앙				
	전모델퍼레이드(시대별의상)	**한명숙+합**	2절때 전출연자				
M12	**노란샤츠의사나이**						
	끝 타이틀			KBS의상실 자문 /협조			

생방송 제 80회 전국 체육대회 기념

열린음악회 <총 329회>

\- 인천광역시 -

책임 프로듀서 : 이문태
연 출 : 김승우
조 연 출 : 홍경수, 하태석
구 성 : 구은정, 김고은
진 행 : 황수경

스텝회의 : 1999.10.10.일 13:00~
연 습 : 1999.10.10.일 13:00~
카메라리허설 : 1999.10.10.일 15:00~

생 방 송 : 1999.10.10. 일. 18:30~20:00
장 소 : 인천 대공원 야외 음악당

순서 / 단위시간 18:30'00"	항 목	출 연	합창	음향	무대	VCR	비 고
1 6'05"/18:36'05"	***M1) 어부사시사***	Ten.임웅균	8名		무용-북 16명		사물-4명
1'00"/18:37'05"	***OPENING***	황수경					
2 3'10"/18:40'15"	***M2) 실연***	김종서		밴드			
3 4'20"/18:44'35"	***M3) Loving U***						MCOFF-민소개
4 3'50"/18:48'25"	***M4) 보고싶은 얼굴***	민해경	合		K무		
5 4'05"/18:52'30"	***M5) 당신과 나***		合				민-박 소개
6 3'55"/18:56'25"	***M6) 웃어요***	박정운	合				
7 3'30"/18:59'55"	***M7) 빗속의 여인***						
1'00"/19:00'55"	***MENT***	황수경					
8 3'40"/19:04'35"	***M8) 산노을***	Ten.임웅균					임-이 소개
9 2'15"/19:06'50"	***M9) 축배의 노래 (Stein Song)***	Ten.임웅균 + Mezz.이태원	8名				
10 4'20"/19:11'10"	***M10) I got rhythm + I could have danced all night***	Mezz.이태원			K무		
1'00"/19:12'10"	***MENT***	황수경					VIP소개-(3명)
11 3'50"/19:1[illegible]'00"	***M11) The boxer***	일기예보					
12 4'00"/19:20'00"	***M12) 그대만 있다면***		MR				MCOFF-베소개
13 3'40"/19:23'40"	***M13) Killer***	베이비 복스	MR				MCOFF-박소개
14 4'00"/19:27'40"	***M14) 남겨진 아픔***	박미경	MR				
15 4'20"/19:32'00"	***M15) Holding out for a hero***		合		K무		박-일기,베 소개
16 4'30"/19:36'30"	***M16) 젊은 그대 + 내일을 향해***	박미경+일기예보 +베이비 복스	合				선수단, 기수단 (33명) / 불꽃
1'00"/19:37'30"	***MENT***	황수경					
17 2'30"/19:40'00"	***M17) 남행 열차***	최진희	合				
18 3'10"/19:43'10"	***M18) 미련 때문에***		合				최-현철 소개
19 3'00"/19:46'10"	***M19) 사랑의 이름표***	현 철	合				
20 4'40"/19:50'50"	***M20) 사랑합니다 + 보고싶은 여인 + 들국화여인***		合				
1'00"/19:51'50"	***CLOSING***	황수경					
21 3'30"/19:55'20"	***M21) 아리랑 목동 + 닐니리 맘보***	전출연자	合				

제 작 기 획 서

결재	국 장	본부장

결재	P D	차장	C P

프로그램	TV는사랑을싣고	부 제	0270(횟수)	프로코드	10112 - 10212
방송일자	99년 10월 01일부터 10월 01일까지 (01)제작분	방송시간	20:50부터 060분간		
제작일자	99년 09월 09일부터 99년 09월 09일까지	제작부서	TV2국		
제작형태	녹화	C P	김상근	채 널	2TV
제작장소	TS-D	P D	이은미 문영진 손병규 이병창외		

프로그램내용	
기획 의도	잃어버린 과거의 추억을 회상하고 추억의 인물을 만남으로서 각박한 현실의 시청자 들에게 따스한 감동과 정서를 되살리는 토크쇼
구성 방법	ST TALK +재연+추적의 종합구성
제작 내용	아나운시 손미나편 첫사랑外
작 가	안해진 김준희 최지연 윤민영
M C	이상벽 이금희
출연자	안해진 김준희 최지연 윤민영 김종환 장혜선 이창명 박수림 이상벽 MTM
주요 검토 사항	
비 고	

기본제작비			
구 분	항 목	금 액	조 정
1.일반제작비	원고출연료		
	방송권료		
	외주제작비		
	음향영상재		
	기획진행비		
	국내여비		
	국외여비		
	도서인쇄비		
	지급수수료		
	지급임차료		
	기타		
소 계			
2.미술재료비			
3.특고료			
4.테잎재료비	1인치		
	베 타		
	기 타		
5.기 타			
총 계			

기본제작비책정서

편성실	부주간	주 간	실 장

결재	부주간	주 간	국 장	본부장	부사장	사 장

본부관리	부주간	부 장

일상감사필	호 . .	
	부 장	실 장

감 사

발행일자: 99. 11. 15

프로그램명	TV는사랑을싣고	방송 일자	. . ~ . .	방송시간	20:50 - 21:50 60 분간
형 식	ST녹화+ENG	제작 형태	녹화		
채 널 제작 부서	정규 제 2 텔리비젼 TV2국	제작 일시	년 월 일부터 년 월 일까지		
담 당	이은미 문영진 손병규 이경묵외	제작 장소	TS-4		

기획 의도

잃어버린 과거의 추억을 회상하고 추억의 인물을 만남으로서 각박한 현실의 시청자 들에게 따스한 감동과 정서를 되살리는 토크쇼

구성 방법

ST TALK+재연+추적의 종합구성

내 용

인기 연예인이나 사회적 명사의 추억담을 듣고 보고싶은 사람을 리포터가 찾아가고 스튜디오에서 만나게 함.

별도결재사항

- 건 명:
- 금 액: (규정상 금액:)
- 사 유:

주요소요장비,기재

외부임대및용역사항

출 장 사 항

작가및주요출연자

- 작가구성자: 안혜진 김춘희 최지연 윤민영
- M C: 이상벽 이금희
- 주요출연자: 인기연예인스포츠스타명사등

소요 제작비

과 목	코드번호	금 액	비 고
1. 원고출연료	511123		
2. 방송권료	511124		
3. 음향영상재료	511129		
4. 외주제작비	511125		
5. 기획진행비	511132		
6. 국내 여비	511133		
7. 국외 여비	511134		
8. 도서인쇄비	511135		
9. 지급수수료	511152		
10. 지급임차료	511153		
11. 기 타			
12. 미술재료비	511131		
합 계	999999		

집행부서코드: 3120	사업코드: 10112 - 10212

(9) 스탭회의

큐시트와 대본이 완성되면 연출진과 스탭진의 상호협의 단계를 거치게 된다. 기술감독, 조명, 음향, 카메라, 세트, 소품, 의상 등 제작에 관여하는 전 스탭진이 제작에 관한 상호 의견제시를 하며 프로그램 제작과정 전반에 걸쳐 상호협의한다.

(10) 제작 기획서 작성

제작기획이 완료되는 즉시 기획내용과 제작비 등 계획사항을 기획서 양식에 의거 작성후 결재를 받아 본격적인 제작에 임한다.

2) 음악, 오락프로그램 제작실무

(1) 큐시트, 대본전달

제작기획 단계를 거쳐 확정된 큐시트, 대본을 프로그램 진행자를 비롯한 출연진과 스탭진들에게 전달한다.

(2) 제작협조 의뢰

프로그램 제작에 뒤따르는 전반적인 협조의뢰를 하게 되는데 제작에 관련된 녹화 스튜디오, 녹음실, 편집실 배정과 소품, 의상, 분장, 특수효과와 카메라 분야에서 크레인, 특수효과 렌즈 등의 장비와 합창, 무용, 보조출연자 등의 인력동원, 공개프로그램인 경우 방청객 동원, 방청권 배부 등의 제반 사항을 사전에 철저히 협조 및 준비 점검을 해야 한다.

(3) 녹화전 연습

① **드라이 리허설 실시**

녹화가 시작되기 전 출연자의 등·퇴장의 방향과 스튜디오 운영 등 진행사항을 연습한다.

② **카메라 리허설**

드라이 리허설이 끝나면 카메라 동작을 함께 연습함으로써 녹화할 때와 동일한 리허설 과정을 거쳐 제작완성도를 높인다.

KBS 1TV 〈가요무대〉

③ 녹화전 준비절차 점검

프로그램 녹화에 들어가기 직전에 스튜디오 주변정리와 공개방송일 경우 방청객, 단체 출연자 등에 대한 제작협조 사항들을 사전에 주지시키고 각 부분별로 준비절차가 완전한지 재점검한다.

(4) 녹 화

연출자는 기획에 의한 각 부분별 녹화준비가 완전한지 점검하고 조연출자는 스튜디오 내부점검과 동시 큐시트와 대본에 따라 녹화에 임한다.

(5) 편 집

녹화된 부분의 시간조정 또는 수정·보완이 필요한 부분과 음향과 영상효과, 컴퓨터그래픽 등의 보완편집 작업으로 제작 완성도를 높인다.

(6) 예고제작

사전예고를 위한 1분 내외의 예고를 제작하게 되는데 해당 프로그램의 핵심적인 내용과 시청욕구를 유발할 수 있는 소구력이 생명이다.

(7) 홍보자료 작성

일간지 등 타매체 활용을 위한 홍보물 작성으로 제목, 방송일시, 특별출연자 등 홍보효과가 있는 프로그램 소개 자료를 정리, 요약한다. 필요할 경우에는 기자간담회와 시사회를 통해 홍보효과를 높이기도 한다. 홍보자료에는 프로그램 제작내용이 담긴 사진자료가 필수적으로 제공되어야 한다.

(8) 방송심의

방송전 방송심의 부서의 심의를 필해야 하며 심의결과 수정을 요하는 내용이 있을 경우 보완편집, 부분재제작 등이 이루어진다.

(9) 방송자료 정리보관

방송완료된 테이프는 큐시트, 대본과 함께 방송자료실에 입력, 보관한다.

7장

방송보도

1. 방송보도의 개념

1) 뉴스의 정의

뉴스(*news*)를 국어사전에서는 '새로운 사건, 진기한 일, 새소식'으로 정의하고 있고, 옥스퍼드 영어사전에서도 뉴스를 '소식이며 새롭거나 흥미로운 정보이며, 새로운 사건의 보도'라고 정의하고 있다. 새로운 사건 그 자체가 뉴스이고 보면 뉴스는 태초부터 존재해 왔다.

이 세상 최초의 뉴스 그리고 최대의 뉴스는 무엇일까. 그것은 천지창조의 뉴스일 것이다.

> "태초에 하나님이 천지를 창조하시니라"
> (구약성서 창세기 1장 1절 : In the beginning God ereated the heaven and earth - Old Testament, Genesis 1 : 1).

우리가 종교 좁게는 기독교를 믿든 안 믿든 처음에 '하나님'(하느님) 또는 절대적인 어떤 힘이 이 천지를 창조했다고는 믿는다.

구약성서 첫머리에 나타나는 이 말이야말로 이 세상 최초, 최대의 뉴스인 것은 물론 뉴스 문장 특히 방송뉴스 문장으로도 최고의

뉴스가 된다.[1]

뉴스는 태초부터 존재해 왔으며, 지역과 민족과 시기에 따라, 그리고 뉴스 전달매체에 따라 그 중요성이 달리 취급되어 왔다. 선사시대에는 구전으로 전달되었고, 역사시대 이후부터는 문자와 활자를 통해 전달되었으며, 20세기 이후에는 전파매체와 영상매체를 통해서, 최근에는 CATV와 텔레텍스트, 비디오텍스, 위성통신 등 뉴미디어에 의해서 뉴스와 정보가 전달되고 있다.[2]

이상의 뉴스개념들을 정리해보면 기본적으로 세 가지로 요약될 수 있다.

(1) 뉴스는 '새로운 것'이다.

새롭지 않은 지나간 과거의 사건들은 뉴스가 아니고 바로 역사이다. 역사는 현재의 시점에서 이미 지나간 어제나 과거의 일들이고 뉴스는 현재 진행중인 오늘과 내일의 미래인 것이다.

(2) 뉴스는 '선택'이다.

끊임없이 발생하는 수많은 사항과 사건들 가운데 무엇을 뉴스로 할 것인가. 뉴스 그것은 곧 바로 선택인 것이다. 오늘의 역사가 곧 바로 뉴스이면 뉴스화되는 과정이 곧 바로 선택인 것이다.

(3) 뉴스는 사실이며 진실이다.

뉴스는 소재 그 자체가 지닌 있는 그대로의 사실(*fact*)이어야 하며 뉴스화 과정에서 전달매체의 주관이 개입되어 재구성되어서는 안 된다. 뉴스는 어디까지나 사실이어야 하며, 나아가 진실이어야 한다.

---

1) 이청수, "보도프로그램 제작의 실제," 한국방송학회 편, 《방송보도론》, 나남, 1993, p. 127.

2) 김원용, "방송보도 프로그램의 양식," 한국방송학회 편, 《방송보도론》, 나남, 1993, p. 78.

2) 뉴스 정의에 대한 이론

뉴스에 대한 정의는 뉴스를 보는 관점과 학자에 따라 다양하게 표현된다. 부시(Chilton R. Bush)는 "뉴스란 평범한 인간에게 만족과 자극을 불러일으킬 수 있는 정보"[3] 라고 정의하였다.

그리고 Phillip H. Ault와 Edwin Emery(1959)는 "뉴스란 독자에게 흥미가 있는 것이거나 중요한 사건에 대한 시의적이고 정확한 보도"로, F. Fraser Bond는 "뉴스란 인류에 관심이 있는 모든 것의 시의적 보도"로 정의하여 뉴스내용이나 주제의 특성을 수용자의 흥미나 관심에 두고 보도의 방법과 관련해서는 시의성과 정확성을 강조하고 있다.[4]

Lord Northcliff는 "만일 개가 사람을 물면 뉴스가 안되나 사람이 개를 물면 뉴스가 된다"[5] 고 했다. 또 Mitchell V. Charnley는 "뉴스란 상당한 수의 사람에게 중요하다든지 혹은 흥미로운 사실이나 의견의 시의적 보도"[6] 라고 했다.

뉴스에 대한 구체적이고 체계적인 정의는 Robert Park(1940)의 노력에서 찾을 수 있다. 그는 뉴스의 근본적인 특성이 무엇인가에 관심을 두면서 뉴스를 하나의 지식형태(*a form of knowledge*)로 규정한다. 그러면서 지식형태로서의 뉴스가 다른 유형의 지식형태와 어떻게 다른가를 드러내 보이기 위해 뉴스를 역사와 비교하였다. 왜냐하면 역사도 뉴스와 마찬가지로 과거사건에 대한 기록이며 하나의 지식형태이기 때문이다. 뉴스와 역사를 비교하기 위해 Park는 지식을 단순한 사실 습득(*acquisition of facts*)에서부터 사실에 관한 지식(*knowledge about facts*)에 이르는 연속선으로 보고 이러한

---

3) Chilton R. Bush, *Newswriting and Reporting Public Affairs*, Philadelphia: Chilton Book Co,, 1968, p. 26.

4) 전환성, "방송보도의 내용," 한국방송학회 편, 《방송보도론》, 나남, 1993, p. 203 재인용.

5) 박유봉 외, 《신문학 이론》, 박영사, 1983, p. 186 재인용.

6) Mitchell V. Charnley, *Reporting*, New York: Holt, Rinehart and Winston, Inc., 1960, p. 34.

연속선상에서 뉴스의 위치규명을 시도하고 있다. 그는 뉴스가 사실에 관한 지식보다는 사실습득쪽에 가까운 곳에 위치해 있음을 지적하면서 역사와 구분되는 특성을 다음과 같이 제시하고 있다.

- 뉴스는 시의적으로 최근의 사건이나 재현된 사건들(*recurrent events*)에 관한 것이다.
- 뉴스는 비체계적이다. 뉴스는 관련없는 별개의 사건들을 다루고 우발적인 사건들(*happenings*)을 다루며, 따라서 뉴스의 세계는 관련성이 없는 우발적 사건들로 구성된다.
- 뉴스는 사멸한다. 뉴스는 사건 자체가 현재적일 경우와 기록이나 추후의 참고를 위한 목적으로 다른 형태의 지식이 뉴스를 대체할 때까지만 생명력을 갖는다.
- 뉴스의 대상이 되는 사건은 비일상적(非日常的) 특성과 비기대적(非期待的) 특성을 갖는다.
- 뉴스사건은 뉴스가치로 판단되는데 뉴스가치의 기준은 수용자의 관심이나 관여도로 측정된다.
- 뉴스는 지식을 대신하기보다는 오리엔테이션(*orientation*)이나 관심의 방향을 위한 것이다.
- 뉴스는 예측가능한 것이다.

여기서 뉴스가 예측가능한 것이라는 특성은 비기대적 특성과 상호 모순되는 특성인데, 이에 대해 Park는 우발적 사건이 기대되지 않은 것이라면, 그것이 뉴스화되는 것 역시 기대할 수 없다는 것으로 수용자들은 과거와 현재에 뉴스화되어온 사건과 유사한 내용들을 뉴스로서 기대하고 있다고 설명한다.[7]

이와같이 뉴스에 대한 정의는 뉴스를 보는 관점과 학자들의 견해에 따라 다양하게 표현될 수 있다. 뉴스란 넓은 의미에서 세상사 모든 일들이 뉴스의 대상이 될 수 있다. 그러나 방송보도에 의

---

7) 전환성, "방송보도의 내용," 한국방송학회 편, 《방송보도론》, 나남, 1993, pp. 203~204 재인용.

해서 구체화되어 전파되는 뉴스의 내용에 대한 개념규정을 어떻게 정의하느냐에 따라 다양하게 표현될 수 있다.

3) 방송보도의 정의

방송보도(*broadcasting reporting*)란 우리 주위에서 발생되는 사실이나 사건에 관한 정보를 수집하고 이를 재구성하여 수용자에게 전파를 통해 전달하는 과정과 전달되는 메시지를 의미한다. 방송보도란 인쇄매체인 신문보도와는 달리 매체상의 특성을 지니고 있어 뉴스 선택기준에 따라 주변에서 일어나는 사건과 인물들에 관해 종합적이면서 객관적인 내용과 형식으로 음성과 영상신호로 재구성하여 수용자에게 전달하는 총체적 행위로 정의할 수 있겠다.

방송보도는 보도의 내용이 되는 뉴스와 뉴스를 알리는 행위(*newscasting/news reporting*) 및 제시방법(*presentation methods*)을 포괄하는 복합적 개념으로 파악되어야 할 것이다. 즉, 방송보도에는 행위자로서의 보도자(아나운서, 뉴스캐스터, 앵커, 리포터, 기자 등), 보도내용으로서의 뉴스, 뉴스 제시방법(포맷 혹은 형태) 세 요소를 함축하고 있다는 말이다. 이는 커뮤니케이션 과정의 한 요소로서 메시지구조가 메시지내용, 메시지코드, 메시지처리로 분류되고 있는 것 이상의 의미를 함축하고 있다. 이런 점에서 방송보도 내용에는 과다한 언어적 커뮤니케이션 요소와 비언어적 커뮤니케이션 요소를 포함한다. 방송보도에서는 앵커맨의 표정이나 억양 혹은 총체적인 앵커의 이미지 등이 의미전달에 중요한 역할을 수행하기 때문이다.[8]

결과적으로 방송보도란 뉴스 중요성의 가치기준에 의해 선택된 뉴스소재를 방송을 통해 수용자에게 전달하는 것이다. 즉, 우리 주변에서 일어난 사건을 객관적인 내용과 형식으로서 음성, 영상, 자막, 그래픽 등 영상신호로 재구성해서 수용자에게 전달하는 행위를 방송보도라고 정의할 수 있다

8) 전환성, "방송보도의 내용," 한국방송학회 편, 《방송보도론》, 나남, 1993, pp. 201~202.

2. 방송보도의 가치기준

앞서 뉴스의 정의를 살펴보면서 뉴스는 곧 '선택'이라고 했다. 즉, 뉴스는 일반적으로 중요한 사건이나 인물이라 할지라도 뉴스 제작자가 이를 뉴스로 선택하지 않으면은 뉴스로서의 가치를 발휘할 수 없는 것이다. 뉴스가 현실을 반영해야 한다는 객관주의적 관점과 뉴스 제공자의 의식 속에서 구성되는 주관주의적 관점이 존재하는 상황에서 뉴스를 선택하는 뉴스가치(*news value*)나 뉴스가치성(*news worthiness*)을 판단하는 기준이 방송보도의 실체를 이해하는 데 매우 중요하다.

어떠한 정보가 뉴스가 되기 위해서, 뉴스로 선택되기 위해서 지녀야 할 기본적인 가치기준이 있어야 한다. 즉, 어떠한 사건이나 인물이 얼마나 중요한가를 가치기준으로 평가하는데 뉴스의 중요성에 대한 가치평가를 일반적으로 시의성, 보편성, 근접성, 영향성, 저명성, 기능성, 흥미성 등 7가지 기준으로 생각해볼 수 있다.

1) 뉴스보도의 일반적 가치기준

(1) 시 의 성

방송보도는 보도시점(*timing*)에 따라 뉴스가치에 큰 차이가 있다. 어제 발생한 사건보다는 오늘 아침의 사건이 중요하고, 오늘 아침보다는 방금 발생한 사건이 더 중요하다. 즉, 뉴스의 보도시점에서 가장 가까운 시점에 발생한 사건이 뉴스가치성의 비중이 크다는 것이다. 특히 방송보도는 방송전파의 동시성이라는 특성상 뉴스경쟁에서 1초를 다투어야 하는 속성을 지니고 있다. 이를 적시성(適時性)으로 표현하기도 한다.

(2) 보 편 성

방송은 불특정 다수인이 대상이 되므로 방송뉴스는 어떤 계층의 수용자도 보편적으로 쉽게 이해할 수 있도록 제작되어야 하며 누구나 뉴스가치성에 대해 공감을 가질 수 있는 내용이어야 한다.

(3) 근접성

뉴스 수용자 입장에서 개인적, 직접적, 지역적으로 또는 심리적으로 거리감을 보다 가깝게 느낄 수 있는 뉴스가 가치성으로서 더욱 중요성과 비중을 두게 된다는 것이다. 외국의 사건보다 국내사건이, 이웃마을의 사건보다는 우리마을 사건이, 내가 모르는 사람의 일보다는 가족이나 친지, 내가 잘 아는 사람의 일이 더욱 중요하고 관심이 많다는 것이다.

(4) 영향성

뉴스의 가치는 그 뉴스가 수용자 입장에게 얼마나 중요하다고 인식되며 얼마만큼의 관심을 가지고 있느냐에 따라 뉴스 영향의 가치성이 가늠된다.

(5) 저명성

지명도가 높은 사회적 지도층 인사나 인기연예인이나 유명인사들에 관련된 정보나 뉴스가 관심도와 비중을 지닌다는 것이다. 미국 대통령의 스캔들 사건이 세계적 뉴스의 화제로 떠오르는 것은 곧바로 미국 대통령의 저명성 때문이다.

(6) 기능성

기능성이란 보도기능이 지닌 공공문제에 대해 국가의 정책이나 공공참여에 관한 정보를 제공하는 기능으로서의 뉴스제공을 통한 서비스를 의미한다. 폭풍, 폭풍주의보와 재해방송, 단수(斷水), 단전(斷電) 등 비정기적인 정보와 생활정보제공 등이 기능성에 해당된다. 학자에 따라 이 기능성을 영향성에 포함시키기도 한다.

(7) 흥미성

인간적인 흥미 소재의 뉴스가 중요한 가치로 등장함을 말한다. 뉴스가 사건기사나 일반적인 정보전달에만 치중하는 것보다 방송매체의 특성상 화면의 생동감과 감정에 대해 호소력이 강한 매체이므로 인간적인 흥미를 느낄 수 있는 소프트한 뉴스들이 높은 가치를 지닐 수 있는 것이다.

이상과 같이 뉴스의 가치, 뉴스의 중요성을 평가하는 기준 7가지의 사례를 간추려보았다. 7가지 중에서도 시의성과 근접성이 뉴스의 선택에서 가장 비중있는 평가기준이 된다.

이 7가지 기준 외에도 독특성, 논쟁, 갈등, 긴장감 등의 특성들도 적용될 수 있다.

시청자들은 이전보다 더 많은 선택이 가능하게 되었고 시간이 지남에 따라 선택의 다양성과 지적 수준의 상승욕구는 증가할 것으로 기대된다. 앞으로 다양한 계층의 사람들이 다양한 이유로 다양한 시간에 다양한 종류의 뉴스를 필요로 할 것이다. 시청자가 필요로 하는 뉴스가 무엇이며, 그런 정보를 어떻게 하면 가장 좋은 방법으로 전달할 수 있는가를 지속적으로 연구해야 할 것이다.

2) 뉴스보도 가치의 이론

방송보도 내용의 속성이란 어떤 인물이나 사건이 뉴스로서 시청자의 관심과 흥미를 불러일으킬 수 있는 요소를 의미하는 것으로 뉴스가치(*news value*)라고도 말할 수 있다. 뉴스가치는 뉴스에 대한 정의와 마찬가지로 학자에 따라 다양하게 제시되고 있는데 그 대표적인 예를 제시해보면 다음과 같다.[9)]

(1) Ault and Emery (1956:16~26)

- 시의성(*timeliness*)
- 정확성(*accuracy*)
- 수용자의 관심(*audience interest*)
- 중요성(*importance*)
- 근접성(*proximity*)

---

9) 차배근, 《커뮤니케이션학 개론》(상), 박영사, 1982, pp. 273~274 재인용.

- 저명성(*prominence*)
- 인간적 흥미(*human interest*)

(2) Bastian and Case(1947:13~32)
- 행동(*action*)
- 투쟁(*struggle*)
- 서스펜스(*suspence*)
- 즉시성(*immediacy*)
- 근접성(*nearness*)
- 중요성(*significance*)
- 사람이름(*names*)
- 성취성(*achievement*)
- 성과 염문(*sex and scandal*)
- 미와 로맨스(*beauty and romance*)
- 모험과 비애(*advanture and paths*)
- 수와 크기(*number and size*)
- 재산(*property*)
- 시의성(*timeliness*)
- 진기함과 유머(*novelty and humor*)
- 어린이(*children*)
- 동물(*animals*)
- 장소(*place*)

(3) Bleyer(1932:22~37)
- 이상성(異常性, *extraordinary*)
- 권력투쟁(*struggle for supremacy*)
- 로맨스(*romance*)
- 신비(*mystery*)
- 모험(*advanture*)
- 인간적 흥미(*human interest*)
- 어린이(*children*)

- 동물(*animal*)
- 쾌락과 취미(*amusement and hobbies*)

(4) Crump (1974:56~60)

- 근접성(*proximity*)
- 사적 이해관계(*self-identification*)
- 저명성(*prominence*)
- 영향성(*consequence*)
- 재해와 발전(*disaster and progress*)
- 갈등(*conflict*)
- 인간적 흥미(*human interest*)
- 시의성(*timeliness*)
- 편집방침(*editorial policy*)

이상과 같은 뉴스의 속성 혹은 뉴스가치 요소들은 대부분 방송 보도의 경우에도 그대로 적용되는 속성이기는 하지만 특히 텔레비전 방송에서는 영상적 요소와 음향적 요소로 보도내용이 구성된다는 점에서 또 다른 특성들이 첨가될 수 있다.

3. 방송보도의 요건

방송보도에 대한 기대와 방송보도가 갖추어야 할 기본적인 요건은 다음과 같이 정리될 수 있다.[10)]

1) 정확성

방송보도는 뉴스의 사실(*fact*)을 그대로 정확하게 전달해야 하며

---

10) 김홍규 역, 《방송뉴스론》, 나남, 1993, pp. 17~18; 김원용, "방송보도 프로그램의 양식," 한국방송학회 편, 《방송보도론》, 나남, 1993, p. 80.

시청자들 또한 정확한 보도를 기대한다. 정확성은 언론인으로서의 기자의 성실성과 책임감의 한 부분이다.

2) 객관성과 공정성

선택된 뉴스를 수용자에게 전달하기 위해 뉴스를 제작하는 재구성 과정에서 자칫 기자의 개인견해나 전달자의 주관이 가미되거나 개입될 우려가 있다. 시청자 입장에서는 뉴스 속의 사건에 대한 공정하고 객관적인 보도를 기대하지 그 사건에 대한 기자의 의견을 기대하지 않는다. 뉴스가 아무리 진실되고 사실에 바탕을 둔 것이라 하더라도 객관성(*objectivity*)과 공정성(*fairness*)을 유지하지 못할 경우 편파보도가 되기 쉽다. 뉴스의 취재와 편집, 보도과정에서 객관성과 공정성이 보장되어야 한다.

3) 완전성

방송보도는 매체의 특성상 사건의 현장상황이나 주변상황에 대한 완벽한 보도자세로서 완전성을 추구해야 한다. 방송기자는 항상 논쟁의 모든 관점을 내보낼 수는 없다. 그러므로 모든 뉴스보도에서 균형된 시각과 정확하고 완벽한 보도가 필수적이다.

4) 명료성

방송뉴스는 시청자의 시선을 집중시키기에 충분하도록 명확하고 간략하게 보도되어야 한다. 뉴스를 처음 접하는 순간 명확하게 인지될 수 있는 기사의 단어와 시청자의 기대를 충족시켜 줄 수 있도록 흡인력있게 간단명료하고 깔끔하고 세련되게 정리되어야 한다.

4. 방송보도의 기능

1) 환경감시의 기능

환경감시의 기능은 언론이 전기능 중 매우 중요한 부분이며 방송보도 역할의 주된 임무이기도 하다. 방송보도가 사회환경을 감시하는 사회적 파수꾼 역할로서 공정하고 신속하게 견제와 균형의 기능을 수행해야 한다.

2) 문화발전의 기능

방송은 대중을 위한 공적인 매체이고 대중이 사회에서 호흡하는 문화가 대중문화이다. 그러므로 방송보도는 대중문화의 건전한 발전을 위해서 공헌해야 하는 막중한 책무를 지고 있는 것이다.

3) 사회교육의 기능

방송이 지닌 교육기능 가운데 성인교육, 평생교육으로서의 사회교육 기능을 지니고 있다. 방송보도는 이러한 사회교육을 위한 가장 전초적인 기능을 수행해야 하는 책무를 갖게 되는 것이다.

4) 인권보호의 기능

방송보도가 일반시민의 인권을 신장하고 보호해야 하는 것은 기본적으로 매우 중요한 부분이다. 특히 명예훼손과 프라이버시 침해는 방송보도에서 각별히 유의해야 할 요소이다.

5) 욕구조정의 기능

욕구조정의 기능은 방송보도에만 국한되는 것은 아니며, 인간은 더 나은 것이나 더 많은 것을 기대하는 기본적 본능을 지니고 있다는 사실을 전제로 하여, 방송이 사회구성원간의 갈등이나 불만 요소들을 완화시킬 수 있도록 보도의 방향을 설정함으로써 욕구조정이 가능하다.[11)]

5. 방송보도 효과론

Donald F. Roberts와 Nathan Maccoby(1985)는 매스 커뮤니케이션의 효과를 인지, 태도, 행위의 세 가지 영역으로 구분하고, 네 가지 차원—단기적, 장기적, 미시적, 거시적—에서 그 효과의 유형을 고찰하고 있다. 이러한 기준에 따라 그들은 매스 커뮤니케이션의 효과를 크게 인지적 효과, 캠페인 효과, 사회화 효과로 구분하였다. 정보나 지식의 습득에 관한 연구와 지식격차가설, 논제설정모델 등이 인지적 측면에서의 효과연구라고 한다면, 캠페인 효과에 관한 연구로는 사회변화를 위한 캠페인에 관한 연구와 상업방송의 광고와 어린이에 관한 연구 등을 들 수 있다. 사회화 효과는 좀더 광범위한 것으로서, 사회화에 미치는 매스미디어의 반사회적 또는 친사회적 영향과 태도나 가치형성에 관한 연구, 계발이론 등이 이러한 범주에 드는 연구라 하겠다.

한편 Mcquail(1987)은 미디어의 효과를 의도성(의도적-비의도적)과 시간(단기-장기)의 척도를 가지고 구분하였다. 즉, 의도적이며 단기적인 효과, 비의도적이며 단기적인 효과, 의도적이며 장기적인 효과, 비의도적이며 장기적인 효과로 나누었다.

첫째, 의도적이며 단기적인 효과로는 메시지 내용에 따라 태도나 행동을 변화시키거나 그렇게 하지 않는 개인의 반응이나, 특정 집단을 설득이나 계몽할 목적으로 미디어가 이용되는 캠페인 등을 들 수 있다.

둘째, 비의도적이며 단기적인 효과란 미디어 자극에 대해 예측할 수 없었던 개인 행위의 패닉(*panic*)이나 공포 등을 유발하는 예상치 않았던 집합적인 반응행위 등을 말한다.

셋째, 의도적이고 장기적인 효과로는 장기적인 발전의 목적으로 행해지는 개혁의 계획적 전파나 뉴스와 계몽의 영역에서의 미디어 활동의 결과 등을 들 수 있다.

---

11) 김원용, "방송보도 프로그램의 양식," 한국방송학회 편, 《방송보도론》, 나남, 1993, p. 81.

넷째, 비의도적이고 장기적인 효과로는 사회화, 현실의 구성에 미치는 미디어의 영향이나 기존의 사회제도에 미치는 영향, 또한 사회적 통제의 측면에서의 미디어 영향 등을 말할 수 있을 것이다.

미디어 효과를 방송보도의 효과에 초점을 두어, 크게 단기적 차원의 인지적 효과와 장기적 차원의 사회화효과로 구분하여 정리해 볼 수 있다.[12]

1) 단기적 차원의 인지적 효과

(1) 정보나 지식의 전파 및 습득

뉴스에 대한 기억과 인지도는 ① 어떤 특정한 사건을 알고 있는 사람들의 범위, ② 해당사건의 상대적 중요성이나 돌출성, ③ 전달되는 정보량, ④ 어떤 사건에 대한 지식이 뉴스 또는 개인적인 접촉을 통해 최초로 습득되는 정보 등에 따라 중요한 변수가 관심의 중심이 되었다.

사건에 대한 인지도가 개인적인 접촉에 의한 인지도는 낮아지고 미디어 정보원에 의존하는 비율은 증대된다는 것이다.

뉴스매체를 이용하는 수용자의 정보습득과 지식습득에 영향을 미치는 요인은 여러 가지가 있을 것이다. 일반적으로 수용자의 미디어 노출은 그들의 지식습득과 상관관계가 있다.

또한 수용자의 미디어 이용과 그에 따른 정보수준의 관계에서 수용자들은 여러 조건변인의 영향을 받는다. 각종 미디어와 상호작용을 하는 이러한 조건변인에는 연령, 교육 등의 인구학적 변인뿐만 아니라 정치에 대한 관심, 뉴스미디어 이용동기, 집단소속감 등의 사회·심리학적 요인 등이 있다. 따라서 매스미디어가 수용자에게 새로운 정보를 제공하였다고 해서 반드시 그러한 정보가 습득되는 것은 아니다. 즉, 어떠한 정보를 수용자가 주목, 지각, 이해, 습득되기까지는 여러 가지 심리적, 사회적 요인들이 작용한다.

---

12) 김영석, "방송보도의 효과," 한국방송학회 편, 《방송보도론》, 나남, 1993, pp. 326~346 재인용.

미디어에 의한 정보습득에서, 모든 미디어가 똑같은 성질을 가지고 있는 것은 아니며, 따라서 수용자가 주로 이용하는 미디어가 무엇인가 하는 문제는 매우 중요하다. 하지만 텔레비전은 정보나 신념을 집단간에 전달하는 데 가장 큰 잠재력을 가진 미디어라 할 수 있다. 뉴스매체로서의 텔레비전은 속보성, 동시성, 현저성 등의 특성으로 인해 그 가치가 점차 높아지고 있다.

(2) 지식격차의 효과

방송이 공적인 정보의 흐름에 매우 많은 기여를 해왔으며, 그것은 교육과 사회적 지위의 불평등에서 오는 지식격차를 시정하는 데도 도움이 되었다. 지식격차(*knowledge-gap*) 효과란 사회경세적 지위가 높은 수용자가 사회경제적 지위가 낮은 수용자들보다 더욱 빠른 속도로 미디어의 정보를 습득하기 때문에 어떤 이슈에 대한 정보량에 있어 두 집단간의 차이가 증가한다는 것이다.

한 사회에서 정보의 흐름이 증대함에 따라 사람들은 이전에 비하여 많은 정보를 입수할 것이나 증대한 정보의 대부분은 이미 많은 정보를 갖고 있는 정보부자(*information rich*)의 수중에 들어가게 마련이다. 따라서 교육을 많이 받고 능력을 갖추고 있는 정보부자가 그렇지 못한 정보빈자(*information poor*)에 비해 새로운 정보를 흡수할 수 있는 능력이 훨씬 나을 것이므로 지식격차는 더욱 확대될 것이다. 하지만 이러한 현상은 지식확산 과정의 초기단계에서 발생하는 것이라 하겠다. 경우에 따라서는 상당기간이 지나면 모든 사람들이 지식을 습득하게 되는 천정효과(*ceiling effect*)가 발생하여 지식격차는 줄어들 수 있을 것이다. 주로 지역공동체의 문제와 같이 사회 모든 구성원들의 이해관계가 걸쳐 있음으로 해서 모든 구성원들이 관심을 갖는 문제의 경우에는 초기의 지식격차가 시간의 경과와 함께 점차 좁혀짐으로써 천정효과가 발생하기도 한다.

(3) 논제설정의 효과

논제설정(*agenda-setting*) 효과모델은 매스미디어가 어떤 특정 이슈를 선정하여 강조함으로써 지각되게 만드는 능력이 있음을 기본 가정으로 한다.

논제설정 모델은 영향의 방향이 미디어로부터 수용자에게 흐른다는 가정을 내세운다. 그러나 뉴스 미디어가 수용자와 관계되는 것에 관한 보도를 하는 이상, 공중의 관심이 미디어 논제에 영향을 미칠 수도 있다.

논제설정 효과의 강도는 수용자들의 뉴스에 대한 노출의 정도와 직접적으로 관계가 있다. 즉, 수용자들의 독서, 시청, 청취의 정도가 많을수록 중요한 이슈에 대한 수용자들의 인지는 미디어와 강조하는 바를 반영할 가능성이 높아질 수 있다.

또한 연령, 교육정도, 정치적 정보의 양, 미디어 선호도와 같은 수용자의 관련된 변인들이 조건적 변인으로서 파악되고 있다.

2) 장기적 차원의 사회화 효과

(1) 사회화의 효과

사회화는 여러 계층의 다양한 부류의 사람들이 그 자신이 속해 있는 사회유형과 문화가치에 맞는 태도와 행위를 학습하는 과정이라 하겠다.

일반적으로 매스 커뮤니케이션의 사회적 효과란 사회제도, 사회조직 및 집단, 사회변화, 사회화 과정, 사회적 규범 등에 미치는 영향을 말한다. 매스 커뮤니케이션은 사회성원들로 하여금 여러 종류의 정보를 공유케 함으로써 사회의 유대를 강화하고, 사회의 변화를 촉진하며, 청소년들의 사회화 교육을 담당하고 있다.

오늘날 텔레비전 방송을 통한 문화적 공감대 형성은 어느 매체와도 비교가 되지 않는다. 방송을 통해 전해지는 정보와 지식은 사회구성원의 문화적 태도를 변화시킨다. 방송보도는 사회적 갈등을 해소하는 기능을 하기도 한다. 사회적 갈등요인을 미리 발견하여 사회적 쟁점이 되게 함으로써 이에 대한 해결책을 여론을 통하여 마련하는 것이다.

또한 문화적 관점에서 볼 때 문화를 창조·육성하며, 문화를 교류시키고, 문화를 보전하여 공동문화를 유지시키며, 또한 문화의 표준화에도 영향을 미친다.

(2) 현실구성에 미치는 영향

현실을 방송보도할 때 여러가지 쟁점이나 문제들의 우선순위에 대한 선택적 입장에 따라 그것이 의도적이든 비의도적이든 간에 쟁점이나 문제에 대한 수용자의 의견형성 단계에 상당한 영향을 미칠 수 있다.

이러한 미디어 효과는 '의견형성과정에 미치는 효과'와 '태도 및 가치의 계발효과'의 두 가지 효과이론으로 설명이 가능할 것이다.

① 의견 형성과정에 미치는 효과

Noelle-Neumann은 여론의 형성과정에서 관건이 되는 요인은 주위의 어떤 견해가 우세한가에 대한 개인의 지각과 대인적 지지와 매스미디어라고 지적하는데, 그 이유는 첫째로 매스미디어는 어떤 것이 당시의 지배적 여론인가를 개인들에게 지각시켜주기 때문이며, 둘째로 개인들의 어떤 견해에 대한 다른 사람들로부터의 대인적 지지의 영향은 매스미디어와 반비례하는데, 그 이유는 자신의 견해에 대하여 대인 커뮤니케이션으로 인한 대인적 지지가 결여될 경우 매스미디어의 영향력은 상대적으로 커지기 때문이다.

이와 같이 현대사회의 정치적, 사회적 의사결정 상태가 사회심리적 요인으로 인하여 항상 우세한 방향으로 기울어지는 것을 '일방적 편승효과'(*bandwagon effect*) 라고 하며, 이것은 특히 투표행위에서 일어나기 쉽다. Noell-Neumann은 개인의 신념과 사회적 환경에 대한 관찰의 결과가 여론형성 과정의 원칙적 형태를 규정짓는다고 보았고, 거기에 작용하는 중요한 중개변인이 곧 매스 커뮤니케이션이라고 보았다.[13]

---

13) E. Noelle-Neumann, "Tubulences in the Climate of Opinion : Methodological Applications on the Spiral of Silence Theory," *Public Opinion Quarterly*, 41, 1977.

② **태도 및 가치의 계발 효과**

George Gerbner(1976)가 "텔레비전의 폭력적 장면이 청소년 및 어린이에게 미치는 영향" 등 폭력과 미디어에 관한 연구과정에서 제기한 매스미디어의 강효과 이론의 하나가 계발효과 이론이다.

이 이론의 기본가정은 다음과 같다.

첫째, 문화(또는 이데올로기)와 커뮤니케이션은 불가분의 상호관계를 가지고 있다. 둘째, 오늘날에는 이와같은 문화는 주로 매스미디어 특히 텔레비전을 통해 발전하게 되는데, 왜냐하면 텔레비전은 가장 이상적인 문화적 도구이기 때문이다. 셋째, 수용자에게 현실세계에 대한 동질적 상(*picture*)을 형성해준다는 '메시지의 획일성'에 관한 가정이다. 넷째, 선별효과 이론에서의 가정에 반대한 '비선별적 노출' 또는 '텔레비전 시청의 습관성'에 관한 가정이다.

사회화와 직접적으로 연관된 것이 계발효과에 관한 연구분야라 할 수 있다. Gerbner가 발전시킨 계발효과 이론의 주요 논점은 텔레비전을 과다 시청하게 되면 현실을 마치 텔레비전 프로그램에서 제시한 세계와 동일한 것으로 계발시킨다는 점이다. Gerbner는 미디어의 계발효과가 어린이뿐만 아니라 어른의 경우에도 가능하다고 주장한다. 더불어 그는 태도나 의견에 미치는 텔레비전 노출의 단기적인 효과보다는 장기적인 효과를 강조한다. 현대의 미디어 중에서 텔레비전은 일상생활에서 매우 중심적인 위치를 차지하고 있으며, 그것은 우리들의 상징적 환경을 지배하고 개인 체험이나 그외 다른 수단을 대신하여 현실에 대한 메시지를 제공해준다. 텔레비전의 메시지는 객관적이고 핵심적인 주제에 대해서 독특한 상징적 시각을 담고 있다. 사람들은 현실에서 벗어나 있기는 하지만 그 메시지에 부단히 접촉함으로써 사회에서 합의를 얻은 견해로 그것을 채용하게 된다.

Gerbner를 비롯한 계발효과 이론가들은 텔레비전이 기성 산업질서의 문화적인 부문이며, 그 자체는 전통적인 신념과 행동을 변화시키거나 약화시키기보다는 오히려 유지하고 강화시키는 것으로 보고 있다. 따라서 이 이론에 의하면, 텔레비전은 현대사회에서 가장 강력한 문화적 도구로서 문화를 계발시켜주는 것이다. 즉,

매스미디어가 현실세계에 대한 그 수용자들의 개념에 미치는 영향은 대단히 크다는 것이다.[14)]

(3) 사회제도에 미치는 영향

자유 민주주의적인 기초를 갖는 사회에서 행해지고 있는 것처럼 정치는 매스미디어에 의해 창조된 환경을 수용하고 있으므로 미디어가 공중을 위한 주정보원이 되었다. 현대의 매스미디어는 공중이나 이해집단의 목소리로서, 또한 대중 유권자나 정치가가 선택을 하거나 결정을 내릴 때 그 정보원으로서 확립된 정치적 기능을 유지하고 있다.

정치적 측면에서의 매스미디어의 기능은 다음과 같이 정리될 수 있을 것이다.

첫째, 매스 커뮤니케이션에 의해서 여론이 형성되고 변화될 수 있다. 매스 커뮤니케이션은 대중의 의견을 수렴하여 그것을 정책에 반영함으로써 민주주의의 수단이 된다. 반면에 매스미디어는 정치권력의 정권유지와 신장의 수단으로 악용되기도 한다. 따라서 매스미디어는 국민의 여론을 수렴하여 이를 표출하는 역할을 맡아야 할 뿐만 아니라, 어떤 정치행위나 정책이 국민의 입장에서 볼 때 부당하다고 판단되는 경우에는 이에 대한 비판을 가할 수 있어야 한다.

둘째, 매스미디어 중 특히 텔레비전은 수용자가 접촉하기에 용이하고 수용자의 정치수준이 높고 낮음에 커다란 구애없이 강한 침투력과 영향력을 행사한다는 점에서 선거에 많이 이용된다.

셋째, 매스미디어는 정치발전에 영향을 미칠 수 있다. 정부를 감시하고 국가의 당면목표와 그 사회의 특수한 환경을 국민들에게 정확히 인식시킴으로써 국가의 통합을 가져오고, 국가의 이념과 안보 및 질서를 유지하는 기능을 수행하고 있다.

넷째, 매스미디어는 정치사회화의 수단이 된다. 즉, 수용자가

---

14) G. Gerbner and L. Gross, "Living with Violence Profile," *J.O.C.*, Spring(26), 1976.

자신이 속한 사회의 정치구조와 정치의식, 정치에 대한 태도를 내면화하고 학습해 나가는 정치사회화가 매스미디어를 통해 이루어진다는 것이다.

우리나라의 경우 정치문화와 경제수준의 상승에 따라 자유화와 민주화의 파고가 고조되고 지방자치시대를 맞이하면서 참정권의 행사폭은 넓어지고 다양해질 것이며 선거방송 프로그램 개발과 아울러 올바른 정치문화가 정착되는 데 방송이 일조를 할 수 있어야 할 것이다.[15]

6. 방송보도 양식[16]

1) 방송보도 양식의 정의

방송보도의 형식이라고 하는 것은 '내용이 표현되는 방식'을 지칭하는 것이다. 방송 프로그램에서 형식과 포맷은 서로 다른 사항으로서 뉴스 제작과정에서 뉴스내용을 구조화하기 위해 이용하는 관례적인 상징체계와 코드를 포맷이라고 한다면, 뉴스 생산물을 구체화하기 위해 사용되는 형태를 형식이라고 하겠다.

방송보도의 양식은 방송되는 내용과 형식과 포맷이 어우러져 여러 형태의 보도양식을 생산하게 된다. 방송보도 양식은 전파매체를 통해서 전달되는 사건이나 이슈의 내용과 표현방식, 그리고 실질적인 뉴스를 구조화하기 위해 사용되는 방송제작의 기술적, 규범적 관행의 복합체로 정의될 수 있겠다.

방송보도 프로그램의 보도양식을 하나의 잣대에 의해 일괄적으로 구분할 수 있는 규정도 없거니와 구분하기도 용이하지 않다.

---

15) 김영석, "방송보도의 효과," 한국방송학회 편, 《방송보도론》, 나남, 1993, pp. 326~342 재인용.

16) 김원용, "방송보도 프로그램의 양식," 한국방송학회 편, 《방송보도론》, 나남, 1993, pp. 82~96.

그러나 다양한 계층의 수용자 욕구와 다변화 사회에서 새로운 보도양식이 생성되는 가장 큰 특징의 하나는 과거의 전통적인 보도양식에다 교양, 오락적 요소가 가미된다는 점이다. 따라서 방송보도 제작자 입장에서는 제작과정상의 관리를 위해서 보도양식을 구분하여 제작을 전문화시키고, 또한 수용자 입장에서는 차별화된 보도를 통해 뉴스의 다양한 측면을 시청할 수 있다는 점에서 보도양식의 구분은 필요하다.

2) 방송보도 양식의 구분

앞서 지적한 바와 같이 방송보도 프로그램의 보도양식을 일괄적으로 구분하기는 용이하지 않다. 그것은 세계 각국의 방송보도 프로그램들은 그 나라 고유의 사회문화적 환경과 더불어 각기 방송환경으로부터 파생되어 나오는 차이점에 따라 나라마다 독특한 포맷을 지니기도 한다. 아울러 사회 전반에 걸친 가치들이 급속하게 점진적인 변화과정을 꾸준히 보이고 있음에 따라 방송보도 제작, 기술적 측면의 환경변화 역시 점차 가속화되고 있는 추세이다.

(1) 불리틴 뉴스

불리틴 뉴스(*bulletin news*)는 방송보도 양식 가운데 가장 오래된 전통적인 양식으로서, 발생된 사건이나 이슈를 가장 간략하고 쉽게 압축해서 수용자들에게 전달하는 뉴스보도 양식이다.

불리틴 뉴스는 뉴스의 전달자가 누구인가에 따라 다음과 같이 구분되기도 한다.

① 직접전달

방송제작 현업에서 일반적으로 '스트레이트 뉴스'(*straight news*)로 지칭되는 직접전달 양식은 오랫동안 방송보도의 주종을 이루어온 양식이다. 즉, 뉴스취재에서 편집에 이르기까지의 뉴스제작을 현업기자들이 맡아서 제작하지만 뉴스를 전하는 마지막 단계에서의 전달자 역할은 아나운서가 하는 보도양식을 말한다. 미리 준비된 뉴스기사를 아나운서가 유창하게 읽어나가는 이러한 형태에 시청자들은 오랫동안 익숙해왔다. 그러나 아나운서가 전하는 뉴스는 시청하기에는 편하다는 장점이 있는 반면 뉴스에 기복을 줄 수 있는 다양성이 부족할 뿐 아니라 직접 취재한 당사자가 아니라는 점 때문에 뉴스감각이 취재기자들보다 떨어지는 단점을 있다. 시청자 입장에서는 아나운서보다는 다소 거칠긴 하지만 일선 취재기자들이 사건의 현장에서 좀더 생생한 뉴스를 제공하는 스타일을 선호하게 되었고, 불리틴 뉴스의 보도형태를 '직접전달'(*straight news*)에서 '직접보도'(*straight reporting*) 형태로 바꾸게 되었다.

② 직접보도

'직접보도'(*straight reporting*)란 취재 일선에서 직접 뉴스자료를 수집한 기자가 전문분야별로 자신이 얻은 정보의 요점을 간결하게 정리해서 보도하는 형태를 말한다. 즉, TV만이 보여줄 수 있는 현장성을 강조한 새로운 형식의 뉴스포맷으로 이러한 보도양식은 현재 정규 보도뉴스 프로그램에서 가장 많이 사용되고 있다. 그러나 '직접보도' 형태는 제한된 시간 속에서 가장 쉽고 압축된 상태로 제작, 방송되어야 하기 때문에 문장력과 메시지의 정확성, 간결성이 요구되는 보도양식이기도 하다.

아울러 뉴스보도의 포맷을 더욱 발전시켜 종합적인 뉴스매거진 형식으로 앵커맨 제도를 도입함으로써 뉴스 현장성 강화, 입체감 제고 노력과 아울러 특히 1980년대 현장접근이 용이한 ENG 카메라의 활용으로 기동성과 현장성을 증대시켜주어 뉴스의 입체감과 생동감있는 현장성을 더욱 강화시키는 데 크게 기여하였다.[17]

(2) 정규보도

① 종합뉴스

당일에 발생된 정치, 경제, 국제, 사회와 시사정보, 문화, 스포츠

---

17) 김원용, "방송보도 프로그램의 양식," 한국방송학회 편, 《방송보도론》, 나남, 1993, pp. 82~96.

KBS 뉴스.

등 각 분야의 소식을 종합적으로 구성하며 기사 아이템의 중요성과 비중도에 따라 우선순위와 시간량이 배정된다. 종합보도는 시청자들의 접근률이 높은 시간대에 30분 이상 편성되며 대표적인 종합보도의 경우가 국내공중파 방송의 〈KBS 9시 뉴스〉와 〈MBC 뉴스데스크〉가 밤 9시에, 그리고 〈SBS 8시 뉴스〉가 저녁 8시에 편성되어 있는 것이 그 대표적인 사례이다.

② 간추린 뉴스

각 방송사마다 편성전략상 10~20분 정도의 시간량으로 당일의 뉴스 중 비중있는 내용을 간추려 시청자들의 생활시간대에 적절하게 정보수용욕구를 충족시켜 주고자 하는 간추린 보도뉴스를 말한다.

③ 스파트 뉴스

5분내의 짧은 뉴스 편성으로 당일의 중요도에 따라 핵심적인 내용을 간략하게 요약해서 보도하는 뉴스를 말한다. 밤 12시 자정시간을 중심으로 그날을 마감하는 내용의 뉴스들이 그 대표적인 사례라 하겠다.

(3) 뉴스속보

뉴스속보는 긴급하고 돌발적인 중요한 사태가 발생했을 때 처리하는 뉴스보도 양식으로 뉴스 급보의 중요도와 정규편성 상황에 따라 다음과 같이 몇가지 방송운행상의 뉴스속보처리를 하게 된다.

① 정규방송 중단 속보

뉴스 내용이나 상황이 매우 비중있고 국민적 관심도가 높은 중요한 급보가 발생했을 때 현재 방송중인 정규 프로그램의 운행을 중단하고 임시뉴스의 속보처리를 하는 경우를 말한다.

② 자막 뉴스속보

속보의 중요성에 따라 정규방송 운행중 자막으로 처리되는 뉴스속보를 말하며 정규방송을 중단하고 뉴스속보 처리를 해야 할 경우에도 보도준비 절차상 자막 뉴스속보부터 처리되고 준비완료 즉시 정규방송 중단 뉴스속보 처리가 되기도 한다.

③ 정규방송 부분화면 활용속보

현재 진행중인 정규 프로그램의 중요도와 뉴스속보 비중도의 상대적인 판단에 따라 현재 방송중인 정규 프로그램 화면의 일부를 영상적인 이펙트 처리로 부분적인 영상과 자막으로 속보 뉴스를 처리할 수도 있다.

(4) 논평 및 해설보도

방송보도는 일반적으로 신문보도에 비해 일과성의 특징을 안고 있으므로 해설과 논평보도가 다소 차이점을 내포하고 있으나 점차적으로 정착되고 있는 편이다.

① 방송사설

방송사설은 신문사설과는 보도양식에서 구성기법과 표현하는 진행방법에서 큰 차이가 있다. 방송매체가 지닌 특성상 불특정 다수인을 대상으로 하므로 내용설명이 쉽고 시공간적인 제약성에 따라

KBS 〈정책진단〉

압축된 형태로 제시되어야 하는 특징이 있다.

방송사설은 객관적인 해설이나 공정한 논평을 기본배경으로 하나 방송사의 주관적인 해석이나 견해가 개입될 우려는 배제할 수 없으며 현재 한국의 방송법에는 본격적인 방송사설을 금지하고 있으며 이런 유형의 방송 프로그램에 대해 방송위원회의 심의대상이 되고 있다.

② **방송해설**

방송해설은 방송사설과 달리 정치, 경제, 사회, 문화 등 각 분야에 걸쳐 방송사의 주관적 견해를 배제시키고 공정성과 객관성을 바탕으로 시청자들이 쉽게 이해할 수 있도록 해설해주는 보도형태를 말한다.

③ **시사비평**

'시사비평'(*gossip programs*) 또는 '시사만평'으로 제작되는 보도 프로그램으로 그날 발생한 주요사건이나 이슈에 대해 풍자, 해학, 비판을 곁들여 객관적인 분석보도를 원칙으로 하나 방송사나 보도자의 주관적 견해나 해석이 배경에 깔리므로 왜곡, 편파, 프라이버시 침해 등의 우려를 배제하기 어려운 단점도 안고 있다.

(5) 심층 취재보도

방송매체는 시각과 청각을 동시에 활용함과 동시에 그 전달의 빠른 속보성으로 신문매체와는 달리 짧은 시간에 많은 이미지와 메시지를 전달할 수 있는 특성을 지니고 있다. 또한 지속적인 테크놀로지의 발전으로 기동성이 높은 초소형 6mm 디지털 카메라를 취재용으로 활용하고, SNG와 같은 이동형 위성중계 장비 등의 개발로 말미암아 취재보도 프로그램 제작이 과거에 비해 간편하고 신속하며 다양한 양식의 보도가 가능하졌다.

심층 취재보도란 방송매체가 지니고 있는 속보성, 편재성, 즉시성 등의 장점에다 테크놀로지의 발달에 따른 심층성을 보완한 보도양식으로서, 간단하고 명료하게 사건의 일면이나 현장을 보여주는 불리틴 뉴스 양식과는 달리, 사건을 되도록 자세하게 전달해주고 그 사건의 원인 등을 포함한 모든 주변상황 및 정보를 치밀하게 보도함으로써 시청자들의 궁금증을 가능한 한 충족시키고자 제작되는 보도양식이라 하겠다. 이러한 심층 취재보도 프로그램은 사회고발 프로그램 혹은 기획보도 프로그램 등으로 지칭되기도 하지만 구성방식이나 제작과정상의 차이점에 따라 다음과 같이 구분해 볼 수 있다.

① 뉴스 다큐멘터리

다큐멘터리라는 말은 원래 '기록'을 의미하는 documentaire에서 유래한 것으로 이 용어를 매스미디어의 영역에 정착시킨 사람은 John Grierson이며, 텔리멘터리(*telementary*), 팩트 드라마(*fact drama*), 액튜얼리티 드라마(*actuality drama*) 등으로 사용되다가 점차 세미 다큐멘터리, 다큐멘터리 드라마, 뉴스 다큐멘터리와 같은 영역으로 장르가 확대되었다.

일반적으로 다큐멘터리 프로그램의 특징이라고 할 수 있는 것은 사회에 대한 교육적이고 계도적인 기능을 분명한 목적으로 설정하고 있다는 점이다. 특히 '뉴스 다큐멘터리'라는 보도양식은 사건이나 이슈에 관한 객관적인 정보를 전달, 기록함과 동시에 특정 사건이나 이슈와 연관된 주관적인 판단을 개입시켜 한 사회의 기본적인 존립목적과 사회통합 등에 기여할 수 있도록 사회 계도적인 기능을 수행하고자 하는 뉴스보도의 양식이다. 즉, '뉴스 다큐멘터리'는 현상에서 발생한 사실을 근거로 하여 각종 보도 또는 방송기술들을 총동원, 극대화시키는 심층취재 프로그램이라 할 수 있다.

따라서 뉴스 다큐멘터리 프로그램은 사실을 바탕으로 제작된다는 측면에서 보면 시사적인 성격이 강하게 나타나는 것이지만, 사건이나 이슈를 극화하여 좀더 설득력있고 호소력이 강한 형태로 제시된다는 제작측면에서 보면 설득적이고 오락적인 성격 또한 누드러지게 나타난다. 그러므로 사전 계획된 의도가 강력하게 반영되어 시청자들로 하여금 어떠한 반응을 촉발시킨다는 이론적 근거에서 보면, '뉴스 다큐멘터리'를 프로파겐더의 대표적인 수단이라고 말할 수도 있다.

② 보도특집

'보도특집' 또는 '뉴스특집' 프로그램은 특별한 사건이나 이슈가 발생하여 정규뉴스 시간내에 특별히 제작되는 수도 있고 정규뉴스 편성시간을 연장하거나 정규 뉴스시간 이외에 특별편성으로 제작, 방송해야 할 긴급한 필요가 발생했을 때 제작되는 특집형태의 뉴스보도 프로그램이다. 예를 들면 성수대교, 삼풍백화점 붕괴, KAL기 괌추락, 걸프전쟁 등과 같은 사건이 발생했을 경우 보도뉴스특집이 긴급 편성되고 제작된다.

'뉴스특집' 보도양식은 예기치 못했던 상황에서 긴급하게 제작, 송출되는 뉴스보도 양식이기 때문에 대개의 경우 여러 분야의 많은 취재진들이 짧은 시간 안에 분담하여 취재하며 사건의 진전상황에 따라 입체적인 보도형태를 취하는 경우가 많다.

③ 심층 인터뷰

심층 인터뷰(*in-depth interview*) 프로그램은 정규 보도뉴스 시간내에 편성 구성할 수도 있지만 더욱 심층적으로 사건이나 이슈를 다루기 위해서는 정규 보도뉴스 시간을 연장 편성하거나 별도 시간에 독립된 프로그램을 편성하기도 한다.

즉, '심층인터뷰' 프로그램이란 특정 사건이나 이슈의 당사자 혹은 관련전문가 등을 직접 대면하는 형식을 취하여 배경 · 경과 · 전망 등에 대해 심층보도를 하게 되는 것으로서 현장을 생중계하는 보도양식 이외에 가장 생동감있는 연출이 가능한 보도양식이다.

이러한 보도양식은 직접 생방송, 중계보도와는 달리 사전에 제작하여 보도의 내용을 수정 · 삭제하는 등의 편집이 가능하기 때문에 제작과정 중에 발생하는 실수나 기술적 측면에서 의도하지 않았던 부정적 결과 등을 보완하여 시청자들에게 좀더 양질의 보도를 할 수 있다는 장점이 있다. 그러나 이와같은 편집의 용이성은 자칫하면 인터뷰 내용을 왜곡하거나 형평의 원칙에 어긋나는 보도를 하게 될 위험성이 상존하고 있기 때문에 세심한 주의가 요구된다.

④ 조사(탐색) 보도

'조사보도'(*investigative reporting*)란 숨겨져 있거나 은폐시키고 비밀을 유지시키고자 하는 사건이나 사실을 기자의 적극적인 사명감으로 진실을 찾아내어 밝히는 보도양식이라 하겠다. 이러한 보도양식은 사건의 이면에 가려진 내용과 사실들을 밝혀내는 보도로서 조사보도에는 전혀 의견이 개입되지 않고 사건 그 자체의 진실을 밝혀내는 것이라 하겠다. 또한 이런 보도양식을 '폭로보도'(*mur-kracking reporting*)라고도 하는데 숨겨져 있는 비밀을 캐내어 밝혀낸다는 측면에서 '조사보도'와 '폭로보도'는 비슷한 성격을 지니고 있다. 이러한 보도양식은 고발성 기획 프로그램의 포맷으로도 많이 활용되고 있다. 그런 점에서 '폭로보도'의 형태는 사회고발적인 성격이 강하고 '조사보도'의 형태는 사건이나 사안에 대해 좀더 체계적이고 과학적으로 접근하는 보도양식이라고 하겠다.

조사보도는 방송매체의 장점을 최대한 활용하여 은폐된 사회현실을 들추어 보임으로써 개선의 여지를 마련한다는 측면에서 중요한 가치를 인정할 수 있다. 그러나 한편으로는 개인의 사생활 영역을 침범하여 프라이버시권을 손상시킬 수도 있고 사회내의 특수한 부분을 일반화시켜 제시함으로써 시청자들에게 그릇된 문제의식을 심어줄 수도 있다는 역기능적인 문제점도 따르기 때문에 프로그램 제작자의 세심한 주의가 요구되는 보도양식이라고 할 수 있다.

사회 고발성 프로그램은 사회현상들 가운데 각종 문제점들을 과감하게 해부해서 심층취재한 프로그램으로서 정보전달의 기능과 함께 환경감시의 기능까지 수행한다. 이러한 '조사보도'가 가장 먼저 발달한 곳이 미국이며 '조사보도' 양식의 발달 이면에는 시청자들의 강력한 요구가 있었다. 시청자들은 어떤 사건의 드러난 현상을 단편적으로 알기보다는 왜 이런 문제가 대두되었고 왜 이런 현상이 일어났는지 그리고 누가 이런 문제를 야기했는지를 구체적으로 알고 싶어했고 또 실제로 텔레비전 화면을 통해 확인하고 싶다는 욕망을 계속해서 증대시켜 왔다. 이러한 시청자의 욕구는 한국에서도 같은 추세를 보였으며 사회 고발성 프로그램의 대표적인 하나의 프로그램으로서 1983년 방송되기 시작한 KBS 2TV의 〈추적 60분〉을 들 수 있다. 이 프로그램은 사회 각종 문제점들을 과감하게 심층적으로 해부하고 취재 보도함으로써 정보전달과 환경감시 기능을 잘 보여준 사례이며 그동안 영상매체의 고발에 생소한 시청자들에게 신선한 충격을 던져줌으로써 시청자들의 욕구를 충족시켜줌과 동시에 사회고발성 프로그램이 간과하기 쉬운 계도성의 기능까지 수행해준 '조사보도'의 대표적인 프로그램이라 하겠다.

⑤ **시사토론**

'시사토론' 프로그램은 주제별 혹은 전문분야별로 각기 몇 명의 토론자가 참석하여 제기된 주제의 사안에 대해 각자의 의견을 개진하는 방식을 취하는 것으로서 여타의 보도양식에 비하여 상당히 폭넓은 의견을 수렴·전달할 수 있는 보도양식이라 할 수 있다. 또한 이것은 정보제공이나 소재에 대한 전달방법을 더욱 많은 사람의 견해를 바탕으로 해서 이룩할 수 있다는 특징을 갖고 있으며, 정보제공자가 자신이 수집하거나 전달해 주는 정보를 다른 사람의 견해나 의견에 조화시켜 가면서 시청자에게 다양한 정보를 제공해줄 수 있다. 따라서 방송의 토론 프로그램은 그 형태나 내용, 시간, 자세, 시청자, 인터뷰의 방향, 그리고 다른 사람들에게 미치는 양상 등에 따라 여러가지로 달라질 수 있는 것이다. 하지만 어떠한 형태의 의사결정을 필히 수반하게 된다는 측면을 고려한다면, 토론 프로그램은 오락성이나 흥미본위의 일상적인 토크쇼(*talk show*)와 논쟁을 통해서 주제에 관한 문제점 도출하여 결론을 얻는 '시사토론'(*the panel discussion*) 프로그램으로 구분하는 것이 가능하다.

뿐만 아니라 '시사토론'의 경우, 일종의 공청회와도 같은 성격을 가질 수도 있는데 사안에 대한 찬반이 활발하게 개진되고 그 과정에서 시청자의 공감대가 확대됨으로써 더 높은 시청률을 유지할 수 있는 장점이 있다. 프로그램 제작적인 측면에서 보면, 해설 및 논평 프로그램에서 항상 문제시되고 있는 보도의 객관성, 공정성, 윤리성 등의 문제가 크게 부각되지 않으며, 경제적인 측면에서 볼 때, 심층취재물 가운데 다큐멘터리와 뉴스특집 프로그램이 현장취재에 소요되는 시간적·재정적 투자가 상당히 필요한 반면 '시사토론' 프로그램은 방송 출연자의 출연료를 제외하고 별다른 투자가 없어도 가능하다는 장점이 있다.

그동안 국내 TV 토론 프로그램으로는 1967년에 방송된 〈동서남북〉과 그 이후에 〈TBC 공개토론회〉, 〈일요응접실〉 등 사회교양 성격의 토론 프로그램이 있었고, 1970년에 MBC의 〈시사레이다〉와 〈정경토론〉 등이 방송되었다. 그 이후 1987년 10월부터 KBS 1TV에서 방송된 〈생방송 심야토론—전화를 받습니다〉는 본격적인 시사토론 프로그램으로서의 양식을 갖추게 되었다.

이 프로그램은 토론주제를 놓고 서로 의견을 달리하는 토론자들을 각각 동수로 구성하게 되는데, 토론자 선정은 토론주제에 관련된 전문가, 주제와 관련된 행정부서의 관료, 학자, 정치가 등의 사회지도층 인사들로 구성되는 것이 일반적이다. 그리고 토론자들의 주위에 20~30명의 방청객들이 자리를 잡는데 대개 그날 주제에 관련되어 있거나 관심을 가진 사람들로 구성되며 이들 중 몇

명에게는 토론 도중에 자신의 의견을 개진할 수 있는 기회가 주어진다. 또한 가정에서 TV를 시청하는 시청자들도 전화를 통해 주제에 관한 의견을 개진시킬 수 있는 포맷으로서, 토론자, 방청객, 시청자의 전화참여 등의 세 요소로 구성되어 토론으로 진행되는 독특한 양식으로 진행되는 시사토론 프로그램이다.

좀더 나은 '시사토론'의 보도양식을 갖추려고 한다면 우선 토론에 선정된 소재가 적절해야 하고 프로그램의 진행자가 풍부한 사전지식을 갖추고 있어야 하며, 나아가 토론참가자 혹은 일반 시청자들의 토론 참여가 자유롭고도 폭넓게 이루어져야 한다는 전제가 있어야 할 것이다. 아울러 토론 프로그램 진행상 유의해야 할 점은 주어진 프로그램 편성의 런닝타임 이내에 토론 주제에 대한 찬반 양론을 균형감있고 원활하게 견해를 개진시키고 프로그램 후반부의 결론 부분에서 어떠한 형태의 의사결정이나 의견의 종합정리 또는 결론을 유도할 수 있도록 진행자가 주도면밀하게 토론의 끝부분을 정리해야 하는 점이 매우 중요하다.

KBS 1TV 길종섭의 〈쟁점토론〉

⑥ 현장 중계보도

사건의 현장을 신속하게 있는 상황 그대로를 시청자에게 전달하는 보도양식으로 방송메시지를 수용자에게 가능한 한 사건현장이나 이슈의 상황을 빠르고 가장 가깝고 밀접하게 접근시켜 행동감있고 생생한 현장감을 수용자에게 제공함으로써 욕구충족과 신뢰감을 제고시키는 효과가 있다. 현장 중계보도는 전쟁, 태풍, 홍수, 화재, 지진 등 천재지변이나 인재사건 현장은 물론 정치, 경제, 사회, 문화 등 사회 전반에 걸친 이슈나 사건에 이르기까지 그 대상이나 폭을 넓혀 확대하므로 수용자인 시청자에게 신속하고 생생한 현장을 근접시키는 TV 매체로서의 특징과 위력을 지니고 있다고 하겠다.

그러나 현장 중계보도가 생생한 현장을 그대로 전달한다는 대전제 이면에는, 현장상황 장면을 적절한 과정을 거치지 못한 채 방송에 부적절한 현장을 원형 그대로 시청자들에게 전달하는 보도의 역기능적인 요소가 노출될 측면도 배제할 수 없다.

7. 방송보도 내용의 유형

1) 방송보도의 내용

방송보도 내용의 의미는 보도내용이 되는 뉴스와 뉴스를 알리는 행위(*newscasting/news reporting*) 및 제시방법(*presentation methods*)을 포괄하는 복합적 개념으로 파악되어야 할 것이다.

즉, 방송보도에는 다음 세 가지 요소를 함축하고 있다.

- 행위자로서의 보도(아나운서, 뉴스캐스트, 앵커, 리포터, 기자 등)
- 보도내용으로서의 뉴스
- 뉴스 제시방법(포맷 혹은 형태)

이는 커뮤니케이션 과정의 한 요소로서 메시지구조가 메시지내용, 메시지코드, 메시지처리로 분류되고 있는 것 이상의 의미를 함축하고 있다. 이런 점에서 방송보도 내용에는 과다한 언어적 커뮤니케이션 요소와 비언어적 커뮤니케이션 요소를 포함한다. 방송보도에서는 앵커맨의 표정이나 억양 혹은 총체적인 앵커의 이미지 등이 의미전달에 중요한 역할을 수행하기 때문이다.[18)]

2) 방송보도 내용의 유형

방송보도 내용(방송뉴스)의 유형은 정형화되고 고착화되어 있는 것이 아니라 사회적 및 시대적 변천에 따른 수용자의 정보욕구 변화에 따라 가변적으로 나타난다. 방송이 출현한 이후 지금까지 보도된 모든 방송내용을 일정 기준에 의거해 유사한 것끼리 분류해 본 것이 방송내용의 유형이 될 수 있다는 뜻이다.

이런 점에서 방송보도 내용의 유형은 유형분류의 기준을 어떻게 설정하느냐에 따라 다양하게 구분될 수 있다. 특히 방송보도 내용의 유형분류 기준은 내용분석 방법(*content analysis method*)과 관련, 연구목적과 분석단위(*unit of analysis*)가 무엇이냐에 따라 다양하게 제시될 수 있다.[19)]

(1) 방송보도 내용의 유형 이론

윌버 슈람(Wilbur Schramm)은 뉴스를 경성뉴스(*hard news*)와 연성뉴스(*soft news*)로 분류한다. 이러한 분류는 수용자가 뉴스를 접함으로써 받게 되는 두 가지 보상, 즉 즉각적 보상(*immediate reward*)과 지연적 보상(*delayed reward*)에 근거를 둔 것이다. 즉각적 보상이란 감성적 쾌락의 만족을 의미하는 것으로 범죄, 스포츠, 오락관계 뉴스가 이에 해당되며 이러한 것을 연성뉴스 카테고리로

---

18) 전환성, "방송보도의 내용," 한국방송학회 편, 《방송보도론》, 나남, 1993, pp. 201~202.

19) 전환성, "방송보도의 내용," 한국방송학회 편, 《방송보도론》, 나남, 1993, pp. 215.

설정하였다. 반면 지연적 보상이란 지성적 현실의식을 제공받는 것을 의미하며 공공문제에 관한 보도나 과학, 교육, 건강관계 뉴스 등을 그러한 예로 들면서 경성뉴스 카테고리로 분류하였다.[20]

한편 Gans는 뉴스를 사회질서에 관한 뉴스(*social order news*)와 사회 무질서에 관한 뉴스(*social disorder news*)로 구분하고 사회의 무질서에 관한 뉴스를 다시 ① 자연적인 것(*natural*), ② 기술적인 것(*technological*), ③ 사회적인 것(*social*), ④ 도덕적인 것(*moral*) 4개의 카테고리로 분류하였다.

여기서 자연적 무질서에 관한 뉴스란 홍수나 지진과 같은 자연재해, 자연적인 힘에 의해 발생되는 산업재해를 의미하며 기술적 재해란 자연재해에 의하지 아니한 사건들을 가리킨다. 사회적 무질서 뉴스는 공중의 평화를 저해하는 행위에 관한 것으로 생활과 재산을 위협하는 폭력, 협박 등에 관한 내용이 포함된다. 그리고 도덕적 무질서 뉴스는 법률이나 규범을 범하는 것에 관한 내용을 의미한다.

사회질서에 관한 뉴스는 무질서에 관한 뉴스유형에 대응되는 개념으로 규정되며 누구를 위한 질서인가, 무슨 질서인가가 중요한 문제로 제기된다.

이와같은 분류는 방송보도 내용이 기존의 사회질서 유지나 현상유지(現狀維持, *status quo*)를 위해 가능하느냐 아니면 사회변화를 위해 가능하느냐에 관련된 기능론적 분류나 이데올로기로서의 뉴스연구를 위한 분류방법이라고도 할 수 있다.[21]

강명구는 한국의 텔레비전 뉴스보도 내용을 분석하기 위한 내용분석 유목을 다음과 같이 설정하고 있다. 이 자료는 코딩 가이드로 제시된 것으로 방송보도 내용을 분류하거나 내용분석하는 데 좋은 자료가 될 것으로 생각된다.

---

20) 차배근, 《커뮤니케이션학개론》, pp. 275~276 재인용.

21) Herbert J. Gana, *Deciding What's News*, New York: Pantheon Book. 1979, pp. 52~60; 전환성, "방송보도의 내용," 한국방송학회 편, 《방송보도론》, 나남, 1993, pp. 215~216 재인용.

■ 뉴스의 주분류

① 정치	② 외교	③ 경제 · 산업
④ 범죄 · 경찰	⑤ 법률	⑥ 문화(학술, 예술)
⑦ 사고 · 재난	⑧ 복지 · 보건	⑨ 교육
⑩ 인간흥미	⑪ 환경 · 공해	⑫ 북한 · 통일
⑬ 생활정보	⑭ 농민 · 어민	⑮ 군사 · 국방
⑯ 기술 · 과학	⑰ 기타	

■ 정보채널별 분류

① 공식적 채널(*official channel*)

② 프레스 릴리스(*press release*)

③ 기자회견(*press conference*)

④ 비자발적 사건(*non-spontaneous events* : 언론에 보도될 목적으로 행하는 연설, 기념식, 연출된 집회, 행사, 모임 등을 통한 보도의 경우)

⑤ 배경설명(*background briefings* : 보도된 기사에 있어 뉴스원이 사건의 배경설명, 또는 사건해설을 하는 경우)

⑥ 폭로(*leaks* : 뉴스원이 밝히기를 꺼리는 사실을 언론이 은밀히 정보원을 이용하여 캐내거나 양심적인 관계인이 이를 유출하여 보도하는 경우)

⑦ 비공식적 절차(*non-official proceeding* : 노조화합이나 사회 단체모임 등을 통해 보도하는 경우)

⑧ 타언론인의 발언(*news reporter & editorial* : 뉴스를 보도하는 언론사 이외의 언론사의 언론인의 논평 · 언급을 통해 보도하는 경우)

⑨ 인터뷰(*interview* : 특정 사건에 대해 기자가 의도적으로 주도한 인터뷰를 통해 보도하는 경우)

⑩ 자발적 사건(*spontaneous events* : 기자가 나름대로의 구도를 가지고 직접 취재한 화재, 폭동, 재난, 사고, 천재지변의 경우)

⑪ 독립된 취재(사건을 그대로 보도하는 것이 아니라 기자가 사건에 관련된 자료, 통계, 서적, 사진 등을 인용하여 나름대로 결론을 내리면서 보도하는 경우)

⑫ 기자의 분석(*analysis of the reporter* : 하나의 사건이나 한 주제에 대해 기자가 특집보도 형식으 로 심층적으로 분석하는 경우)
⑬ 미분류(*uncertain* : 어떤 채널을 통했는지 확실히 알 수 없는 경우) 등으로 구분하였다.

그리고 북한관계 보도일 경우는 정보채널을 다시 ① 북한 언론 및 북한 통신사, ② 내외통신, ③ 외국언론사(외국의 통신사, 방송국, 신문 을 통한 북한 뉴스보도), ④ 외국 정부 및 관계기관으로 구분하고, 외신의 경우는 ① 통신사, ② 현지언론, ③ 특파원(방송사 자체에서 파견한 특파원이나 특별 취재반의 보도), ④ 미분류로 세분하였다.

■ 기사의 제시방식에 의한 분류

① 제목(*headline* : 뉴스보도시 앵커의 오른편이나 왼편에 이펙트가 나타나는 경우)
② 앵커 혼자보도(*anchor only* : 자료화면이 나오거나 나오지 않거나 상관없이 앵커가 뉴스를 읽어가는 경우)
③ 화면에 나타난 기자(*reporter on film* : 보도시 관련기사를 해당기자가 등장하여 보도하는 경우(목소리만 들릴 경우에도 해당)
④ 스튜디오에 나타난 기자(*reporter on studio* : 담당기자가 취재현장에서 보도하지 않고 뉴스 보도실에서 기사를 읽어가는 경우)
⑤ 인터뷰 : 보도시 인터뷰를 병행하는 경우
⑥ 자막처리 : 화면 아래부분에 기사와 관련된 주제나 내용이 자막으로 나오는 경우
⑦ 현장화면 : 카메라를 현장에 직접 대고 생방송하는 경우
⑧ 정지인물사진(*still-people* : 인물모습을 정사진으로 화면에 제시하는 경우)
⑨ 기타 정지사진(*other still* : 인물 이외의 기타 사진이나 그림을 제시하는 경우)
⑩ 그래픽, 지도
⑪ 화면에 나타나지 않는 기자의 보도

■ 뉴스주제와 화면의 일치도에 따른 분류

① 뉴스 주제와 직접적인 관련이 있는 화면제시
② 어느 정도 관련있는 화면제시
③ 전혀 관련없는 화면제시
④ 화면없음

■ 기사의 주요 등장인물에 따른 분류

① 대통령 ② 각료 ③ 공무원 ④ 외교관
⑤ 여당 ⑥ 야당 ⑦ 재야 ⑧ 군인
⑨ 기업인 ⑩ 노동/ 노조 ⑪ 종교 ⑫ 압력단체
⑬ 농민 ⑭학생 ⑮ 지식인/전문가
⑯ 경찰 ⑰ 법조인 ⑱ 민생사범
⑲ 연예인/스포츠
⑳ 저명인사(위의 항목으로 분류하기 어려운 사람으로 사회적으로 저명한 사람, 예 : 영부인)
㉑ 일반시민
㉒ 없거나 애매함(사람을 대상으로 한 경우가 아닌 경우나 여러 인물이 동시에 등장하는 경우)[22]

Chester 등[23]은 텔레비전 뉴스 프로그램의 범주를 크게 ① 정규뉴스 프로그램, ② 심층보도 프로그램, ③ 와이드쇼로 구분하고, 정규뉴스 프로그램은 다시 '스트레이트 뉴스', '뉴스쇼'로 나누었으며, 심층보도 프로그램은 '다큐멘터리', '매거진', '기자회견', '뉴스 인터뷰' 등의 유형으로 세분하였다. 또 신현웅은 《방송 저널리즘》이란 저서에서 방송 뉴스의 유형을 ① 불리틴 뉴스, ② 해설 및 논평, ③ 심층취재 보도물, ④ 중계보도 프로그램으로 구분한다.

---

22) 강명구, "한국 TV 뉴스의 내용과 형식에 관한 분석," 한국언론연구원, 《TV 뉴스보도》, 언론연구원 연구서 4, 1990, pp. 3~134.

23) G. Chester, G. R. Garrison & E. Willis, *Television and Radio* (5th ed.), N. J. : Prentice. Hall, 1978; 전환성, "방송보도의 내용," 한국방송학회 편, 《방송보도론》, 나남, 1993, pp. 220 재인용.

3) 방송보도 내용의 유형분류

방송보도 내용의 유형은 그 분류목적과 기준에 따라 다양하게 나타날 수 있다. 그러나 한가지 기준이나 시각에서 분류하는 것은 평면적인 분류방법이라 할 수 있다.

방송보도 내용을 체계적으로 분류하기 위한 방법을 모색하기 위하여 방송보도 내용을 크게 그 형태적 특성과 내용적 특성으로 나누어, 이를 두 축으로 하여 방송보도 내용의 유형화를 분류할 수 있다.

(1) 내용적 특성별 구분

① 수용자 보상차원 : 경성뉴스, 연성뉴스
② 대상 지역별 : 국제뉴스, 국내뉴스, 지역뉴스
③ 주제별 : 정치/외교, 경제/산업, 범죄·사고, 문화/예술
④ 내용의 출처, 정보원

(2) 형태적 특성별 구분

① 포맷별 : 스트레이트, 해설/논평, 종합/혼합
② 편성방법 : 정규보도, 비정규보도
③ 진행방법 : 아나운서, 앵커, 해설자, 기타방법
④ 제시방법

이상과 같이 내용적 특성과 형태적 특성을 나누어 보도내용을 유형화한 것을 〈표 7-1〉과 같이 도표화할 수 있겠다.

방송보도 내용의 형태적 특성이나 내용적 특성에 대한 타당성있는 하위 카테고리를 어떻게 설정할 것인가의 문제가 선결과제이기는 하지만, 이러한 유형분류의 사례는 연구목적에 따라 좀더 합리적이고 체계적인 분류방법의 지침으로 활용될 수 있을 것이다.[24]

---

24) 전환성, "방송보도의 내용," 한국방송학회 편, 《방송보도론》, 나남, 1993, pp. 221～222.

〈표 7-1〉 방송보도 내용의 유형분류 방법

<table>
<tr><td colspan="3">형태별</td><td colspan="11">방송보도 내용의 형태적 특성별 구분</td></tr>
<tr><td colspan="3"></td><td colspan="3">포맷별</td><td colspan="2">편성방법</td><td colspan="4">진행방법</td><td>제시방법</td><td>기타</td></tr>
<tr><td colspan="3">내용별</td><td>스트레이트</td><td>해설/논평</td><td>혼합</td><td>정규보도</td><td>비정규보도</td><td>아나운서</td><td>앵커</td><td>해설자</td><td>기타방법</td><td></td><td></td></tr>
<tr><td rowspan="14">내용적 특성별 구분</td><td rowspan="2">수용자 보상차원</td><td>경성뉴스</td><td></td><td></td><td></td><td></td><td></td><td></td><td></td><td></td><td></td><td></td><td></td></tr>
<tr><td>연성뉴스</td><td></td><td></td><td></td><td></td><td></td><td></td><td></td><td></td><td></td><td></td><td></td></tr>
<tr><td rowspan="3">대지역 상별</td><td>국제뉴스</td><td></td><td></td><td></td><td></td><td></td><td></td><td></td><td></td><td></td><td></td><td></td></tr>
<tr><td>국내뉴스</td><td></td><td></td><td></td><td></td><td></td><td></td><td></td><td></td><td></td><td></td><td></td></tr>
<tr><td>지역뉴스</td><td></td><td></td><td></td><td></td><td></td><td></td><td></td><td></td><td></td><td></td><td></td></tr>
<tr><td rowspan="4">주제별</td><td>징치/외교</td><td></td><td></td><td></td><td></td><td></td><td></td><td></td><td></td><td></td><td></td><td></td></tr>
<tr><td>경제/산업</td><td></td><td></td><td></td><td></td><td></td><td></td><td></td><td></td><td></td><td></td><td></td></tr>
<tr><td>범죄/사고</td><td></td><td></td><td></td><td></td><td></td><td></td><td></td><td></td><td></td><td></td><td></td></tr>
<tr><td>문화/예술</td><td></td><td></td><td></td><td></td><td></td><td></td><td></td><td></td><td></td><td></td><td></td></tr>
<tr><td rowspan="3">내용의 출처 정보원</td><td></td><td></td><td></td><td></td><td></td><td></td><td></td><td></td><td></td><td></td><td></td><td></td></tr>
<tr><td></td><td></td><td></td><td></td><td></td><td></td><td></td><td></td><td></td><td></td><td></td><td></td></tr>
<tr><td></td><td></td><td></td><td></td><td></td><td></td><td></td><td></td><td></td><td></td><td></td><td></td></tr>
</table>

8. 방송뉴스의 취재[25]

1) 뉴스 취재 계획

(1) 취재대상 정보수집

방송뉴스 취재에 앞서 우선 무엇을 취재할 것인가 하는 취재대상을 선정해야 한다. 그러기 위해서는 취재대상에 관한 정보를 다각적으로 광범위하게 입수해야 하는 것이 가장 중요하다.

뉴스기사는 크게 발표기사 및 발생기사와 기획기사의 두 범주로 나눌 수 있다.

---

25) 이청수, "보도프로그램 제작의 실제," 한국방송학회 편, 《방송보도론》, 나남, 1993, pp. 132~154.

① 발표기사 및 발생기사

발표기사는 정부나 단체들이 일정한 시간에 일정한 장소에서 발표하는 것을 취재하는 것으로서 일반 국민의 권리의무와 이해관계가 걸려 있는 일들은 항상 관심의 1차적 대상이 되므로 국가 공공기관이나 단체들의 각종 행사, 회의, 발표, 회견 등의 일정표를 기자들이 담당 출입처를 대상으로 사전에 입수하는 것이 중요하다.

발생기사는 교통사고, 화재사고 등 예고없이 일어나는 기사들을 취재하는 것으로 특별히 기동성과 현장적응요령이 요청되는 분야이다.

② 기획기사

발표기사나 발생기사는 아니지만 시대적 상황에 따라 시청자들에게 전하고자 하는 뉴스의 의미와 메시지가 분명한 가치성을 지니는 사전기획에 의해 제작되는 뉴스이다. 기획뉴스를 취재할 경우에도 미리 취재대상을 답사하고 사전 심층적인 취재를 통해서 필요한 정보와 각종자료를 입수하고 취재계획을 치밀하게 수립해야 한다.

바로 우리들 주변에서 늘 볼 수 있는 작은 변화를 놓치지 않는 관찰력에서 중요한 기획취재의 아이디어가 창출된다. 불평삼아 들어준 아내의 푸념에서 시장물가를 취재할 수 있고, 무심코 펼쳐본 막내아이의 국어교과서에서 "교과서에 틀린 곳 많다"는 기획기사를 뽑아낼 수도 있는 것이다.

(2) 일일 취재계획표 작성

일일 취재계획표는 각 기관 단체 등 여러 분야에 걸쳐 광범위하게 파악한 일정과 기자들의 기획취재 일정을 하루 전날 오후에 데스크에 미리 보고하고 데스크와 협의를 거쳐 결정한다. 데스크는 취재기자들과 협의를 거친 후 비중이 있는 중요한 기사나 특별히 이례적인 일정 또는 기획에 관해서는 보도책임자(각 방송사 보도국장급 간부)와 협의를 거치고 독자적인 판단이 어려울 때는 보도를 담당하는 임원에게나 비중있는 중요한 사안에 따라서는 사장에게까지 보고하고 협의하여 결정되기도 한다.

이런 과정을 거쳐 짜여지는 다음날 취재일정표는 방송보도국의 일반적 조직체계에 따라 정치, 경제, 사회, 문화, 과학, 수도권, 지방 등의 각 부서별로 세분되어 있다.

(3) 일일 취재 진행계획

일일 취재진행계획은 앞서 작성된 일일 취재계획표에 따라 구체적 취재진행계획을 짜는 것으로서 취재진행표 또는 콘티뉴어티를 짜야 한다.

① 취재팀 구성

우선 취재팀이 먼저 구성돼야 한다. 방송은 신문과 달라서 기자이외에 카메라 기자와 오디오맨(Audio-man, 음향보조원)을 대동해야 하고 취재차량이 배정돼야 한다. 단순 뉴스 리포트물이 아니고 10분 이상의 기획뉴스물일 경우에는 PD가 따라가야 할 경우도 있다. 또 중계차를 동원해서 생중계 또는 녹화방송을 할 경우에는 중계차에 3대 이상의 카메라가 따르고 10여명의 중계요원이 별도로 가게 된다.

보통 뉴스취재에서는 3명 또는 4명이 한 팀으로 움직인다. 따라서 취재일정이 확정되면 취재팀 구성이 급선무이다. 대체로 취재일정에 비해 카메라수가 부족하기 때문에 카메라와 카메라 기자를 우선 확보해야 한다. 여기에 경합이 있을 때는 중요도에 따라 우선권이 있고 어떤 때는 취재대상의 시간을 재조정하기도 한다.

② 주제결정

취재 당일의 행사나 회의, 회견, 발표 그리고 일이나 사건 사고에서 무엇을 주제로 하는 뉴스를 만들 것인가를 구상하고 취재진행계획을 짜야 한다.

초점을 맞출 사람은 누구로 하고 물건이나 말은 어떤 것으로 하며 인터뷰대상과 기대되는 내용까지 미리 결정해서 시간, 장소, 사람을 사전에 약속해 둬야 한다. 취재팀은 이 취재진행 계획표를 사전에 충분히 주지하고 취재에 나서야 한다.

기자의 첫 뉴스머리 오프닝 멘트(*opening ment*)는 무엇으로 하고 연결멘트는 무엇으로 하며 중간에 어떤 사람의 말을 컷(*cut* : 오디오, 비디오를 동시에 살린 그림)으로 사용할 것인가도 미리 구상해 둬야 한다. 물론 예상하지 않은 내용이 새로 나오거나 사건 사고의 경우에는 현장에서 내용을 만들거나 구상을 변경해서 취재해야 하지만 여러 가능성에 대비한 사전준비는 철저히 하고 나가는 것이 좋다.

③ 사전답사

어떤 정해진 행사나 회의 또는 사건 사고 뉴스취재가 아닌 기획뉴스 취재일 경우 내보내고자 하는 뉴스에 가장 알맞은 현장을 사전 선정하고 가능하면 현장을 미리 답사하는 것이 좋다.

대통령 취임식 또는 국회 개원식을 중계할 때는 물론이고 이런 큰 행사를 취재보도할 때는 사전답사와 구체적 취재장소와 카메라 위치 등의 사전결정이 필수적이다.

④ 취재장비 점검

취재출동에 앞서 취재장비와 테이프에 대한 사전점검도 필수적이다. 시간을 다투는 취재일 경우 현장에 도착한 뒤 취재장비 가운데 어느 한 가지를 빠뜨렸거나 고장이 났거나 한 것을 발견했을 때는 이미 경쟁에서 뒤지게 된다.

2) 뉴스 취재 활동

수없이 새로 일어나는 일들 가운데 뉴스취재대상으로 선택됐다 하더라도 무엇을 주제로 해서 어디에 초점을 맞춰야 하고 여기에 따른 오디오-비디오(*audio-video*)는 어떤 것을 따라야 하는 것이 기본 문제가 된다. 여기에 관한 사전 취재진행 구상이나 계획표없이 취재에 임했을 경우 노력은 노력대로 하고 성과는 별로 없는 결과가 된다.

뉴스 리포트의 경우 보통 1분에서 1분 30초 정도의 길이로 되어 있다. 예를 들어 1분 리포트 뉴스일 경우 어떤 행사나 연설이 1시간 계속됐다 하더라도 그 가운데 가장 중요하고 관심을 끌 수 있는 내용을 1분 이내로 요약, 압축해야 한다. 그리고 같은 장면이 3초 이상 지속해서 나가는 것은 좋지 않다. 1분 리포트 뉴스에는 20컷의 다른 그림이 들어가야 하고 그렇게 하려면 적어도 그 누배가 되는 40컷을 촬영해야 좋은 그림을 골라 쓸 수 있다.

(1) 행사취재

각종 행사는 예정된 것이기 때문에 행사진행표와 연설공연 등의 내용이 미리 배포된다. 그 행사의 핵심되는 부분이나 인물은 빼지 말아야 하고 연설 가운데 뉴스컷으로 쓸 만한 부분을 서너 군데 골라 카메라 기자에게 미리 주지시켜 둬야 한다. 이런 약속이 되어 있지 않으면 육성을 그림과 함께 써야 할 부분에서 주변 스케치 그림을 찍는 데로 카메라를 돌려버리는 경우가 흔히 나오기 때문이다.

문제는 어떤 행사의 경우 어느 장면이나 육성이 필수적인 것이고 또 어느 장면이나 육성은 선택적이냐 하는 것이다.

대통령 취임식 행사를 취재할 때라면 대통령의 취임선서가 제일 핵심이고 두번째는 대통령의 취임연설일 것이다.

취임선서 장면은 육성과 함께 그대로 모두 방송될 것이고, 취임연설은 우리나라의 경우 5분 또는 길 경우 10분 정도 편집해서 나갈 것이다. 45분에서 1시간 가량되는 대통령 취임연설 가운데 새 국정의 목표와 방향이 가장 잘 부각된 부분을 골라 사용해야 하는 것은 두말할 필요가 없다.

(2) 해외취재

국회, 공청회, 세미나, 심포지움 등 각종 회의는 어떤 문제에 대한 다양한 의견과 여러가지 내용을 한 자리에서 한꺼번에 취재할 수 있어 편리하기도 있지만, 회의결과 내용을 1~2분 요약리포터하기 위해서 몇시간씩 소요되는 회의내용을 빠뜨리지 않고 계속

KBS 해외동포상 시상식.

취재해야 하는 인내심도 필요하다.

그 대표적인 경우가 국회 본회의의 대정부질문 또는 질의나 상임위원회 활동과 국정감사 등이라 할 수 있다.

국회 본회의 대정부질문의 경우 하루 평균 6~8명이 나서고 한 사람당 30분씩에 정부답변까지 합쳐 최소 6시간 정도 걸린다. 국회나 정당 출입기자도 방송의 경우 취재기자만 10명 안팎이기 때문에 교대로 취재하고 교대로 송고 또는 뉴스제작을 맡는다. 카메라 기자도 5~6명이 교대로 맡는다.

대정부질문의 경우 질문의원이 질문서를 미리 배포하기 때문에 육성 컷으로 사용할 부분을 두세 군데 미리 선정할 수 있다.

그러나 언제 예기치 못한 일이 벌어질지 또 중요한 것일수록 사전배포하지 않고 기습적으로 하는 질문이 있을 수 있기 때문에 잠시도 방심할 수 없다. 더욱이 정부측 답변의 경우는 그 내용이 미리 배포될 수 없는 것이기 때문에 단 한마디도 소홀히 할 수 없다.

따라서 의원 한 사람의 질문 가운데 불과 20초 안팎만 뉴스컷으로 채택해서 6명 모두 불과 2분으로 짧게 끝날수록 취재는 충분히 해야 하고 국무총리와 관계장관 4~5명의 답변은 30초 안팎으로 조금 길게 컷을 사용한다 하더라고 끝까지 취재를 해야 한다. 새롭고 큰 내용이 마지막 무렵에 나오는 경우가 많기 때문이다. 이때 카메라 기자는 녹화테이프를 계속 갈아 끼워야 하는데 테이프 표면에 테이프 날짜와 제목, 녹화순서와 길이를 기록하는 일을 잊지 말아야 한다.

다만 이런 회의는 우선 사전배포된 주제반표 내용 등을 중심으로 1보를 처리하고 한두 시간 심지어 몇 시간 동안 기다려 질의응답과 토론까지를 다 본 뒤라야 새로운 내용, 의외의 큰 뉴스거리를 얻을 수 있기 때문에 상당시간 사전연구와 인내가 필요하다.

이런 공개회의를 취재할 때 특히 주의할 사항은 미리 배포되거나 국회의원의 직접질문 가운데 새롭고 충격적인 것이 있을 때 나름대로의 검증절차 없이 보도하는 일을 삼갈 필요가 있다는 것이다. 의심이 갈 경우 정부 또는 권위있는 기관의 답변이나 해명을 함께 균형있게 보도해야 한다.

(3) 회담취재

두 나라 정상회담이나 두 나라 외무장관회담에서부터 여야 대표회담, 여야 총무회담 또는 중진회담이 있고 노사협상과 같은 협상회담이 있다. 이런 회담은 서로 이해가 대립되는 경우가 많기 때문에 서로의 주장을 많이 노출시키면서도 상호합의 또는 묵계에 따라 비밀이 있을 수 있다. 이 비밀을 캐내기 위해서는 역시 상당한 취재력이 필요하다. 그 취재력은 남보다 열심히 뛰고 관계자와 직접, 간접의 접촉과 대화를 자주 유지하면서 신뢰관계를 쌓아둘 때 발휘되는 것이다. 어쨌든 특종 뉴스는 이런 회담결과의 막후 취재에서 나오는 경우가 많다는 것을 유의해야 한다.

일반적인 회담취재는 회담시작때의 그림찍는 시간에 회담그림을 반드시 찍어야 한다. 전자매체의 발달과 위력에 따라 TV 카메라 기자가 올 때까지 회담을 시작하지 않는 경우도 있지만 혼자만 늦어서 빠지는 일은 없어야 한다.

취재기자와 카메라기자가 풀(*pool*) 기자로 들어갔을 때는 취재내용은 물론 그림까지도 풀로 나눠쓰는 것을 반드시 지켜야 한다.

회담취재에서는 회담 자체 그림을 확보한 다음은 회담 당사자의 발표나 대변인의 발표 또는 브리핑을 취재해야 한다. 그 다음 회담의 깊숙한 이야기나 뒷이야기를 취재해서 '당국자' 또는 '소식통'의 말로 보완해 주는 것이 좋다. 방송에서는 흔히 발표와 브리핑에만 의존해서 보도를 하는 경우가 많지만 막후 취재보도를 곁들일 때 보도가 충실하고 완벽해진다. 특히 이 막후취재에서 나온 이야기가 발표나 브리핑내용보다 훨씬 뉴스가치가 클 경우가자주 있다는 것을 잊지 말아야 한다.

(4) 기자회견

기자회견은 뉴스제공자인 뉴스메이커가 뉴스내용을 직접 발표하거나 공개적으로 널리 알릴 필요가 있을 때, 또는 어떤 문제에 관해 당사자나 책임자로부터 직접 들어보겠다는 기자 또는 기자단의 요청이 있을 때 기자회견을 갖게 된다.

기자회견은 여러가지 취재방법 중 가장 공개적이고 공식적인 것으로서 방송 특히 TV 매체가 그 특성상 가장 큰 위력을 발휘한다.

우리나라에서는 대통령의 연두기자회견이나 비중있는 외국원수의 공식방문시 양국 공동기자회견을 갖는 것 등이 대표적인 사례이며, 대통령의 경우 국내 각 언론사의 창간 또는 창사기념일이나 특별한 계기에 특정신문, 방송, 통신, 외국언론사와 대통령의 단독 회견이 가끔 있지만, 공식 기자회견과는 구분된다. 단독회견할 때와 단독취재 보도할 때는 방송사 표시 마이크 택을 사용하는 것도 잊어서는 안된다. 공식회견이든 단독회견이든 회견주제와 회견주체에 대한 사전정보와 지식을 충분히 습득하고 회견에 들어가야만 성공적인 뉴스취재를 기대할 수 있다.

(5) 기자간담회

기자간담회는 격식을 갖춘 공식 기자회견과는 달리 격식을 갖춰서 하기에는 시간이 없거나 공식적으로 다루어야 할 주제가 적당하지 않을 때 간담회 형태로 주관될 경우를 말한다. 기자간담회도 공식 기자회견과 같이 구성원은 비슷하지만 격식이 다르며 회견주체가 말하는 내용이 연설문으로 완전히 다듬어지지 않고 설명적일 경우가 많고, 사담도 주고받을 경우가 있으므로 주체자의 담화내용을 직접 인용하는 방법이 기자회견과는 다르다.

이때는 회견주체가 하는 말이 직접인용(*direct quotation*)될 수 있지만 그림만 나가고 육성은 사용하지 않는 것이 원칙이다. 회견주체의 육성으로 뉴스에 내보내기에는 정리가 덜 된 때문이다.

특히 공식 기자회견 때는 그것이 그대로 생방송되기도 하기 때문에 오프 더 레코드(*off the record*), 배경정보(*background information*)니 하는 것이 적용될 수 없다. 회견내용 모두가 온 더 레코드(*on the record*, 쓴다는 조건)로 그대로 나가기 때문이다.

그러니 기자간담회에서는 이 부분은 온 더 레코드, 이 부분은 배경정보, 이 부분은 심층배경정보(*deep background information*), 이 부분은 오프 더 레코드라는 말이 자주 나오게 된다.

회견주체의 이러한 요구는 그 현장에서 이의를 제기하고 시정하지 않은 이상 지켜져야 한다. 이 규칙이 우리나라에서는 잘 깨지는 경우가 있는데 이것은 언론에 대한 불신과 언론기피 현상의 주요 원인의 하나가 되고 있다.

(6) 발 표

기자회견이나 기자간담회의 격식이나 과정을 거치지 않고 회견주체가 알리고자 하는 어떤 내용을 일방적인 발표로만 끝내고자 할 경우 이런 형태를 취하게 된다. 어떤 중대한 시국국면이나 상황에 놓였을 때 대통령 특별담화발표나 특별성명발표와 국무총리나 해당장관의 발표등이 그 대표적인 사례이며, 각 부처나 기구단체의 대변인을 통해 발표하는 경우도 많다.

언론이 일방적 연설이나 성명발표를 전하는 일로 끝낸다면 언론의 역할을 성실히 수행했다고 할 수 없다. 따라서 이때는 배경정보니 심층배경정보를 입수해야 하고 그런 정보를 일방적으로 수용하지 않고 비판해서 보는 시각이 필요하다.

대변인 성명발표의 경우 서면으로 내는 경우도 있다. 이럴 경우는 대변인의 직접 육성을 녹화할 수 있다면 최대한으로 TV 매체의 특성을 살려 활용하는 것이 좋다.

(7) 사실 브리핑

사실브리핑(*fact briefing*)은 공식 기자회견 이후에도 있을 수 있고 기자회견이나 기자간담회 형식보다 더 자유로운 입장에서 각 기관 단체 등에서 추진하고 있거나 확정한 어떤 정책이나 일을 그 실무 책임자가 설명하는 기회를 말한다.

이 사실브리핑은 브리핑하는 장면의 그림을 사용하고 그 사람의 말을 직접 인용할 수 있어도 육성 컷 사용은 하지 않는 것을 원칙으로 한다. 그러나 브리핑 이후 꼭 필요한 부분의 녹음녹화가 가능하면 별도로 하는 것이 좋다.

이 브리핑때 가장 유의해야 할 점은 어떤 정책이나 일을 설명하는 가운데는 시험 기구적인 내용, 특정 부분만 부각시킨 내용, 심지어 허위적인 내용, 흑색 선전적인 내용도 포함돼 있을 수 있다는 것이다.

특히 TV 뉴스의 경우 이 부분만 비치면서 내용을 전달할 경우 시청자를 오도할 우려가 있기 때문에 사전사후 충분한 취재와 자료검토가 필요하다.

(8) 배경설명

배경설명은 Background Briefing으로서 사실 브리핑과 비슷하다. 그러나 설명하는 사람과 말을 직접 인용하거나 그림을 사용하는 것이 금지된다는 데 차이가 있다. 따라서 주어는 '당국자', '고위관리' 등으로 해서 간접인용할 수도 있다.

(9) 심층 배경설명

이 심층 배경설명(*deep background briefing*)은 공식으로 이루어지는 경우도 있지만 비공식 또는 개별취재로 이루어지는 경우가 많다. 여기서 나오는 정보는 직접은 물론 간접 인용해서도 안되고 설명하는 사람의 그림도 사용할 수 없다는 것이 관례이다. 따라서 '소식통은', '소식통에 따르면', '정통한 소식통은' 하고 보도할 수 있다.

이 경우 소식통이 누군지에 관해 보도를 해서도 안될 뿐더러 다른 사람에게 공개해서도 안된다. '소식통'을 공개않는 것은 취재원칙이다.

(10) 오프 더 레코드

오프 더 레코드(*off the record*)는 쓰지 않는다는 조건으로 어떤 사실을 설명하는 것이다. 아직 비밀로 돼 있거나 지금 공개하는 것이 바람직하지 않을 때 자주 사용된다. 오프 더 레코드는 어떤 형식으로든 일체 보도될 수가 없다.

반면 취재보도를 사전 억제하기 위해 오프 더 레코드 브리핑을 남발하는 경우가 있는데 그런 남발이 없도록 해야만 정말 지켜야 할 오프 더 레코드가 잘 지켜지게 된다는 것도 취재원 쪽에서 유의할 필요가 있다.[26]

언론의 의무는 국민에게 진실을 명확하고 심도있게 전달하는 것이다. 이를 위해서 언론은 모든 정보를 있는 그대로 보도할 수 있어야 한다(*on the record*). 그러나 몇가지 이유로 신문이나 방송이 취재원으로부터 얻은 정보를 전부 혹은 일부 보도하지 않거나 취재원의 신분을 밝히지 않는 경우가 있는데, 이를 '기록하지 않는다'라는 뜻에서 '오프 더 레코드'라고 부른다.

오프 더 레코드의 기본취지는 시청자에게 양질의 정보를 많이 알려주는 데 있으며, 이를 위해 부득이 시청자의 알 권리를 일시적으로 제한한다는 것이다. 실제로 방송은 오프 더 레코드를 통해 이러한 취재방법을 사용하지 않고는 얻을 수 없는 매우 중요한 정보를 시청자에게 제공할 수 있다.

그러나 오프 더 레코드의 사용은 그 효용 못지않게 여러 가지 폐해가 따른다는 사실을 알아야 한다. 따라서 제작자는 엄격한 기준에 근거하여 오프 더 레코드를 사용해야 하며 이를 남용해서는 안된다.

---

26) 이청수, "보도프로그램 제작의 실제," 한국방송학회 편, 《방송보도론》, 나남, 1993, p. 155.

① 오프 더 레코드의 종류

정보의 이용범위에 따라 다음과 같이 분류할 수 있다.

- 익명보도 : 정보를 이용하지만 추상적인 단어로 취재원을 표시하는 경우
  예 : '경찰은 ~라고 말했다'
- 배경설명 : 취재원의 일반적인 직책과 함께 정보를 이용하는 경우
  예 : '외무부의 한 관리에 따르면, ~'
- 심층배경 설명 : 취재원에 대해 어떤 언급도 하지 않는 경우
  예 : '~로 보인다', '~할 전망이다'
- 보도금지 : 정보를 전혀 기사화하지 않는 경우

② 오프 더 레코드의 성립

오프 더 레코드를 함부로 약속해서는 안되며 제작자는 그 제의를 인정하고 싶지 않으면 거부할 수 있다. 그러나 제작자가 일단 취재단과 약속을 했으면 취재원 보호라는 직업 윤리상의 의무를 지키기 위해, 또 취재원의 신뢰를 유지하기 위해 이를 반드시 이행해야 한다. 이때 취재원과의 합의내용에 따라 정보를 이용할 수 있는 범위나 시기가 달라진다.

③ 제작자의 검토사항

제작자는 취재원이 오프 더 레코드를 제의할 때에는 그것이 받아들일 만한 가치가 있는 것인지 신중히 판단해야 한다. 일단 오프 더 레코드가 성립되면 그에 의해 많은 제약과 분쟁의 소지, 책임 등이 뒤따르기 때문이다.

그러나 언론과 취재원과의 역학관계에 따라 오프 더 레코드는 종종 특종으로 연결되기 때문에 기자와 제작자에게는 오프 더 레코드의 유혹을 견디기 어려울 때가 많다. 그런 만큼 제작자는 아래의 지침들을 참고하면서 스스로 판단, 결정해야 할 것이다.

- 먼저 일대일로 취재를 하는 것인지 확인해야 한다. 기자 간담회

와 같이 여러 사람이 취재하는 경우에는 오프 더 레코드가 파기될 가능성이 있으므로 오프 더 레코드를 전제로 한 취재는 일대일로 하는 것이 좋다.

- 취재원이 제공하는 정보의 내용이나 조건이 충분히 수긍할 만한 것인지 검토해 보아야 한다. 취재원 개인의 이해를 위한 정보의 조작 가능성, 혹은 의도적인 의견 유도 가능성은 없는지 파악해야 한다. 특히 정치가의 오프 더 레코드는 무엇인가 의도가 있다고 보는 것이 좋다.

  다음과 같은 사항이 판단의 기준이 될 수 있을 것이다.

  · 과연 중요한 정보인가
  · 왜 오프 더 레코드를 요구하는가
  · 왜 나에게 정보를 주고 있는가
  · 어떠한 조건인가
  · 달리 정보를 얻을 방법은 없는가

- 취재원을 설득해서 신원을 밝히도록 노력해야 한다. 그리고 배경설명으로 이용할 수 있는지 또는 다른 취재원을 통해 내용이 확인되면 기사화할 수 있는지, 그리고 해제시점은 언제인지 등에 대해 확인을 받도록 한다. 물론 취재원에게 이를 일일이 확인하는 것이 때로는 무례해 보이고 어렵겠지만 확인만이 최선의 방법이다.
- 일단 오프 더 레코드가 걸리면 상급자에게 직접 관련 내용을 보고해야 한다. 그렇게 해서 개인에 따른 판단의 착오를 최소한으로 줄이도록 해야 한다. 지휘 감독하는 위치에 있는 상급자는 보고를 받으면 취재원의 신분, 오프 더 레코드의 성립요건, 정보의 중요성, 확인취재 지침, 파급효과, 분쟁의 소지 등을 종합적으로 검토하여 대응방법을 지시한다.
- 일단 오프 더 레코드가 성립되면 반드시 이를 지켜야 하나 취재대상과 합의를 이루면 해제할 수 있다.
- 오프 더 레코드는 새로운 취재의 시작이다. 취재내용은 보완적인 방법으로 별도의 확인취재를 하도록 해야 한다. 이를 통해

내용이 사실로 확인되면 다시 취재원을 설득하도록 한다.

- 별도의 취재원조차 확보하지 못한 경우, 방송시 취재원의 신원을 밝히지 못하는 이유를 시청자에게 설명하는 것이 좋다.

④ 오프 더 레코드가 성립되지 않는 경우

일반적으로 다음과 같은 경우에는 오프 더 레코드가 성립되지 않는 것으로 본다.

- 제작자의 동의없이 일방적으로 체결된 경우
- 내용이 명백한 공문서인 경우
- 일반적으로 알려진 사실의 경우
  예 : 다른 일반인들과 함께 참석한 자리에서 오프 더 레코드가 요구된 경우
- 기자가 직접 목격한 경우
- 오프 더 레코드를 요구한 취재원 이외의 다른 취재원으로부터 정보를 확인한 경우
- 현저하게 공익을 해칠 우려가 있다고 판단되는 경우

오프 더 레코드를 자주 사용하면 시청자의 신뢰를 잃을 가능성이 크다. 뿐만 아니라 방송국 자체의 자율적인 뉴스가치 판단도 방해를 받을 수 있다. 따라서 오프 더 레코드를 전제로 취재를 하는 경우에는 담당 제작자의 책임있는 판단이 요구된다.

1995년 8월 3일 《조선일보》 1면에 기재된 서석재 의원 발언사건 자체의 충격으로 인해서 사회에 커다란 파문을 일으켰을 뿐만 아니라 언론계 내부에서도 오프 더 레코드와 관련해서 많은 논란을 불러일으켰던 사건으로서 오프 더 레코드의 적용기준과 방법을 보여주는 좋은 예이다.

■ 사 례 **서석재 장관 '전직대통령 4천억원 보유' 발언관련 파문**

1995년 8월 1일 민자당 지역구 조직책 복귀를 앞둔 서석재 당시 총무처 장관은 약 7명의 기자들을 저녁식사에 초대했다. 식사 첫머리에 식사중의 발언에

대해서는 오프 더 레코드로 할 것을 청했다. 이런저런 이야기를 하다가 전직 대통령 중 한 사람의 실세급 대리인이 '가명계좌로 4천억이 있는데 2천억을 보호할 수 있도록 해줄 수 없느냐'고 물어왔다는 말을 꺼냈다. 그래서 자신이 청와대 경제수석과 국세청 장관에게 알아봤으나 방법이 도저히 없다고 했다.

식사가 끝나고 일부 기자들은 상부에 보고하지 않았다. 일부 기자들은 보고는 했으나 기사화하지는 않았다. 조선일보만이 보고를 받은 편집국장의 강력한 주장으로 이를 기사화하였다.

이 사건에서 볼 때 서 장관의 발언을 보도한 것은 과연 잘한 일인가? 대체적으로 다음과 같은 이유에서 오프 더 레코드의 파기를 옹호하는 입장이 지배적이다.

- 발언상황을 비추어 볼 때 오프 더 레코드가 전제될 만한 사건이나 사안이 전혀 없었다는 점
- 그 자리가 인터뷰를 위한 것이 아니라 단체회식자리였다는 점
- 이미 시중에 유포되어 일반인이 알고 있는 사안이었다는 점
- 그 내용이 비록 공식문건과 관련된 것은 아니지만 총무처 장관이라는 공적인 자리에 있었기 때문에 얻을 수 있었던 '공적 정보'였다는 점
- 개인의 정치적 의견이 아닌, 직무와 관련된 사실이었다는 점
- 그리고 무엇보다도 그 내용이 실명제의 존재의미나 정치자금 조성과 관련해서 국가운영의 기본을 위반한 것으로, 이 경우에 오프 더 레코드를 지키는 것보다는 파기하는 것이 '국민의 알권리'와 '공공의 이익'에 기여한다는 점이다.

《조선일보》의 보도에서도 방법상의 문제점이 있었다는 견해가 제기되었다. 즉, 기사에서 서 장관의 발언을 직접 확인해줄 수 있는 다른 두 사람을 명시적으로 밝힌 점으로 보아 서 장관의 발언내용을 직접 인용하지 않아도 기사화할 수 있었는데, 그렇게 하지 않고 서 장관의 발언을 직접 인용했다는 것이다.

더불어 그 자리에 참석했던 다른 기자들에 대해서도 ① 서 장관

의 오프 더 레코드 요청에 대해서 그 자리에서 이의를 제기하지 않고 묵시적으로 동의했으며, ② 일단 동의했다면 소속 정치부장과 편집국장에게 보고하고 별도의 확인과정을 거쳐야 했는데 그렇게 하지 않고 바로 기사화했다는 것을 문제점으로 지적하였다.[27]

(11) 풀 취재

① 풀(*pool*) 취재는 대표취재라고도 하며 다음과 같은 경우에 주로 사용된다.

- 취재를 희망하는 모든 언론기관의 취재진이나 기자가 취재장소에 접근하는 것이 물리적으로 곤란한 경우
- 취재대상자의 심리상태를 고려해서 취재진의 수를 줄여 안정된 분위기 속에서 취재할 필요가 있다고 생각되는 경우
- 취재진의 수를 제한하지 않으면 취재자와 관계자의 신변안전이 위협받을 만한 장소인 경우

따라서 일단 풀취재가 시행되는 경우 적극적으로 풀취재에 참가해야 하며, 풀취재에 참가하지 못한 경우에는 참가한 모든 기자를 대상으로 가능한 한 많은 정보를 얻어 기사를 작성해야 한다.

② 어쩔 수 없이 풀취재를 받아들여야 하는 경우가 있다. 그러나 풀취재는 피치 못할 경우에 한해서 수용해야 하며 다음과 같은 문제점이 있음을 인식하고 있어야 한다.

- 모든 보도기관이 독립적인 위치에서 자율적으로 판단하고, 취재해야 한다는 취재보도의 일반 원칙에서 벗어난다.
- 현장에 직접 접근하여 취재하지 않을 경우 사실을 정확히 수집하고 판단하기 힘들다.
- 출입처 취재의 경우 자신도 모르게 취재원과 시각이 비슷해지거나 서로 담합할 위험이 있으며 균형있게 보도하기가 어렵다.[28]

---

27) KBS, 《방송제작가이드라인》, 1998, pp. 75~79.

(12) 엠바고

엠바고(Embargo)는 어떤 발표나 사실의 보도일시가 미리 정해져서 그 일시 이전에는 보도가 금지되는 것을 말한다. 취재보도의 편의를 위해 어떤 사실이 사전배포 또는 설명될 때 사용되는 이 엠바고는 반드시 지켜져야 한다. 특히 방송의 경우는 그 엠바고 시간을 엄격히 지켜야 한다는 것은 말할 것도 없다.

엠바고가 지켜지지 않거나 깨지면 어떤 사실의 사전배포나 설명을 취재원쪽에서 기피하게 되는 것은 물론 엠바고를 깨는 사람은 오프 더 레코드를 깨는 사람과 같이 취급받게 된다.

엠바고가 깨지면 그것이 본인 잘못이든 회사 잘못이든 그 책임은 본인에게 돌아가서 중요한 내용일 경우 출입정지는 물론 회사에서의 인사문책을 당하게 되는 경우도 있다.

엠바고를 지킬 이유나 필요가 없는 내용으로 판단되면 그 발표자쪽에 이를 풀도록 요구해서 풀도록 한 다음 다른 기자들도 다 알게 하고 써야 한다. 우리나라의 경우 보통 출입기자단에서 사전협의를 거쳐 엠바고를 푸는 문제를 해결하고 있으나 드문 일이라고 보면 되겠다.[29]

9. 뉴스취재와 인권 및 유의사항[30]

1) 법과 기자의 윤리

방송내용이나 취재과정에 대해 취재원과 시청자가 제기하는 불만 가운데 으뜸을 차지하는 것이 인권에 관한 사항이다. 이러한 불만들은 각종 방송심의기구와 경고, 제재로 이어지거나 최악의 경우 사법적 판결을 받기에 이른다.

---

28) KBS, 《방송제작가이드라인》, 1998, pp. 79~80.

29) 이청수, "보도프로그램 제작의 실제," 한국방송학회 편, 《방송보도론》, 나남, 1993, pp. 155~156.

30) KBS, 《방송제작가이드라인》, 1998, pp. 36~74.

제작자는 인권침해가 비록 실수에 의한 것이었다 하더라도 피해자에게 회복할 수 없을 정도의 손해를 끼칠 수 있다는 사실을 깊이 인식하고 있어야 한다. 또한 인권침해에 대한 심의기구와 사법기관의 타율적 제재는 제작자에게도 그만큼의 정신적, 경제적 손실을 가져오게 마련이며, 이러한 일이 반복되면 방송사 이미지에도 매우 부정적인 영향을 끼친다. 그러나 무엇보다도 중요한 것은 이러한 제재가 반복될수록 방송사에 대한 시청자의 신뢰가 그만큼 줄어들게 된다는 사실이다.

방송의 자유, 표현의 자유가 인권과 충돌할 때 법은 두 법익간의 중요성을 저울질하고 상황을 종합하여 최종적인 판단을 내린다. 방송제작자는 이러한 법의 결정을 존중해야 한다. 그러나 방송은 시청자의 알 권리에 봉사하는 것을 사명으로 하는 만큼, 때로는 방송의 자유를 위해 어쩔 수 없이 법과 충돌하는 상황에 처할 수도 있다. 물론 이런 극한적인 경우에 그 사안에 대한 방송의 여부는 방송사 내부의 신중한 판단에 근거해서 결정되어야 한다. 또한 그 결정은 뚜렷한 원칙과 기준에 근거하고 정당해야 하며 시청자들이 납득할 수 있을 만한 것이어야 한다.

방송과 인권에 관해 기자가 유지해야 할 기본적인 원칙과 자세는 상대방과 시청자의 입장에서 생각해야 한다는 것이다. 취재대상과 시청자에 대해 겸손하고 항상 성실히 대하며, 그들을 속이지 않는 진실한 태도를 견지해야 한다. 방송은 목적과 수단 모두가 정당해야 시청자의 신뢰를 얻을 수 있다.

2) 취재원 보호

취재원 보호는 언론기관에 종사하는 사람들이 지켜야 할 가장 중요한 직업윤리 중의 하나다. 취재원의 신뢰를 잃게 되면 의미있는 언론활동 자체가 불가능할 수 있기 때문이다.

취재원들은 어떠한 이유에서건 자신의 신분이 노출되지 않기를 원할 수 있다. 이런 경우 기자가 취재원의 신분을 밝히지 않기로 약속했다면 그 약속은 반드시 지켜져야 한다.

그러나 방송기자는 우리 법률상 취재원을 밝히지 않으면 안되는 경우에 직면할 수가 있다. 이 경우 기자가 할 수 있는 최선의 대처방법은 설득력있는 원칙을 명시하고 이를 일관성있게, 그리고 합리적으로 실천해 나가는 것이다.

(1) 취재원의 명시

신뢰성있는 보도를 위해 기자는 취재원을 명시해야 한다. 취재원을 명시해야 하는 이유는 다음과 같다.

- 책임있는 보도를 하기 위해서
- 단순한 소문과 구별하기 위해서
- 오보나 정보조작의 위험성을 막기 위해서

(2) 취재원의 보호

- 취재원을 밝히지 않기로 한 약속은 반드시 이행해야 한다. 그러나 신뢰성있는 보도를 위해서, 기자는 취재원 보호를 조건으로 하는 취재방법을 제한적으로 사용해야 한다.
- 취재원의 신변이 위태롭거나 부당하게 불이익을 받을 위험이 있는 경우에는 그에 대한 보호를 우선적으로 고려해야 한다. 그러나 취재원이 비윤리적인 행위 또는 불법행위의 당사자인 경우에는 신중하게 판단해 함부로 취재원 보호를 약속해서는 안된다.
- 어떤 정보를 시청자에게 전달하는 것이 아주 중요하다고 판단되거나 공공의 이익과 관련된 주요 사안인 경우에는 취재원을 익명으로 처리하여 보도할 수 있다.

(3) 형사사건 보도와 관련된 법률규정

① 관련 형법규정

"검찰, 경찰 기타 범죄수사에 관한 직무를 행하는 자 또는 이를 감독하거나 보조하는 자가 그 직무를 행함에 대하여 지득한 피의사실을 공판 청구 전에 공표한 때에는 3년 이하의 징역 또는 5년 이하의 자격정지에 처한다."(형법 제126조 〈피의사실공표죄〉)

② 범죄수사에 관한 직무를 수행하는 자의 역할과 책임

- 범죄보도에 의한 간접적인 영향 배제
- 무죄추정의 원칙에 의하여 피의자의 명예, 프라이버시 보호
- 증거인멸 및 검찰, 기타 수사관계자들에 대한 외부 압력 방지
- 원활한 수사 진행과 공정한 재판을 받을 피의자의 권리 보호

③ 피의사실의 공표가 필요한 경우

- 피해자의 신원파악 등과 같이 사건수사를 위해서 공개수사가 불가피한 경우
- 연쇄범죄의 가능성이 있어 피해확대 방지를 위해 공표가 필요한 경우
- 국정에 관한 사항이나 국민이 의혹을 가지는 사건 등에 있어서 국민의 알 권리를 위해 공개할 필요가 있는 경우

④ 피의사실은 원칙적으로 검사의 공소제기 전에는 위와 같은 필요성이 있는 경우를 제외하고는 경찰 등이 공표하지 못하게 되어 있다. 그런데 이러한 피의사실을 언론이 공개할 경우에는 특히 피의자의 인권을 침해하지 않도록 주의해야 한다.

⑤ 소송 등 분쟁 발생시에는 취재원의 보호가 제한될 수 있다. 형사사건의 재판에서 기자가 취재원에 대한 증언을 요청받게 될 경우, 법률적으로 기자의 증언 거부권은 인정되지 않는다. 방송기자는 직무상 증언거부권자(변호사, 의사 등)에 포함되지 않기 때문이다(형사소송법 제149조).

그러나 민사재판의 증언 또는 자료 제출명령에 대한 거부는 경우에 따라 판단할 수 있다. 왜냐하면 민사소송에서 인정하는 증언거부권 중에는 위 형사소송법의 의사, 변호사뿐만 아니라 직업상 비밀의 유지를 위한 경우도 포함되어 있기 때문이다. 따라서 민사재판의 경우에는 언론의 자유와 소송에서의 필요 정도를 비교하여 법원이 증거제출 여부를 결정하는 만큼 기자는 이에 대비하고 있어야 한다.

▪ 사 례 **취재원 보호에 관한 외국 판례**

미국 Branzburg v. Hayes 사건, 미국 연방대법원 1972년 선고
"기자에게 취재원에 대한 증언을 거절할 권리는 없다."

브란츠버그는 캔터키주의 일간지 *Courier Journal*의 기자로서 마약제조에 관한 기사를 사진과 함께 상세히 보도했다. 그는 대배심의 소환에 응하기는 하였으나, 그가 직접 접촉한 마약 제조입자에 대해서는 켄터키주 기자득권법과 미국 수정헌법 제1조(언론의 자유)에 근거하여 증언 요구에는 불응하였다. 이와 유사한 다른 두 사건을 종합하여 미국 연방대법원이 내린 판결의 내용은 다음과 같다.

① 대배심의 범죄수사는 국민의 생명, 재산의 보장과 국가의 안전을 위하여 절대로 필요한 기능이기 때문에 여기에 대해 기자와 일반인의 차별이 있을 수 없다.
② 기자들은 범죄자에게 접근할 기회가 많은데 기자를 대배심 앞에 세우는 것이 정보의 유입을 감소시키게 된다고 하나, 이에 대한 확고한 증거는 없다. 기자의 증언거부는 수사를 곤란하게 하는 것만이 아니고 범죄행위를 조장하는 결과가 된다. 이는 공공의 이익에 반하는 것이다.
③ 기자가 '그것이 국가의 목적을 달성하는 데 필수적이고 매우 중요한 경우에 한해서 증언해야 한다'는 조건을 단다면 그것은 좋다. 그러나 이에 관한 판단은 법관의 감독 밑에 있는 대배심에 일임되어야 한다.
④ 기자의 소환이 정당한 법집행이라는 목적을 벗어나서 행사된다고 하면 이는 부당하다. 단순히 기자와 취재원 사이를 이간시키는 결과만 낳는다면 이는 법원에 의해 적절히 처리될 것이다.
(이 판결은 5 : 4 부분 일치로 결정되었고, 미국내 여러 주에서는 기자에게 취재원에 대한 증언 거부권을 인정하고 있음에 유의할 필요가 있다)

3) 명예훼손

명예훼손은 방송뿐만 아니라 모든 언론기관을 통틀어 인권침해 사례 가운데 가장 높은 빈도를 차지하고 있다. 이와같은 현상은 언론의 주요 기능 가운데 하나인 사회고발 및 감시기능을 수행하면서 생겨나는 불가피한 부작용이라고 할 수 있다. 하지만 이것은 우리 언론의 현주소를 말해주는 부끄러운 기록이기도 하다.

시청자의 인권에 대한 의식이 높아짐에 따라 앞으로 명예훼손을 둘러싸고 방송사와 시청자 사이의 분쟁이 점점 증가할 것으로 예측된다. 물론 방송기자가 스스로 원칙에 입각해 제작을 한다면 이러한 분쟁은 일어나지 않을 것이다. 그러나 시간에 쫓기는 제작현장에서 모든 원칙과 규정을 일일이 점검하지 못함으로써 이러한 경우가 발생하는 것 또한 우리의 현실이기도 하다.

문제는 역시 기자의 양식있는 기본자세에 있다. 아래의 사항들을 숙지하는 것은, 긴 안목으로 볼 때 결국 기자에게 많은 도움이 될 것이다.

(1) 관련법규

▪ 형법 제33장 명예에 관한 죄

제 307 조 (명예훼손)

① 공연히 사실을 적시하여 사람의 명예를 훼손한 자는 2년 이하의 징역이나 금고 또는 500만원 이하의 벌금에 처한다.

② 공연히 허위의 사실을 적시하여 사람의 명예를 훼손한 자는 5년 이하의 징역, 10년 이하의 자격정지 또는 1천만원 이하의 벌금에 처한다.

제 308 조 (사자의 명예훼손)

공연히 허위의 사실을 적시하여 사자(死者)의 명예를 훼손한 자는 2년 이하의 징역이나 금고 또는 500만원 이하의 벌금에 처한다.

제 309 조 (출판물 등에 의한 명예훼손)

① 사람을 비방할 목적으로 신문, 잡지 또는 라디오, 기타 출판물에 의하여 제307조 제1항의 죄를 범한 자는 3년 이하의 징역이나 금고 또는 700만원 이하의 벌금에 처한다.

② 제1항의 방법으로 제307조 제2항의 죄를 범한 자는 7년 이하의 징역, 10년 이하의 자격정지 또는 1,500만원 이하의 벌금에 처한다.

제 310 조 (위법성의 조각)

제 307 조 제1항의 행위가 진실한 사실로서 오로지 공공의 이익

에 관한 때에는 처벌하지 아니한다.

제311조 (모욕)

공연히 사람을 모욕한 자는 1년 이하의 징역이나 금고 또는 200만원 이하의 벌금에 처한다.

제312조 (고소와 피해자의 의사)

① 제308조와 제311조의 죄는 고소가 있어야 공소를 제기할 수 있다.

② 제307조와 제309조의 죄는 피해자의 명시한 의사에 반하여 공소를 제기할 수 없다.

▪ 민법 제5장 불법행위

제750조 (불법행위의 내용)

고의 또는 과실로 인한 위법행위로 타인에게 손해를 가한 자는 그 손해를 배상할 책임이 있다.

제751조 (재산 이외의 손해의 배상)

① 타인의 신체, 자유 또는 명예를 해하거나 기타 정신상 고통을 가한 자는 재산 이외의 손해에 대하여도 배상할 책임이 있다.

제756조 (사용자의 배상책임)

① 타인을 사용하여 어느 사무에 종사하게 한 자는 피용자가 그 사무집행에 관하여 제삼자에게 가한 손해를 배상할 책임이 있다. 그러나 사용자가 피용자의 선임 및 그 사무감독에 상당한 주의를 한 때 또는 상당한 주의를 하여도 손해가 있을 경우에는 그러하지 아니하다.

② 사용자에 갈음하여 그 사무를 감독하는 자도 전항의 책임이 있다.

③ 전2항의 경우에 사용자 또는 감독자는 피용자에 대하여 구상권을 행사할 수 없다.

(2) 명예훼손과 판정의 주요기준과 취재태도

① 사실과 진실, 공정성, 그리고 공익이라는 언론 고유의 가치는 법으로부터 보호받는다. 겸손하면서도 치열하고, 또 정정당당한

취재태도와 논조 역시 위의 사항을 준수할 때는 보호된다.

적극적이고 과감한 취재와 무례하고 불법적인 취재는 구분되어야 한다. 겸손한 취재는 타협이 가능하지만 오만한 취재는 문제를 법정으로 끌고가는 원인이 된다. 역지사지(易地思之)의 자세로 내용을 검토하는 태도는 기자의 소중한 미덕이다.

② 허위사실에 기반한 방송과 보도는 법원의 판결에서 패소를 면할 수 없다. 따라서 사실확인을 위한 끊임없는 노력이 요구된다.

③ 법률규정이 매우 복잡한 만큼 미심쩍은 사항은 철저하게 확인하고 필요한 경우 법률적인 자문을 받도록 한다.

(3) 명예훼손의 구성 요건

① 형법상 명예훼손이 성립하기 위해서는 방송의 대상이 된 당사자의 사회적 평가를 저해했다는 구체적 사실이 제시되어야 한다.

구체적 사실이 아닌 추상적 판단이나 경멸적 감정을 표현한 경우 형법상 명예훼손에는 해당되지 않고 모욕죄가 성립될 수 있다. 다만 민사상으로는 추상적 판단이라도 허위의 사실에 기초하거나 허위의 사실을 암시하는 경우에는 불법행위가 성립될 수 있다.

② 공공의 이해에 관한 사항 또는 일반 공중의 관심사인 사항에 대하여는 논평의 자유를 가지며, 그것을 정당화할 만한 진실된 사실에 기초하고 있는 한, 그 결과 때문에 피논평자가 사회로부터 받는 평가가 저하된다 하더라도 논평자는 명예훼손의 책임을 지지 아니한다.

사실의 적시와 의견표명으로 이루어진, 말하자면 평가를 포함한 보도인 평론이나 해설은, 공공적 사항에 관한 공정한 논평인 한 그 평가의 내용이 객관적으로 타당한 의견인지, 사회의 다수에 의해 지지를 받고 있는 견해인지의 여부를 묻지 않으며 명예훼손이 성립되지 않는다.

③ 논평이라 하더라도 진실에 반하는 사실에 기초하여 논평을 하거나, 의견임을 빙자하여 사실상 타인의 명예를 해하는 허위의 사실을 암시하는 경우에는 명예훼손이 성립된다.

④ 사건 당사자가 누구인지 모르도록 이름을 영문 이니셜이나 성만 표기한다거나 뒷모습을 촬영하는 등의 배려를 했다 하더라도 표현내용과 주위 상황을 종합 판단하여 그 사람이 누구인가를 알

수 있거나, 그 사실을 아는 사람이 다수인 경우 명예훼손에 해당한다.

(4) 명예훼손의 면책사유 (위법성 조각사유)

■ 대법원 판결

진실한 사실로서 오로지 공공의 이익에 관한 때

"형사상으로나 민사상으로 타인의 명예를 훼손하는 경우에도 그것이 공공의 이해에 관한 사항으로서 그 목적이 오로지 공공의 이익을 위한 것일 때에는 진실한 사실이라는 증명이 있으면 위 행위에 위법성이 없다.

또한 그 증명이 없더라도 행위자가 그것을 진실이라고 믿을 상당한 이유가 있는 경우에는 위법성이 없다고 보아야 할 것이다."

▪ 진실한 사실

① 여기서의 진실한 사실이란 표시된 내용의 세부에 있어서도 사실이어야 하는 것은 아니며, 세부에 있어서 진실과 다소 합치되지 않더라도 중요한 부분이 진실과 합치되면 족하다.

② 그러나 이러한 판결을 얻어내기 위해서는 프로그램의 진실성, 공공성이 전제되어야 하며 진실을 밝히기 위한 취재진의 진지한 노력 등이 법원으로부터 인정되어야 한다. 1심의 판결이 2심에서 뒤집어지고, 형식상 비슷한 케이스의 경우에 대해 재판관에 따라 전혀 상반된 판결을 내리는 것에서도 알 수 있듯이, 미묘한 상황에서는 위에서 언급한 취재진의 진실보도를 위한 노력이 결정적으로 중요할 수가 있다.

③ '진실이라고 믿을 만한 상당한 이유'의 해석은 미묘하여 일률적으로 말할 수 없으며 복합적인 판단을 요구한다. 다음과 같은 사항이 판단의 기준이 된다.

- 행위자가 누구인가? (일간신문, 월간신문, 방송)
- 신속성을 요하는 기사인가? (신속성을 요하는 보도 대 기획기사)
- 취재원이 믿을 만한 사람인가?
- 피해자와의 대면 등, 진실확인이 용이한 사항인가?

④ 수사당국이나 관계당국의 발표없이 언론사가 독자적으로 취재하여 보도한 경우, 취재진이 당사자 및 관계자의 증언을 두루 취재하는 등 기사의 정확성을 기하기 위해 최대한 노력을 기울인 때에는 '진실이라고 믿을 만한 상당한 이유가 있다'고 본다.

⑤ 당국의 공식발표를 그대로 보도하거나 실질적인 변동없이 보도한 경우 취재원의 신뢰도가 높고 보도의 신속성이 요구되며 언론기관의 사실 탐지능력에 한계가 있는 점 등을 고려하여 따로 확인취재를 하지 않더라도 '진실이라고 믿는 데 상당한 이유가 있다'고 보는 것이 대부분이다.

그러나 당국의 발표를 보도하더라도 사실을 오해하거나 다르게 보도하거나 윤색·과장하여 보도하거나 기자의 의견을 첨가할 경우에는 '진실이라고 믿을 만한 상당한 이유가 있다'고 인정받기 어렵다.

· 검찰·경찰의 공식발표 요건 :
공보에 관한 법령이 정하는 바에 따라 공보관으로서의 임무를 부여받은 자가 공식적인 기관내부의 의사결정 절차를 거쳐 기자회견, 또는 보도자료 배포 등 법령이 정하는 절차에 따라 행한 것.

⑥ 담당수사관 등에 대한 비공식적인 취재만으로 사실확인 작업을 하지 않은 채 보도하거나, 수사당국의 공식발표가 있는 경우에도 공식발표에 포함되지 않은 사실을 담당수사관 등으로부터 비공식으로 취재하여 기사화한 때에는 취재원의 신뢰도에 차이가 있으므로 '진실이라고 믿을 만한 상당한 이유가 있다'고 인정받기 어렵다.

■ 대법원 판결

'공공의 이익'의 범위

"적시된 사실이 공공의 이익에 관한 것인지의 여부는 당해 사실의 구체적 내용, 당해 사실의 공표가 이루어진 상대방의 범위의 포괄 정도, 그 표현의 방법 등 그 표현 자체에 관한 제반 사정을 감안함과 동시에 그 표현에 의하여 훼손되거나 훼손될 수 있는 타인의 명예의 침해의 정도도 비교, 고려하여 결정하여야 할 것이다.

…(반드시 정치, 경제적인 사실, 공인의 공적인 행동에 관한 것이 아니더라도 공공의 이익에 관한 사항이 될 수 있으며) 개인의 사적 신상에 관한 사실이라고 하더라도 그가 관계하는 사회적 활동의 성질이나 이를 통하여 사회에 미치는 영향력의 정도 등의 여하에 따라서는 그 사회적 활동에 대한 비판 내지 평가의 한 자료가 될 수 있는 것이므로 공공의 이익에 관한 것으로 볼 수 있는 경우가 있다."

* 이 판결의 예로 참고할 만한 것은, 특정 종교단체를 이단으로 비판하고 특정인을 실질적인 지도자로 지목하여 그가 지도자로서의 자질이나 덕목이 부족함을 부각시킨 유사한 사건에 대한 판결에서 서술의 목적이나 논조, 구체적인 비리의 내용과 그에 대한 사실확인 작업유무 등이 종합적으로 검토되어 서로 다른 판결이 나온 사례가 있음을 유의할 필요가 있다.

(5) 인용 보도할 경우 주의사항

① 통신사로부터 송고받아 기사화할 경우 반드시 출처를 밝히거나 전재 사실을 명시해야 한다.

② 타매체나 통신사의 기사를 마치 직접 취재한 것처럼 작성하여 방송할 때, 자기책임하에 그 내용의 진위여부를 직접 확인하려는 노력을 다하여야 하며, 이러한 노력을 다하지 아니하였을 경우 불법행위의 책임을 면할 수 없다.

③ 타인의 수기, 독자투고, 소비자보호원 등 민간단체에 접수된 자료, 소문, 경찰기록, 경찰관의 의견 등을 인용보도하여 타인의 명예를 훼손한 경우, 언론사가 그 내용에 대해 사실확인 작업을 다하지 않으면 보호받지 못한다.

■ 사 례 **언론사 승소 판례**

대법원 선고 1996. 8. 23

총학생회장 의문의 변사, 안기부 직원 관련의혹 보도

△ 1989.10.6자 한겨례 신문, "중앙대 안성캠퍼스 총학생회장 이내창 씨가 사망하기 직전에 마지막으로 동행한 사람은 안기부 인천분실에 근무하고 있는 것이 밝혀졌다"는 요지의 허위기사를 작성하였다고 명예훼손으로 피소

· 원심판결 : 무죄

· 대법판결 : 무죄

- 안기부의 추적대상으로 추정되는 이내창이 거문도에까지 와서 사망하게 된 경위와 원인에 의혹이 제기된 터에 안기부원 도○○이 배에 동승하였고, 거문도에서 동행한 것을 본 목격자가 나왔으나 석연치 않은 이유로 진술을 번복하였다. 기자는 수사기관의 거부로 진술조서를 보지 못하였고, 주변취재로 사실확인 작업을 하였으며, 목격자로부터 들은 것을 그대로 보도하였으므로 기자가 기사의 내용을 진실이라고 믿은 데 상당한 이유가 있었다는 원심의 판단은 정당하다.
- 또 성명을 특정하지 아니하고 '도 아무개'라고 기재한 점까지를 고려하면 위 기사의 목적은 국민의 알권리를 충족시키기 위한 것으로 볼 수 있다.

■ 사 례 **'명예훼손' 인정 판례**

1심 서울지법 민사 선고 1995.5.19
2심 서울고법 민사 선고 1996.2.27

A군 언론사 : 간통(춤바람)여인 폭력배에 위자료 청부
B군 언론사 : 이혼 소송 주부 남편(위자료) 청부폭행
(이혼주부는 대법에서 무죄 형사 판결)

△ 확인되지 않은 사실(간통)까지 보도한 기사의 명예훼손 여부판결

· 1심판결

A군 언론사 : 기자의 견해를 덧붙여 보도했고 수사기관의 비공식 확인절차를 거쳐 보도한 것만으로는 진실하다고 믿을 만한 상당한 이유없음. 책임인정.

B군 언론사 : 보도자료를 그대로 보도, 책임없음.

국가 : 공무집행상 피의사실 공표로 책임인정.

· 2심판결 : 모두 책임 인정.

- (미확정) 피의사실 공표금지 단계의 보도, 실명보도, 공적 정보의 이익과 무관한 사적 영역의 언급 등의 행위와 함께

- 공공의 이익이, 침해받은 명예 및 인격권에 비해 크다고 할 수 없고
- 공보관으로서의 직무가 불명한 담당 경찰관이 아무런 결재절차없이 기자실에 전화를 걸어 취재를 요청한 바 이를 공식발표라 할 수 없다.
- 취재 및 보도경위가 위와 같다면 보도사실이 진실하다고 믿은 데 상당한 이유가 있다고 볼 수 없다.

■ 사 례 **법원의 주요 판결문 발췌**

"표현의 자유 또한 피해자의 명예에 못지않게 보호되어야 할 중요한 권리이고, 이익교량은 일반적으로 우월한 가치가 한쪽보다 중하기만 하면 되는 것이지 현저히 중해야만 하는 것은 아니므로 전자(표현의 자유)가 후자(명예)보다 중하기만 하면 위법성 조각사유로서 정당성이 충족된다고 본다."(대법원)

"내용과 기술방법에 인신공격의 표현이 상당히 포함되어 있어 오로지 공익을 위한 것으로 볼 수 없다.

- 신속성의 요청이 비교적 덜한 잡지에서 내용의 진실성에 대해서는 전혀 검토 하지 아니하였다.
- 수기는 취재기사와 달리 객관적 진실에 부합할 것까지는 없고 주관적 진실에만 부합하면 된다거나, 수기의 내용에 사실과 다른 점이 있다면 그것은 작성자 책임이라는 상고인의 논지는 채용하지 않는다."(대법원)

"이 기사는 공공의 이익을 위한 것으로 볼 수 있다. 그러나 이 기사는 ① 명예와 관련된 일부 허위사실 게재, ② 어떤 사실의 일면만 적시하고 다른 면은 누락, ③ 인격평가에 영향을 줄 수 있는 별개의 내용을 관련이 있는 것처럼 연결, ④ 진실근거 여부를 고려치 않은 소문 인용 등으로 원고의 명예를 훼손한 점이 인정된다."(서울지법)

4) 프라이버시

프라이버시는 개인의 사생활이나 사적인 일과 관련해서 개인의 의사와 상관없이 공개되거나 간섭받지 않을 자유를 뜻한다. 일반적으로 명예훼손이 사람에 대한 사회적 평가가 저하될 때 발행하는 반면에 프라이버시 침해는 단지 개인의 주관적 감정이 손상되는 경우에도 성립되는 것으로 본다. 따라서 세심한 주의가 필요하다.

방송은 개인의 평온한 사생활을 적극적으로 방해 또는 침해하거

나, 소극적으로 감시·도청·촬영하는 등으로 상대방의 불안감이나 불쾌감을 유발해서는 안된다.

또한 상대방이 비밀로 하고자 하는 개인에 관련된 난처한 사적 사항을 공개하는 것은 설사 그것이 사실 그대로 공개되는 것이라 하더라도 허용되지 않는다. 다만 이른바 '유명인사', 즉 '공인'의 경우 또는 정당한 공익을 위한 경우에는 예외적으로 인정된다.

(1) 공인에 대한 경우는 예외

공인이란 그 재능이나 명성, 직업 때문에 일반인이 관심을 가지는 공적 인사가 된 사람을 뜻한다. 자의로 유명인이 된 사람(정치인, 운동선수, 연예인 등)이 이에 해당되지만, 자의와 상관없이 유명인이 된 사람(범인과 그 가족, 피의자 등)도 여기에 포함된다.

공인의 경우는 프라이버시가 일반인에 비하여 제한되는 까닭에 자신의 프라이버시가 공개되는 것을 어느 정도 감수해야 하는 경우가 많다. 일단 공인이 되면 사생활의 일정 부분을 포기했다고 간주하기 때문이다.

따라서 공인의 경우, 공익이나 공공성과 관련된 사생활에 관해서는 공개할 수 있다. 그러나 단순히 타인의 호기심을 충족시키는데 불과한 사항은 해당되지 않으며 공인이라 하더라도 사적 공간이나 비밀 등은 법에 의하여 보호를 받는다.

(2) 공익을 위한 경우는 예외

국민의 알 권리와 관련된 사안일 경우, 국민에게 알릴 권리가 개인의 프라이버시에 우선한다. 보도적 가치·교육적 가치·계몽적 가치가 있는 사실은 일반에게 알리는 것이 공익에 도움이 된다고 보기 때문에 그런 내용을 공개하는 것은 프라이버시의 침해로 보지 않는다.

공정한 해설이나 범죄인의 체포·구금, 공중의 보건과 안전에 관한 사항, 사이비종교, 범죄피해자의 공개 등이 이 경우에 해당된다.

(3) 프라이버시의 침해

다음과 같은 경우는 프라이버시를 침해한 것으로 간주되는 만큼 주의해야 한다.

- 개인집이나 사무실에 침입하여 몰래 촬영(몰래카메라 사용)하는 경우
- 손님을 가장하여 촬영, 녹음하는 경우
- 본인 승낙없이 알려지지 않은 가족관계, 불미스러운 과거경력 등을 보도하는 경우
- 사전에 동의없이 전화, 대화를 녹음하거나 개인의 편지를 방송하는 경우
- 개인정보를 무단 검색·출력하는 경우

■ 사 례 **미국, 푸드라이언사 대 ABC 방송사건**

미국 ABC의 취재PD들은 식품회사에 위장 취업해 슈퍼체인점 '푸드리이언사'(Food Lion)가 유효기간이 지난 고기를 포장해 파는 식품관리 현장을 몰래카메라로 촬영하고 이 화면과 함께 폭로기사를 만들어 ABC의 〈프라임 타임 라이브〉 뉴스 프로그램에 방송하였다(1992.11.5). 이에 푸드라이언사는 4년 후에 사기 및 주거침입 등을 문제삼아 ABC 방송사를 상대로 손해배상 청구소송을 제기하였다. 미연방법원은 ABC 보도의 진실성보다는 취재방법(사기, 주거침입, 고용자에 대한 충실의무 위반, 공모 등)의 잘못을 인정하고 푸드라이언사에 550만 달러를 지급하라는 판결을 내렸다(1997.1.22).

이에 대해 언론들은 푸드라이언사가 명예훼손 혐의로 ABC를 고소할 경우 '보도의 공익성과 진실성' 기준에 의해 패소할 확률이 높다고 판단, 사기 및 주거침입 등을 문제삼은 용의주도함에 대해 비판했다. 반면에 보도의 공익성은 인정하나 취재방법이 매우 잘못되었다는 비판도 제기되었는데, 이러한 비판에는 "미국 국민이 부패한 고기를 먹지 않도록 하는 것이 중요하다면 수사기관에 고발해서 처리할 수는 없었는가"라는 의견도 포함되어 있다.

그후 1997년 8월 재판장은 푸드라이언사에게 배상금의 90%를 삭감하여 315,000달러를 지급받거나 이에 만족하지 못하면 항소하라고 권고했다.
참고로 315,000달러의 구성내역을 보면 다음과 같다.

ABC의 모기업 Capital Cities : 50,000달러

ABC 방송사	: 250,000달러
Executive Producer	: 7,500달러
Unit Producer	: 7,500달러

5) 초상권

초상권은 사람이 자신의 얼굴에 대하여 갖는 일체의 권리를 말한다. 이는 성명·초상·경력·이미지 등 개인의 고유한 속성인 인격적 징표를 보호하기 위한 권리로서 사생활권으로부터 유래한 권리이다.

초상권의 문제는 방송 여부와 관계없이 촬영의 단계에서도 그 권리침해가 발생할 수 있다. 따라서 촬영을 할 때에는 촬영의 목적이나 방법, 장소 등이 적절한지 항상 주의해야 한다.

(1) 초상권의 내용

- 얼굴 기타 특정인임을 알 수 있는 신체적 특징이 함부로 촬영 또는 작성되지 아니할 권리(촬영, 작성 거절권)
- 촬영된 초상 또는 작성된 초상이 함부로 공표·복제되지 아니할 권리(공표 거절권)
- 초상이 함부로 영리목적에 이용되지 아니할 권리(초상 영리권, 초상 재산권)

(2) 초상권 침해의 범위

본인의 동의없이 초상을 촬영하거나 개인의 고유한 이미지를 사용하는 행위는 초상권을 침해한 것으로 본다. 또한 공표 거절권의 경우, 허락을 얻어 촬영된 영상이라도 이를 함부로 공표하는 행위나 일단 공표된 영상이라도 다른 목적에 사용되는 행위는 초상권을 침해한 것으로 간주되는 만큼 주의해야 한다.

특히 범죄보도를 할 때 경찰서, 유치장에 수용된 피의자를 불러내어 얼굴을 들게 하고 이를 정면에서 촬영하거나 얼굴을 가리려고 발버둥치는 피의자를 억지로 촬영하는 행위는 용납될 수 없다.

(3) 공인의 초상권 보호

공인은 일정범위내에서 자신의 초상이 언론에 의해 공표되는 것을 감수해야 한다. 그러나 자신과 아무런 상관이 없는 내용의 보도와 관련해서 초상이 공표되는 것까지 감수해야 되는 것은 아니다. 따라서 방송기자는 기사내용과 화면이 다를 경우에 적절한 표시로 그 사항을 시청자에게 고지해야 한다.

■ 사 례 1995년 3월 28일, KBS 1TV 저녁 9시 뉴스에서 "부르는 게 값"이라는 제목으로 수백만원짜리 웨딩드레스가 존재한다는 내용을 보도했다. 이때 배경화면으로 임수경 양의 결혼식 장면을 사전허락없이 약 15초 가량 사용했다. 이후 KBS는 그 방송과 관련하여 명예훼손과 초상권 침해로 1천만 원의 위자료를 지급하였다.

탤런트의 초상권과 같이 개인의 초상권이 재산이 되는 경우가 있다. 이런 경우는 재산권 침해의 문제로 비화될 수 있다.

(4) 일반인의 초상권 보호

일반인의 초상권과 관련해 다음의 경우에는 특히 주의해야 한다.

- 복수의 인물이 촬영되는 경우로서, 보도대상자 이외의 인물이 방송되는 경우
- 불특정 다수의 인물을 촬영, 방송하는 경우
- 과거의 자료 영상으로 특정 인물의 모습을 사용할 경우

6) 비밀취재

(1) 일반원칙

비밀취재는 상대방의 허락을 받지 않거나 상대방이 모르는 상황에서 진행하는 촬영이나 인터뷰, 전화녹음 등을 말한다. 일반적으로 취재는 공개적으로 이루어져야 한다. 비밀취재는 예외적인 방법이다. 비밀취재는 다음과 같은 경우에만 제한적으로 허용된다.

- 공개된 취재방법으로는 취재가 안되고 다른 수단으로는 취재가 불가능하다는 것이 논의의 여지없이 명백한 경우

- 그 영상이나 음성이 없이는 기사보도나 프로그램의 목적을 달성할 수 없으며, 그런 취재의 이유를 공개적으로 설명할 수 있는 경우
- 취재목적이 공공성, 공익성에 비추어 아주 중요한 경우
  예 : 공무원의 지위를 이용한 범죄의 보도는 공공성, 공익성이 높다고 말할 수 있다.

비밀취재는 초상권이나 사생활 침해 혹은 명예훼손에 해당될 가능성이 크기 때문에 위의 조건을 충족시키는 경우에만 허용된다. 단순히 언론사간의 경쟁에서 이기기 위해, 혹은 일반적인 취재방법에 비해 적은 비용과 노력으로 원하는 정보를 얻고자 비밀취재를 하는 행위는 용납되지 않는다. 비밀취재를 해야 할 경우에 기자는 데스크나 책임간부와 협의하도록 한다.

비밀취재 기법을 이용하면 다른 방법으로는 취재할 수 없는 내용이나 장면을 얻을 수 있을지 모르지만, 그런 기법을 자주 사용하면 할수록 그 효과는 떨어지고 방송에 대한 시청자의 불신도 그만큼 커지게 된다는 사실을 명심해야 한다.

(2) 비밀촬영, 비밀녹음

취재장비의 발전으로 카메라를 숨긴 상태에서의 촬영과 녹음이 과거보다 훨씬 쉬워졌다. 그러나 이러한 첨단장비를 이용한 취재는 유용성보다 적법성과 취재대상자의 인권을 먼저 고려해야 한다.

당사자의 동의없이 개인의 대화내용을 녹음하는 것은 '도청'으로서 이는 형사범죄에 해당된다. 그러나 범죄나 비리현장을 고발한다든지 공공의 이익을 위한 경우 중대한 '공익적 가치'가 있는 경우에는 '몰래카메라'의 사용이 허용될 수 있다.

소형카메라는 물론 통상적인 방송용 카메라를 사용해 상대방이 카메라가 작동되는 것을 모르는 상황에서 취재하는 것도 마찬가지로 비밀취재에 해당된다. 자연스러운 음성녹음을 위해서 이펙트 마이크로 녹음한 경우에도 상대방에게 녹음이 이루어진 사실과 방송될 가능성이 있다는 점을 알려야 한다. 취재대상자가 녹취된 내

용의 방송을 허용하지 않을 경우 원칙적으로 방송해서는 안된다. 그러나 녹취내용을 방송하는 것이 중대한 '공익적 가치'가 있다고 판단되는 경우는 예외로 한다.

단순한 흥미유발을 위해 비밀촬영 기법을 사용해서는 안된다. 비밀촬영의 경우에는 항상 형사, 민사적인 책임이 뒤따를 수 있다는 점을 충분히 고려해야 한다.

■ 사 례 1997년 3월, 한 방송사에서 "공포의 통과의례"라는 제목 아래 대학교 학생들의 신입생 환영회 장면을 몰래 카메라로 촬영하여 방송하였다.

취재팀은 "학생들에게 불이익이 가지 않도록 하겠으며 부정적인 내용은 방송하지 않겠다"고 약속하고 신입생 환영회의 시사장면과 어흥장면을 촬영할 수 있도록 부탁하였다. 이에 학생들은 취재장소는 식당으로 국한하며 술을 마시는 장면 등은 촬영하지 않겠다는 다짐을 받고 촬영을 허락하였고, 장기자랑과 건배장면까지 연출해주었다.

그러나 실제 프로그램에서는 그 학교 학생들의 신입생 환영회 모습 외에도 다른 학교에서 신입생 환영회와 관련하여 숨진 학생의 사망사실과 막걸리 사발식 장면, 나이트클럽의 무대장면, 유흥가 밀집장면 등을 편집하여 방송하였을 뿐만 아니라 그 학교 학생들이 나이트클럽 화장실에서 대화하는 장면을 본인들의 동의없이 촬영하고 모습과 음성까지 그대로 방송하였다.

법원은 프로그램 제작자의 행위를 사생활의 자유와 비밀, 그리고 초상권에 속하는 공표거절권을 침해한 불법적인 행위로 보고 정신적인 손해배상 명목으로 위자료 1,600만 원을 지급하도록 판결하였다.

(3) 전화녹음

상대방의 동의를 받지 않고 전화내용을 녹음하는 것은 위법이다. 전화를 녹음해서 그것을 직접 방송하려는 경우에는 원칙적으로 상대방에게 그 사실을 통고하고 미리 허락을 받아야 한다. 그러나 비밀촬영의 경우와 마찬가지로 범죄고발이나 중대한 '공익적 가치'가 있는 경우에는 상대방의 허락없이도 녹음해 방송할 수 있다. 인터폰이나 무전기의 음성을 녹음하는 것도 마찬가지다.

7) 범죄의 보도

(1) 모든 범죄의 피의자에게는 무죄 추정의 원칙이 적용된다.

경찰 내부의 수사인 내사의 경우에는 용의자, 용의자의 단계를 넘어 검사에 의해 기소되기 전에는 피의자라는 법적 용어가 있음에도 불구하고 범인, 주범, 공범, 범인 일당 등의 용어로 보도해서는 안된다.

우리 헌법은 "형사 피고인은 유죄의 판결이 확정될 때까지는 무죄로 추정된다"는 원칙을 명문화했다. 따라서 아무리 피의자(용의자 포함—이하 피의자)의 범행증거가 확실하다고 할지라도 피의자를 범인이라고 단정적으로 보도하는 것은 헌법을 위반하는 것이 다.

이와같은 원칙문제를 떠나서라도 피의자가 무죄일 가능성에 대비해 보도로 인해 피의자가 입게 될 피해를 사전에 배제하려는 노력이 필요하다. 제작자는 수사당국이 발표한 내용에 대해서 항상 의심을 갖고 진실인지의 여부를 확인하는 자세를 가져야 하며 범행에 대한 일방적인 여론재판이나 사회불만심리에 영합해서도 안된다.

(2) 피의자의 인권을 최대한 고려하면서 보도한다.

피의자가 아무리 잔혹한 범죄를 저질렀을지라도 인권은 존중돼야 한다. 피의자의 전과, 프라이버시, 가족관계, 주소 등을 보도할 때에는 과연 보도할 만한 '공익적 가치'가 있는지를 신중히 검토해야 한다. 단순히 흥미를 위해서 피의자의 신상에 대해 보도하는 것은 자제해야 한다. 피의자인 상태에서 프라이버시가 언론에 공개된 경우, 나중에 무죄로 밝혀지더라도 피의자는 회복할 수 없는 피해를 입게 된다.

■ 사 례 　1981년 윤경화 씨 살인사건에서 조카며느리인 고숙종 씨가 피의자로 지목됐다. 언론은 고숙종 씨가 범인인 것처럼 단정적으로 보도했다. 고 씨의 친정과 출신학교, 미성년자인 네 자녀, 남편의 이름도 보도했다. 이 때문에 남편은 공무원직을 사퇴했고 대학에 다니던 두 자녀는 중퇴했다. 그러나 나중에 법원은 고 씨에 대해 증거가 부족하다며 무죄를 선고했다.

피의자에 대해 보도할 때 제작자는 피의자가 "내 가족이라면" 하는 생각을 가지고 인권을 최대한 존중해야 한다.

(3) 범행을 미화하거나 모방범죄를 유발시켜서는 안된다.

범행내용을 자세히 보도하거나 피의자의 인터뷰를 여과없이 그대로 보도할 경우, 범행이 자칫 영웅적으로 비쳐질 우려가 있다. 또 범죄수법을 필요이상으로 상세하게 보도하는 것은 모방범죄를 유발할 가능성이 있다.

■ 사 례 1994년 지존파 일당이 시민 5명을 납치, 살해하고 암매장하거나 불태운 엽기적 살인사건이 일어났다. 당시 TV 보도는 용의자들과의 일문일답 형식을 빌어 용의자들의 주장을 여과없이 소개했다.

기자 : 범행동기는?

용의자 : 돈 많다고 거들먹거리는 놈들이 싫었다. 압구정동 야타족들, 돈없는 사람들을 무시하는 사람은 다 죽이고 싶었다. 시작도 못하고 여기서 끝난 게 안타깝다. 개인적인 원한은 없지만 사회에 복수하기 위해서다. 우리가 그들을 살해한 것이 아니라 불공평한 우리 사회가 호의호식하며 살아온 자들에게 내리는 벌이다.

기자 : 그렇다고 죽일 필요까지 있었는가?

용의자 : 우리들 얼굴을 알고 있어 어쩔 수 없었다. 중형차 이상 타고 다니는 사람만 보면 죽이고 싶었다.

(4) 수사를 방해할 가능성이 있는 보도는 자제해야 한다.

범죄 속보기사 작성때 유의해야 할 점이다. 경찰의 수사상황, 특히 잠복근무나 전화감청 사실을 보도하는 것은 원칙적으로 금지된다. 수사상황 보도와 범인검거 사이에서 어느 것이 더 '공익적 가치'가 있는지를 신중히 검토해야 한다.

(5) 범죄 피해자의 인권을 침해해서는 안된다.

피해자는 가급적 익명으로 처리하고 피해자의 신상에 관계된 보도는 자제한다. 특히 성범죄의 경우 피해자의 신원이 드러나지 않도록 해야 한다. 예외적으로 피해자가 신원을 밝히기를 원하거나 공적 인물인 경우, 혹은 보도할 만한 충분한 가치가 있는 경우는 보도할 수 있다.

피해자가 사망한 경우에도 '사자의 명예훼손'에 해당되지 않도록 주의해야 한다. 예컨대 성폭력 뒤에 살해까지 당한 경우, 가족들은 피해자의 이름이 거론되는 것을 극히 싫어한다는 점을 인식하고 있어야 한다.

(6) 범죄전과나 시효만료된 사건의 취급은 신중히 한다.
방송대상 인물이 전과자일 경우 방송내용과 직접 관계가 없거나, 다른 충분한 이유가 없는 한 범죄전과는 언급하지 않는다. 그리고 시효가 만료된 범죄사건을 다룰 때는 당사자의 사회활동에 지장을 주지 않도록 유의해야 한다.

8) 익명과 실명

(1) 방송은 실명보도를 원칙으로 한다.
국민의 알 권리를 실현하는 보도활동에서 '누가'는 육하원칙의 가장 기본적 요소이다. 원칙적으로 개인의 허락을 얻어 방송하는 것은 실명으로 한다. 다만 실명으로 하는 것에 대해 명백히 반대의사를 표시한 경우에는 개인의 의사를 존중해서 익명으로 보도해야 한다.

그러나 익명보도를 남발하는 것은 권력남용이나 비리를 감시하는 보도기관의 역할을 회피하는 것이 될 수 있다. 그리고 실명보도를 할 때는 보도되는 당사자의 인권에 대해서도 충분히 배려해야 한다. 오보, 억울한 누명의 가능성, 명예훼손, 초상권 침해, 프라이버시 침해, 보도로 인한 업무방해 등의 위험성을 신중히 검토할 필요가 있다. 특히 범죄보도의 경우에는 한층 주의가 요구된다.

보도에서 익명으로 할 것인가, 실명으로 할 것인가에 대한 판단은 실명보도를 원칙으로 하되 가능한 한 폭넓은 취재를 통해 얻어진 정확한 사실 관계를 면밀히 검토하여 자율적으로 행한다.

익명을 선택한 경우에는 특히 관계되는 영상의 처리에 유의해야 한다. 그러나 안이한 익명 인터뷰, 모자이크 처리 등은 특별한 사유가 없는 한 남용하지 말아야 한다.

(2) 실명보도의 폐해와 익명보도의 원칙

① 보도에 범죄 혐의자의 이름을 명시하는 것은 그 영향면에서 나중에 법원에 의해 부과된 형벌보다 더 가혹하게 작용할 수 있다. 그러므로 범인과 범죄 혐의자에 대한 공개적 신원노출은 원칙적으로 허용되지 않으며, 그에 따라 범죄에 관한 방송보도에 있어서는 관계인의 신원을 밝히지 않는 것이 원칙이라 할 수 있다(익명보도주의).

② 다만 실명이나 초상의 보도 등 관계자의 신원을 공공에게 알릴 필요성이 있는 경우는 다음에 한한다. 즉, 범인이 공적 인물인지의 여부, 범죄사건의 중요성, 비범성 등을 고려하여 개인의 익명성에 대한 이익(인격권)과 공공정보의 이익(언론의 자유)을 비교 형량하여 사회적 중요성의 정도에 따라 특별한 사정이 있는 경우에만 인정된다. 다만 이 경우에도 그 내용이 진실인지의 여부를 반드시 확인해야 한다.

③ 참고인 : 피의자의 참고인은 범죄를 조사하기 위한 참고인일 뿐이며 피의자 또는 범인이 아니므로 참고인에게도 일반인과 마찬가지의 보도원칙이 적용되어야 할 것이다.

④ 피해자 : 익명처리 요청이 있을 때에는 익명으로 보도해야 한다. 성범죄의 피해자는 원칙적으로 익명을 사용한다. 단, 폭행당한 후 피살된 경우 살인사건의 피해자로서 실명으로 보도하는 수도 있지만 어디까지나 본인의 명예를 지키는 것이 원칙이다.

⑤ 자살, 동반자살 미수의 당사자는 익명으로 한다. 특히 미성년자가 학교폭력, 교사체벌 등 최근 문제가 되고 있는 사안이 원인이 되어 자살한 경우 실명보도를 할 수 있지만, 보호자가 강력히 요청하는 경우에는 익명으로 한다.

⑥ 폭력단에 얽힌 사건으로 보복당할 염려가 있는 관계자는 익명으로 한다.

(3) 심신장애자

① 심신장애자가 피의자이거나 피의자로 추측될 경우에는 원칙적으로 익명보도한다. 형법 제10조는 "심신장애자로 인하여 사물

을 변별할 능력이 없거나 의사를 결정할 능력이 없는 자의 행위는 벌하지 아니한다"라고 규정하고 있으며, 법원이 심신장애자로 판단하면 본인에게 형사책임이 없기 때문이다.

② 심신장애자라 하더라도 사회적 중대 관심사로 부각된 사건이거나 타인을 해칠 위험이 있는 인물로서 지명수배된 경우에는 공익성을 고려하여 실명을 검토할 수 있다.

③ 실명으로 보도한 피의자가 법원에 의해 심신장애자로 판정된 경우에는 익명으로 바꾼다.

9) 호 칭

(1) 특정인의 호칭

보도사실이 특정인의 명예를 훼손하거나 인권침해의 여지가 있을 경우에는 호칭을 어떻게 사용할 것인지가 중요하다. 이 경우 특정인이 식별되지 않도록 처리할 것인지 여부와 함께 그 방법을 검토해야 하며, 실명을 사용하지 않는다면 호칭을 어떻게 할 것인지 결정해야 한다.

(2) 익명을 사용할 경우의 호칭

① 성 명

한글, 영문 이니셜을 사용하여 김씨, K모씨 등으로 표기한다.

② 공인의 경우

- 공직자 또는 대기업 고위관리자 등의 경우, 직책이나 직함이 범죄사실, 사고 등 기사내용의 일부를 구성할 때는 직책, 직함을 위와 같이 익명처리된 성명표기와 함께 사용하여 김모 실장, 최모 국장 등과 같이 표기해도 무방하다.
- 그러나 세무공무원의 사소한 폭행사건 등과 같이 사건내용이 특정인의 직책, 직함과 무관한 경우에까지 직책, 직함을 표기하여 특정인임을 알 수 있게 하면 명예훼손의 책임을 면할 수 없다.

③ 절차에 따른 구분

- 체포 이전 : '직명'이나 '익명'을 사용. 단, 병환 등으로 체포를 면제받고 있는 때는 '용의자'를 사용하는 경우가 있다.

- 체포 지명수배 등(기소이전) : '용의자' 또는 '직명' 사용. 단 '직명'을 사용할 경우에도 원고의 최초 부분에서는 한 번 '용의자'를 사용한다. 직함이 없는 일반인과의 불공평을 피하기 위해서이다.
- 체포(구속) 후 수사단계 : 원칙적으로 '피의자'
- 불기소 : 기소유예는 '직명', '익명', '경칭' 사용. 혐의없음은 '경칭'
- 기소 공판중 : 원칙적으로 '피고인'
- 판결 이후 : 유죄는 '피고인', '직명'
  항소의 경우 '피고인', '직명'
  무죄는 '경칭', '직명'
- 형확정 : '직명' 또는 '실명'
- 가출옥 형기만료 : 가출옥은 '직명', '경칭'
  형기만료는 '경칭', '직명'

④ 유의해야 할 사항

성명을 익명처리했다고 할지라도 특정인의 직업, 직장, 주소, 연령, 용모 등이 함께 언급될 때는 그 묘사되는 정도에 따라 특정인임을 알 수 있는 경우가 많다. 따라서 익명처리된 호칭과 그 인적사항을 함께 사용할 때는 실질적으로 실명표기한 것과 동일한 결과를 초래할 수 있으므로 주의가 필요하다.

■ 사 례 **남부지원 결정 1994.11.29 (000-KBS)**

"… KBS는 보도과정에서 최모씨라고만 표현하여 이름을 밝히지 않았고, 화면에서 최모씨를 식별할 수 없도록 뒤에서 얼굴 아래부분만 촬영했고 그가 경영하는 세탁소의 상호 등은 드러내지 않은 채(모자이크 처리) 세탁소 내부에서 인터뷰하는 모습만을 촬영한 후 음성을 변조하여 보도하기는 하였으나, '연애결혼한 최모씨', '결혼 16년째이며 현재 아내의 폭력으로 이혼소송중'이라는 등으로 표현하여 신청인 및 최모씨를 알고 있는 사람들로서는 위 보도내용과 최모씨의 부분적인 모습을 알 수 있었고 취재 당시 동네 사람들이 많이 모여 그들은 보도내용이 신청인과 관련된 내용임을 알 수 있다. …"

10) 소년범

청소년들이 강력범죄를 저지르는 빈도가 증가하고 이에 관한 사건 보도도 증가하고 있다. 그러나 이들이 저지른 범죄가 사회에 광범위하게 알려질 경우 성년기의 사회활동과 원만한 인격형성에 막대한 지장을 초래할 수 있다. 따라서 20세 미만인 청소년 범죄의 보도는 성인 범죄피의자의 경우보다 더욱 각별한 주의가 요망된다.

소년범의 경우 가해자, 피해자를 막론하고 성명, 연령, 직업, 용모 등에 의해 본인임을 알 수 있을 정도의 사실이나 영상을 방송해서는 안된다. 특히 청소년들에 의한 성범죄는 단순히 흥미유발을 위해 보도하지 않도록 해야 한다.

또한 가해자와 피해자의 관계가 밀접할 경우, 만일 피해자를 실명으로 보도하고 가해자의 익명처리가 미흡했을 때에는 피해자의 실명을 통해 가해자가 누구인지 유추할 수 있으므로 주의가 필요하다.

(1) 미성년자의 호칭(익명성 보장)

① 피의자를 지칭할 때 소년범 자신과 가족 등 관련자 전원에 대해 익명으로 처리해야 한다. 그러나 사회적 충격이 큰 사건을 일으킨 청소년, 흉악한 범죄를 다시 저지를 가능성이 커 그 범죄 피해자가 확대되는 것을 막을 필요가 있을 때, 또는 체포를 위해 지명수배중인 소년범 등에 대해서는 예외적으로 실명을 사용할 수 있다.

그러나 이와같은 특별한 이유가 없는 경우 미성년자의 익명성은 철저히 보장되어야 한다. '대전 ○○구의 고등학교 2학년 남학생' 정도로 표시하면 무방할 것이다.

② 미성년자가 교통사고를 일으켰을 때 생존의 경우에는 익명, 사망의 경우에는 실명으로 하도록 한다. 그러나 미성년자가 사망했더라도 본인이 차를 훔쳤거나 무면허인 경우에는 익명으로 한다.

(2) 영상 및 음성의 처리

① 정면 또는 측면 얼굴은 사용하지 않고 얼굴이 보이는 경우 철

저한 모자이크 처리 등으로 본인임을 식별하지 못하도록 해야 한다.
② 사건현장이 소년범의 집, 그 주거지 주변, 학교 등인 경우에는 사용된 영상에 따라 본인임을 추측할 수도 있으므로 장소를 추정할 수 있는 단 서를 제공하지 않도록 영상처리해야 한다. 집의 내부를 제외한 외경은 가능한 한 사용하지 않는다.
③ 영상의 모자이크 처리 등이 미흡할 경우 음성을 통해서도 본인임이 식별될 수 있으므로 음성을 변조한다.

(3) 관련법규

- 소년법 제68조 〈보도금지〉

① 이 법에 의하여 조사 또는 심리중에 있는 보호사건 또는 형사사건에 대하여는 성명, 연령, 직업, 용모 등에 의하여 그 자가 당해 본인으로 추지할 수 있는 정도의 사실이나 사진을 신문지, 기타 출판물에 게재 또는 방송할 수 없다.
② 제1항의 규정에 위반한 때에는 신문지에 있어서는 편집인과 발행인, 기타 출판물에 있어서는 저작자와 발행자, 방송에 있어서는 방송편집인과 방송인을 1년 이하의 징역이나 금고 또는 3백만원 이하의 벌금에 처한다.

11) 유괴 · 인질사건

- 유괴 · 인질 사건의 보도는 생명의 안전을 제일로 생각하고 취재, 보도하여야 한다. 보도는 엄격하게 사실에 근거해야 하며 추측이나 예측을 포함한 과장된 표현은 하지 않도록 해야 한다.
- 수사당국이 사건의 해결을 위해 보도의 자제(엠바고) 등 협조요청을 할 경우 담당데스크와 상의하여 협조한다. 단, 수사당국은 신속하고 충분한 정보를 제공해야 하며 보도자제 요청이 단순한 수사상의 편의를 위해 남용되지 않도록 주의가 필요하다. 보도자제 협정은 1개라도 반대하면 성립되지 않는다. 또한 유괴된 사람을 구출하는 데 필요하다고 인정될 상당한 사유가 있을 때에는 보도할 수 있다.

- 보도자제 요청은 피해자가 안전하게 보도될 수 있다는 뚜렷한 이유가 있거나 모든 범인이 체포되었을 때, 또는 피해자의 사망 사실이 확인될 경우에는 해제된다.
- 유괴범이나 인질범과의 인터뷰, 전화통화, 성명서 등을 방송할 경우 반드시 담당데스크 및 상급자와 협의해야 한다.
- 유괴나 인질사건이 장기간 지속되는 경우 사건보도 내용이 범죄자에게 도움이 되어 사태가 악화될 수 있으므로 피해자가 해를 입을 수 있는 보도는 신중을 기한다. 유괴사건에 관한 전모는 가능한 한 사건이 해결된 다음에 취급되도록 한다.

■ 사 례

1997년 8월 30일 서울 잠원동에 사는 8살 박초롱초롱빛나리양이 유괴되었다. 경찰은 먼저 비공개 수사에 들어갔다. 다음날 경찰은 전화 발신지 추적을 통해 범인이 전화를 건 커피숍을 덮쳤으나 범인을 검거하지 못했다. 실제로 범인은 커피숍에 있었지만 경찰이 범인을 검문하고도 알아채지 못한 것이다. 경찰은 기자들에게 유괴사건을 알리면서 보도자제(엠바고)를 요청했다.

9월 3일부터 경찰은 공개수사에 들어갔다. 나리양이 살아있을 가능성이 희박하다고 판단했기 때문이다. 공개수사 시점이 너무 빠르지 않느냐는 일부 지적도 있었지만 기자들은 경찰의 공개수사에 협조했다. 각 언론은 사건내용과 함께 인상착의, 몽타주를 보도했다. 방송은 범인의 전화음성을 여러 차례 보도했다. 또한 범인이 잡혀야 한다는 당위성이 담긴 리포트를 계속 보도했다.

공개수사와 언론의 공개보도가 이어지는 가운데 9월 11일, 범인의 아버지가 경찰에 전화했다. 방송에 보도된 범인의 전화 목소리가 딸의 목소리와 비슷하다고 말한 것이다. 범인은 이렇게 해서 잡혔다. 나리양은 범행 당일 밤 목이 졸려 숨진 것으로 드러났다.

이처럼 유괴사건 해결의 성패는 언론의 협조여부가 핵심적인 역할을 한다. 언론이 비공개 수사협조를 거부할 경우 범인을 잡기가 어려워지는 것은 물론 어린이의 생명마저 위태롭게 될 가능성이 높다. 경찰이 수사에 나섰다는 것을 범인이 알게 되면 어린이를 살해하고 잠적해버리기 때문이다. 반면 공개수사 때는 언론이 대대적으로 보도해서 국민의 관심과 제보를 이끌어내는 것이 범인검거에 커다란 역할을 한다.

12) 잠입·동반 취재

일반적으로 취재는 공개적으로 수행해야 시청자에게 신뢰감을 준다. 은밀한 취재는 적법성에 문제가 있고 공정성을 훼손하며 윤리성을 의심받기 쉬운 만큼 최소한으로 제한되어야 한다. 특히 선정성이나 시청자의 공연한 호기심을 의식한 취재는 삼가야 한다.

그러나 적법성을 벗어난 취재를 해야만 할 정도로 중요한 사안이나 다른 방법으로는 취재할 수 없을 경우에는 상급자와 사전협의하여 취재방법을 결정한다. 그리고 방송시 이러한 취재를 할 수 밖에 없는 이유를 시청자에게 분명히 밝혀야 한다.

(1) 잠입취재

어떤 사건현장에 접근하기가 물리적으로 불가능할 경우에는 기자의 신분을 드러내지 않고 잠입취재를 할 수 있다. 범죄의 현장 또는 취재비자가 발급되지 않는 외국의 경우 등이 그렇다.

① 범죄현장의 경우

범죄현장에 대한 잠입취재라도 기자가 범인들과 공모한다거나 스스로 범죄를 저지르는 식의 취재를 해서는 안된다. 또한 범죄인들을 돈으로 매수해서도 안된다. 고객이나 손님으로 가장해서 취재를 할 경우에도 범죄를 유도해서는 안되며, 자연스러운 상황에서 범죄현장을 취재하도록 해야 한다.

범죄현장을 적발하기 위한 방법으로 빈 집에 들어갈 경우, 주거침입죄에 해당될 수 있으므로 사전에 수사당국 등에 통지할 필요가 있다. 또한 기자나 제작자가 검찰이나 상급기관의 직원이라고 신분을 속여 현장에 접근하는 일도 삼가야 한다.

② 취재비자 발급이 거부되는 외국의 경우

취재비자 발급이 거부될 때 관광객 등으로 위장해 취재하는 수가 있다. 단, 이는 해당국의 실정법을 어기고 취재하는 것이므로 사후 외교문제로 비화될 수 있고, 취재현장에서 적발돼 체포 또는 구금될 수 있는 만큼 국익과 개인의 신변안전 등을 철저히 검토해서 취재에 임해야 한다.

■ 사 례 탈북자들의 동향, 북한의 식량부족 문제 등의 취재를 위해서는 중국의 국경지대를 방문해야 하나, 중국이 취재비자 발급을 거부해 부득이 잠입취재를 하는 경우가 많다. 만주일대의 고구려 유적 훼손 등의 보도도 모두 잠입취재로 얻은 결과다. 한국 언론사의 계속적인 잠입취재로 중국 당국의 감시가 더욱 엄격해지고 심지어 접근마저 불가능하게 되어 가고 있다. 잠입취재를 시도할 때는 시청자의 관심, 취재의 절박함, 장기적인 이해의 득실 등을 다각적으로 검토해야 할 것이다.

(2) 동반취재

방송의 대상이 된 행위자의 동의를 얻어 동행하는 취재는 그것이 범죄나 반사회적 행위를 현장에서 취재하는 경우가 아닌 한 원칙적으로 금할 일은 아니다.

취재현장을 안내받기 위해 제보자와 동행하는 것은 물론, 잠입취재의 일환으로 제3의 인물을 동반해 취재할 수 있다. 또 범죄현장을 적발하기 위해 수사기관을 동반해 취재할 수 있다.

① 제보자 동반의 경우

필요에 따라 제보자의 신분을 철저히 보호해 주어야 한다. 제보자가 범죄조직을 배신해 도덕적으로 문제가 있을 경우도 있으나 공익을 우선해서 취재방법을 신중히 판단한다.

피의자 또는 피의자가 될 수 있는 인물이 취재대상에 포함되어 있을 때는 피의자로서의 권리를 훼손하지 않도록 해야 하며, 범인임이 확실한 수배자를 알고 있을 때는 자수를 권고하도록 한다.

② 제3의 인물을 잠입시켜 동반할 경우

탈법행위를 취재할 경우, 연기학원 등에서 연기자를 임시로 고용하거나 일반인을 대신 들여보내 내부를 취재할 수 있다. 단, 이 경우에도 잠입취재 때와 마찬가지로 자연스런 상황에서 범죄장면을 취재해야 하며 범죄를 유도하거나 매수해서는 안된다. 또한 범죄와 무관한 사람들이 촬영되어 범죄와 연관된 듯한 인상을 주지 않도록 주의해야 한다. 범죄나 반사회적 행위를 현장에서 취재할 때, 경우에 따라서는 범죄에 휘말리는 경우도 있으므로 상급자와 협의한 후 취재해야 한다.

■ 사 례 1996년 12월 24일, KBS 1TV 저녁 9시 뉴스에서 도서지역의 야생동물 밀렵 행태를 취재하기 위해 취재팀이 야생동물 보호단체 활동원과 함께 경찰에 접근해 경찰을 매수하려고 돈을 집어주는 상황을 연출했다. 그리고 경관의 뒷모습과 함께 “알아서 하십시오. 우리가(순찰을) 알아서 할 테니까 눈치봐서 하세요”라는 목소리를 소형 카메라로 촬영해 방송하였다. 방송이 나간 후 사흘 뒤 이 경관은 야생동물의 밀렵을 눈감아줬다는 내용의 당사자로 인정되어 직위해제 조치를 당했다.

③ 수사기관 동반

수사기관에서 취재를 요청해 동반할 수도 있으나, 반대로 수사기관에 협조를 요청해 취재할 수도 있다. 단, 수사기관도 현행범이 아닌 한 영장을 발급받아 체포 또는 수색하도록 해야 한다. 제작자는 범죄혐의자들이 현행범임이 분명한지의 여부를 판단해야 하며, 분명하지 않을 경우 이들의 인권을 침해하지 않도록 주의해야 한다.

(3) 함정취재

- 탐사보도를 위해 취재대상을 의도적으로 끌어들여 목적을 달성하는 취재기법이다. 불가피한 경우 활용되기도 하지만 이에 대한 위법성 여부를 가린 국내 판례는 아직 없으므로 예외적인 경우에만 사용하도록 유의해야 할 것이다.
- 참고로 일본에서는 1972년 미·일간 오키나와 비밀협약 사건을 보도한 마이니치신문 니시야마 기자의 경우를 함정취재로 간주하고 있다. 니시야마 기자는 일본 외무성에 근무하는 여성 사무관과 정을 통한 후 비밀정보를 빼내 특종기사로 보도했는데 최종심에서 취재의 상당성 논란 때문에 유죄를 선고받았다. 비밀문서를 입수했을 때, 제작자는 어떤 방법으로 그것을 손에 넣었고, 문서를 넘겨준 사람이 어떤 동기에서 그런 행동을 했는지 시청자에게 밝혀야 한다.

10. 방송뉴스 제작

1) 방송뉴스 제작과정

방송뉴스는 취재기자, 편집기자, 뉴스제작 기자들의 조화된 협력으로 집단적 제작시스템의 단계별 역할분담으로 분업화가 이루어져 있다. 뉴스 제작과정을 다음과 같이 여섯단계로 나누어 볼 수 있다.[31]

(1) 방송뉴스 제작단계

① 1단계 : 아이디어 개발, 취재결정
첫단계는 취재에 필요한 정보수집과 뉴스원과 전문가와 접촉, 기사자료의 검색정리 등 준비작업과정이다.

- 배경조사 : 주요사실자료, 의견·태도·시각의 차이, 뉴스원과 전문가·관련단체 접촉, 기구, 인물, 사건의 역사

② 2단계 : 취재기획
2단계는 취재기획의 단계로서 특정사건에 대한 뉴스가치, 보도의 시각 그리고 어느 부서의 누가 취재할 것인가를 결정한다. 또한 취재장소에 대한 논의를 하고 인터뷰 대상을 선정하며 그 대략적인 내용도 논의하고 결정한다.

- 보도의 초점 : 중요성과 관심도, 보도시각, 담당부서,
- 구체적인 취재장소 결정
- 체적인 인터뷰 대상과 내용 결정

③ 3단계 : 장비, 인원, 시간 점검
취재를 위한 구체적인 계획, 준비단계로서 취재에 필요한 인원과 장비, 시간을 면밀히 검토하여 구체적이고 치밀한 계획을 세운다.

---

31) 최양수, "보도프로그램제작이론," 한국방송학회 편, 《방송보도론》, 1993, pp. 102~103.

- 마감시간까지의 시간의 량
- 현장까지의 이동시간
- 취재 준비시간
- 필요한 기자재
- 필요한 인원
- 음향, 영상에 필요한 준비
- 그래픽의 필요성
- 구체적인 취재장소와 인터뷰 대상 섭외

④ 4단계 : 취재

취재현장에서 사건보도에 필요한 영상과 음향을 촬영, 녹화하는 본격적인 취재작업이 이루어진다.

- 현장까지의 이동
- 촬영
- 영상요소
- 음향요소
- 그래픽에 필요한 정보
- 뉴스초점에 대한 평가

⑤ 5단계 : 기사작성, 녹화, 편집, 뉴스진행표 작성

취재한 영상을 검토한 후 뉴스에 사용할 영상목록을 만들고 기사를 작성해서 영상과 조화를 이루어 결합시키는 편집작업과 그래픽과 자막의 합성제작이 이루어진다. 뉴스가 방송되기 직전 최종단계로 뉴스진행표가 작성된다.

- 영상목록 작성
- 편집콘티 작성
- 뉴스초점에 대한 재평가
- 기사작성 및 기자음성 녹음
- 영상과 음향 편집
- 그래픽 제작과 합성
- 최종뉴스 진행표 작성

⑥ **6단계 : 뉴스방영**

뉴스진행표에 의해 뉴스가 방영된다.

2) 방송 뉴스기사 작성

(1) 방송 뉴스기사의 특성

방송뉴스는 지적 수준의 차이가 있는 수많은 계층의 시청자들이 동시에 동일한 내용의 뉴스를 시청한다. 방송뉴스 원고는 쉽게 이해할 수 있도록 간단명료하게 작성해야 한다.

방송뉴스 특히 텔레비전 뉴스의 특성을 이해하기 위해서 다른 매체의 기사특성과 상대적인 비교를 해봄으로써 이해하는 데 도움이 될 것이다.

① **신문기사의 특성**

- 문자언어와 정지화면(보도사진)을 사용하는 시각적 매체다.
- 정보를 모자이크식으로 배열하여 공간적으로 구성한다.
- 기사가 길다. 내용을 상세하게 기술하고 보충설명을 할 수 있다.
- 읽기를 통해 내용을 파악해야 하므로 인지과정이 필요하다.
- 독자는 읽을 기사를 선택할 수 있다.

② **라디오 기사의 특성**

- 음성언어를 사용하는 청각적 매체이다.
- 정보를 시간의 흐름에 따라 배열하여 시간적으로 구성된다.
- 기사가 짧다. 내용을 간략하게 줄여 요점만 전달한다.
- 듣기를 통해 내용을 파악해야 하므로 필요할 때 피드백이 불가능하므로 상황을 환기시키기 어렵다.
- 청취자는 뉴스를 선택할 수 없다. 뉴스제공자의 통제에 따를 수밖에 없고 다만 채널만 선택할 수 있다.

③ **텔레비전 기사의 특성**

- 음성언어와 문자언어 및 동화상을 사용하는 시청각 매체이다.
- 정보를 시간의 흐름에 따라 배열하여 시간적으로 구성하는 경향

〈표 7-2〉 각 매체에 따른 기사의 상대적 특성

비교내용	신문	라디오	텔레비전
속보성	느림	빠름	빠름
동시성	무(無)	유(有)	유(有)
개방성	무(無)	유(有)	유(有)
반복성	유(有)	무(無)	무(無)
정보량	다(多)	소(少)	다(多)
영향성	소(小)	중(中)	대(大)
영상성	부분적으로 있음	무(無)	다(多)
오락성	소(小)	중(中)	대(大)
감각성	시각	청각	시청각
기사길이	길다	짧다	짧다
기사배열	공간적 구성	시간적 구성	시간적 구성
기사이해방식	읽기	듣기	보고 듣고 읽기
수용자의 뉴스선택권	유(有)	무(無)	무(無)

이 강하다.

- 기사가 짧다. 내용을 간략하게 줄여 요점만 전달한다. 그리고 동화상을 제공하여 시청자들의 이해를 돕는다.
- 보기, 듣기 및 읽기를 통해 내용을 파악하므로 매우 효과적이나 경우에 따라서는 쉽게 이해하기 어렵고 기억효과가 떨어지기도 한다.
- 시청자는 뉴스를 선택할 수 없다. 뉴스제공자의 통제에 따를 수 밖에 없고 다만 채널만 선택할 수 있다.

이상 각 매체의 중요한 특성을 〈표 7-2〉로 요약해 볼 수 있다. 이상과 같이 각 매체별 기사의 특성을 비교해 보았다.[32]
텔레비전 정보량에 대해서 이석주[33]는 신문이나 라디오보다 정

---

32) 이석주, 《신문방송 기사문장 : 기사문장의 구성과 표현 — 방송》, 언론연구원 총서 20, 1996, pp. 158~159.

33) 이석주, 《신문방송 기사문장 : 기사문장의 구성과 표현 — 방송》, 언론연구원 총서 20, 1996, p. 160.

보량이 적다고 했으며, 윤재홍[34]은 텔레비전의 정보량이 가장 많다고 주장했다. 후자는 활자와 청각매체에 비해 텔레비전이 지닌 영상적인 이미지가 주는 효과적인 측면에서 설명하고 있다. 이 부분은 신문의 지면과 라디오와 텔레비전 뉴스의 편성시간과 물리적인 상관관계가 있겠으나 텔레비전이 지닌 시청각적인 특성의 요소를 감안할 때 정보량이 많다고 하겠다.

(2) 방송뉴스의 3대요건[35]

① 공 정 성

방송뉴스의 공정성(公正性)은 만인이 공감할 수 있도록 정정당당해야 한다. 뉴스는 다음과 같은 목표를 명확히 해서 공정성을 강화해야 한다.

- 객 관 성
  뉴스에는 기자의 개인생각을 첨가하거나 주장해서는 안된다. 어디까지나 있는 그대로의 사실(*fact*)을 알려야 하며 기자의 주관을 내 세운다면 공정한 뉴스가 될 수 없다.
- 공공의 복귀
  뉴스는 힘이 있는 사람, 가진 사람, 소수의 이익을 위해서가 아니라 공공의 복지를 우선으로 해야 한다.
- 인간의 존엄성
  뉴스에서 인권은 존중되어야 하며 사생활을 침해해서는 안된다.
- 품 격
  뉴스는 미풍양속을 지켜 문화향상에 이바지하는 데 힘써야 하며, 폭력사범을 영웅시하거나 자살을 미화할 수 없으며, 지역감정이나 외국인을 자극하는 등의 사례가 없이 공공의 안전과 품격을 유지해야 한다.

---

34) 윤재홍, 《TV 뉴스 : 취재에서 보도까지》, 커뮤니케이션 북스, 1998, p. 203.

35) 신상현, 《방송문장론》, 전예원, 1986, pp. 25~29.

② **친근성**

방송뉴스는 소식과 정보를 시청자에게 전해주는 서비스로서 친절하게 봉사한다는 정신을 바탕으로 어디까지나 친근성(親近性)이 가야 한다.

③ **신속성**

방송은 전파의 특성상 신속성(迅速性)이 생명이므로 빠르고 정확한 뉴스가 그 요건이라 하겠다.

(3) 방송뉴스 기사의 원칙

① 간결성

방송매체는 전파의 특성상 한 번 지나가면 다시 볼 수도 읽을 수도 없으므로 뉴스기사는 한 번 보아서 빨리 이해할 수 있도록 간결하고 명료한 것이 생명이다. 흔히 방송뉴스 기사는 'KISS'(Keep In Short Simple)의 원칙을 지켜야 한다는 말이 있다. 뉴스기사는 가능하면 짧은 낱말, 간결한 설명, 단순한 문장, 현재의 시제(時制)를 갖추어야 한다. 뉴스기사 원고는 나열하는 게 아니라 한마디로 간결해야 한다.

- 더 단순하게(*more simply*)
- 더 단단하게(*more tightly*)
- 더 짧게(*more shortly*)

② **정확성**

간결성을 강조하다 분명성과 정확성이 결여될 우려도 있다. 뉴스기사가 정확하다는 것 그 자체가 시청자에게 그만큼 신뢰감을 준다는 것이다.

③ **명쾌성**

명쾌하다는 말은 알기 쉽다는 말과 같다. 그러므로 뉴스기사는 의미전달에 지장이 없는 한 쉽고 간결하게 작성해야 한다. 뉴스기사에서 '쉽고 간결하게'를 강조하다 보면 자칫 단조로워질 우려도 있다. 형용사나 부사가 제약을 받기 때문이다. 따라서 뉴스에 사용하는 낱말은 색채감이 있도록 다양하게 구사해야 한다. 뉴스기사 원고를 다양하게 하기 위해서는 다음 사항을 고려해야 한다.

- 효과적인 말을 고른다(*effective*).
- 힘찬 동사를 쓴다(*forceful verb*).
- 멋을 낸다(*showmanship*).

이상과 같이 방송뉴스 기사작성에서 간결성, 정확성, 명쾌성, 이 세가지를 뉴스기사 작성의 3대 원칙이라고도 한다.[36]

④ 영상과의 조화

텔레비전 뉴스는 뉴스화면의 영상그림과 그래픽을 고려해서 시각적 효과가 충분히 충족될 수 있도록 기사작성에 유의해야 한다. 중요한 사건의 결정적인 순간의 영상에 대한 시청자의 관심이 극적인 중요성을 가지는 경우 그 장면이 보여지는 동안에는 극적인 그림 그 자체 스스로가 강한 의미를 전달하므로 너무 많은 말의 기사를 피해야 할 것이다. 텔레비전 뉴스는 보고 있는 동시에 듣기 때문에 집중력이 분산되지 않게 영상과의 조화를 효과적으로 잘 고려해야 한다.[37]

(4) 방송 뉴스제작 유의사항

뉴스의 특정 사건이나 인물에 대한 기사들은 방송되기 직전까지는 항상 유동적이라 할 수 있다. 이런 점에서 일차적인 뉴스취재가 끝난 후에도 다음과 같은 질문과 점검이 필요하겠다.

- 이 뉴스에서 다른 시각은 없는가?
- 이 사건에 대해 우리가 올바른 접근을 했는가?
- 이 뉴스가 뉴스프로그램의 안에서 다른 기사들과 어떠한 관련을 맺고 있는가?

---

36) 신상현, 《방송문장론》, 전예원, 1986, pp. 19~25.

37) 최양수, "보도프로그램제작이론," 한국방송학회 편, 《방송보도론》, 1993, pp. 116~117.

- 취재를 시작한 이후에 이 사건에 관하여 새로운 진전사항은 없는가?
- 이 뉴스의 중요성과 시청자의 관심을 끌 만한 부분은 무엇이고 우리가 이 점을 어떻게 강조할 것인가?

이와같은 과정들을 거친 후에도 뉴스가 실제구성, 제작되는 과정에서 특정 뉴스에 대한 재평가는 뉴스방영 직전까지 지속적으로 이루어진다. 영상과 기자의 내레이션(*voice-over narration*)이 편집되고 특수효과가 더해져서 뉴스가 완성되는 과정에서 다음과 같은 질문들이 제기된다.

- 이 뉴스가 제대로 시작되었나?
- 우리가 접근한 시각들이 중요하고 적절한가?
- 영상과 기자의 내레이션이 명확하고 혼돈과 오해의 여지가 없는가?
- 보도된 내용 중에 빠진 부분은 없는가?
- 빠진 부분이 있다면 우리가 할 수 있는 일은 무엇인가?
- 현장보도를 생방송으로 할 경우 준비는 완벽한가?
- 완벽하지 않다면 보완할 점은 무엇인가?
- 전반적인 뉴스프로그램 제작을 위해 준비된 것들이 적절한가?
- 이 뉴스프로그램을 더욱 유익하고, 흥미롭고, 이해하기 쉽게 하기 위해서 할 수 있는 일들은 무엇인가?

위와같은 중요한 질문들에 답변을 해야 하는 책임자들의 역할만큼이나 그들의 지시에 따라 움직이는 실무요원들의 역할도 중요하다. 성공적인 뉴스프로그램은 이와 같이 보도 종사자 전원의 조화와 협조에 의해서 제작되는 하나의 집단창작예술이라 할 수 있다.[38)]

38) 최양수, "보도프로그램제작이론," 한국방송학회 편, 《방송보도론》, 1993, pp. 105～106.

(5) 방송뉴스의 리드 작성

방송뉴스 리드(*lead*)는 기사의 생명이고 얼굴이기 때문에 간결하고도 가장 중요한 내용이 압축되게 하는 것이 가장 중요하다. 글자수로는 15자 안팎으로 짧은 것이 좋고 길어도 50자를 넘지 않아야 한다. 리드에는 한가지 주제만 들어가는 것이 원칙이지만 때로는 상황에 따라 두가지 주제를 포함시킬 경우도 있다.

① 리드의 10조

신상현[39]은 다음과 같이 리드작성의 10조를 들어 그 중요성을 강조하고 있다.

1조 한마디로 던질 것(*simple*)
2조 부드럽게 울릴 것(*clunking*)
3조 주어를 앞에 둘 것(*subject*)
4조 초점을 잡을 것(*focus*)
5조 흥미를 끌 것(*bromide*)
6조 사무적이 아닐 것(*dramatic*)
7조 직선적일 것(*straight*)
8조 환상이 안되게 할 것(*fancy*)
9조 복잡하지 않게 할 것(*compound*)
10조 피라밋형으로 짤 것(*pyramid*)

② 리드의 유형[40]

- 요점형

"○○사건이 발생했습니다" 또는 "김일성이 사망했습니다" 등으로 핵심적인 주제를 간결하게 부각시켜 관심을 집중시키는 방법이다.

---

39) 신상현, 《방송문장론》, 전예원, 1986, p. 263.
40) 이청수, "보도프로그램 제작의 실제," 한국방송학회 편, 《방송보도론》, 나남, 1993, pp. 164~167.

- 요 약 형

"3선개헌안이 오늘 국회를 통과했습니다"와 같이 주제를 최대한 압축한 것이다. 요점형은 어느 한 가지 핵심주제를 부각시키는 것이라면 요약형은 5W1H 가운데 최소한 3~4가지 이상이 포함되게 압축시킨 것이다.

- Newsmaker 확인형

"레이건 미 대통령은 오늘 전략방위구상 SDI를 계속 추진하겠다고 말했습니다"와 같은 형을 말한다.

- 주제 복합형

"국회는 오늘 본회의에서 뇌물외유의원 3명에 대한 구속동의안(a)을 통과시키고 국회의원 윤리강령(b)도 이울러 채택했습니다."와 같이 a, b주제가 복합돼 있다. 서로 연관되기 때문에 한 리드에 포함되는 것은 좋지 않다.

- Wall Street Journal형

앵커가 뉴스의 핵심멘트를 하면 기자는 변두리에서부터 핵심으로 들어가는 방식이다.

앵커 : "10명이 한꺼번에 숨지는 집단 살인사건이 오늘 오전 10시 ○○에서 발생했습니다." ○○기자의 보도입니다.
기자 : "여기가 바로 집단 살인사건 현장입니다."

위에서와 같이 변두리에서부터 들어가는 것이 좋은 때 사용된다. 사건현장을 먼저 이야기하는 것이 첫 그림과도 일치하기 때문에 자주 사용된다.

- 인 용 형

"(나는 내 책상에 넘어오는 어떠한 무역규제법안에 대해서도 거부권을 행사할 계획입니다) 이 말은 오늘 하원의 무역법안 표결을 앞둔 레이건 대통령의 경고입니다."

"(나는 신문없는 정부보다는 정부없는 신문을 택하겠다) 미국의 3대 대통령 토마스 제퍼슨의 말입니다" 등에서와 같다.

- 질 문 형

"(강간범은 사형시켜야 하는가) 내일 있을 대법원 판결이 말해줄 것입니다", "(14대 대통령은 누가 될 것인가) 바로 내일 판가름납니다" 등과 같다.

- 제안형

"지하철을 타려면 내일부터는 요금을 50% 더 내야 합니다" 하는 것과 같다. 그러나 질문형과 제안형의 리드는 남용하면 좋지 않다. 종합뉴스의 경우 이런 형의 앵커멘트나 기자의 리드멘트가 두 차례 이상 나오면 식상해한다.

- 시간형

시간 자체가 어느 주제보다 중요할 때는 시간 자체가 리드로 뽑힌다. "서기 2001년 1월 1일 0시, 인간이 화성에 첫발을 내디뎠습니다"고 하는 것과 같다.

- 장소형

"여기는 평양, 평양에서 제1신을 보낸다."

"여기는 평양, 평양에는 부슬비가 내리고 있다."

남북분단 이후 처음으로 평양에 특파돼서 첫 방송뉴스를 리포트한다고 생각하면 이런 리드가 나오고도 남는다.

위의 두번째 리드는 지난 1972년 8월 30일 남북적십자 첫 본회담이 평양에서 열렸을 때 사용된 실제 리드이다.

- 사람형

사람 자체가 그 뉴스의 가장 중요한 주제가 될 때 사용된다.

"제15대 대통령에 김대중 후보가 당선됐습니다", "올해 노벨평화상은 미얀마의 야당지도자 아웅산 수지여사로 결정됐습니다", "이 사람이 ○○사건의 진범입니다" 등과 같다.

이 사람형 리드는 요점형의 요점형 리드와 비슷하지만 사람이 주제라는 데 특징이 있다.

- Natural Sound형

첫 리드 자체가 연설의 육성 컷, 음악연주의 절정부분, 스포츠 경기의 극적 장면을 Natural Sound와 함께 내보내는 형식이다. 이 형식은 뉴스의 극적 효과를 높이기 위해 자주 사용된다. 그러나 이런 형의 리드를 너무 자주 사용하면 싫증을 느끼기 쉽고 이해하기 어려운 경우가 많기 때문에 남발하지 않는 것이 좋다.

큰 행사나 사건의 주인공, 대통령을 비롯해서 이미 널리 알려진 유명인사의 중요한 말을 보도할 때 주로 사용된다. 일반 사람들이 잘 모르는 사람이 느닷없이 뉴스의 첫머리에 나와 한마디 하는 장면을 육성을 살려 내보내면 보는 사람들이 어리둥절해 하기 쉽다.

(6) 스트레이트 기사작성

① **스트레이트 기사의 특징**[41)]

- 음성언어를 사용해야 한다.
- 길이가 짧다.
- 정보를 시간적으로 구성한다.
- 소리 및 동작화면을 사용하므로 피드백이 불가능하다.

② **스트레이트 기사작성 요령**

- 머리문장은 간단, 명료해야 한다.

방송뉴스는 일과성(一過性)의 특성을 가지므로 단순하고 이해하기 쉬운 단어로 기사를 작성해야 한다. 방송기사는 보고 들으면서 바로 이해되어야 하는 즉시성이 생명이므로 머리문장일 경우 길거나 내용이 복잡하면 기사의 초점을 부각시킬 수 없다. 전문용어와 복잡한 수치를 기사화할 경우 쉽게 단순화시켜 주어야 한다.

> "한국은행은 오늘 지난달의 무역수지 적자가 7억 9,000만 달러, 무역외 수지와 이전수지 적자가 6억 5,000만 달러를 기록해 한달동안 경상수지 가 14억 4,000만 달러에 이르렀다고 밝혔습니다."

복잡한 전문용어와 천문학적 수치 등이 기사와 화면을 보고 듣는 사람 들을 혼란스럽게 한다.

---

41) 이석주, 《신문방송 기사문장 : 기사문장의 구성과 표현 — 방송》, 언론연구원 총서 20, 1996, p. 228.

"한국은행은 오늘 지난달까지의 경상수지 적자가 모두 14억 4,000만 달 러에 이르렀다고 밝혔습니다." 이렇게 단순화시켜 주는 것이 좋다.

"서울의 에어컨 값은 뉴욕보다 두 배나 비싸고 컴퓨터와 카메라, 청바 등의 값도 외국의 주요 도시보다 두세 배 가량 비싼 것으로 나타났 습니다."

머리문장에 맞춰야 할 화면을 생각하면 정신이 어지럽다. 에어컨, 컴퓨터, 카메라, 청바지의 화면이 불과 10여초 사이에 잇따라 나와야 한다. 영상편집자료부터도 TV 머리기사로 적합치 않다는 불평이 나올 것이다. 다음과 같이 고쳐 써 볼 수 있겠다.

"서울의 주요 공산품 값이 외국의 주요 도시보다 두세 배 가량 비싼 것으로 나타났습니다."

머리기사를 쓰면서 화면도 생각해야 하지만 내용도 분명히 해줘야 전 달력이 있게 된다.

- 화면 영상과의 조화

뉴스기사 내용과 길이가 뉴스화면 영상내용과 일치해야 한다. 또한 뉴스영상화면에 자막을 사용할 경우 기사내용과 길이가 그 장면의 내용과 자막의 길이에 맞도록 유의해야 한다.

기사내용과 영상장면이 일치하여 조화를 이루어 시청자에게 전달하고자 하는 메시지 의미의 완성도를 높여주게 된다.

- 수동형 문장은 피해야 한다.

방송기사의 내용이 길고 복잡해서도 안되지만 특히 수동형 기사는 피하는 것이 좋다. 수동형 기사는 주어와 목적어가 뒤바뀌어 내용을 이해하기가 쉽지 않고 혼동하기 쉬우며 속성상 문장의 길이도 길어지게 마련이다.

"오늘 광복절 기념식에서는 ○○○ 선생과 독립유공자들에게 건국훈장이 수여되며 청각장애를 딛고 미국 ○○○ 공대를 수

석졸업한 안선미 양 등 해외동포 청소년 40여명이 초청됩니다."

광복절 기념행사를 보도하면서 기사문장을 수동태형으로 전개하다 보니 행사의 주체를 이해하는 데 약간의 시간을 필요로 한다. 다음과 같이 능동형으로 바꿔줘야 한다.

"오늘 경축식에서 ○○○ 선생과 독립유공자 ×명이 건국훈장을 받으며, 청각장애를 딛고… 해외동포 40여명이 참석합니다."

- 중복 또는 복잡한 문장은 피해야 한다.

기사내용이 여러가지가 함께 포함될 경우 문장을 나눠 써주는 것이 바람식하다.

"경기도 ○○군은 오늘 골프장인 ××컨트리클럽이 폐수를 무단 방류해 하천을 오염시키는가 하면 클럽하우스 등을 불법 용도변경해 사용해온 사실을 적발해 시정명령을 내렸습니다."

이 기사의 비중은 폐수를 방류한 환경문제에 있는 만큼 마땅히 이 부 문의 내용을 다음과 같이 명쾌하게 적시해줘야 한다.

"경기도 ○○군은 오늘 골프장인 ××컨트리클럽이 각종 폐수를 정화시설도 거치지 않은 채 팔당 상수원 상류에 무단방류해온 사실을 확인하고 시정명령을 내렸습니다. 또 클럽하우스 등을 멋대로 용도변경해 식당으로 사용해온 사실도 아울러 적발했습니다."

- 내용이 복잡하고 긴 문장은 요점을 나누어 작성한다.

내용이 복잡한 사건기사는 취재한 화면을 중심으로 문장을 나눠주는 것이 일반적이다. 다음 기사를 보자.

"오늘 새벽 1시쯤 낙태수술을 받다 숨진 서울시 신내동 ××살 ○○○씨의 유가족 20여 명이 목동 모산부인과 병원 앞에서 항의시위를 벌이다 10여 명이 경찰에 연행됐습니다."

이 사건을 취재한 카메라기자는 시간상 경찰에 연행된 유가족들 화면만 취재했을 것이다. 따라서 취재된 화면을 바탕으로 하는 기사를 작성해줘야 생동감이 있다.

> "낙태수술을 받다 숨진 환자의 남편 등 유가족들이 병원측에 항의시위를 벌이다 경찰에 연행됐습니다. 오늘 경찰서에 연행된 유가족들은 서울시 신내동 ××살 ○○○씨 등 10여 명입니다."

이 외에도 고사성어식의 한자어와 약어는 피해야 하며 준말은 소리나는 대로 적어야 한다.[42]

(7) 방송 리포트 기사 작성[43]

① 방송리포트의 개요

앞서 기술한 스트레이트 기사는 기사내용을 전하는 말과 화면영상과의 결합체라고 한다면 리포트는 말, 그림, 현장상황, 인터뷰, 그래픽, 음악 등이 복합적이고 유기적으로 연결되어 조화를 이룬 메시지의 요체라 할 수 있다. 리포트에서 흡인력있고 생생한 기자의 목소리와 현장화면이 결합하며 구체적이고 리얼한 메시지가 시청자에 전달되므로, 방송기자는 스트레이트 뉴스를 잘 작성하는 것도 중요하지만 리포트를 얼마나 잘 작성하느냐에 따라서 기자로서의 능력과 자질을 평가받게 된다.

② 방송리포트의 유형

방송리포트에는 사건사고 리포트, 일방사회 리포트, 정치/경제/사회/문화/스포츠 리포트 등 세가지 유형으로 크게 분류할 수 있다.

▪ 사건사고 리포트 - 대형 사건사고 리포트
　　　　　　　　　- 자연재해 리포트

---

42) 윤재홍, 《TV 뉴스 : 취재에서 보도까지》, 커뮤니케이션 북스, 1998, pp. 208~220.

43) 윤재홍, 《TV 뉴스 : 취재에서 보도까지》, 커뮤니케이션 북스, 1998, pp. 220~248.

- 화재, 교통사고 리포트
- 살인, 강도 등 강력사건 리포트

- 일반사회 리포트 - 스케치 리포트
  - 행사 리포트
  - 미담, 화제 리포트
- 정치/경제/사회/문화/스포츠 리포트
  - 청와대, 국회, 정당 리포트
  - 금융, 산업, 유통, 물가 리포트
  - 문화, 과학 리포트
  - 각종 경기 등 스포츠 리포트

③ 리포트 구성 요령

리포트는 스트레이트 뉴스와는 달리 기자의 내레이션(오디오), 현장/자료화면(비디오), 그리고 컴퓨터그래픽(CG) 등의 세 요소로 이루어진다. 이 세 가지의 요소가 유기적으로 잘 조화를 이루어 연결되고 결합될 때 훌륭한 리포트가 될 수 있다.

리포트의 전체적인 구성은 도입부(*lead, top*), 본문(*narration*), 인터뷰(*interview*), 기자의 현장 목소리(*on mike ment*), 그리고 클로징(*closing ment*)으로 구성된다. 도입부의 리드부분은 그 유형과 작성요령을 앞서 기술했다.

- 세련되고 쉬운 내용

  리포트 문장은 항상 세련되고 간결하면서 많은 시청자들이 쉽고 빨리 이해할 수 있는 기사로 작성되어야 한다. 텔레비전 뉴스리포트 기사는 어려운 단어, 전문용어, 한문, 숙어 등은 그 뜻을 풀어서 쉽게 간단 명료하게 이해할 수 있도록 작성해야 한다.
- 현장화면과의 조화

  리포트 기사내용과 현장화면이 조화를 잘 이루어 정확하게 전달될 수 있어야 한다. 특히 사건현장 리포트 경우 생생한 사건현장 장면 중심으로 리포트해야 한다.
- 기자의 현장리포트

텔레비전의 특성상 기자의 현장비디오, 인터뷰, 현장기자의 멘트가 매우 중요하다. 현장에서 직접 취재했음을 강조하는 취재기자의 현장 온 마이크 멘트(*on mike ment*)에서 시청자는 기자가 현장을 직접 누비는 모습에서 대리경험을 하게 된다. 기자는 현장감을 잘 살리기 위해 꾸준한 노력을 해야 한다. 현장 멘트를 서서 할 수 있고, 앉아서 또는 걸어가면서 하는 등 상황에 따라 뉴스의 이해와 전달의 차이가 있으므로 다각적인 효과를 얻어내고자 한다.

▪ 호흡과 리듬감

기자가 기사내용을 책을 읽는 것처럼 리포트한다면 생명력을 잃은 리포트가 될 것이다. 현장감을 잘 살리기 위해 화면 영상 장면을 잘 고려해가며 현장상황에 따라 호흡과 리듬속도를 효과적으로 조정해서 전달력을 높여주어야 한다. 특히 대형사건 사고 리포트 경우에는 현장그림의 생생한 화면과 일치하는 리듬과 적절한 톤(*tone*)이 요구된다.

▪ 현장인터뷰

대형사건사고에서 빼놓을 수 없는 것이 현장주민들의 목격담이나 체험담으로서 현장의 생생한 목격담이나 체험담은 리포트 효과를 배가시킬 수 있다.

▪ 스케치 리포트

스케치 리포트의 대표적인 사례가 계절의 변화 등을 전하는 내용들이다. 계절의 감각을 잘 살리면서 서정적이고 문학적인 문장력을 살린 기사작성으로 현장을 심도있게 리얼하고 정서적인 감각을 잘 살려야 한다. 너무 틀에 박힌 표현방식이나 천편일률적인 용어로 표현되는 것은 식상하기 쉽다. 신선한 감각과 새롭고 다양한 표현을 위해 끊임없이 노력해야 한다.

스케치는 그림배열이 우선이다. 시간순서에 맞게 그림을 먼저 편집하고 편집된 그림을 보면서 기사를 작성하는 것이 좋다. 스케치는 일반 리포트와는 달리 내레이션을 극도로 절제해야 한다. 문장과 문장 사이에 포즈(*pause*, 한 호흡씩 끊으면서 기사를 읽는 것)를 넣는 것이 좋고, 이 포즈에는 현장음을 살리는 것이

효과적이다.

예 1 : 따갑게 쏟아지는 강렬한 햇볕, 가만히 서 있어도 흘러내리는 땀방울.

예 2 : 그나마 한줄기 강바람이 잠시나마 청량한 기분을 맛보게 해줍니다.

3) 인터뷰[44)]

(1) 인터뷰 개요

프로그램에서 인터뷰의 가장 중요한 기능은 '증언'(*testimony*)의 기능이다. 어떤 사실에 대해 해설자나 진행자가 설명하기에는 신뢰도가 떨어진다고 판단될 때, 또는 프로그램의 진행이나 사건, 사태의 파악에 필수적일 때 인터뷰는 중요한 도구로 사용된다.

인터뷰는 직접 체험자가 자신의 체험에 대해 증언하거나 의견을 개진하거나, 프로그램의 주상에 대해 반박하거나 또는 농조하는 방식으로 사용될 수 있다. 따라서 인터뷰는 의견개진, 설명, 해설, 주장, 진술 등의 형식으로 전개된다.

적절한 인터뷰는 프로그램 진행에 필수적이기 때문에 인터뷰의 삽입과 선택은 취재와 편집에서 매우 중요하다. 다음의 지침들은 인터뷰 상대의 섭외에서부터 취재, 편집에 이르기까지의 중요한 사항을 다룬 것이다.

(2) 인터뷰 요령

- 취재기자는 늘 취재물의 성격에 따라 취재의도는 높여줄 만한 인터뷰를 많이 확보해야 한다. 특히 취재기자는 기획의도와 방향에 맞는 말을 해줄 수 있는 전문가들을 필요한 때 섭외할 수 있어야 한다.
- 인터뷰를 할 때에는 무엇을 얼마나 말해줄 것인가를 분명히 주문해야 한다.

---

44) KBS, 《방송제작가이드라인》, 1998, pp. 81～87.

- 답변 가운데 이해가 안되는 대목이 나올 때에는 자연스럽게 보충질문을 해야 한다.
- 질문은 길지 않아야 한다.
- 질문은 하나씩 하는 것이 좋다. 한꺼번에 너무 많은 것을 질문하지 않는 것이 좋다.
- 지나치게 저자세가 되는 것도 바람직하지 않다.
- 말하는 동안에 내용을 메모해두면, 나중에 기사를 쓰거나 편집할 때에 시간을 절약할 수 있다.

(3) 인터뷰 제작 유의사항

① 인터뷰 준비

방송제작자는 프로그램에 필요한 인터뷰의 내용을 결정해야 하며, 질문은 반드시 답변을 미리 예상한 상태에서 선택해야 한다. 답변을 미리 예상하기 위해서는 인터뷰 대상자에 관한 정보를 사전에 수집할 필요가 있다. 정보를 수집하는 단계에서 제작자는 인터뷰 대상자가 답변할 충분한 자격이 있는지, 답변의 근거를 가지고 있는지에 대해 판단해야 한다.

답변내용에 대한 책임은 궁극적으로 제작자가 져야 하는 것이지만 인터뷰 대상자 역시 답변내용에 책임질 수 있어야 하고, 그러기 위해서는 인터뷰 대상자를 신중하게 선택해야 한다.

② 섭 외

섭외에서 가장 중요한 것은 인터뷰 대상자에게 프로그램의 내용을 정확하게 전달하는 일이다. 특히 인터뷰가 필요한 이유를 명확하게 전달해야 하며 어떤 방법으로 사용될 것인지에 대해서도 충분하게 설명해야 한다. 사회적, 학술적으로 의견대립이 있는 경우, 또한 동일한 사건이나 사실에 대해 여러가지 진술, 증언 등이 엇갈리는 경우에는, 다른 의견을 가진 사람의 인터뷰가 프로그램에 포함되는지의 여부도 인터뷰 대상자에게 정확하게 전달해야 한다.

특히 시사고발 프로그램에서는 인터뷰의 사용목적을 의도적으로 변형하여 설명하거나 속이는 일이 없어야 하고, 프로그램명과 취재자의 직책, 성명 등이 정확하게 전달되어야 한다.

실제로 방송될 인터뷰의 분량도 이때 인터뷰 대상자에게 알려주는 것이 좋다. 그러나 무제한의 시간을 허용하는 것은 바람직하지 않다. 답변이 길어지면 인터뷰 대상자의 답변의도와 벗어나게 편집되는 수가 있기 때문이다.

이때 제작자는 질문의 모든 내용을 인터뷰 대상자에게 알려줄 것인지에 대해 신중하게 판단해야 한다. 때로는 질문의 주요 취지만 전달하는 것이 효과적일 수가 있다. 정확한 질문내용을 미리 알려줄 경우, 인터뷰 대상자는 해당 질문에 대해 완벽한 준비를 하려고 하여 프로그램의 자연스러운 흐름을 방해할 수도 있다. 또한 인터뷰 대상자가 어떤 사안에 대해 주장, 진술할 때 그가 의도한 대로 자신에게 유리한 답변이 편집되지 않고 그대로 방송될 것인지, 아니면 제작의도에 맞게 편집될 수도 있는지를 알리는 일과 같다.

③ 섭외시 인터뷰의 반대급부 요구에 대하여

인터뷰에 응하는 대가로 규정하고 있는 출연료나 기념품 이외의 것을 요구하는 경우에는 원칙적으로 인터뷰해서는 안된다. 사회적 지명도, 프로그램에 대한 기여도 등 특수한 사정을 감안하여 별도의 사례를 해야 할 필요가 있을 때는 상급자의 허락을 얻어야 한다.

특히 범죄 관련자가 인터뷰의 대가로 도피자금이나 도피처의 제공을 요구할 때는 인터뷰 내용이 프로그램에 필수적인 요소로 판단되더라도 단호하게 거절해야 한다.

사례나 대가가 아니더라도 인터뷰 대상자가 특별한 조건을 제시하는 경우가 있을 수 있다. 제작자는 그 조건이 일상적인 사회통념이나, 규정 또는 법규 등에 저촉되지 않는지 면밀히 검토해야 하고, 그것들에 위배된다고 판단할 때는 인터뷰를 포기해야 한다. 그러한 조건들을 부주의하게 수락하거나, 수락할 것 같은 느낌을 주면서 인터뷰해서는 안된다.

④ 섭외가 없는 인터뷰의 경우

다음과 같은 경우에는 섭외하지 않은 채 인터뷰할 수 있다.

- 불특정 다수에 대한 인터뷰(거리인터뷰)

- 취재원이 취재사실을 알면 증거를 인멸하거나, 사실을 말하지 않을 것으로 판단되는 경우
- 돌발적인 사건이나 상황하에서 당사자의 의견, 지식, 체험 등을 들어야 할 경우

이런 경우에도 취재 전이나 후에 반드시 인터뷰 대상자가 말한 내용이 방송에 사용될 수 있음을 분명하게 고지해야 한다. 이때 허락을 받지 못하면 방송에 사용할 수 없다. 단, 인터뷰 내용이 개인의 권익에 비해 중대한 공익적 가치가 있다고 판단될 때는 방송할 수 있다.

⑤ 인터뷰 취재

- 질문자의 태도

  인터뷰할 때 가장 중요한 것은 질문자의 태도이다. 질문자는 최대한 객관적이어야 하며 여러가지 입장에 대해 공정해야 한다. 또 질문자는 항상 시청자를 대신해서 질문한다는 사실을 잊어서는 안된다. 따라서 질문자는 상대의 지위고하, 연령, 성별 등에 관계없이 엄정하고 예의바른 태도를 유지해야 하며 방송현장의 제작 스탭들도 그러해야 한다.

  인터뷰 전에 질문자는 인터뷰 대상자에 대한 정보를 충분히 파악하고 대상자의 기분이 편안하도록 최대한 배려해야 한다. 본 질문에 들어가기 전에 충분히 의견을 교환해야 하며, 어떤 답변을 할 것인지 미리 들어보는 것도 좋은 방법이다. 그러나 그 내용에 간섭을 해야 할 경우 최대한 예의를 갖추어야 한다. 대상자가 긴장했거나, 제대로 답변을 못할 때 상대방을 윽박지르는 것은 금물이며, 제작자나 질문자는 원활한 인터뷰를 위해 대상자를 격려한다. 이러한 원칙은 피의자나 어린이에게도 마찬가지로 적용된다.
- 편집과 방송의 약속

  인터뷰는 편집과정에서 삭제될 수도 있다. 따라서 제작자는 녹화(녹음)를 할 때, 인터뷰가 편집될 수 있다는 사실뿐만 아니라

방송되지 않을 수도 있다는 사실을 분명하게 전달해야 한다.

▪ 사전 설명

섭외를 할 때 미리 설명했다 하더라도 제작에 들어가기 전에 다시 한번, 인터뷰 대상자에게 프로그램의 의도, 인터뷰의 사용목적 등을 설명해야 한다.

▪ 인터뷰에 대한 간섭

제작자는 인터뷰 대상자가 일방적인 견해를 피력하거나 기획의도에 맞지않게 답변하는 것을 막을 수 있다. 필요하다면 인터뷰 길이를 제한하거나, 도중에 인터뷰를 중단하고 다시 설명한 뒤에 녹화(녹음)할 수 있다.

▪ 몰래카메라 또는 허락받지 않은 녹음, 녹취

극히 제한적인 범위내에서 사용되어야 하고 제작 전에 상급자의 허락을 얻어야 한다. 이 경우에도 촬영 후 방송에 사용될 것임을 고지해야 하며, 만약 인터뷰 대상자가 허락하지 않는다면 사용할 수 없다. 다만 그 내용이 공익에 반드시 필요한 것이며, 범죄와 관련된 내용이라면 고지한 상태에서 상대방의 허락을 받지 않더라도 방송할 수 있다. 공익에 반드시 필요한 것인지 판단하기 위해서는 상급자의 허가는 물론이고, 필요할 경우 법률적 자문을 받아야 한다.

그러나 제작자는 비밀취재가 필요없도록 사전에 인터뷰 대상자를 충분히 설득해야 한다.

▪ 기습적 인터뷰

사전통보가 없는 기습적, 돌발적 인터뷰의 경우, 제작자는 사후에 프로그램의 기획의도, 인터뷰의 사용목적, 제작자의 직책, 성명 등을 명확하게 밝혀야 한다.

▪ 특정내용의 강요, 청탁

그 어떤 경우에도 인터뷰의 내용을 강요해서는 안된다. 꼭 필요한 내용의 인터뷰라 하더라도 질문자나 제작자가 그 내용을 지정하여 강제하거나 부탁해서는 안된다. 특히 거리에서 제작자의 의도대로 인터뷰해서 그것이 마치 전반적인 여론인 것처럼 전달하는 식의 인터뷰 취재는 삼가야 한다.

- 조작인터뷰

  증언을 들을 수 없는 경우에 주변인물, 친지, 대역 등으로 하여금 그 내용을 말하게 하는 것은 실제 내용과 일치한다 하더라도 조작이다.

- 향응 또는 촌지의 수수

  그 어떤 경우에도 인터뷰의 대가로 현금이나 향응을 받아서는 안된다. 인터뷰 삭제를 전제로 한 현금이나 향응 역시 받아들여서는 안된다.

⑥ 편 집

인터뷰 편집의 기본은 인터뷰 대상자의 발언취지를 프로그램 제작의도에 맞게끔 정확하게 살리는 것이다.

특히 여러 가지 질문에 대해 길게 대답했을 경우, 자신의 취지와는 다른 내용의 말을 하는 수가 있는데, 이때 발언 취지와는 관계없이 프로그램의 기획의도에 맞는 부분만을 발췌해 편집해서는 안된다.

또 인터뷰 대상자의 발언순서는 가능한 한 충실하게 지켜주어야 한다. 순서가 바뀌면 발언취지가 왜곡되기 쉽다. 프로그램의 이해를 돕기 위해 순서를 바꿀 필요가 있을 때는 취지를 왜곡하지 않는지 면밀히 검토해야 한다.

제작자는 초상권 문제 또한 신중하게 고려해야 한다. 카메라를 의식하고 질문에 대답한 이상 초상권을 포기한 것으로 인정할 수 있지만, 그 경우에도 본인의 의사와는 관계없이 초상권을 침해한다는 인상을 시청자에게 줄 수 있다. 이럴 때 제작자는 본인의 요청이 없다 하더라도, 익명·가명처리, 모자이크 처리, 음성변조 등을 통해 초상권을 보호하려는 노력을 해야 한다. 그러나 인터뷰 대상자에 대한 이러한 보호조치는 프로그램의 신뢰도를 훼손할 우려가 있기 때문에 극히 제한적으로 사용해야 하며 상급자의 허락을 얻어야 한다.

인터뷰 대상자가 인터뷰에 응한 후, 편집단계에서 삭제를 요청하는 수가 있다. 이 경우 일단 녹화된 부분은 제작사의 소유로 간주하고, 편집권이 제작사에 있음을 인터뷰 대상자에게 분명히 한다. 다만 이러한 요청이 있었음은 데스크나 책임 프로듀서에게 반드시 보고해야 한다.

인터뷰의 내용을 다 사용하지 않거나, 일부분을 인정하고 나머지 내용을 해설, 설명 등으로 처리하고자 할 때는 인터뷰 대상자에게 사전에 양해를 얻어야 한다.

■ 사 례 1989년 KBS는 〈21세기 강좌〉 프로그램에 출연한 한상진 교수의 강연(60분) 가운데 '특정 정당을 옹호하거나 비판한다'는 오해의 소지가 있는 23분 가량의 내용을 삭제, 편집한 후 방송하였다.

이에 대해 한 교수는 "강연의 핵심과 결론이 일방적으로 삭제되어 강의의 흐름이 중단되고 논리의 비약이 심했으며 부분적으로는 자신의 의사가 왜곡되어 자신의 학자적 권위와 명예가 심하게 손상되었다"라는 이유로 사과방송 청구소송을 냈다.

재판부는 사과방송을 하도록 판결하면서 "원고의 사회적 평가를 손상시켰다기보다는 스스로 창조하여 꾸준히 연구, 발표해온 '중민이론'의 이론적 체계성과 동일성을 손상하고 나아가 자기의 이름에 대해 갖는 원고 자신의 신념과 확신을 훼손시켜 결국 학자로서 또는 저술가로서의 저작 인격권을 침해하였다"고 하여 KBS의 책임을 인정하였다.

4) 뉴스진행표 작성

뉴스제작을 최종적으로 구성, 완료하기 위해 거쳐야 할 중요한 결정 중의 하나가 첫머리 주요뉴스(*the head story*)로 어느 기사로 선택하느냐이다. 이것은 신문 일면의 주요 헤드라인과 같이 첫머리 뉴스가 그날 뉴스 중 가장 비중있고 중요한 뉴스로 인식되기 때문이다. 이와같이 방송뉴스는 그 내용뿐만 아니라 뉴스진행순서에서 어디에 위치하며 그 길이가 얼마나 차지하느냐가 매우 중요한 의미를 갖는다. 특히 방송뉴스는 신문과 달리 방송된 후에 다시 시청할 수 없는 일과성의 특성이 있으므로 첫머리 뉴스는 시청자의 관심을 끌기에 충분해야 하며 기사가치와 비중도와 중요성에 따라 뉴스진행표가 작성되어야 한다.

1999-10-11 제1TV 21:00시 뉴스

방송시간 합계 0:49:05 PD 장한식 MC1 김종진 MC2 황현정 자료공개 X 확인 〈최종〉

순서	시간	누계	제목	수퍼	리포터	영상	음향	비고
1	00:00	0:00:00	타이틀			CA + HLC	HLC	
2	00:00	0:00:00	##### 김 종 진 #####					
3	01:00	0:01:15	감사원 도.감청 일제 감사		김웅규	⇒ Beta	Beta	통신수퍼999
4	01:10	0:02:40	원전사고 보고 지연 시인		김인영	Beta	Beta	
5	01:10	0:04:05	대우자동차 정부가 매입후 매각		임장원	Beta	Beta	
6	01:10	0:05:30	대우채권,일반 고객에 떠넘기기 의혹		정필모	Beta	Beta	
7	01:20	0:07:05	북한,위성TV 본방송 시작		최연택	Beta	Beta	
8	01:10	0:08:30	북한 서해공단 입주 신청쇄도		곽우신	Beta	Beta	
9	01:10	0:09:55	병무비리 재수사 확대		안세득	Beta	Beta	
10	01:20	0:11:30	어음제도 폐지 중앙은행이 나섰다		유석조	Beta	Beta	
11	01:10	0:12:55	사재기 방지 세금물린다		김현석	Beta	Beta	
12	01:10	0:14:20	김미현, 데뷔원년 LPGA 2승 위업		김진석	Beta	Beta	
13	01:00	0:15:35	골프,특권층 운동 아니다.		조순용	Beta	Beta	
14	01:10	0:17:00	금세기 마지막 大유성우		이기문	Beta	Beta	
15	00:00	0:17:00	##### 황 현 정 #####					
16	01:10	0:18:25	초등 1년생 한라산 실종(제주)		양석현	Beta	Beta	
17	01:10	0:19:50	목숨 담보하는 무리한 산행(속초)		김진업	Beta	Beta	
18	01:10	0:21:15	빗길 교통사고 2건,,8명사망(부산)		강지아	Beta	Beta	
19	01:20	0:22:50	호우 피해 종합(창원)		정재준	Beta	Beta	
20	01:10	0:24:15	기자여론 "홍석현사장 구속은 잘한 일"		윤제춘	Beta	Beta	
21	01:20	0:25:50	세계 NGO 대회 개막		이영섭	Beta	Beta	
22	00:20	0:26:10	노벨의학상에 귄터 블로벨 교수		기 사	Beta	MC	2)
23	00:00	0:26:10	##### 김 종 진 #####					
24	01:10	0:27:35	10대 자매 연쇄 추락사고		이창룡	Beta	Beta	
25	01:20	0:29:10	동해안 관광지는 강남부자 땅(강릉)		권혁일	Beta	Beta	
26	01:10	0:30:35	금융피라미드 조직 적발		이영진	Beta	Beta	
27	01:10	0:32:00	만취 택시 잇딴 뺑소니사고(부산)		박순서	Beta	Beta	
28	01:30	0:33:45	전국체전 개막 H.L(구성)		이영미	Beta	Beta	
29	00:00	0:33:45	##### 황 현 정 #####					
30	01:10	0:35:10	시내전화도 요금인하 나섰다		조일수	Beta	Beta	
31	01:20	0:36:45	휴대폰 불법복제 판친다		송현정	Beta + HLC	Beta	< 로컬 사인 >
32	01:10	0:38:10	박찬호 선수 입소(대전)		유진환	Beta	Beta	

1999-10-11 제1TV 21:00 시 뉴스 (최종)

방송시간 합계 0:49:05 PD 장한식 MC1 김종진 MC2 황현정 자료공개 X 확인

순서	시간	누계	제목	수퍼	리포터	영상	음향	비고
33	01:10	0:39:35	특별검사 활동 돌입		박성래	Beta	Beta	
34	00:00	0:39:35	##### 김 종 진 #####					
35	01:10	0:41:00	아파트값, 약세속 분양가는 강세		연규선	Beta	Beta	
36	01:10	0:42:25	다국적군, 印尼軍 첫 충돌		김정환	Beta	Beta	
37	01:10	0:43:50	뉴욕 괴질 바이러스 테러 논란		김도엽	Beta	Beta	
38	00:00	0:43:50	##### 황 현 정 #####					
39	01:10	0:45:15	LPG차 주유 외면하는 고속도로		최규식	Beta	Beta	
40	00:15	0:45:30	제13회 인촌상 시상식		기 사	Beta	MC	2)
41	00:10	0:45:40	<<< 오늘의 세계 LOGO >>>			HLC	HLC	
42	01:10	0:47:05	오늘의 세계		김주영	Beta + HLC	Beta	< 로컬 사인 >
43	00:20	0:47:25	영 상		구 성	Beta	Beta	
44	01:20	0:48:45	날 씨		조석준	Beta	Beta	수퍼 912
45	00:20	0:49:05	클로징 멘트		M C		MC	
46	00:00	0:49:05	KBS홍보 + 끝 타이틀			CA + VF VF	HLC	홍보수퍼904
47	00:00	0:49:05	있으나 마나한 고속도로카드 할인		김혜송	Beta	Beta	< 예비 >
48	00:00	0:49:05	숭실대 개교 기념식 중단 소동		성재호	Beta	Beta	< 예비 >
49	00:00	0:49:05	금융시장 안정책 추궁		김종명	Beta	Beta	< 예비 >

뉴스 편집부서에서 각 뉴스 취재부서에서 넘어오는 기사와 리포트 뉴스제작 내용을 확인하고 미리 준비한 가진행표를 참고로 해서 뉴스진행표(*cue sheet*)를 작성한다.

뉴스진행표는 보도국 부장회의 결과를 토대로 편집담당이 작성해서 최종 보도책임간부에 의해 확정된다. 뉴스방송이 이 진행표에 의해서 진행된다.

11. 뉴스앵커의 요건

뉴스를 진행하는 앵커는 시청자에게 텔레비전 화면이라는 작은 창문을 통해 세상을 보여주고 소개하는 안내자이며 해설자이다. 시청자가 앵커에 갖는 기대와 인간적인 관심도 크며 명성과 영향력 또한 크다. 시청자들은 매일저녁 같은 시간에 안방으로 찾아오는

KBS 9시 뉴스.

앵커와 감정이입(*empathy*)을 통해서 친밀한 인간관계를 구축한다는 것이다. 이러한 시청자와 앵커와의 관계에 대한 이해가 성공적인 뉴스제작에 중요한 조건이 된다.

이와같이 텔레비전 뉴스 프로그램의 성공여부가 앵커의 영향력이 대단히 크기 때문에 각 방송국은 앵커의 선정에 고심한다. 앵커가 갖추어야 할 자질과 요건은 다음과 같이 정리해 볼 수 있다.[45]

(1) 호감을 주는 인상
우선 많은 시청자들에게 호감을 주는 인상이어야 한다. 매일 중요한 뉴스를 전달하는 사람으로서 지적이며 신뢰감을 주는 동시에 친근감을 줄 수 있어야 한다.

(2) 호감을 주는 음성과 전달력
음성은 개성이 있으면서도 듣기에 부담을 주지 않고 믿음직하고

45) 최양수, "보도프로그램제작이론," 한국방송학회 편, 《방송보도론》, 1993, pp. 121~124.

호감을 주는 목소리로 기사내용을 정확히 전달할 수 있는 정확한 발음과 표준어 사용이 필수적이다.

(3) 성실성

방송뉴스는 사회환경과 방송환경의 변화와 함께 끊임없이 발전하고 변화된다. 앵커가 자신의 고정된 스타일에 안주해서는 이러한 변화에 적응하고 시청자의 변화하는 욕구를 만족시킬 수 없다. 그러므로 훌륭한 앵커가 되기 위해서는 끊임없는 노력과 연습이 필요하다.

(4) 자신감

표정이나 어감에서 신뢰감을 줄 수 있는 자신감이 있어야 한다.

(5) 침착성과 순발력

뉴스가 진행되고 있는 생방송 중에는 여러가지 예상치 못했던 일들이 생길 수 있다. 어떤 문제가 발생했을 때 침착하게 대처하고 위기를 관리할 수 있는 순발력이 중요하다. 실수를 했을 경우에도 당황하거나 주저하지 말고 즉각 수정을 해서 의연하게 계속 진행해야 한다.

(6) 집중력

뉴스진행은 항상 생방송으로 정확한 타임스케줄에 의해 진행되므로 진행자인 앵커가 집중력을 잃으면 예기치 못한 여러가지 혼란과 상황이 야기될 수도 있다. 뉴스 전달내용에 항상 긴장감으로 집중력을 견지해야 한다.

(7) 언론인으로서의 자질

앵커는 뉴스를 시청자에게 전달하는 기자이다. 앵커는 훌륭한 언론인으로서 뛰어난 통찰력과 순발력으로 뉴스기사를 순간순간 평가할 수 있는 안목을 길러야 한다. 중요한 뉴스를 전달하는 기자로서 훌륭한 자질을 갖추고 있어야 하며 자기개발을 위해 항상 노력해야 한다.

(8) 감정이입(感情移入, *empathy*)

다른 사람들의 감정, 생각, 태도들을 알고 이해하고자 하는 것을 감정이입이라 정의할 수 있다. 신문기사를 읽는 독자는 그 기사를 쓴 기자를 볼 수도 그의 음성을 들을 수도 없다. 라디오 뉴스의 경우도 말하는 사람을 볼 수가 없다. 그러나 텔레비전 뉴스를 시청할 때 앵커의 표정과 말을 생생히 보고 들을 수 있다. 그렇기에 시청자는 앵커에게 인간적인 친밀감을 느끼고 또 느끼고 싶어한다. 시청자 개개인의 관심, 욕구까지도 알고 있는 듯이 보이는 앵커가 성공적이라 할 수 있다. 앵커가 이러한 감정이입의 능력을 키우는 방법을 구체적으로 지적하기는 쉽지 않지만 항상 다른 사람의 문제에 관심을 갖고 그들에게 일어나는 일들을 이해하고 공감하려 하는 노력을 게을리 하지 않으면 자상하고 친밀감을 주는 이미지를 창조해나갈 수 있을 것이다.

12. 보도특집 제작

1) 보도특집 기획

보도특집은 정치, 경제, 사회, 문화 이외에 전반적인 국민의 관심사 또는 시사적인 내용을 주제로 별도의 특집편성으로 기획제작된다.

2) 보도특집 제작형식

(1) 다큐멘터리 형식

주제에 따라 사실적인 내용과 현장모습의 전달이 중요한 목적일 경우 활용하는 제작방법이다.

① 현장취재 및 인터뷰 구성

현장에서 취재한 내용을 취재기자가 직접 내레이션을 해서 구성하거나, 아나운서나 성우 등 전문 내레이터를 통한 내레이션으로 구성 제작하는 형식이다.

② 자료화면 및 인터뷰 구성

사실이 수록된 과거의 현장화면을 수집해서 관계자들의 증언이나 회고 인터뷰와 함께 구성제작하는 형식이다.

(2) 토론형식

정해진 주제에 대한 찬반토론 형식의 구성 프로그램이다. 토론 프로그램 찬반 양쪽의 출연인사 선택과 섭외된 진행자의 역할이 매우 중요하다.

(3) 대담, 좌담형식

주제에 따라 선정된 단독대담 또는 복수대담으로 구성할 수 있으며 두 사람 이상의 출연자들이 좌담형식으로 주제에 대한 심도있는 의견을 개진해서 구성, 진행하는 프로그램이다.

(4) 해설형식

주요한 이슈에 대한 성격, 배경, 의미, 향후 전개될 상황과 결과에 대해 해설형태로 구성진행하는 프로그램이다. 국가의 큰 이슈에 대해 대통령의 특별담화 발표가 있을 경우 그 담화의 의미와 배경, 향후전망 등에 대해 전문가의 해설을 진행하게 되는데 사회자와 그 분야의 학자, 전문가 몇 사람이 해설자로 출연하게 된다.

(5) 공청회, 세미나 형식

주제에 대한 공청회, 세미나를 개최해서 제작할 수도 있고 시사성과 시의성이 있는 공청회나 세미나 현장을 중계하는 형식으로 제작될 수도 있다.

(6) 대화, 회견 형식

종합구성 형식으로 진행되기도 하는데 그 대표적인 사례가 '특집방송 ○○○ 대통령 국민과의 대화' 같은 프로그램으로서 각계 각분야별 대표 토론패널들의 질문과 방청객, 지역방송, 국민들의 전화참여 등을 통한 질문과 대화형식으로 진행되는 프로그램이다.

KBS 특집방송 〈김대중 대통령 국민과의 대화〉

▪ 제작시 점검내용

- 사회자선정	- 방청객 선정 섭외
- 진행큐시트 작성 배부	- 스튜디오 배정
- 좌석배치도 작성	- 출연자 이름 등 자막 준비
- 타이틀 영상 및 음악준비	- 예고제작
- 출연자 선정 섭외	- 전화담당
- 제목, 부제목 디자인 의뢰	- 세트제작의뢰
- 출연자 명패 제작	- 출연자, 방청객 대기실 안내
- 자료화면 준비	- 출연료 및 출연기념품 준비

13. 해외뉴스

1) 해외뉴스 개요

뉴스를 다루는 방송, 신문, 통신의 경우 통상적으로 뉴스를 내신과 외신의 두 가지로 대별해서 구분하고 있다. 내신을 한 나라나 집단 등의 내부에서 일어난 소식이라고 사전적 정의를 내린다면, 상대적으로 외신(*foreign news*)은 문자 그대로 나라밖인 외국에서 일어난 소식이라고 간단히 정의를 내릴 수 있겠다.

나라 밖에서 일어난 모든 사건을 외신이라고 해도 뉴스로서의 가치성은 청취자의 관심이나 일상생활에 밀접한 이해관계가 있어야 한다는 시각에서 볼 때 외신 역시 넓은 의미에서 국제사회의 지구촌 일원으로서 모두가 직접, 간접으로 이해관계가 있다고 하겠다. 아울러 급변해가는 세계성세 속에서 시시각각으로 발전해가는 각종 뉴스 미디어의 출현으로 지구촌이 전파와 위성에 의해 하나로 연결됨에 따라 외신은 내신 못지않게 우리의 정보사회에서 큰 비중을 차지하게 되었다. 이에 따라 넓은 의미에서 외국에서 일어난 사건 가운데 정치, 경제, 사회, 문화, 과학의 여러 분야에서 시청자에세 관심과 영향력을 줄 수 있는 사안이면 외신의 범주에 속한다고 할 수 있다.

2) 해외뉴스의 정보원

(1) 해외주재 특파원

국제보도에서 외신은 내신과 달리 국가횡단적, 문화횡단적 정보유통이라는 점에서 특수성을 지니고 있다. 각 언론사마다 세계 곳곳에 주재특파원을 두고 있으나 주요 지역별로 극히 한정된 특파원을 파견하고 있다. 이러한 세계 주요도시에 상주시키는 특파원을 통해서 현지의 주요 뉴스를 공급받고 있다. 그 밖에 중대사건, 사고가 발생할 경우 본사에서 순회특파원 또는 특별취재팀을 필요할 때마다 수시로 파견한다.

(2) 뉴스 통신사

특파원들의 정보수집 능력과 취재범위에는 한계가 있기 때문에 대부분의 세계 언론사들은 뉴스 통신사와의 계약을 통해 외신뉴스를 공급받고 있다.

미국의 AP, UPI, 영국의 REUTERS, 프랑스의 AFP 등 세계적인 통신사들과의 계약을 통해 24시간 외신을 공급받고 있다.

(3) TV 뉴스외신

외신보도에서 텔레비전의 경우 가장 중요한 것이 영상화면의 확보라고 할 수 있다.

이 부분도 세계적인 TV 뉴스 방송사인 CNN, APTN, 로이터 TV, 영국의 BBC, 일본의 NHK, 프랑스의 F2, 독일의 ZDF, 중국의 CCTV 등 해외 뉴스전문 방송사나 각국의 종합 텔레비전 방송사간의 계약과 협약 등에 의해 주로 위성으로 수신하고 있다.

3) 해외뉴스 제작

(1) 해외단신보도

해외통신, 방송사간의 계약과 상호 뉴스교환 협약에 따라 공급 또는 위성으로 수신하며 해외토픽 등 해외뉴스 단신의 가치판단에 따라 외신을 담당하는 국제뉴스 전담부서에서 취합 편집해서 뉴스로 방영된다. 해외뉴스를 직접 생방송으로 수신 방영할 경우에는 동시통역 또는 동시자막(*caption*) 처리를 해야 하며, 사전 수신 제작할 경우에는 통역녹음과 자막처리로 제작이 가능하다.

(2) 특파원 리포트

하루 24시간 세계 곳곳에서 일어나는 사건과 국제정세의 흐름에 맞춰 현지 특파원의 판단과 본사의 요청에 따라 리포트물을 제작해서 전화 또는 위성으로 이들 리포트물을 보내온다. 라디오 경우에는 전화리포트를 바로 보도할 수 있으나, 텔레비전 경우 보관중인 자료화면을 활용할 경우도 있으나 현지뉴스의 중요도와 취재상황에 따라 위성으로 영상과 함께 리포트를 직접 수신할 수도 있다.

(3) 해외 기획취재

해외특파원의 업무분담이 과중할 경우, 또 특파원이 상주하지 않는 지역에서 중대한 사안이 발생한 경우 긴급 뉴스취재와 특집 기획취재의 필요에 따라 특별취재반을 현지에 파견해서 취재하도록 한다. 해외 기획취재의 준비사항과 유의사항은 다음과 같다.[46)]

① 출국전 사전준비

- 취재팀 여권, 항공권 예약, 비자발급, 보험
- 취재일정 및 취재계획안 작성
  - 현지국경일 공휴일 등 사전 점검
- 현지숙박, 렌트카, 통역섭외
  - 주재특파원, 한국대사관, 교민회, 유학생 등 활용
- 취재장비 점검
- 인터뷰 사례 지급 영수증, 취재협조 기념품
- 현지 중요인사 섭외
  - 정부기관 대표급, 학자교수, 전문가 등
- 주한대사관 취재협조 의뢰
  - 취재대상국가 정부기관 대표나 중요인사 섭외 의뢰
  - 취재목적, 취재내용, 취재팀 인적사항, 취재기관 취재대상 등을 영문 또는 해당국가 언어로 번역, 주한대사관 공보관에게 의뢰
- 취재대상 지역 자료수집
  - 해당지역 정치구조, 사회, 역사, 문화, 관습 등의 자료
  - 취재목적, 주제에 맞는 충분한 자료수집(지도, 서적, 영상자료 등)
  - 주한대사관, 관광공사, 전문가 등 상담

② 현지취재 유의사항

- 취재비자를 받고 당당하게 취재
- 취재 일정점검 및 스케줄 조정
- 철저한 취재기록과 현장관련 자료수집
- 특정 인종, 민족, 국가에 대한 편견이나 차별감 배제
- 외국 상호간 내전, 내분 등 갈등요인이 내재해 있을 경우 균형감있는 시각에서 취재

46) 윤재홍, 《TV 뉴스 : 취재에서 보도까지》, 커뮤니케이션 북스, 1998, pp. 340~362.

- 각종 조약, 협정 등에 관한 미묘하고 민감한 문제를 취재할 경우 인류 보편적 가치에 비중을 두고, 자국 이기주의의 편중을 경계
- 지명, 인명 등의 고유명사를 우리말로 표현할 경우 외래어 표기법을 기준
- 해당국가나 지역의 관례에 따라 취재목적과 내용을 상세히 전달
- 안전취재 유의
  - 안전모자, 안전구두, 안전복, 보안경, 방탄복 등
- 본사와 현지간의 통신 안전연락체계 구축

8장

스포츠 프로그램 제작

1. 스포츠 프로그램 개설

스포츠 프로그램에는 당일에 일어난 각종 스포츠 경기와 행사를 뉴스로 처리하는 '스포츠뉴스'와 경기 하이라이트와 스포츠 기획물, 스포츠 뉴스 등을 종합구성하는 '스포츠 종합 프로그램' 등이 있다.

1) 스포츠뉴스

스포츠뉴스는 각 경기단체가 주최, 주관하는 각종 경기를 비롯해서 프로권투, 민속씨름, 프로야구 등 프로 스포츠와 일반인들이 관심을 갖고 있는 민속경기 또는 레저 스포츠 등을 취재, 보도함으로써 시청자들의 스포츠에 대한 욕구충족과 스포츠에 대한 흥미와 관심에 기여하는 데 목적이 있다.

스포츠 행사나 경기결과를 보도하는 것은 직접 경기장을 찾지 못한 팬들에게 알 권리를 충족시켜줄 뿐만 아니라 시청자들의 스포츠에 대한 관심과 열의를 높여 우리나라의 스포츠 수준을 향상시키는데도 큰 의의가 있다고 하겠다.

우리나라도 그동안 규모가 큰 국제대회인 86 아시안게임, 88 서울올림픽 등 민족적인 행사가 국내에서 개최되는 등 국내외적으로 스포츠에 대한 관심과 붐이 크게 높아짐에 따라 뉴스와 프로그램에서의 스포츠에 대한 비중도 상대적으로 더욱 비중도가 커지고 있다. 이에 따라 종합뉴스의 한 부분 정도에 그치던 스포츠뉴스가 하나의 독립 프로그램으로 자리잡아 큰 인기를 얻고 있고, 높은 시청율에 비례하여 시간도 점차 늘어나고 있는 추세이다.

2) 스포츠 종합 프로그램

스포츠 프로그램의 내용도 단순한 경기결과나 행사에 그치지 않고 해외스포츠, 레저에 이르기까지 다양해지고 있다.

스포츠 프로그램에서 주로 기획, 취재되고 있는 내용들은 다음과 같다.

- 스타 플레이어들의 뒷얘기
- 화제의 팀 소개
- 경기장 주변의 각종 미담
- 대표선수나 꿈나무들의 훈련
- 주요 국제경기
- 신기록 수립자나 우승자의 인간스토리
- 스포츠 스타의 현황
- 해외스포츠
- 레저
- 경기 하이라이트 및 안내

이러한 흥미있고 다양한 내용으로 인해 스포츠 프로그램은 보도와 교양·오락의 요소가 한데 혼합된 종합프로그램의 성격을 띠고 있다.

2. 스포츠뉴스의 취재

1) 스포츠뉴스 취재 요령

- 경기나 행사가 열리는 장소와 시간을 정확히 체크한 뒤 현장에 도착, 기사작성에 필요한 자료를 수집하고 인터뷰가 필요한 경우 인터뷰를 한다.
- 계속되는 경기를 취재할 경우 지금까지 진행된 경기결과를 완전히 알고 있어야 하며 앞으로의 진행과정도 파악하고 있어야 한다.
- 경기취재에서는 경기결과뿐만 아니라 경기내용이나 경기 속의 화제도 매우 중요하기 때문에 필히 경기내용을 메모해가면서 관전하는 것이 좋다.
- 스포츠기자는 평소에도 자신의 담당종목이 언제, 어디서, 어떻게 열리는지에 대해 충분한 사전지식을 갖추고 있어야 한다. 그 종목의 경기규칙은 물론 감독·코치나 선수들 개인별 정보에 대해서도 해박한 지식을 갖추고 있어야 한다.
- 스포츠 사회에서는 오랜 기간에 걸쳐 친숙해진 경기인들과의 인간관계가 무엇보다 중요하다. 평소에 경기인들과 밀접한 관계를 맺는 것이 스포츠기자가 취재과정에서 중요한 부분의 하나이다.
- 경기취재의 경우, 당일에 벌어지는 여러 경기 중에서 가장 비중 있는 경기가 어느 것인지 어떻게 기사화할 것인지를 생각하면서 취재하는 것이 바람직하다.

2) 스포츠뉴스 기사작성

- 스포츠란 즐긴다는 데서 나온 말로(*disports*) 건강, 공정한 정신, 정확한 판단, 협동심 등이 강조되는 동시 승패와 기록이 걸려 있으므로 스포츠기사는 극적으로 써야 공감대를 형성할 수 있다.
- 같은 내용의 기사라도 저녁에는 기록과 경기결과를 중심으로, 아침에는 이야기꺼리(화제)에 초점을 맞추도록 한다. 즉, 승패

와 함께 팀의 순위와 개인의 기록, 관중 등 경기장 주변의 이야기 등을 다룬다.

- 스포츠뉴스 문장도 일반 뉴스문장과 같이 간결하고(*concise*), 정확하고(*correct*), 알기 쉽게(*clarity*) 써야 한다. 특히 스포츠기사는 숫자가 많이 들어가는 만큼 길고 장황한 설명의 문장은 좋지 않다.
- 스포츠뉴스는 공정해야 한다. 비록 경기에서 이긴 팀이라 할지라도 편파적으로 두둔하거나 이긴 팀을 너무 찬양하는 듯한 문장은 좋지 않다.

  예 : "기염을 토했다", "벅찬 감격을 안았다", "쾌거를 이룩했다", "유감없이 과시했다", "위업을 쌓았다" 등

- 스포츠 기사의 스트레이트 문장은 담백한 것이 좋다. 다만 남북대결에서의 승전보라든지, 올림픽 등 국제경기에서 우리나라가 승리한 감격적인 내용의 기사에서는 이러한 어휘사용이 어느 정도 용납될 수 있다.

3) 스포츠뉴스의 유의사항

- 일반적으로 스포츠뉴스에서의 유의할 점은 다음과 같다.
  - 자료의 선택이 공평하고 정확할 것
  - 관계가 있는 기록만을 인용할 것
  - 한 문장에 너무 많은 숫자를 넣지 말 것
  - 인용하는 숫자는 부드럽게 설명할 것
  - 외국어(외래어)는 꼭 필요한 것만 사용할 것
- 스포츠는 거의 모든 경기가 외국에서 들어온 만큼 스포츠뉴스에서 외국어나 외래어의 사용은 불가피하다. 방송윤리위원회는 축구, 야구, 권투, 배구, 농구의 경기용어 541개를 다듬어 1981년 1월 1일부터 시행해오고 있다.

3. 스포츠뉴스의 리포트

1) 스포츠뉴스 리포터의 중요성

- 방송뉴스에서 기사에 비중이 있는 뉴스나 기획뉴스는 스트레이트보다는 리포트로 처리하는 것이 상례이다.
- 리포트는 작성된 기사를 기자의 음성을 넣어 제작하는 경우가 대부분으로, 원고도 일반 스트레이트 뉴스와는 달라야 한다.

2) 스포츠뉴스 리포터 요령

- 경기기사는 대체로 간결하고 쉽게, 기록이나 경기결과 위주로 씌어지게 되지만, 리포트용 원고에서는 경기내용과 화제를 중심으로 씌어져야 한다.
- 기사에선 일정한 패턴과 정형(定形)에 따라 쓰게 되지만, 리포트용 원고는 기자의 개성에 따라 비교적 자유스럽게 쓸 수 있으므로, 기자의 문장력이 발휘되는 기회가 될 수 있다.
- 리포트의 요령은 시청자에게 내용을 알기 쉽게 전달해야 하는 것이 무엇보다 중요하다.
  - 쉬운 문장으로 쉽게 표현하되, 정확한 발음과 듣기 좋은 억양, 알맞은 속도로 읽는다.
  - 문장을 정확하게 끊어서 읽는다.
- 리포트에는 관계되는 사람의 인터뷰가 삽입되는 경우가 많다. TV에서의 인터뷰는 신문에서의 사진과 같은 효과를 발휘하므로 인터뷰를 하기 전에 어떤 내용으로 시간은 어느 정도로 해야 할 것인지를 인터뷰 대상자에게 충분히 설명하도록 한다.

4. 스포츠 기획물 제작

1) 기획아이템 선정

스포츠 기획프로그램 제작에서 가장 중요한 것은 아이템 선정이다. 일반인들의 스포츠에 대한 관심과 흥미가 높아지면서 스포츠 프로그램에서 다루어지는 기획물의 내용도 그 범위가 다양해지고 있다.

- 인물을 중심으로 한 기획물
  - 스타 플레이어나 화제 선수의 뒷얘기
  - 흘러간 과거 유명선수의 어제와 오늘
  - 명선수를 길러낸 코치의 애환
  - 새로운 유망주 소개
- 팀을 중심으로 한 기획물
  - 우승팀이나 화제를 모으고 있는 팀 탐방
  - 우승을 다투는 라이벌팀 소개
- 화제(사건)을 중심으로 한 기획물
  - 기록경신의 과정과 전망
  - 고난을 이겨낸 인간승리
  - 새로운 스포츠 세계에 도전하는 모험담
  - 스포츠행사와 시설물에 따른 화제
  - 경기나 화제의 주인공을 추적하면서 영상으로 구성하는 영상 기획물
  - 해외(지방)의 스포츠 화제

2) 스포츠 기획물 취재요령

- 당일 발생뉴스와 취재방법은 같지만 기획물 취재는 사전에 자료를 충분히 검토한 다음, 어떤 방식으로 원고를 쓰고 프로그램을 만들 것인지 계획하고 취재대상자나 소재를 선택하는 것이 좋다.
- 기획물 취재는 취재대상자를 섭외하는 것으로 시작된다. 전화

로 또는 직접 만나서 취재하는 의도와 내용, 취재방법을 자세히 설명하고, 만날 장소와 시간을 정해야 한다. 취재대상자가 간혹 취재를 피하는 경우도 있으나, 무리하지 않게 잘 설득해서 협조하게 만드는 것도 취재기자의 능력이다. 취재당일 약속된 장소에서 구상한 기획의도에 따라 취재하면서, 보충자료를 충분히 사전에 확보해둔다.

- 기획물 취재에선 사전에 만들어진 큐시트(*cue sheet*)에 따라 취재하는 것이 바람직하다.

5. 스포츠 프로그램의 편집 및 제작

1) 스트레이트 기사 편집

- 스트레이트 편집은 기사를 읽는 사람에 따라 속도가 다르고, 진행자의 뉴스 진행방법에 따라 기사와 화면이 잘 맞지 않을 수 있기 때문에 리포트물 편집보다 오히려 까다로운 경우가 많다. 스포츠기사의 편집에서 중요한 것은 남녀경기의 구분, 초·중고·대학 경기의 구분, 승자와 패자의 구분이다. 예를 들어 다음과 같은 경우는 피해야 한다.
  - 여자경기 기사에 남자경기 모습이 나온다든지 초등학교 학생들의 경기에 대학이나 일반선수 화면이 나오는 등 기사내용과 그림이 맞지 않는 것
  - 구기종목에서 이긴 팀의 득점장면은 나오지 않고 진 팀의 득점장면이 나오는 것
- 스트레이트 편집때도 화면의 효과음(*effect sound*) 을 알맞게 살려야 하며, 기사의 길이보다 최소한 20~30초 가량 그림을 더 붙여주는 것이 편집의 기본이다.

2) 리포터물 편집 제작

리포트편집은 기자의 오디오멘트에 맞춰 화면을 구성하는 것이다.

- 리포트 편집의 기본은 기자의 오디오와 인터뷰 대상자의 인터뷰 내용을 먼저 편집한 뒤, 오디오 내용에 맞춰 화면을 편집하는 것이 순서다.
- 리포트 편집도 스트레이트 기사편집과 편집방법은 같지만, 기사와 내용과 화면이 일치될 수 있다는 장점이 있다.
- 리포트 편집은 원고내용에 따라 느린 화면(*slow motion*), 정지화면(*stop motion*) 등 다양한 기법을 사용할 수 있다.

3) 하이라이트 편집 제작

중계방송된 화면을 압축해서 볼만한 화면만을 골라 새롭게 제작하는 것이 하이라이트 편집이다. 하이라이트 편집에서 중요한 것은 중계 아나운서(혹은 리포터)의 오디오가 튀지 않고 매끄럽게 연결될 수 있도록 하는 작업이다.

- 하이라이트를 편집할 때는 중계 아나운서의 오디오 위주로 일단 편집한 뒤 연결이 좋지 않은 화면을 다시 편집하는 것이 좋다.
- 아나운서의 오디오와 효과음(*effect sound*)의 크기를 알맞게 조절해야 하며, 필요한 인서트(예 : 관중모습, 전광판 등)를 적절히 삽입하는 것이 좋다.

6. 스포츠 중계방송

1) 스포츠 중계방송의 의의

스포츠 중계방송은 보도(報道), 교양(敎養), 오락(娛樂)의 3요소를 고루 갖춘 프로그램이다.

경기결과의 동시적(同時的)인 보도와 함께 경기과정이 말과 그림을 통해 생생하게 전달됨으로써 시청자들은 스포츠에 대한 지식과 정보를 제공받을 수 있을 뿐만 아니라 생활에서 쌓인 긴장을 해소시키고 나아가 새로운 활력(活力)을 얻게 된다.

이런 과정을 통해 국민적 에너지를 결집시키고 국민화합과 국가발전을 이룩하는데도 스포츠는 다른 어떤 방법보다 큰 호소력을 갖게 되는 것이다. 특히 우리나라가 아시아 경기대회와 올림픽 주최국이 된 이후 스포츠에 대한 국민들의 관심은 그 어느 때보다 높아졌으며 방송에서도 스포츠가 차지하는 비중이 날로 커지고 있다.

TV와 라디오는 국내외에서 벌어지는 주요 경기를 거의 빠짐없이 중계방송하고 있으며 더 나아가 방송사 스스로가 적극적으로 프로그램을 개발, 증대되는 시청자들의 욕구를 충족시키는 한편 국내 스포츠를 활성화시키고 궁극적으로는 경기력 향상에 기여하고 있다.

2) 스포츠 중계방송의 절차

(1) 편성 결정

한 주간의 예정된 각종 경기 가운데 스포츠국 중계부서에서 경기의 비중에 따라 순위와 시간을 결정, 1차적으로 편성부서에 전달하며 편성부서는 이를 기본편성과 균형을 맞추어 방송시간을 조정하여 주간편성회의에서 협의한 후 편성결정권자에 보고하여 결재를 얻는다.

(2) 유관부서 협조

중계종목, 채널, 방송시간 등이 결정되면 스포츠 중계부서에서는 중계연락부에 결정사항을 기재하여 편성부서, 기술 중계부서, 아나운서, 카메라 스탭 등 유관부서에 업무협조 의뢰를 통보함으로써 일차적인 준비는 끝난다.

(3) 스포츠 중계방송 절차

① 스포츠국 중계 : 경기의 비중에 따른 순위, 방송시간 결정
② 편성부서 : 기본편성과 균형을 맞춰 종목선정, 시간조정
③ 주간 편성회의 : 편성협의
④ TV 중계차배정부서 : 해당종목 중계에 맞는 중계차 배정

⑤ TV 기술중계부 : 중계차 설치, M/W 구성
⑥ 카메라부 : 필요한 특수장비, 카메라 위치 및 인원협조
⑦ 아나운서실 : 경기종목에 따른 아나운서 배정
⑧ 스포츠국 중계부 : 제반준비상황의 최종점검 및 해설자 섭외

3) 스포츠 중계연출 구성과 특성

스포츠 중계의 요체(要諦)는 관중들이 경기장에서 직접 관전하는 것 이상으로 시청자들에게 경기상황을 정확하면서도 흥미있고 공정하게 전달하는 것이다. 그러기 위해서는 연출자의 역할이 특히 중요하다.

(1) 스포츠 연출의 특성

일반 행사나 연예·오락 프로그램은 사전에 정확한 시간을 알 수 있고 큐시트(*cue sheet*)에 의해 진행되므로 프로듀서가 충분한 사전지식을 가지고 연출해낼 수 있다. 반면 스포츠의 경우, 프로듀서가 사전에 알 수 있는 것은 경기의 시작시간이나 대진 등 일반적인 상황뿐이며, 경기의 구체적인 내용은 전혀 감지할 수 없으므로 정확한 큐시트를 그려낼 수가 없다.

(2) 연출자 구성

스포츠 경기중계에 필요한 연출자는 중계차 디렉팅(*directing*)까지 직접 수행하는 수석 프로듀서(*chief producer*) 1~2명과 현장 및 스튜디오 부조 진행을 위한 보조 프로듀서(*assistant producer*) 3~5명으로 한 팀이 구성된다.

(3) 연출 프로듀서의 중요성

스포츠 중계가 다른 중계방송과 근본적으로 다른 점은 수석 프로듀서의 역할이다. 스포츠를 제외한 다른 중계방송에서는 수석 프로듀서의 신호(*call*)에 의해 기술감독(*technical director*)이 스위칭(*switching*)을 함으로써 화면이 구성된다. 반면 스포츠 중계방송의

경우는 수석 프로듀서가 직접 스위칭을 하면서 화면을 구성한다. 즉, 수석 프로듀서가 스위처(*switcher*)를 겸하게 된다.

4) 스포츠 중계 연출자

(1) 연출자의 역할

- 제작계획 및 제작비 산출
- 방송시간 확인 및 경기시간 조정
  편성상 방송시간이 실제 운행에서는 빨라지거나 늦어지는 경우가 많으므로 이를 사전에 확인한 후 경기 시작시간과 종료시간을 사전 확인해서 런닝타임을 조정한다.
- 현장상황의 확인, 점검
  경기 전·중·후에 준비된 개·폐회식, 선수소개, 시상식 등 행사계획의 유무를 사전에 확인해야 하며 인터뷰의 필요성도 감안해서 준비해 두어야 한다.
- 아나운서, 해설자와의 협의
  경기중계에서 유의할 점, 강조해야 할 사항, 예고 등을 사전에 협의한다.
- 카메라 위치, 음향, 조명 등 기술적인 문제를 확인·점검한다.
- 카메라맨, 기술감독과 연출에 따르는 문제를 협의한다.
- 광고(CM) 또는 중간예고 등을 확인한다.

(2) 현장보조 연출자의 역할

- 연출 PD와 함께 현장 상황점검
- 슬로모션(*slow motion*) 진행
- 스튜디오와의 수시 연락으로 원활한 방송 진행

(3) 스튜디오 부조정실의 진행

- 타이틀 및 CM 진행
- 경기중계에 필요한 사전 자료수집
- 컴퓨터그래픽(CG), 문자발생기, 스포츠 코더(*coder*) 등을 사용

한 자막 수퍼 진행
- 슬로모션 연출
- MD와 협의해서 중계 종료시간 협의 결정

(4) 스포츠 중계 카메라 배정

스포츠 중계의 기본은 카메라 배치에서 시작된다. 경기의 특성과 경기장의 규모나 구조에 따라 카메라를 효과적으로 배치해야만 좋은 연출이 가능하기 때문이다.

일반적으로 경기중계에 동원되는 카메라는 3~7대이나 전국체전, 아시아경기대회, 올림픽 등의 개·폐회식이나 육상의 경우는 20대 이상의 카메라가 투입되며 스포츠 중계방송에서 가장 어려운 마라톤 중계를 위해서는 50~60대의 카메라와 오토바이, 헬리콥터까지 동원된다.

(5) 중계 카메라 배치의 기본

① 부감 카메라 (Full Shot Camera)

가장 중요한 임무를 지닌 카메라로서 부감카메라는 높은 위치에서 경기장을 넓게 잡으므로 경기의 흐름을 한눈에 보여주는 역할을 한다. 설치장소는 경기장이 한눈에 조감되는 곳이어야 하며 너무 낮거나 너무 높지 않아야 한다.

축구, 농구, 배구 등 중앙선을 중심으로 이루어지는 경기는 센터라인과 일직선상의 장소를 선택해야 하며 테니스, 배드민턴, 탁구 등은 앤드라인 뒤쪽 중앙에 위치한다.

또 야구의 경우는 포수 뒤편에, 육상의 경우는 골인점 일직선상에 위치한다.

② 미디엄 카메라 (Medium Camera)

선수들의 동작이나 얼굴을 좀더 가깝게 보여주는 역할을 하는 카메라로서, 부감 카메라보다 낮은 곳에 위치하는 것이 일반적이나 렌즈가 길 경우는 부감카메라 위치에 같이 설치할 수도 있다.

③ 클로즈업 카메라 (Close-up Camera)

선수들의 동작, 얼굴, 감독, 관중들의 표정을 가장 가깝게 보여주는 역할을 하는 카메라로서, 설치장소는 경기장 바닥이 일반적이며 ENG 카메라를 사용, 필요에 따라 이동하는 것도 좋다.

5) 스포츠 중계카메라 위치 설정

각종 스포츠중계 카메라 배치는 일반적으로 각 카메라의 위치가 대개 일정한 기본적인 설정 배치가 관례화되고 있지만 경기장의 설계상태와 현장의 여건에 따라 유동적으로 변화를 줄 수도 있다. 각종 경기 중 대표적인 경기 몇 가지의 기본적인 카메라 배치 설정은 다음과 같다.

(1) 축 구

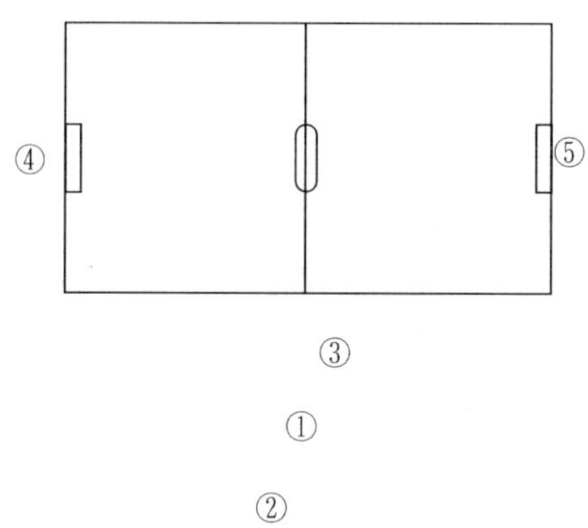

카메라별 임무
①: 미디엄 카메라
②: 부감카메라
③: 클로즈업 카메라
④, ⑤: 골문 뒤에 위치한 슬로모션 카메라
* 카메라번호는 스위처 배열순서임.

(2) 농 구

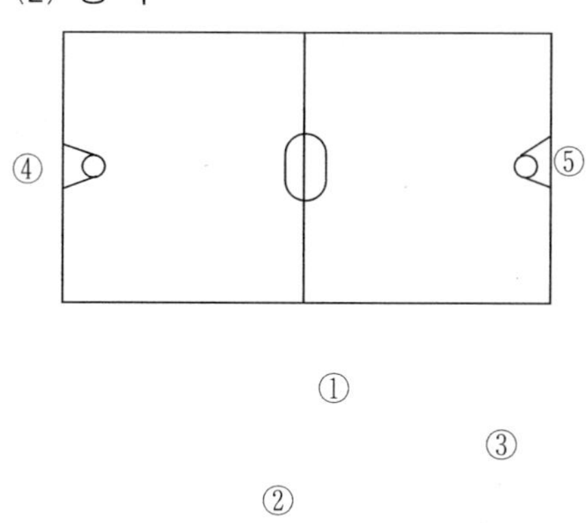

①: 미디엄 카메라
②: 부감카메라
③: 사이드풀샷(*side full shot*) 카메라 3대만 사용한 경우는 바닥으로 내려올 수 있다.
④, ⑤: 클로즈업 및 슬로모션, 작전타임때는 벤치로 이동

(3) 배 구

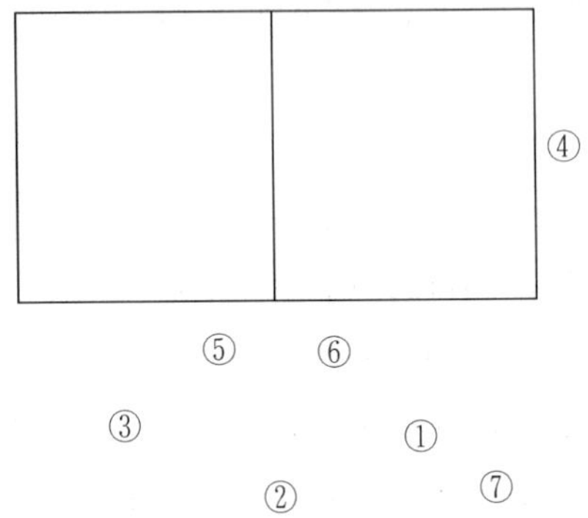

①, ③ : 미디엄 카메라
② : 부감카메라
④ : 슬로모션 카메라
⑤, ⑥ : 심판, 슬로모션, 벤치, 선수교대 등
⑦ : 사이드풀샷(*side full shot*)

(4) 야 구

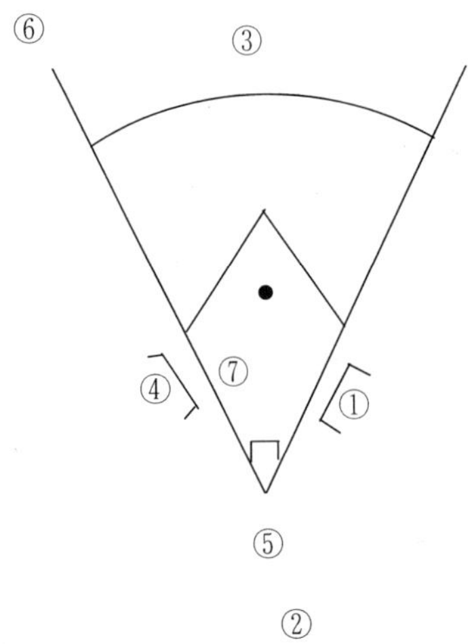

①, ④ : 미디엄카메라
② : 부감카메라
③ : 전광판 뒤에 위치 투수, 타자, 포수 슬로모션
⑤ : 투수 주자
⑥ : 사이드풀샷 슬로모션
⑦ : 벤치 표정

(5) 수영 (경영)

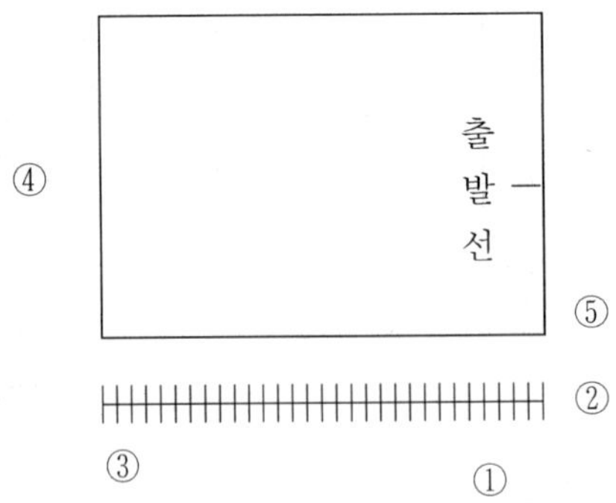

①, ③ : 풀샷카메라
② : 미디엄카메라, 슬로모션
④ : 출발선 전면 높은 곳에 위치, 슬로모션
⑤ : 클로즈업, 선수 입·퇴장

(6) 육상 (트랙)

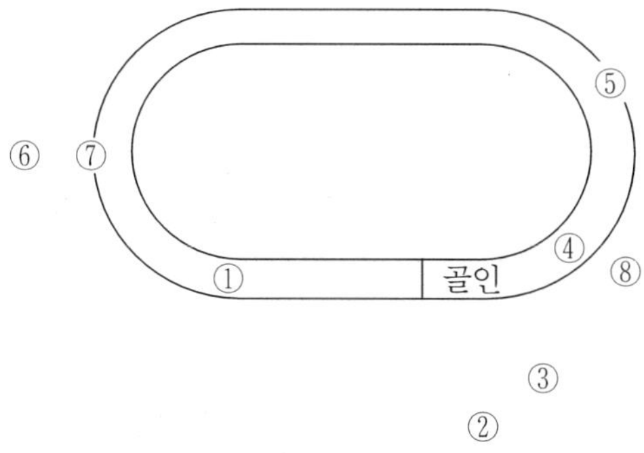

①: 출발선 선수 소개
②, ③: 풀샷카메라
④, ⑤, ⑦: 미디엄 카메라
⑥: 사이드풀샷
⑧: 골인 슬로모션

(7) 권 투

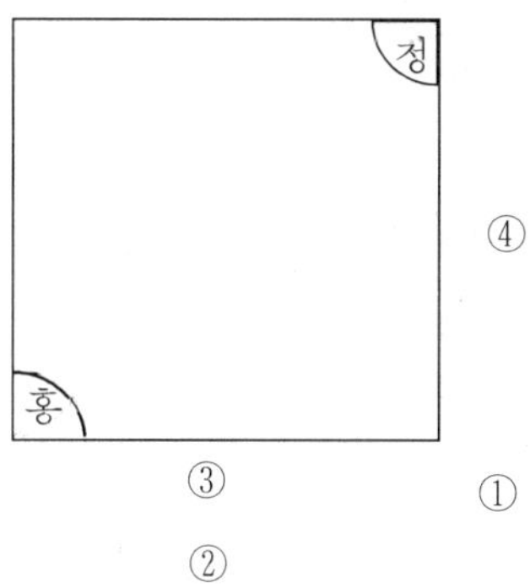

①, ③: 미디임카메라
②: 풀샷카메라
④: 로앵글

7. 스포츠 중계의 특수영상효과와 연출

1) 슬로 모션

스포츠 중계방송에 있어서 슬로모션(*slow-motion*)은 경기 상황의 입체적인 전달이라는 측면에서 매우 중요한 의미를 갖는다.

지난 1970년대에는 이미 본 화면을 느린 동작으로 한 번 더 보여주는 단순한 역할에 그쳤으나 최근에는 카메라 위치가 각각 전혀 다른 각도에서 카메라가 잡은 경기의 주요 장면을 구체적으로 설명해 줄 수 있는 수준에까지 이르렀기 때문에, 느린 동작의 중요성이 더욱 강조되고 있으며 전체적인 연출을 재창조한다고도 볼 수 있다. 따라서 슬로모션의 연출은 경기의 흐름을 정확히 읽으면서 시청자가 다시 보고 싶은 화면을 확실히 보여줄 수 있는 기능과 능력을 필요로 한다.

2) 모션 스코프

최근에 스포츠 중계방송에서 운동선수의 빠른 동작을 한 화면에 연속적으로 표시해줄 수 있는 모션 스코프(*motion scope*) 효과가 개발되었다. 그 동안에는 야구나 체조, 골프 등 스포츠 중계방송에서 운동선수의 빠른 동작을 시청자가 자세히 다시 보기 위해서 주로 슬로모션을 많이 이용해 왔으나 시청자들이 자세히 분석하고 이해하는 데 다소 미흡함이 있었다.

모션 스코프는 이러한 운동선수의 빠른 연속동작 전체를 한 화면에 표시해 줌으로써 시청자들이 선수의 동작을 쉽게 관찰하고 분석할 수 있게 되었으며 스포츠 선수나 스포츠 전문가들도 자신의 운동동작을 관찰하고 교정할 수 있게 활용도가 높아졌다.

3) 영상추적장치

축구, 야구, 골프 등 빠른 속도로 날아가는 공을 추적해서 공의 궤적을 화상정보를 통해 재표현함으로써 가시적인 영상효과를 더해준다.

8. 해외스포츠 제작

1) 해외스포츠 경기 선정

해외스포츠 프로그램은 한국선수들이 참가하는 대회와 한국선수들이 참가하지 않지만 한국선수와 경기할 예정이거나 밀접한 연관이 있는 경기와 시청자들의 관심의 대상이 될 경기를 선정한다.

2) 사전절차

- 스포츠 담당부서에서 해외스포츠 종목 중 중계가치가 인정되는

모션 스코프 ①

모션 스코프 ②

모션 스코프 ③

경기를 부서내에서 협의 · 상정한다.

- 제작부서와 편성부서 간의 편성기획회의를 거쳐 중계권료 예산, 편성사항 등을 협의 · 선정해서 사내규정에 의해 최종결재 후 결정한다.
- 주최 및 중계권자와 재방송 여부까지 협의해서 계약체결한다.
- 방송 편성시간 확정에 따라 위성사용청약을 한다.
- 중계권료 예산확보를 위한 협찬 등 스폰서를 확보한다.

3) 해외스포츠 제작형식

(1) 현지제작 생중계

해외 경기현장에 중계 아나운서와 해설자 및 제작스탭을 파견해 현지에서 위성으로 송신되는 경기를 스포츠 중계 부조정실에서 자막, 영상이펙트 등을 처리해서 생방송으로 중계되는 형식을 말한다.

(2) 스튜디오 제작 생중계

해외 경기현장에 중계요원을 파견하지 않고 국제신호에 의해 위성으로 수신되는 경기내용을 스튜디오에 마련된 크로마키와 특수화면을 통해 중계 아나운서와 해설자가 경기장면을 영상으로 보면서 생중계하는 형식을 말한다.

(3) 녹화중계

해외 현지경기 리얼타임과 국내시간과의 격차로 인해 시청시간대가 잘 맞지 않을 경우 편성시간에 맞게 위성으로 수신되는 장면을 사전에 녹화해서 방송되는 형식이다. 사전녹화를 할 경우 전 경기장면을 그대로 방영할 수도 있으며 편성시간의 제한이 있을 경우에는 하이라이트를 중심으로 부분적으로 편집 · 녹화해서 편성시간에 맞추어 방송되기도 한다.

9장

TV의 혁명 디지털 TV 시대 개막

1. TV의 혁명

이제 눈앞에 다가온 뉴밀레니엄 시대에는 진세계적으로 디지털 TV 방송시대가 개막된다. TV의 혁명인 디지털 TV 시대의 개막으로 지금까지 방송사가 일방적으로 방영하는 프로그램만 시청하던 시대는 막을 내리게 된다.

디지털 TV 시대의 방송시청형태는 곧바로 시청자가 중심이 되어 시청자가 원하는 정보를 마음대로 선택할 수 있는 시청자 주권시대의 개막인 것이다.

스포츠중계를 시청하는 동안 시청자가 알고 싶은 선수의 최근 신상, 근황, 성적, 전적기록은 물론 다른 선수들의 정보도 동시에 접할 수 있으며 모르는 스포츠 용어에 대한 해설이 영상자료와 함께 풀이되어 친절하게 안내까지 해준다.

별도의 장치없이 시청자가 원하는 시간에 원하는 프로그램을 디스켓에 저장하거나 재편집하는 것도 가능하므로 곧 TV가 PC의 기능도 함께 하게 된다.

외국영화를 시청하다 인쇄항목을 누르면 연결된 프린트를 통해 원어대본을 뽑을 수 있고 광고를 보면서 해당단추를 누르면 곧바로 그 상품을 주문할 수도 있다. 여행 프로그램을 시청할 경우,

교통편과 여행일정에 맞추어 기차표 항공권과 호텔방도 예약할 수 있다. 이러한 장면과 상황들이 곧 뉴밀레니엄 시대인 2001년부터 본격적으로 열리게 되는 디지털 TV 시대의 안방 시청 모습이다.

이와같이 디지털 TV는 홈쇼핑, 홈뱅킹은 물론 인터넷 검색 등 TV를 통해 다양한 부가서비스도 받을 수 있다. 각 가정마다 가장 친숙한 가전제품인 TV를 디지털화하여 각종 멀티미디어 정보 서비스가 다수의 수용자에게 저렴한 비용으로 제공되는 것이다.

이 때문에 디지털 TV는 반도체에 이어 전자 산업계에서 가히 혁명적인 지각변동을 가져올 대변혁의 사건으로 간주되고 있다.

2. 디지털 TV 현황

1) 국내현황

우리나라는 1995년 8월 무궁화 위성 1호와 1996년 1월 14일 무궁화호 2호를 디지털 방식으로 올려놓으면서 디지털 TV 방송이 가능하게 되었으며 KBS가 1996년 7월 1일부터 KBS 위성 1, 2 TV를 디지털 방식으로 시험방송을 하고 있다. 그리고 무궁화호 3호가 1999년 9월 5일 다시 올려졌다.

정부는 2001년부터 지상파 디지털 TV를 방송하기로 했으며 KBS는 1999년 5월 18일 국내 최초로 지상파 디지털 TV 실험방송을 실시했다. MBC와 SBS도 1999년 가을부터 시험방송에 들어갈 예정이다. 정부는 1997년 미국방식인 ATSC(Advanced Television System Commite) 방식을 국내표준방식으로 선정하고 지상파 디지털 TV를 선진 각국에 뒤지지 않게 조기에 도입, TV 산업의 경쟁력을 강화하기로 했다.

디지털 TV 방송은 2001년부터 연차적으로 수도권에 이어, 광역시, 도, 시·군 단위로 확대시켜 2010년경에는 현재의 아날로그 TV 방식은 사라지게 되었다. 우리나라는 디지털 TV 방송에서 선진 외국에 비해 그렇게 뒤지지 않게 추진될 것으로 전망된다. 디지털 방송에 앞서 유선 각 방송사의 장비를 교체하고 시스템을 정비하는 데 소요되는 기본 투자비용이 2010년까지 약 2조 634억원으로, 매년 1천억원씩 투자해야 하는 것으로 추산되고 있다.

그리고 아직 국내 디지털TV 시험방송에서 쌍방향 기능 등 부가서비스는 디지털TV가 대중화되는 2005년경에나 가능할 것으로 보인다.

2) 해외현황

(1) 미 국

전세계적으로 디지털TV의 가장 큰 시장이자 디지털 방송의 선두주자인 미국은 1998년 11월 디지털 시험방송의 첫전파를 내보낸 후 1999년 5월까지 시청자가 많은 10대 도시에서 디지털 방송을 본격 시작했다.

미국은 2006년부터 기존의 아날로그 방송인 NTSC 방식은 사용하지 않을 예정이다.

(2) 영 국

영국도 1998년 말부터 지상파 디지털 방송을 시작했다. 영국은 1990년 제정된 방송법에 위성방송과 케이블 TV의 기술도입에 대한 규정을 명문화했다.

1998년 9월 영국의 공영방송인 BBC가 4개 채널을 디지털로 서비스하고 있다. 그리고 이어서 10월에 서비스를 시작한 디지털 위성방송 채널 스카이 디지털은 1999년 연말까지 100만명의 가입자를 확보할 계획이다.

(3) 일 본

일본도 본격적인 디지털 방송은 2003년부터 시작될 전망이며 2000년부터 시험방송을 실시할 예정으로 있다.

그 밖에 프랑스, 독일, 스페인 등도 1999년 말과 2000년에 디지털 방송을 시작할 계획이다.

3. 디지털과 아날로그 [1)]

디지털(*disital*)은 원래 손가락으로 셈을 할 때 그 단위가 되는 손가락 하나하나를 의미하는 '디지트'(*disit*)로부터 파생된 단어이다. 정보를 전기 펄스(*pulse*)의 유무와 그 조합의 형태로 표현한 것을 디지털 신호라고 한다. 디지털 신호의 개념은 오래 전부터 알고 있었으나 이 방식은 방대한 양의 진공관이나 트랜지스터와 같은 회로 소자를 필요로 하기 때문에 진공관이나 트랜지스터 전성시대에는 거의 이용이 불가능한 기술이었으나 실용화가 본격적으로 추진된 것은 사방 수 mm의 실리콘 칩 위에 수천 개에서 수만 개에 이르는 회로소자를 조합한 직접회로가 개발되면서부터 가능해졌다. 컴퓨터는 디지털 신호로 정보를 다루는 대표적인 장치이다.

아날로그(*analog*)는 '비슷하다'는 뜻으로 기계식 시계에서 시간의 흐름이 시계바늘의 움직임으로 표현되는 것처럼 어떤 물리량의 변화가 표현수단상에서의 변화모습과 비슷하다는 의미이다. 바늘이 연속적으로 움직여 시간의 흐름을 나타내는 태엽시계는 아날로그 시계이며 디지털 시계는 숫자로 시간의 흐름을 보여준다. 이 두 시계의 차이는 시간의 흐름을 얼마나 쉽게 알 수 있느냐, 시각을 얼마나 정확히 알려 주느냐에 있다. 아날로그 시계는 시간의 흐름, 또 시간이 앞으로 얼마나 남았는지를 쉽게 보여주는 데 비해 디지털 시계는 시간을 초단위까지 정확히 알려주는 장점이 있다. 그리고 디지털 시계는 스톱워치, 연도, 달, 요일 표시 등 다양한 기능이 부가될 수 있다.

대부분의 물리량은 아날로그이므로 인간은 아날로그 형태로 보고 듣고 말하는 것이다. 아날로그 형태의 신호를 '있다, 없다'의 이진법으로 나누어 표현하는 것을 디지털화라고 한다. 일단 디지털로 바뀌면 컴퓨터와 같이 정확하고 다양한 처리를 쉽게 할 수 있다.

하지만 최종적으로 인간이 다시 받아들이기 위해서 디지털은 다

---

1) 한국방송공사, 《알기 쉬운 디지털 TV》, 1999, p. 5.

시 아날로그로 변환되어야 한다.

이와같이 아날로그와 디지털은 어떤 물리량에 대한 표현수단의 문제이지 그 물리량을 근본적으로 변화시키는 방법은 아니다. 표현수단으로서 아날로그와 디지털은 각기 이용하는 입장에서 장단점이 존재한다. 현대사회의 엄청난 기술적 진보는 디지털의 장점을 최대한으로 이용하는 측면에서 이루어지고 있다.

4. 아날로그TV와 디지털 TV[2)]

지금 현재 방송되고 있는 지상파TV가 아날로그TV 방식으로 아날로그TV는 방송신호를 내보내는 데 연속적인 물리량으로 전달하는 아날로그 방식을 사용하고 있다. 따라서 산이나 고층건물 등이 방송전파 전달에 영향을 미쳐 방송수신 상태가 고르지 못하다. 그리고 아날로그 방식으로는 TV 한 채널에 하나의 프로그램밖에 보낼 수 없어 한정된 전파자원을 이용하는 데 효율성이 떨어진다. 그러므로 아날로그TV는 디지털 기술을 바탕으로 급속히 발전하고 있는 컴퓨터와 네트워크, 멀티미디어 환경에 대응하기에는 사실상 기술적으로 불가능한 실정이다.

이러한 문제점들을 해결하고 TV가 더욱 발전된 정보전달매체로서 자리잡기 위해 디지털 방송 방식의 도입이 불가피한 것이다.

디지털TV 방송방식은 한 채널에 여러 개의 방송 프로그램을 동시에 보낼 수 있으며 방송전파가 전달될 때 발생하는 잡음에도 강하기 때문에 지금의 아날로그TV보다 훨씬 선명한 HDTV의 고화질 영상과 CD급의 스테레오 음향과 영화용 입체음향까지 다양한 조합으로 서비스가 가능해진다. 또한 인터넷과 잘 어울리는 데이트 서비스도 가능해져 TV 수상기는 미래의 멀티미디어 홈터미널로 자리잡게 된다.

---

2) 한국방송공사, 《알기 쉬운 디지털TV》, 1999, p. 8.

5. 디지털 TV의 특성

1) 고음질과 고화질

앞서 기술한 바와 같이 선명한 고화질의 영상과 깨끗한 양질의 스테레오 음향을 서비스할 수 있다.

2) 다채널화

한 채널에 여러 개의 방송 프로그램을 동시에 공급할 수 있어 다양한 소프트웨어를 서비스할 수 있다.

- TV 프로그램
- 영상 프로덕션
- 데이터 뱅크
- 광고 정보
- 대화게임
- 뉴스 정보 서비스
- 비디오 카탈로그
- 영화
- 쇼핑채널
- 금융서비스
- 장거리 전화

3) 쌍방향 기능[3]

시청자가 편한 시간에 원하는 방송만을 골라서 시청할 수 있는 기능으로, 즉 쌍방향TV는 시청자와 방송사 간의 정보흐름이 지금의 아날로그TV처럼 일방적이지 않고 양방향으로 이루어지는 것을 말한다.

방송사에서 시청자에게 보낼 수 있는 정보량은 상대적으로 매우 적은 양이다. 이때 시청자는 방송사로부터 기본적인 뉴스, 날씨, 프로그램 관련 정보 등의 각종 대화형 부가정보를 제공받게 된다. 그리고 전화선이나 별도의 전용선을 통해 부가정보에 연결표시된 정보서비스 회사에 접속하여 원하는 정보를 제공받는다. 이렇게 운용되는 형태를 대화형TV라고 한다.

멀티미디어 방송이란 방송되고 있는 TV 프로그램과 각종 부가정

---

3) 한국방송공사, 《알기 쉬운 디지털TV》, 1999, p. 16.

보들이 영상과 음향, 각종 데이터를 포함한 멀티미디어 형태로 함께 전달되어 TV 화면에 디스플레이되고, 시청자가 정보를 선택하여 즐길 수 있는 종합 디지털 방송개념을 말한다.

디지털 TV는 이러한 대화형 TV와 멀티미디어 방송개념이 어우러진 형태로 발전하게 된다.

4) 영상압축기술[4)]

TV 영상은 초당 화면수와 한 화면의 화면수에 비례하여 주파수 용량이 결정된다. 아날로그 TV에서는 6MHz 주파수 대역 안에 영상과 음향신호로 구성된 하나의 TV 프로그램밖에 보내지 못했지만, 디지털 TV에서는 같은 6MHz 대역 안에 서너 개 이상의 TV 프로그램을 압축하여 보낼 수 있다. 이때 사용하는 압축기법은 기본적으로 사람의 시각특성과 화면특성을 적절히 이용함은 물론 컴퓨터 파일 압축기법과 유사한 기술도 함께 이용한다. 압축을 많이 하게 되면 화질이 떨어지는 문제가 있으므로 영상의 종류와 용도에 따라 압축률을 잘 설정해야 한다. 대체로 화면의 내용이 시간적으로 크게 변하지 않는 TV 프로그램은 압축을 상대적으로 많이 할 수 있다. 또한 화질보다 내용이 중시되는 뉴스의 경우는 압축을 많이 하여 주파수사용 효율을 높이게 된다. 디지털 TV에 사용하는 압축규격은 국제규격인 MPEC-2(엠펙투)를 사용한다.

5) 데이터 방송[5)]

디지털 TV는 프로그램에 관련된 부가적인 데이터를 추가하여 보낼 수 있다. 즉, 프로그램에 관련된 정보 또는 주식, 환율, 일기예보 등 인터넷 정보와 멀티미디어 부가서비스가 가능해진다. 예를 들면 박세리 선수의 골프중계를 보면서 필요시 리모콘을 눌러 박세리 선수의 최근 소식, 역대 전적과 골프장 소개 항목을 선택하면 그 골프장의 전경과 함께 역대 우승선수 이름과 기록이 떠오른다.

---

4) 한국방송공사, 《알기 쉬운 디지털 TV》, 1999, p. 12.

5) 한국방송공사, 《알기 쉬운 디지털 TV》, 1999, p. 15.

그리고 잘 모르는 골프 용어가 나올 때마다 도움말 항목을 누르면 각종 골프용어에 대한 해설이 영상자료와 함께 풀이되어 나온다. 또한 박찬호 투수의 중계를 보면서 버튼만 누르면 박찬호 선수의 성적, 신상, 다른 투수들의 정보를 동시에 얻을 수 있다. 주부들이 요리 프로그램을 시청하면서 요리재료에 대해 알고 싶으면 메뉴 버튼을 눌러 서비스메뉴 중 요리정보 항목을 선택해서 그 내용을 확인할 수 있고 또 그 내용을 저장하고 싶다면 리모컨의 저장 버튼을 눌러 저장할 수도 있다. 이와같이 시청자가 원하는 시간에 원하는 프로그램을 디스켓에 저장하거나 재편집하는 것도 가능하다.

6. 디지털 TV 방송방식

현재 사용되고 있는 아날로그TV는 미국에서 1953년 12월에 제정한 NTSC(National TV System Commitee)와 독일의 텔레푼켄(Telefunken)사가 개발한 PAL(Phase Altemate Line)과 프랑스가 개발한 SECAM(Sequential Couleur a Memorie) 방식이 있다.

NTSC 방식은 미국, 캐나다, 한국, 일본 등이 사용하고 있고, PAL 방식은 유럽과 중국 등이, SECAM은 프랑스, 러시아 등에서 사용하고 있다. 이는 방송방식 선정에 따라 문화와 시장 그리고 기술이 종속될 것을 우려한 나머지 선진 각국은 각기 다른 방식을 개발하여 사용했다.

아날로그TV 방식이 통일되지 못한 문제점을 디지털TV 방식에서 이러한 현실을 개선하기 위해 국제통신연맹(ITU : International Telecommunication Union)에서 HDTV의 국제통일규격에 대해 그동안 노력을 했으나 결과적으로 방송방식을 통일시키지 못했다. 단지 국제간 HDTV 프로그램 교환시에 1920×1080 포맷을 사용하자는 데 그치고 말았다.

현재 지상파 디지털TV 방송방식은 우리나라가 채택키로 한 미국방식인 ATSC(Advanced Television System Committee)와 유럽방식인 DVB-T(Digital Video Broadcasting-Terrestrial) 그리고 일

본방식인 ISDB-T(Integrated Service Disital Broadcasting-Terrestrial)가 있다.

7. 디지털 TV 화면형식

디지털TV에는 다양한 화면형식이 있으나 그 중에서 대표적인 것이 HDTV(고선명 TV : High Definition TV)와 SDTV(표준화질 TV : Standard Definition TV)이며, 화질 및 영상규격에 따라 구분된다. 화질은 대체로 화면을 구성하는 최소단위인 화소(화면의 세포)가 얼마나 많았느냐로 결정되는데, 일반적으로 HDTV는 화소수가 가로×세로로 1920×1080(약 200만) SDTV는 720×480(약 35만)을 갖게 된다. 이러한 화소수는 컴퓨터 모니터가 1024×768(약 80만)을 사용하는 것과 비교될 수 있다. 현재 방송되고 있는 지상파 아날로그 TV는 640×480(약 31만) 정도 수준이며, 현재 KBS와 EBS의 무궁화 위성 디지털TV는 SDTV에 해당하는 영상규격으로 방송되고 있다. 화면의 가로 세로비가 SDTV는 기본적으로 4 : 3이지만 HDTV는 그보다 넓어 영화와 비슷한 16 : 9인데 SDTV이면서도 16 : 9인 TV를 와이드TV라고 부르고 있다.

부 록

1. TV 용어해설

2. 방 송 법

■ 부록 1

TV 용어해설

각색(*adaptation*)
소설이나 희곡, 일기, 수기 등을 드라마가 될 수 있게 구성하여 시나리오나 TV 극본으로 만들어 놓은 것.

개그(*gag*)
연기자가 대사 도중에 재치있게 나타내는 언행.

게이트키퍼(*gatekeeper*)
뉴스선택과 조작에서 의사결정자를 일컫는다. 기자, 데스크, 언론사주 등이 모두 게이트키퍼가 될 수 있다. 선택과 조작의 기준은 ① 게이트키퍼 자신이 가진 호·불호의 주관적 가치체계, ② 그들의 직접적인 작업상황, ③ 게이트키퍼의 결정을 제한하는 법적·관료적·상업적 통제 등이 있다.

게토(*ghetto*)
어떤 일정한 형태의 프로그램이 고정적으로 편성되는 한 주일의 시간대 가운데 시청률이 가장 낮은 주변적 시간대, 또는 시청률의 사각지대를 일컫는다.

게인(*gain*)
오디오와 비디오 신호로 증폭된 양, 혹은 증폭기 시스템의 입력 대 출력의 전력비를 나타내는 것으로서 신호증폭의 정도. 게인을 올리는 것은 신호의 강도를 높이는 것을 의미하고, 게인을 내리는 것은 신호의 강도를 약하게 함을 의미한다. 오디오나 비디오 신호의 상대적인 강도를 나타낼 때 쓰인다.

경사앵글(*canted angle*)
피사체의 수평균형을 깨뜨린 앵글, 평형이 깨진 앵글로 불안감을 조성한다. 더치 앵글(*dutch angle*)이라고도 부른다.

고보(*gobo*)
① 조명의 일부를 차광하거나 특정한 모양의 빛의 무늬를 만들어내는 차광판이며 조명으로 특수한 효과를 낼 때 쓰는 기구로 창틀과 같은 그림자를 만들기도 한다. ② TV 카메라 렌즈 근처의 산광이 들어오는 것을 막아주는 차광판. ③ 마이크로폰에 어떤 방향의 소리를 막기 위해 쓰는 흡음성 물질로 만든 이동 가리개.

고스트(*ghost*)
본래의 한 화면에 잔영 모양의 다른 화면이 겹쳐 생기는 현상. 가정 수상기에서는 주변에 보통 고층빌딩이나 철조물이 있을 때 시차에 의해 생긴다.

고정초점렌즈(*fixed focal length lens*)
줌 렌즈처럼 렌즈의 초점거리를 변화시킬 수 없는 렌즈.

고품위 TV(HDTV : *high definition television*)
현재의 TV 방송보다 주사선수를 2배로 늘리고 주파수 대역도 확대시켜 화면이 훨씬 선명하고 음질도 좋으며 수상기 화면이 와이드화면이어서 고품질의 해상도 화면을 보내준다. 한편 고선명 TV라고도 한다.

일본의 NHK가 개발 시험방송을 성공한 데 이어, 실용화에 박차를 가하고 있으며 각국들도 자국의 텔레비전 방식에 어울리는 고품위 TV를 개발하고 세계적인 규격의 통일화를 주장하고 있으나 주도적인 선제권 확보를 위한 갈등요인도 내포되어 있다.

공공 TV(PTV : *public television*)
미국의 비상업적 TV를 총칭하는 용어인데 1967년 공공방송법이 통과되기 이전에는 교육텔레비전이라고 불렀다.

공정성 원칙(公正性 原則, *fairness doctrine*)
시비가 되는 사회적 문제가 있을 경우 쌍방에게 같은 시간량의 토론시간을 제공해야 한다는 원칙. FCC의 규정과 정책에 의거, 모든 방송국은 반대쪽에도 똑같이 의견발표의 기회를 주어야 한다는 것.

광각렌즈(*wide-angle lens*)
표준렌즈보다 렌즈의 초점거리가 짧으며 초점심도가 깊은 렌즈로서 넓은 수평화각을 가지고 있고 원근감과 깊이를 과장하는 특성이 있다.

교류전기(AC)
'Alternating Current'의 준말로 일반 가정용이나 사무실에서 사용하는 전기.

교차편집(*cross cutting*)
서로 다른 장소에서 동시에 발생하는 행위를 번갈아 보여주는 편집기법. 이러한 방법은 긴장감을 고조시키고 시간의 경과를 응축시킨다. 평행편집(*parallel editing*) 혹은 인터커팅(*intercutting*)이라고도 부른다.

구획편성(區劃編成 · *block programming*)
네트워크 프로그램의 편성전략의 하나로 일정시간띠에 같은 취향의 유사프로그램을 집중편성하는 방법. 무드편성(*mood programming*)이라고도 함.

국명고지(ID, *station identification*)
방송국의 호출부호, 채널, 위치, 출력 따위를 알려주는 어나운스먼트. 10초 길이로 TV의 경우 오디오는 8초 이내가 이상적임. CM ID로 활용되기도 하며 계절감각에 맞는 아름다운 영상을 VCR로 제작되며 컴퓨터그래픽으로도 제작된다.

국제무선 통신자문위원회(CCIR : Committee Consultarif Internationale des Radio Communications)
국제전기통신연합(ITU) 산하에 있는 4개의 상설기관 중 하나로 무선에 관한 기술이나 운영문제를 연구 또는 건의한다. 현재 13개의 연구위원회가 있고, 전파천문, 전파방송 등 기초적인 연구에서 우주통신 방송 등에 이르기까지 광범위한 분야를 다룬다.

국제방송기구(OIRT : Organization Internationale de Radio diffusion et Television)
동구국가들의 방송단체, 1946년 6월 OIR로 발족했으며, 1959년 OIRT로 바뀌었다. 본부는 브뤼셀에서 프라하로 1950년에 옮겼고 프로그램 교환, 프로그램 제작과 기술정보 교류를 목적으로 설립되었다.

국제에미상(The international Emmy Awards)
미국 방송관계자 및 시청자에게 외국의 우수한 TV 프로그램에 접할 기회를 주기 위해서 미국 TV 예술과학아카데미가 매년 9~11월에 개최하는 대회 및 그 상. 다큐멘터리, 드라마, 공연예술, 대중연예, 어린이 프로그램 등 5개 부문의 최우수작품에 수여한다.

국제방송연합(UNR : United Nation Radio)
UN 홍보국 라디오영상부가 UN의 활동을 소개하기 위해 실시하고 있는 방송. 뉴욕의 UN 본부 안에 있으며 세계 각지를 향해 영어, 프랑스어 등 12개 언어로 각각 15~30분의 홍보프로그램을 일요일을 제외하고 매일 단파로 방송하고 있다.

국제전기통신연합(ITU : International Telecommunication Union)
텔레커뮤니케이션 문제를 해결하기 위한 UN 산하의 전문기구. 국제통신의 개선과 합리적 이용을 위해 국제협력을 촉진하고, 전기통신업무의 기술발전과 능률적 운영을 촉진하며, 이를 위한 각국의 노력을 조화시키기 위해 국제전기통신조약에 따라 설립되었다.

국제주파수등록위원회(IFRB : International Frequency Registration Board)
전세계 주파수 사용의 중재자 역할을 하며, 주파수의 등록과 지정, 감시 기능을 하는 위원회. 전파방해를 예방하고 주파수 사용을 원활하게 하는 일종의 정리기능을 하는 위원회이다.

그레이 스케일(*gray scale*)
테스트 차트에 TV 블랙(*black*)에서부터 TV 화이트(*white*)까지의 회색들을 단계적으로 나누어 카메라를 조정할 때 사용하는 것으로 테스트 패턴에 따라 7단계 혹은 10단계를 사용한다.

그룹샷(GS : *group shot*)
일반적으로 네 사람 이상의 그룹을 화면에 담는 샷.

기본조명(*base light*)
인물, 배경을 포함한 장면 전체에 균등하게 비추는 확산조명으로 TV 카메라가 작동할 수 있는 최소한의 광량을 확보해 주는 역할을 한다.

기술감독(TD : *technical director*)
단위제작 프로그램의 기술총책. TD는 스위처를 겸하는 경우가 많다. 그래서 TV 영상조정 콘솔엔지니어라고도 하고 유럽에서는 비전 믹서(*vision mixer*)라고도 한다. 순수 기술감독이 아닌 스위처는 외국에서 주로 여자가 한다.

기획(*preproduction planning*)
프로그램 제작에 필요한 작품, 예산, 인원, 장비 등을 계획하고 준비하는 제작과정 중 제1단계.

긴급경보방송체계(EWS : *emergency warning system*)
수해경보방송과 같은 긴급방송을 실시할 경우 시청자들에게 예고를 해서 재난예방에 대비케 하는 수단임. 한밤중 잠자는 시청자들에게 방송국으로부터 특수한 디지털 신호를 보내면 수신기의 스위치가 자동으로 켜지고 경보음이 나와서 잠을 깨게 한 다음 긴급재난방송을 시청할 수 있도록 하는 시스템을 말한다.

나그라(Nagra)
야외촬영시 동시녹음을 위해 쓰이는 간편한 녹음기. 4분의 1인치 테이프를 쓰는데 성능이 좋다.

나라타주(*narratage*)
나레이션(*narration*)과 몽타주(*montage*)의 합성어. 드라마의 이야기를 전개하는 중간에 사용되는 회상신.

내레이션(*narration*)
해설. 화면에 따라 설명하는 말로서 촬영한 후에 대사를 넣게 된다.

내레이터(*narrator*)
중립적인 위치에서 화면에 나오지 않고 프로그램 내용을 낭독하는 사람. 해설자. 영국에서는 코멘테이터(*commentator*)라 한다. 우리말로는 똑같이 해설자로 번역되나 논평하는 해설위원과는 구별된다.

네거티브 필름(*negative film*)
음화 필름. 피사체에 나타나는 빛과 그림자의 톤이 실물과는 전혀 반대로 나타나는 필름을 말한다. 이 필름은 한두 차례의 프린트를 하는 과정에서 색상을 조절할 수가 있어서 제작에 많이 활용되는 대신 뉴스와 같이 신속성을 요하는 프로그램에서는 사용하기 힘들다. 최근 첨단장비가 장치되어 있는 '네가 텔리시네'를 이용하여 색상을 자동으로 조절할 수가 있어 종래보다 화질이 개선되고 있다.

네임 애드(*name ads*)
기업광고(*institutional advertising*)이라고도 함. 제2차 세계대전 중 라디오 방송에서 크게 발전한 것으로 광고의 목적은 특정제품의 판매에 있지 않고 기업의 이미지를 좋게 하고 소비자의 호의를 확립하는 데 있다. 흔히 기업 PR이라 한다.

네트(*net*)
프로그램을 하나의 방송국으로부터 다른 방송국으로 보내는 것.

네트워크(*network*)
① 방송망. 기술적으로 같은 프로그램을 동시에 송출하는 2개 이상의 방송국으로 된 조직. ② 네트워크에 가맹해 있거나 그 산하에 있어서 네트워크 제공의 프로그램을 방송하는 일단의 방송국들.

노말 라이팅(*normal lighting*)
기본조명. 일반적으로 밝은 조명.

노말 렌즈(*normal lens*)
인간의 시각과 동일한 인식을 하는 렌즈.

노이즈(*noise*)
소리와 그림의 방해신호. 잡음. 프로그램의 영상과 소리를 전달하는 데 방해가 되는 원치 않는 오디오나 비디오 신호.

노출계(*light meter*)
조명의 강도를 측정할 수 있도록 디자인된 장비로, 반사광 측정용과 직사광 측정용이 있다.

니 샷(KS : *knee shot*)
인물의 무릎 부분부터 머리 부분까지 촬영하는 샷.

다큐멘터리(*documentary*)
연습되지 않은 실제 사건의 재현·기록, 사실적 삶의 극적 구성이라는 점에서 중요한 TV 프로그램 형식이다. 기록영화, 사실에 근거를 둔 이야기로서 정보적인 내용을 요구하는 시청자의 요구가 중대함에 따라 다큐멘터리 프로그램의 비중이 높아지고, 드라마 속에서 다큐멘터리 형식을 사용하여 극의 사실성을 강조하기도 한다.

달리(*dolly*)
카메라의 이동차(移動車)로서 카메라가 모든 방향으로 움직일 수 있도록 하는 장치. TV나 영화촬영시 스튜디오에서 카메라 세트를 싣고 원활하게 움직일 수 있는 고가(高架) 이동 활차. 차 받침대. 카메라 달리 또는 카메라 페이스틀이라 한다.

달리 아웃(*dolly out*)
카메라의 위치를 피사체로부터 뒤로 이동시키는 것. 달리 백(*dolly back*)이라고도 함.

달리 인(*dolly in*)
카메라의 위치를 피사체 앞으로 이동시키는 것.

더빙(*dubbing*)
하나 또는 둘 이상의 사운드 트랙을 하나의 마스터 트랙으로 옮기는 것. 필름이나 녹화테이프에 소리와 음향효과를 집어넣는 일. 외국영화에 우리말을 집어넣는 일. 입맞추는 것을 립싱크(*lip sync*)라고 한다. 필름이나 VTR 편집작업에 적용되는 기법(대사, 효과, 음악 등을 연기와 동시에 하지 않고 추후에 삽입하는 방법).

동시녹음(*synchronous recording*)
촬영과 더불어 음향의 녹음도 동시에 하는 촬영방법.

동축 케이블(*coaxial cable*)
전송손실이 낮아 다중전화와 TV 전송선로 등에 널리 사용되며 카메라와 비디오 장비의 표준케이블 중의 하나로 외부도체와 내부도체가 동심원 구조를 이루고 있는 케이블임.

듀프(*dupe, duplicate*)
필름이나 녹음테이프를 복제한 것. 복사판을 듀프라하는 데 반해 원테이프를 마스터(*master*)라 함.

드롭(*drop*)
전경 배경에 이용되는 커다란 캔버스나 다른 재료들.

드롭 아웃(*drop-out*)
테이프의 철산화물(鐵酸貨物)이 벗겨지거나, 기름이나 오물이 테이프에 묻어서 일어나는 신호손상.

드라이리허설(*dry rehearsal*)
TV에서 미리 연습하는 리허설의 일종으로, 화장이나 의상을 착용하지 않으며 TV 카메라도 사용하지 않고 스튜디오내의 리허설을 말한다. 드라이 리허설을 통해 연출자는 출연자의 움직임과 카메라의 배치를 제작진에게 설명한다. 이후 카메라 리허설로 들어간다. 이를 드라이 런(*dry run*)이라고도 한다. 이때 기술측에는 카메라와 마이크, 조명위치, 방향 등의 종합적인 문제를 검토, 구체화한다.

드레스 리허설(*dress rehearsal*)
모든 장비와 분장, 의상 등이 갖추어진 상태에서 실제와 똑같이 행해지는 총연습.

디렉터(*director*)
연출자, 대화·음악·연기·카메라 샷 등 연출에 관한 모든 요소를 감독하고 조정해서 한 단위 프로그램을 만드는 책임자.

디머(*dimmer*)
조명의 밝기를 조절하는 기구로서 조명광도를 천천히 올렸다 내렸다 할 수 있는 조광기 장치이다. 서서히 밝아지고 어두워지게 할 수 있고, 저항 변식(變式)과 압식 전자식이 있다.

디비에스(DBS : *direct broadcasting satellite*)
직접방송위성을 말함. 방송위성을 이용, 직접 가정의 수신기에 전파를 보내는 직접위성방송 서비스를 가능케 해준다. 이 직접위성방송은 난시청지역의 해소뿐 아니라 HDTV를 비롯한 고차원·고품질의 뉴미디어 방송을 가능케 한다.

디스크자키(*disc jockey*)
라디오 방송의 레코드 쇼의 진행자. 흔히 DJ로 줄여 쓴다.

디졸브(*dissolve*)
장면전환의 한 방법으로 두 개의 화면을 순간적으로 전환시키지 않고 앞의 화면을 서서히 사라지게 하는 동시에 다음 화면이 서서히 나타나게 하는 기법. 흔히 시간경과나 회상 신에서 자주 사용한다. 영화에서는 오버랩(*over lap*)이라 한다.

필요에 따라서 디졸브의 속도는 조절하고 어느 중간지점에서 이중노출효과가 나타난다. 시간의 차이, 장소의 차이, 표현양식의 차이(타이틀과 본 프로내용 혹은 프로와 후 CM), 강조와 상황의 변화 등을 위해서 TV 연출에 빈번히 사용된다.

디지타이즈(*digitize*)
아날로그 신호를 디지털 코드 숫자로 변조하는 것으로 오디오나 비디오의 아날로그 신호를 컴퓨터와 같은 디지털 코드 숫자로 바꾸어 주는 것.

디지털(*digital*)
손가락 또는 숫자를 뜻하는 디지트(*digit*)에서 파생한 말로, 디지트나 분리 양방식(*discrete quantities*)에 의한 자료나 형태를 나타내는 말이다. 일반적으로 아날로그(*analog*)에 대비하여 쓰인다. 정보를 전기 펄스(*pulse*)의 유무와 그 조합의 형태로 표현한 것을 디지털 신호라고 한다.

디지털 녹화기(*digital VTR*)
영상신호를 디지털 신호로 변환하여 테이프에 기록하는 VTR. 디지털 신호로 기록하기 때문에 여러 번 복사해도 화질이 떨어지지 않는 것이 장점이다.

디지털 영상효과기(*digital video effect*)
다양한 화면을 구성하기 위한 특수영상효과기로 제작사에 따라 DVE, DVP, DME, DVM, ADO 등 다양하게 불린다. 이 장비는 영상신호를 디지털 신호로 변환시켜 기억시켰다가 검출시에 어드레스(*address*)를 제어하여 주사선들 사이에 삽입하는 방법으로 화면의 축소, 확대, 변형, 회전 등 다양한 화면효과를 제공한다.

디지털 카메라(*digital camera*)
디지털 기술과 회로를 사용하는 카메라. 매우 안정된 화상, 자동 셋업, 화상보정, 전송의 융통성 등 많은 장점이 있다.

디포커스(*defocus*)
이미지의 명료성을 없애기 위해 초점을 흐리게 하는 것. 디포커스시키면서 다음 그림으로 디졸브(*dissolve*)하는 수법은 시간의 경과, 플래시백 등 특수효과를 위해 흔히 이용된다.

띠편성(*strip programming*)
같은 시간에 같은 프로그램을 주 5일 이상 편성하는 기법. 시청자의 계속 시청관습을 유도하고 인기를 업고 시청률을 높이는 데 상당히 효과적일 수 있다. 우리나라 모든 편성이 이러한 경향이다. 일일 연속극은 줄띠편성 전략의 표본이다.

라이브(*live*)
생방송. 현장에서 실황을 직접 방송하는 것. 생음 또는 생녹화. 녹음재생 방송이나 녹화재생 방송과는 달리 스포츠중계와 같이 프로그램의 제작과 방송이 동시에 이루어지는 방송을 말함.

라발리에 마이크(*lavalier micerophone*)
목에 매달도록 디자인된 소형 마이크로 현재는 넥타이에 꽂거나 옷깃에 매다는 마이크 등을 총칭한다.

라이팅 디렉트(LD : *lighting director*)
조명감독.

라이팅 오퍼레이트(LO : *lighting operator*)
LD의 지시를 받아 조명의 세팅 및 조명 조작대를 운용하는 사람.

라이트 플롯(*light plot*)
조명계획.

락 업 타임(*lock up time*)
VTR 등의 장비가 스타트하여 영상과 소리가 안정되는 데 필요한 시간(Lockin time이

라고도 부른다)

러닝타임(*running time*)
프로그램의 실제 제작시간. 프로그램 길이(*program length*)라고도 부르며 정확히 기록하지 않으면 운행에 큰 지장을 준다.

럭스(*lux*)
조명의 강도를 재는 표준단위. 1럭스는 1루멘의 광량(촛불 한 개의 밝기)이 1미터 거리에 있는 1평방미터 크기의 표면에 조사되는 광량을 말한다. 1ft-c(foot-candle)은 10.75럭스에 해당되므로 대부분의 조명기사들은 대략 10럭스를 1ft-c로 계산한다.

런 스르(*run-through*)
처음부터 끝까지 실제와 똑같이 연습하는 리허설의 최종연습.

레벨(*level*)
비디오나 오디오 신호의 강도표시.

레이저(*laser*)
TV뿐만 아니라 의료 현장에서도 많이 쓰이는 광선으로 쇼에서 자주 쓰인다. 일반적으로 색상이 뛰어난 빛이다.

레이저 디스크(LD : *laser disc*)
CD처럼 디지털 방식으로 음향과 영상을 동시에 저장하고 있으며 재생시 원하는 장면과 소리를 테이프보다 매우 빨리 찾을 수 있다.

레코딩 스튜디오(*recording studio*)
녹음실.

로고(*logo*)
프로그램 제목을 상징적으로 나타내는 타이틀 형태 또는 상품의 심볼이나 트레이드마크. 로고 타입(*logo type*)이라고도 한다.

로라이트(*low light*)
프로그램 제작시 특수효과를 얻기 위해 사용되는 빛으로 아래쪽에서 비추는 조명.

로앵글(앙각, *low angle*)
카메라 위치를 눈높이보다 아래쪽에 설치하여 대상을 올려다보는 인상을 느끼도록 하는 촬영과 그렇게 촬영된 화면. 앙각촬영은 보통 부감촬영에 비해 인물이나 대상물을 보다 우월하게 보이게 하는 특성이 있다.

로컬(*local*)
서울에 있는 중앙국(key국)에 상대되는 개념으로, 지방에 있는 방송국을 로컬국 또는 로컬이라고 부른다.

로케이션(*location*)
스튜디오 밖에서 프로그램을 제작하는 야외촬영, 녹화, 영화의 야외촬영, 자연경치, 거리 등을 배경으로 촬영하여 스튜디오 안의 세트에서는 나오지 않는 생생한 분위기를 재현한다.

로케 헌팅(*location hunting*)
로케 현장의 조건을 확인하고 작품테마에 적합한 카메라앵글과 위치를 결정하는 것.

롤링 타이틀(*rolling title*)
자막이나 타이틀 따위를 수직으로 이동시키는 것.

롱샷(*long shot*)
먼거리의 경치 촬영을 말한다. 클로즈 업의 반대. 대상에서 상당히 떨어진 카메라 위치에서부터 촬영된 샷이다. 도입부나 종결부의 샷으로 잘 사용된다. 롱샷은 어떤 의미에서 거시적 시각이라 할 수 있다.

루즈 샷(LS : *loose shot*)
타이트 샷(*tight shot*)에 대비되는 용어로서 여백을 남기는 샷을 말한다.

르포(*reportage*)
사건이나 인물을 탐방하여 현장감을 살리며 제작되는 보고형식의 프로그램.

리더(*leader*)
녹음된 내용을 분류, 중지, 보호하기 위해 녹음테이프의 처음과 끝부분에 붙어 있는 짧은 길이의 필름이나 테이프.

리드 인(*lead-in*)
프로그램 스케줄을 작성하는 전략의 하나로 프라임 타임이 시작될 때 특별히 소구력이 강한 프로그램을 방영하여 시청자들의 관심을 끄는 것이다. 리드 인이란 프로그램 첫머리에 놓여 시청자들의 흡인력을 높일 수 있는 소구력이 강한 프로그램을 지칭하는 개념이다. 우리나라의 경우 9시 뉴스 직전의 일일연속극의 시청률에 따라 9시 뉴스의 시청률이 많은 영향을 받기 때문에 일일연속극에 엄청난 노력을 동원한다. 이때 일일연속극이 리드 인이 될 수 있다.

리딩(*reading*)
읽기. 대본 스크립트를 읽어나가는 연습.

리액션 샷(*reaction shot*)
촬영 대상인의 말과 행동이 주변 사람에게 미치는 반응(*reaction*)을 촬영하는 샷.

리허설(*rehearsal*)
프로그램을 제작하기 위한 예행연습. 블러킹(*blocking*) 리허설, 드라이(*dry*) 리허설, 드레스 리허설(카메라 리허설), 런 스르(*run through*) 순으로 많은 연습과정을 거치게 된다.

릴(*reel*)
필름이나 테이프가 감기는 바퀴모양의 기재.

립싱크(*lip sync*)
오디오를 비디오에 일치시키는 일. 주로 야외제작 후 오디오를 화면에 맞도록 녹음하는 데서 나온 말로서 쇼에서는 가수가 AR 테이프에 정말로 노래하는 척 입모습을 맞추는 동작을 얘기한다. 화면의 움직임과 음성을 똑같이 맞추는 일, 외화의 우리말 대사처리의 한 방법.

림보(*limbo*)
① 무한한 거리를 표현하는 배경 ② 대상의 전면을 강조하기 위해 후면은 연한 회색으로 비추는 조명방법.

마스터 샷(*master shot*)
장면을 구성할 때 가장 중심이 되는 샷.

마스터 테이프(*master tape*)
① 전자편집을 할 경우 촬영 원본과 같은 소재 테이프로부터 필요한 영상과 음성을 기록하기 위한 기록용 테이프. ② 편집되지

않은 원본 테이프.

마이크로웨이브(*microwave*)
산이나 높은 건물 사이를 무선 중계전파를 쏘아서 연결하는 방식.

마킹(*marking*)
TV 방송의 리허설을 할 때 연출을 정확히 하기 위해 본 프로그램에 필요한 벽, 문, 책상 등의 장치나 출연자의 행동과 위치를 리허설 룸의 마루 위에 백묵으로 표시한다. 이렇게 표시하는 것을 플로어 마킹(*floor marking*)이라고 하는데 줄여서 일반적으로 마킹 또는 스파팅(*spotting*)이라 한다.

매거진(*magazine*)
① 무비 카메라의 필름통 ② TV와 라디오의 잡지형식의 토크프로그램 포맷.

매거진 포맷(*magazine format*)
잡지처럼 여러 종류의 단편, 다양한 소재와 다양한 주제를 담은 길고, 짧은 이야기들을 모아 엮은 프로그램. 이러한 형식의 프로그램은 보통 뉴스와 공공문제를 다루는 프로그램 편성에서 많이 찾아볼 수 있다. 미국의 경우 60 Minutes, Weekend, PBL 등이 그 예이다.

메이크업(*make-up*)
TV 출연자가 화면효과를 위해 하는 화장, 분장(扮裝), 메이크업에 의해서 젊은이가 노인이 된다.

멀티 미러 샷(*multi mirror shot*)
몇 장의 거울을 사용하여 한 대의 카메라로 다중영상을 얻을 수 있는 샷.

멀티비전(*multivision*)
크게 하나로 합성시키거나 멀티 디스크플레이어를 형성하기 위해 화면을 결합시키는 장치를 써서 연출할 수 있는 표현설비.

모니터(*monitor*)
① 송출되고 있는 프로그램의 질, 구성효과 등 전반에 걸쳐 조사하는 일 또는 그 일을 위촉받은 사람. ② 언제나 정상적인 방송이 송출되고 있는지를 화면, 음성을 브라운관이나 스피커를 통하여 감시하는 장치 또는 감시자.

몹신(*mob scene*)
군중신.

몽타주(*montage*)
사진 합성법, 합성사진, 구성한다, 쌓아올린다. '조립하다'(*monter*)라는 프랑스어에서 유래한 말로 영상을 한 화면내에 짜넣는다는 사진용어로 사용되었으나 러시아의 영화이론가들에 의해 샷들의 연결방법에 따라 새로운 의미를 창조한다는 뜻으로 쓰이게 되었으며 편집과 동일한 의미로도 사용된다. 또한 특별한 이미지나 분위기를 만들어 내기 위해 다수의 영상을 빠르게 연속적으로 연결하여 하나의 시퀀스(*sequence*)를 만드는 것을 몽타주라고도 부른다.

무대감독(*floor manager*)
연습이나 프로그램 제작시 연출자의 지시에 따라 스튜디오에서 일어나는 모든 일을 책임지는 사람.

무대계획(*floor plan*)
무대 또는 스튜디오의 장치나 도구의 배치.

무지향성 마이크(*omnidirectional microphone*)
모든 방향의 소리들에 대해 민감하게 흡음하도록 디자인된 마이크.

문자 발생기(*character generator*)
전자적으로 문자나 그래픽을 만들어 제작시 직접 TV 화면에 나타낼 수 있도록 고안된 장비.

미니어처(*miniature*)
축소된 모형, 세트.

미디엄 샷(*medium shot*)
인물의 허리나 아래까지 포함시킨 샷. '클로즈 샷'과 '롱샷'의 중간크기. 인물이 두 사람 이상일 때도 통용되는데 이때는 '미디엄 그룹샷'이라 한다. 미디엄 샷은 표준 TV 프로그램의 기본적인 샷으로 볼 수 있는데, 드라마의 대화장면, 게임쇼, 좌담회를 위시한 여러 다양한 프로그램에 사용한다. TV 연출자들이 가장 즐겨 쓰는 샷이다.

미라쥐(*mirage*)
이펙트 시스템(*effect system*)으로 조작이 간단하여 시청자들에게 다양하고 변화있는 화면을 제공할 수 있다.

미러 볼(*mirror ball*)
공 또는 타원형의 표면에 거울조각을 많이 부착하여 회전시키면서 강력한 스포트라이트를 비쳐 그 반사광을 이용하는 조명기구.

미술감독(*art director*)
프로그램 제작에 관련되는 모든 미술적 요소들, 세트 디자인, 그래픽, 의상, 분장, 소품 등을 총괄적으로 감독하여 프로그램의 외형적 모습을 창조하는 임무를 맡은 사람.

믹서(*mixer*)
오디오 엔지니어를 흔히 믹서라고 하나 스위처를 믹서라고도 한다. 콘솔 앞에서 녹음, 녹화를 맡은 음향 또는 영상기술자는 공히 믹서임. 구별할 때 '오디오믹서', '레코디스트'는 음향담당이고, '비전믹서'는 영상담당임.

믹싱(*mixing*)
두 개 이상의 영상 또는 음성 신호를 의도에 따라 혼합하는 것.

바스트 샷(BS : *bust shot*)
인물의 가슴부분 위를 찍는 카메라 샷의 구조로 TV에서 가장 많이 사용된다.

반 도어(*barn doors*)
차광기. 조명기 앞부분에 부착된 검고 얇은 철판으로 부분적으로 조명을 차단하거나 조절하는 데 사용한다.

베타캠(*beta cam*)
휴대 이동 카메라로서 녹화기가 함께 붙어 있다.

백 타임(*back time*)
프로그램 제작시 시작부터 시간을 계산하여 현재까지 진행된 시간을 계산하지 않고 끝나는 시간부터 남은 시간을 계산하는 방법으로 예를 들어 생방송이나 녹화시 종료 5분 전을 알리는 큐를 주고 3분 전, 2분 전, 1분 전 등으로 큐를 준다.

베이스 라이트(*base light*)
인물, 배경을 포함하여 장면 전체에 주는 기본적인 균등한 조명.

부감(*high angle*)
카메라가 피사체보다 높은 위치에서 내려다 보듯이 촬영하는 것.

부조정실(*subcontrol room*)
스튜디오에 인접해 있는 방으로 연출자, 기술감독, 음향담당자, 조명감독 등이 프로그램 제작시 스튜디오에서 진행되는 모든 일들을 통제하고 조정하며 각자의 임무를 수행하는 곳이다.

VOD(*video on demand*)
특정 프로그램을 수용자의 요구에 의해 전화선을 통해 각 가정으로 전송해 주는 것. VDT(*video dial tone*)라고 부르기도 한다.

VHF(超短波 · *very high frequency*)
3만에서 30만 KHz까지의 주파수대를 가리키는데 1940년 전후부터 TV 송출표준주파대로 이용되어 왔다. 우리나라 TV도 지금 VHF를 이용하고 있으며 TV 채널의 1에서 13까지는 이 파장의 전파를 사용하므로 채널이 제한돼 있는 것이 문제이다. MHz로는 54에서 216까지 임. 'V'로 표시.

VTR(*videotape recording*)
TV의 음향과 그림을 전자적으로 수록하는 것. 녹화. 1956년 개발되어 1960년대부터 널리 쓰임. 현상과정 없이 화면의 재생이 즉시 가능해서 비디오 혁명을 가져왔다. VTR은 흔히 녹화기(*videotape recorder*)의 뜻으로 쓰임. '녹화하다'의 뜻으로는 리코더(*record*) 또는 비디오테이프(*videotape*)가 그냥 동사로도 쓰인다.

뷰파인더(*viewfinder*)
카메라가 잡은 그림을 체크하기 위해 카메라 머리 부분에 붙어 있는 특수렌즈 또는 화면. 촬영시 구도, 초점, 조리개 등을 조정하기 위해 보는 모니터용 소형수상기.

붐마이크(*boom mic*)
카메라에 포착되지 않도록 긴 장대에 매달아 사용하는 마이크.

붐 업/다운(*boom up/down*)
붐 마이크나 카메라를 올리거나 내리라는 지시.

브리지(*bridge*)
프로그램 내용중에 혹은 다른 성격의 내용들 사이에 삽입되는 영상이나 음향소재로 브리지 앞뒤의 내용을 연결하는 기능을 한다.

블러킹(*blocking*)
제작에 들어가기 전에 카메라와 연기자의 움직임이나 위치 등을 구체적으로 세분화하는 연출작업.

BBC(영국의 공영방송, *british broadcasting corporation*)
1922년 설립, 공영제 방송운영 체제의 모

델로 정부와 광고주의 압력으로부터 독립돼 있다. TV는 1936년 시작, 세계 최초의 정규 방송이었다.

비디오(*video*)
라틴어 '나는 본다'에서 나온 말로 TV의 그림부분을 가리킨다. 영상.

비지(BG : *background*)
배경음악. 출연자 뒷면의 배경장치. 카메라 영상의 주피사체나 주연기자 뒤쪽의 물체. TV나 연극, 영화 등에서 분위기를 유도하기 위한 음악.

빅 클로즈업(BCU : *big close up*)
한 사람의 얼굴 어느 부분만 강조해서 잡은 샷. 클로즈업보다 주제에 더 가까이 접근하여 카메라로 찍은 샷으로 인물의 경우 얼굴 부분만을 과감하게 잡은 카메라 앵글. ECU (*extreme close up*) 라고도 하고 LCU (*large close up*) 또는 빅헤드(*big head*) 라고도 함. 타이트 클로즈업(*tight close up*) 도 같은 뜻으로 쓰이는 말이다.

보드(*billboard*)
① 프로그램 처음이나 끝부분에 스폰서를 간단히 밝히는 것. ② 팝송 인기 순위와 가요계 정보를 싣는 미국의 주간연예지 이름.

사운드 이펙트(*sound effect*)
효과 맨이 프로그램의 사실감을 살리기 위해 표현하는 모든 음향.

사인 온(*sign on*)
방송개시라고도 하며 우리나라의 경우 애국가로 시작하여 네트워크 표시, 심의규정 준수, 책임자의 고지 순서로 방송이 개시된다.

사인 오프(*sign off*)
방송종료, 내용은 사인 온과 같으나 순서는 반대로 맨 마지막이 애국가이다.

샷(*shot*)
① 계속적인 촬영으로 얻은 한 신(scene). ② 한 프로그램 안에서 단일 TV 카메라가 잡은 단일 연기의 한 토막, 컷과 컷 곧 화면전환 사이의 한 그림. 원 샷(*one shot*) 은 두 사람을 함께 잡은 것. 그룹샷(*group shot*) 은 집단적으로 잡은 그림. 보통 4인 이상임.

샷건 마이크(*shotgun microphone*)
먼 거리에서 흡음할 수 있도록 특별히 설계된 초지향성 마이크.

서브타이틀(*subtitle*)
우리는 부제라고 한다. 그러나 설명적 캡션을 가리킴. 외국어 번역 자막을 하단에 수퍼 임포즈해 주는 것.

서스테이닝 프로(*sustaining program*)
광고주 없이 방송하는 상업 TV 프로그램. 서스테이너(*sustainer*) 라고도 함. 자체제작 프로그램이라고도 하며 줄여서 '서스 프로그램'이라고도 한다. 이것은 미국에서 상업 방송들이 스폰서에 의한 프로그램을 위주로 방송함으로써 지역사회의 공공문제를 거의 외면하다시피 하여 FCC가 의무규정으로 네트워크로 하여금 지역사회의 종교, 문화, 공공문제를 다루는 프로그램을 자체 경비로 제작 가맹사에 무료로 제공토록 한데서 온 술어.

서스펜스(*suspense*)
모호함, 걱정, 긴장감이라는 의미로서, 소설이나 TV, 영화 등에서 다음에는 어떻게 될 것인가 하고 보는 이로 하여금 조마조마하게 만드는 기교를 말한다.

세계방송통신기구(IIC : International Institute of Communication)
세계 방송통신의 현상과 장래에 대해 협의하고 연구하는 비영리국제기관.

세트 라이트(*set light*)
배경, 전경 등의 세트에만 비치는 조명.

소품(*props/property*)
소도구라고도 하며 무대장치 중에서 고정되지 않은 이동가능한 모든 물건들과 배우들의 연기에 필요한, 손에 들고 움직이는 것 등을 가리킨다.

소프트 라이트(*soft light*)
부드럽고 넓은 범위의 확산광, 대단히 분산된 조도를 만드는 광범위한 노출 조명. 주로 베이스 라이트(*base light*)로 사용한다.

소프트웨어(*software*)
전기전자 장치를 이용해서 내는 프로그램의 내용, 메시지 측면. 정보 내용적인 면을 소프트웨어라고 하는데 비해 기계기술적 측면을 하드웨어(*hardware*)라 함.

수퍼(*super*)
특수 효과 장치의 페이더 컨트롤(*fader control*)을 써서 어떤 신호 속에 다른 신호를 수퍼 임포즈한 것. TV 프로그램에서는 일반적으로 자막을 의미한다.

수퍼 임포즈(*superimpose*)
합성화면으로 한 개의 화면 위에 다른 화면이나 글자를 동시에 겹치게 하는 것. 화면내의 특정한 위치에 특정의 상(像)을 정확히 중첩시키거나 또는 삽입하는 것을 의미한다. 최근 들어 컴퓨터 그래픽이나 문자발생기를 사용하여 쉽게 수퍼 임포즈할 수 있다.

슈팅(*shooting*)
촬영 또는 녹화나 생방송을 시작하는 것.

스네이크 인 / 스네이크 아웃(*sneak in/sneak out*)
매우 천천히 이루어지는 페이드 인·아웃.

슬레이트(*slate*)
제작하는 프로그램의 제목, 장면 및 촬영번호, 담당자 등을 적은 판으로 촬영할 때마다 시작 직전이나 끝에 넣어 시각적인 구분으로 사용한다.

슬로 모션(*slow motion*)
화면의 동작이 현상에서 일어나는 속도보다 느리게 나타나는 것. 영화의 특수촬영기법의 일종. 주로 스포츠나 과학영화, 문화영화의 기록 등에 이용되는 것으로, 프로야구나 수영의 폼 등을 상세히 보려고 할 때 이용된다.

스위처(*switcher*)
여러 대의 TV 카메라로 연속하여 방송되는 화면을 디렉터의 지시하에 선택하는 기술자. 혹은 기계 자체(SEG)를 가리키기도 한다. 대부분의 경우 프로그램 화면소스는 VTR 인서트, 슬라이드와 텔롭 필름 스트립 등 텔레시네까지 포함돼서 다양한 그림원을 적절히 선택한다. 대개의 경우 TD 기술감독, 테크니컬 디렉터(*technical director*)가 이를 겸한다. 유럽에서는 그 위치를 비전 믹서(*vision mixer*)라고 하는데, 연출자의 지시를 받아 커그 디졸브, 페이드 인/아웃 등 화면선택을 시행한다. 우리나라 TV에는 아직 여성 스위처가 없으나 유럽, 동남아의 많은 방송국에서는 여성이 도맡아 하고 있다.

스퀴줌(*squeezoom*)
예술적인 효과를 위해 영상을 기하학적으로 조작하는 영상효과 장비.

스크린 프로세스(*screen process*)
화면을 합성해서 찍는 기법의 하나. 투명식 스크린의 앞이나 뒤에서 배경이 될 그림을 투사해서 인물과 함께 촬영·녹화하는 방법. 스크린 뒤에서 투사하면 후면투사(後面投射, *rear screen projection*, *back projection*) 앞에서 하면 전면투사(前面投射·*front projection*)이다.

스크립터(*scripter*)
연극, 영화, 방송의 대본작가. 촬영현장에 입회하여 촬영 상황과 연출상의 세부사항을 기록하는 사람.

스테디캠(*steadicam*)
야외 촬영시 촬영인의 몸에 부착하는 특수한 카메라 장착장치로 매우 안정감있는 화면을 촬영할 수 있다.

스탠드 인(*stand in*)
예정된 출연자의 결석을 메우는 대리출연자.

스탠바이(*stand by*)
준비. 준비지시 신호. 어떤 제작활동을 시작하기 전에 내리는 준비신호.

스튜디오 플롯(*studio plot*)
스튜디오의 배치와 조명을 어떻게 할 것인가를 그려놓은 것.

스탭(*staff*)
연기자와 연출자를 제외한 미술, 기술 등 방송 프로그램의 모든 제작진.

스테이션 브레이크(*station break*)
줄여서 SB라고도 하며 한 프로그램이 끝나고 다음 프로그램으로 넘어가기까지의 사이를 말함.

스토리보드(*storyboard*)
영상화해야 할 중요한 부분들을 해당 부분의 오디오와 함께 스케치해 놓은 대본. 그 모양이 만화와 유사하다.

TV 커머셜이나 동화(動畵)의 흐름을 설명하기 위하여 간단한 스케치를 그려서 패널(*pannel*)화한 것. 만화영화 등에서 이 스토리보드는 중요하며 면밀하게 만든다. 이것을 작성한 후 여러가지 검토를 하고서 제작에 들어간다. 또 제작자가 스폰서에게 프리젠테이션(*presentation*)을 할 때에도 사용된다. 콘티뉴어티(*continuity*)와 같은 말인데 일본이나 우리나라에서는 스토리보드보다는 콘티뉴어티를 흔히 쓰며, 이를 또 줄여서 '콘티'라고 부른다.

스트로보(*strobo*)
200W급의 대형 스트로보 라이트를 특수한 방법의 전원공급에 의해 강한 섬광 효과를 낸다.

스틸(*still*)
움직이는 그림인 동화(動畵)에 대한 말로 정지된 화면.

스파트(*spot*)
프로그램과 프로그램 사이에 들어가는 스파트광고 또는 생활정보나 캠페인, 공지사항, 프로그램 안내 등을 통틀어 스파트라고 부른다.

스펙터클(*spectacle*)
매우 호화롭고 거대한 장면, 의상, 장치, 등장인물 등 대규모로 구성된 프로그램.

스플라이싱(*splicing*)
기록 테이프를 물리적으로 잘라 붙이는 것. 테이프와 테이프의 접속부분에는 편면(片面) 접착 테이프를 쓴다.

스필 오버(*spill over*)
방송위성에서 나오는 전파가 본래 목적으로 하는 지역을 넘어 주변국가의 영토에까지 도달하는 상태를 말하는데, 이는 정보주권이란 문제와 결부되어 심각한 논쟁의 대상이 되고 있다.

스포트라이트(*spotlight*)
조명에서 사용하는 기구로 천장에서 늘어뜨리는 것과 마루나 캣워크(*cat walk*)에 설치하는 것으로 나누어진다. 1-2kw 혹은 5kw 정도의 백열전구를 사용하며, 오목 거울 및 렌즈로서, 가는 빔(*beam*) 모양의 광선을 방사하여 목적물을 집중적으로 비춘다.
스포트라이트 이펙트(*spotlight effect*)
한 부분을 강조하기 위해 스크린의 한 부분을 밝게 비추는 비디오 특수 효과.

시계심도(*depth of field*)
카메라 초점을 조절하지 않고도 피사체가 카메라를 향해 접근했다 멀어졌다 해도 초점이 흐려지지 않는 범위의 거리.

시놉시스(*synopsis*)
개요, 간단한 줄거리.

CC TV(Closed Circuit TV)
폐쇄회로 텔레비전. 일반시청자는 수신할 수 없게 유선이나 무선으로 TV 신호를 송출하는 장치·교내방송 등에 흔히 사용된다.

시엠(CM : *commercial message*)
광고문안. 스폰서가 전하는 메시지. 슬라이드, 필름, VTR 등으로 제작되고 라디오에서는 소리로만 만든다. CM이라고 줄여 쓰는 것은 엄격하게 영어 표현이 아님. 그냥 커머셜(*commercial*)이라고도 함.

CF(*commercial film*)
프로그램과 프로그램 사이의 짧은 시간대에

내도록 필름으로 만든 광고문.

SECAM 방식 (*sequential a memoir*)
프랑스가 개발한 컬러방식으로 컬러가 안정되어 있는 것이 특징이며, 주사선 625방식의 하나. 프랑스·소련·동구권에서 채택하고 있는 컬러TV 표준방식. Sequential couleur a memoire의 약자. 운행상 가장 간단한 제도로 시간의 정확도가 높고 컬러 신호의 착란이 가장 적다.

시청률 (*rating*)
특정시간에 특정 방송국을 시청하고 있는 TV 세트수를 소유가구 총수에 대비한 백분비. TV세트 소유가구 전부를 100으로 하고 특정프로그램을 켠 세트수의 퍼센티지. 이에 반해 시청점유율 (*share*) 은 세트를 켠 가구총수에 대한 특정프로 시청세트의 백분비.

시청점유율 (*share*)
TV를 켠 전가구수를 놓고 특정시간에 특정 프로그램을 본 TV 보유 가구수의 백분비. TV를 켠 전가구를 100으로 하고 특정 프로그램을 본 가구수의 백분비를 추산한 숫자.

시퀀스 (*sequence*)
연극의 막, 문학작품의 장(章) 등과 비견될 수 있는 독립적 구성단위로 기승전결의 구성체계를 갖춘다. 일련의 신이 모여 하나의 시퀀스를 이루고 시퀀스들이 모여 전체 작품을 이룬다.

시피엠 (CPM)
한 광고 메시지가 1천 가구에 도달하는 데 든 비용. 광고효과 측정수단으로 이용한다. Cost Per Millenium의 약자. 밀레니엄은 라틴어로 천(千) 이란 뜻임.

씬 (*scene*)
하나의 장면을 뜻하는 말로 시간의 비약없이 동일한 장소에서 벌어지는 행위 또는 그 세트를 말한다.

실루엣 (*silhouette*)
그림자 화면, 배경을 밝게 조명하여 피사체가 그림자처럼 떠오르도록 하는 조명기법.

싱크 (*sync, synchronization*)
그림과 소리의 일치. 영국TV에서는 싱크 대신 laying을 쓴다.

아날로그 (*analog*)
원래의 영상이나 소리를 처리하고 재생하는 과정에서 이것들을 연속적인 시간에 대한 연속적인 전압이나 전류의 변화라는 형식으로 나타내는 방식. 현재는 아날로그의 시대가 디지털의 시대로 이행하는 과정에 있다.

어나운스 부스 (*announce booth*)
목소리만 녹음 또는 방송하기 위해서 완전 방음이 된 소형의 스튜디오.

아시아태평양방송연맹 (ABU : Asian-Pacific Broadcasting Union)
아시아 및 태평양 지역의 방송기관을 중심으로 1964년 7월 1일 설립된 국제조직. 설립목적은 회원의 이익보호, 방송에 관한 연구촉진과 조정, 정보교환 등에 두고 있다.

아웃 큐(*out que*)
끝남을 나타내는 '큐'. 프로그램의 제작중 다음 아이템이나 인서트 부분으로 넘어갈 때 앞의 컷이 어디서 끝나는지 정확히 알아야 함에 '아웃 큐'가 필요하다.

아웃 포커스(*out focus*)
초점이 맞지 않은 상태.

아이디(ID : *identification*)
방송국명을 고시하는 것을 말함.

아이 라인(시선 · *eye line*)
카메라에 대한 시선의 방향, 이에 따라 출연자의 위치관계가 정해진다.

아크(*arc*)
피사체를 중심으로 하여 카메라의 위치를 원을 그리며 좌우로 이동시키는 것. Arc-L Arc-R라고 함.

아트디렉트(*art-director*)
미술감독, 장치, 분장(모자, 의상, 액세서리), 소도구, 패턴, 타이틀에 대한 고증과 제작을 책임지는 총감독.

안테나(*antenna*)
전파를 공중에 쏘거나(송신 안테나), 그것을 공중으로부터 받기 위한(수신안테나) 방송장치의 하나. 에어리얼(*aerial*)이라고도 한다.

애니메이션(*animation*)
정지된 그림이나 사진, 진흙으로 만든 조각 등을 조합, 촬영하여 움직임의 환상을 만들어내는 것. 만화영화, 광고, 특수효과 등에 사용한다. TV 화면의 비활성이나 정적인 피사체에 여러가지 방법으로 동작의 효과를 주도록 만든 기계적 장치, 스톱모션으로 정지된 그림이나 물체를 촬영해서 영사하면 계속적인 율동이 보이도록 만드는 기법.

애드립(*ad-lib*)
연기자가 원고대로 하지 않고 임의대로 또는 상황에 맞게 즉흥적으로 하는 연기나 대사. '좋을 대로', '임의로'의 뜻을 갖는 라틴어 ad libitum의 준말. 연극용어로는 배우가 대본에 없는 즉흥적인 대사표현이나 연기를 소화하는 것이고, 음악용어로는 클래식의 템포나 재즈의 멜로디 및 표현을 연주자의 즉흥적인 감각에 맡긴다는 의미로 사용된다.

엠알 테이프(MR Tape)
Music Recorded Tape. 가수의 노래 반주 음악만이 녹음된 테이프.

액션(*action*)
연기, 연습된 동작을 말함. 영화에서 온 영어로 TV 카메라 앞에서 이러한 동작을 하라는 연출자의 지시로도 쓰인다.

앵글(*angle*)
카메라가 피사체를 포착하는 각도. 부감, 앙각 등이 있음.

앵커맨(*anchorman*)
뉴스쇼의 사회자. 프로그램의 마지막 주자, 정착지(*anchor*)가 사회자라는 뜻으로 생겨난 이름. 다양한 뉴스 발생장소에서 다양한 단계를 거쳐 마지막으로 시청자에게 전달하는 역할을 맡은 사람을 가리키는 말로 쓰이기 시작해서 현재는 뉴스 프로그램 진행자를 가리키는 말로 사용되고 있음.

에스엔지(SNG : *satellite news gathering*)
위성을 통해 뉴스의 취재. ENG로 취재한 뉴스들을 위성으로 발사하여 각 지방의 군소 방송국들이 쉽게 수신할 수 있게 한 것.

에이디(AD)
조연출자(*assistant director*), 부연출자(*associate director*)의 약자. 프로그램을 제작할 때는 물론 제작 전후에 세트·촬영에 관한 모든 세부적인 사항을 준비하는 일종의 '디테일 맨'(*detail man*)이다. 디렉터의 조수로, 디렉터의 지휘하에 프로그램의 제작·연출을 보조하는 직능을 갖는다. 제작에서 사무적인 일을 하는 경우가 많으며 스튜디오내에서는 플로어 디렉터(*floor director*)로서 연기자에게 신호를 보내는 등의 일을 겸한다.

에이알 테이프(Audio Recorded Tape)
완성된 음향, 음성 녹음 테이프. 흔히 쇼프로그램에서 가수의 노래와 반주가 함께 녹음된 테이프를 얘기함.

에이엠(AM)
진폭변조(*amplitude modulation*). 원래 535에서 1,605KHz까지의 주파수를 이용해서 음향을 송출하는 기술이었다. 지금은 라디오 방송의 표준이 됐으며 영국에서는 중파(*medium wave*)라 부른다.

에코(*echo*)
음향이 전달되는 과정에서 장애물에 반사되어 되돌려지는 울림 현상. 즉, 메아리처럼 반사되어 오는 소리나 전파를 말한다. 잔향 혹은 반사의 뜻을 가진 리버버레이션(*reverberation*)이 에코의 동의어로 사용되고 있으며 반향이 긴 것을 에코, 짧은 것을 리버버레이션이라고 구분해 부르기도 한다.

에코 머신(*echo machine*)
음향효과의 하나로 인공적으로 잔향효과를 부각하기 위한 장치.

FCC
미 연방통신위원회(Federal Communication Commission). 1934년 통신법에 의해 미국의 방송을 규제하는 정부기관. 연방 라디오 위원회(FRC)가 그 전신. 임기는 7년이며 7명의 위원(*commissioner*)이 있다.

에프엠(FM : frequency modulation)
같은 채널내의 전파의 주파수를 변조해서 방송을 하는 방식. 2본(二本)이나 4본(四本) 스테레오 방송이 가능, 흔히 음악 방송으로 인기가 높다.

엔지(NG : *no good*)
잘못됐다고 중단하라는 큐. 'NG가 나다', 'NG를 냈다', 'NG다' 등으로 쓰임.

엔티에스시(NTSC)
미국 TV 규격위원회. 1940년 초에 미국 방송계가 설립했던 기술단체. 여기서 흑백송신규격(525-line, 60-field)을 채택하여 FCC에 권고함. 여기서 1950년대 초에 다시 컬러 방식을 채택하여 미국의 컬러TV 표준은 525 NTSC방식이 됐다. 625PAL, 625SECAM과 더불어 현존하는 3대 컬러방식의 하나가 됨.

엠시(MC)
사회자. 진행자. master of ceremonies의 약자. 프로그램 호스트(*host*)를 가장 보편적으로 부르는 말. 영국에서는 콤페어(*compere*)라고도 부름.

역광(*back light*)
피사체 뒤쪽에서 비추는 빛을 역광이라 하며 인물의 윤곽을 선명하게 부각시켜 입체감이 돋아나게 하기 위하여 때로는 신비하고 환상적 느낌을 주는 효과를 얻기 위해 이용되고 있다.

옐로 저널리즘(*yellow journalism*)
대중의 원시적 본능을 자극하고 호기심에 호소하며 흥미본위의 보도를 하는 센세이셔널리즘 경향을 띠는 저널리즘. 옐로 페이퍼라고도 한다. 큰 표제어를 내걸고, 외설적인 표현을 하고, 뉴스를 스스로 만들어내는 선동·선정적인 신문을 말한다. 19세기 말 J. 퓰리처의 《뉴욕월드》에 연재중이던 '옐로 킷'의 작자를 W. R. 허스트의 《뉴욕모닝저널》지가 매수하여 신문에 게재한 데에서 비롯된다. '옐로 킷'이란 연재만화의 주인공인 중국인 아이의 이름으로, 황색 잉크로 인쇄되었기 때문에 옐로란 이름이 붙었다.

오디오(*audio*)
'나는 듣는다'라는 뜻의 라틴어에서 나온 말로 녹음 또는 방송음을 가리킨다. 사운드(*sound*)와 같은 뜻으로 음향 또는 소리로 번역된다.

오디오 레벨(*audio level*)
소리신호(*audio signal*)의 강약.

오디오 믹스(*audio mix*)
원하는 복합소리를 만들기 위해 오디오 소스(*audio source*)를 조절하는 것.

오디오 트랙(*audio track*)
소리를 기록, 재생하는 데 사용되는 오디오나 비디오 테이프의 특정한 부분.

오디션(*audition*)
예능인이나 프로그램이 방송할 가치가 있는지 결정하기 위해 행하는 시험. 시청(試聽)이나 시연(試演). 오디오 엔지니어가 오디오 콘솔을 통해 오디오를 보내기 전에 사전연습할 수 있도록 하는 특수한 오디오 회선.

오버 돕(*over dub*)
① 이미 녹음된 연주에 또 다른 음악 부분을 더 녹음하는 것. ② 반주녹음에 가수가 노래를 녹음한 것.

오버 랩(*over lap*)
하나의 영상 또는 음성이 점점 사라지고 있는 것(*fade out*). 도중에 다른 영상 또는 음성이 점점 나타나(*fade in*) 어떤 시간 동안 서로의 레벨이 변하지 않고 같이 진행되게 하는 화면, 혹은 음성의 전환기법(디졸브라고도 한다). OL(영화용어)이라고도 함.

오버 런(*over run*)
예정된 시간이 초과되는 것.

오버 숄더 샷(OSS : *over shoulder shot*)
서로 마주보는 두 사람을 촬영할 경우, 한 사람의 어깨 너머로 다른 사람을 촬영하는 기법.

오비 밴(OB van)
중계차. TV 녹화시설을 모두 갖춘 야외 녹화차(*outside broadcast van*). 밴(*van*)이 바로 중계차를 말한다. 모바일 유니트(*mobile unit*)라고도 함.

오프닝(*opening*)
프로그램의 시작 부분.

오프 샷(*off shot*)
말하고 있는 사람을 화면에 넣지 않고 그 이야기를 듣고 있는 사람을 화면에 넣는 샷.

오픈 세트(*open set*)
실제 환경을 암시적으로 보여주기 위해 최소한의 배경용 평판(*flat*)을 사용하는 세트 디자인 방법.

오픈 스튜디오(*open studio*)
야외 또는 실내에 설치된 스튜디오.

온 에어(*on air*)
제작 또는 방송중을 표시하는 것. 방송중이라는 뜻. '방송되고 있는 상태'를 나타낼 때는 온 디 에어(*on the air*)라고 한다.

와이어레스 마이크(*wireless mike*)
직접 녹음·녹화할 수 있는 줄이 없는 출연자용 마이크. 영국에서는 무선마이크(*radio mike*)라고도 한다. 와이어레스 카메라 등도 있다.

와이프(*wipe*)
영상합성 효과의 일종. 화면을 나누어 나타내는 여러가지 종류의 형태로 원래 화면을 지우고 거기에 다른 화면이 나오도록 하는 화면전환방법의 하나로 새로운 화면이 이전의 화면을 쓸어낼 듯이 들어오는 것. 카메라에 잡힌 그림의 일부를 광학적으로 깎아내고 새로운 신을 보이는 특수효과. 합성화면의 제작이나 화면의 변화를 위해 자주 쓰인다.

원 샷(*one shot*)
인물을 한 사람만 잡는 샷(두 사람을 촬영하는 것은 투 샷).

유료 TV(*pay TV*)
시청자가 프로그램당 일정액의 돈을 내고 보는 TV. 요금TV(*tall TV*)라고도 하고 가입 TV(*subscription TV*)라고도 함.

UHF(極超短波 · *ultra high frequency*)
FCC의 TV 면허 동결해제 이후 TV 방송에 이용되기 시작한 전파띠. 30만에서 3백만 KHz까지 임. VHF에 비해 전파도달거리가 짧고 전력소모가 많은 단점이 있으나 채널의 확대, 화면의 선명함 등으로 이용이 보편화되었다. 채널은 14에서 83까지 임. MHz로는 470에서 890까지로 제 2 TV 주파대로 불림. U로 약어 표시되기도 함.

웨이스트 샷(*waist shot*)
화면에서 인물의 허리위 상반신을 찍는 샷.

음향효과(*sound effect*)
화면의 내용과 움직임에 따른 각종 실음(實音)이나 의음(擬音)의 효과. 큐시트에서 나타나는 eff. 또는 EFF.가 일반적으로 음향효과를 나타낸다.

ENG(*electronic news gathering*)
휴대형 TV 카메라와 비디오 카세트 레코더를 결합, 작동하여 현장취재 제작을 가능하게 한 시스템. 종래의 필름카메라 대신에 비디오 테이프를 사용, 그 신호를 스튜디오에 직접 보낼 수 있기 때문에 기동성·동시성·경제성 등의 이점이 있다.

이펙트(효과, *effect*)
① 음향에서 대사와 음악을 제외한 효과음.
② 영상기기에서 만들어지는 영상효과.

이펙트 라이트(*effect light*)
구름, 잔잔한 파도, 비, 눈, 오로라 등 각종 모양을 만드는 조명효과.

인서트(*insert*)
한 신이나 시퀀스에 삽입하는 그림, 슬라이드, 필름, 녹화테이프 등 모든 시각자료가 인서트로 쓰인다.

인터컴(Intercom : Intercommunication System)
컨트롤 룸에 있는 연출자, TD 등과 스튜디오에서 일하는 제작진 사이에 의사소통을 가능하게 해주는 장치.

인텔샛(INTELSAT)
1964년에 설립된 지구 통신위성 시스템. International Telecommunications Satellite Consortium의 약칭.

자동노출(*auto-iris*)
촬영될 장면의 밝기를 조절하기 위해 카메라 렌즈로 들어오는 빛의 양을 자동으로 조절하는 장치.

제너레이션(*generation*)
촬영본 테이프(원본)에서 복사한 횟수. 숫자가 높을수록 영상과 음향의 질은 떨어진다.

조명계획(*light plot*)
세트 디자인 도면 위에 조명기의 위치, 종류, 역할 등을 표시해 놓은 도면.

조연출(*assistant director*)
프로그램 제작에 관련된 모든 분야에서 연출자를 도와주는 사람.

조정실(컨트롤 룸, *control room*)
조정실, 스튜디오의 음향으로부터 격리되어 있으며 스튜디오에서 일어나는 일을 기술적으로 조정하는 방. 스튜디오별로 배치되어 있는 것을 부조정실(*sub-control room*), 전 방송의 조정본부를 주조정실(*master control room*)이라고 한다.

주사선(走査線, *scanning line*)
전자 빔(*beam*)에 의해 TV 화면에 가로로 생기는 수평선. 유럽식은 625, 미국식은 525 방식이다. 주사선이 많을수록 화면의 해상도는 높다.

주시청대상(*target audience*)
프로그램이 보이기를 원하는 주요 대상층.

주조정실(*master control room*)
모든 방송용 테이프의 자료들을 수합하여 방송의 송출을 관장하는 방.

주파수(*frequency*)
1초 동안에 발생한 완전한 사이클의 전기신호의 수. 헤르츠(Hz : Hertz)로 표시한다.

줌 렌즈(*zoom lens*)
원래 렌즈 바꾸는 것을 피하기 위해서 고안한 초점거리가 긴 렌즈. 지금은 피사체로 급히 카메라를 접근하거나 빨리 멀어지도록 하기 위해 이용된다.

지향성 마이크(*directional microphone*)
어떤 일정한 방향에 대해서 감도가 강한 마이크. 단일지향성과 쌍지향성이 있다. 특정한 방향의 소리만을 민감하게 흡음하는 마이크 샷건(*shot gun*) 마이크가 대표적이다.

채널(*channel*)
라디오·TV 프로그램을 송출하는 전기·전자의 경로.

체스트샷(*chest shot*)
출연자의 가슴 이상을 잡은 그림을 말하는데 때로 웨스트샷(*waist shot*)나 바스트샷(*bust shot*)과 혼동해서 쓰인다.

카버리지(*coverage*)
방송의 신호가 도달하는 지리적 범위.

카메라 라이트(*camera light*)
Eye Light라고도 한다. 정상적인 조명 아래에서도 출연자의 얼굴에 그늘이 남아 있는 경우가 있는데 이것을 카메라 뒷부분에 소형 스포트라이트를 부착하여 제거하는 방법. 일반적으로 추가 보조광(*fill light*)으로 사용된다. 'tally light'와 혼동하지 말 것.

카메라 앵글(*camera angles*)
카메라 렌즈의 위치 변화로 여러가지 앵글이 생기는데 아래에서 위로 향하면 로앵글(*low angle*), 위에서 아래로 보면 하이앵글(*high angle*), 우리 눈과 같이 수평적으로 보면 정상앵글(*normal angle*) 또는 중간앵글(*medium angle*)이 되고 머리 위에서 내려보면 공중앵글(*aerial angle*)이 되어서 잡히는 샷의 모양과 효과가 서로 다르다.

카메라 리허설(*camera rehearsal*)
① 카메라의 움직임과 개별 샷의 구성을 설정하기 위해서 하는 연습. 드레스 리허설과 겸해서 하는 일도 있다. ② 카메라, 마이크 등 스튜디오 시설을 갖추고 실제 방송할 때와 같이하는 연습.

카세트(*cassette*)
두 개의 릴(*reel*)이 속에 들어 있어서 한쪽은 풀어주고 다른 쪽은 감도록 장치된 테이프나 필름이 든 용기(容器). 물론 풀어준 테이프를 되감아주게 돼 있다. 비디오카세트, 필름 카세트, 오디오카세트 등이 널리 이용된다.

카트리지(*cartridge*)
테이프가 연속적으로 풀리고 감기도록 고안

된 플라스틱 케이스로 연속, 재생되는 소리를 필요로 할 때 사용된다.

캐스트(*cast*)
배역. 대본의 역할에 맞춰 출연자를 선택하는 일.

캐스팅 감독(*casting director*)
탤런트를 오디션하고 선발하는 일을 전담하는 사람.

캠코더(*camcoder*)
카메라(*camera*) +레코더(*recorder*)의 합성어로 카메라와 녹화기가 일체형으로 되어 있는 장비.

커머셜 필름(CF : *commercial film*)
광고 영화. TV의 광고 화면.

컨버터(*converter*)
주사선 변경 장치. 625와 525를 상호 바꾸어 준다.

컬러바(*color bar*)
컬러 TV는 수상기의 화면색을 조정하기 위해 방송하기 전에 내보내는 시험용 신호. 컬러바 발생기에서 전자적으로 발생시키는 표준색채 테스트 신호로 모든 컬러 비디오 장비들을 조정하고 세팅하는 데 기준 신호로 사용된다.

컷(*cut*)
① 대본이나 프로그램의 일부를 잘라내는 것. ② TV 화면의 한 그림을 다른 그림으로 즉각 전환시키는 것. ③ 카메라맨이나 녹음기사에게 한 장면이 찍히고 나서 촬영을 중단하라는 지시의 말. ④ 필름이나 테이프 편집에서 커팅(*cutting*)은 에디팅(*editing*)과 같은 뜻으로 쓰임.

컴퓨터 그래픽(CG : *computer graphic*)
컴퓨터에 의한 그래픽.

케이블 TV(CATV : cable TV)
유선 TV라고 함. 동축 케이블을 사용하여 TV 프로그램을 비롯, 다양한 정보를 가입자들에게 분배하는 시스템으로서 CATV(Community Antenna TV)에서 발전되었다.

원래 CATV는 난시청지역에서 TV를 보기 위하여 공동으로 마스터 안테나를 세우고 TV 프로그램을 유선으로 각 가정에 분배하는 시스템인데 동축케이블의 전송능력이 커지면서 TV 프로그램을 수신하여 재송신하는 일 외에 CATV 독자적으로 만든 프로그램을 방송하는 자주 프로그램 방송과 쌍방통신이 가능해짐에 따라 새로운 미디어 산업으로 각광을 받게 되었다.

코러스(*chorus*)
① 합창 ② 음향효과 장치로 합창음을 만드는 기재.

콘솔(*console*)
음향, 음성 녹음과 믹싱 또는 조명기재 등의 전체적인 조작을 하는 조종대. 조종실의 스위칭 데스크.

콘트라스트(*contrast*)
화면이나 사건 등에서 밝은 부분과 어두운 부분의 광도의 차.

콘티, 콘티뉴어티(*continuity*)
하나의 스토리가 처음부터 끝까지 원활하고 알기 쉬운 흐름을 갖도록, 카메라, 조명, 음향, 연기자의 동작 등을 표시하는 것. 대본이나 각본을 바탕으로 하여 정확한 순서와 여러 상황의 연기, 이어지는 장면의 설정 등 연출자의 모든 연출의도를 기입하는 것.

큐(*cue*. Q)
연기의 시작이나 중단을 알리는 소리나 몸짓 사인. 연기, 음악, 조명, 음향 등의 타이밍을 지시하기 위해 정해놓은 연출사인(인터컴 등의 통화장치나 보통 손짓으로 지시한다).

큐 시트(*cue sheet*)
프로그램 진행을 위한 영상, 음향, 조명, 시간, 카메라, 큐 등을 구체적이고 명확하게 적어 놓은 진행표.

큐 카드(*cue card*)
출연자가 해야 할 대사 등을 커다란 카드에 적어 카메라 옆에 위치시키고 출연자가 자연스럽게 보면서 연기할 수 있도록 도와주는 카드.

크레딧(*credits*)
프로그램의 앞머리나 뒤에 밝히는 제작스탭의 이름.

크레인(*crane*)
카메라앵글을 극도의 하이앵글, 로앵글로 만들기 위해 또는 두 가지의 전환에 사용되는 카메라 운반기구, 영화에서는 공중촬영 기구.

크로마키(*chroma key*)
화면내의 특정한 색을 전자적으로 제거하고 그 부분에 다른 화면을 삽입하여 특수한 화면효과를 낼 수 있게 해주는 전자적 화면 합성방법으로 대개 푸른색 배경 앞에 인물을 위치시키고 푸른색을 전자적으로 제거한 다음 다른 화면을 합성하는 방법을 많이 사용한다. 일기예보 등에서 흔히 볼 수 있으며 배경색은 일반적으로 푸른색과 녹색을 사용하지만 다른 색의 사용도 가능하다. 예를 들면 사람이 커피잔 속으로 들어가는 화면을 만든다면 실제로 커다란 찻잔을 만들지 않고 한 대의 흑백카메라로 보통 찻잔을 잡고, 또 다른 한 대의 컬러 카메라로 청색의 배경을 가진 인물을 잡는다. 여기서 생기는 빛깔의 차이를 이용하는 것이 그 특징인데 전기적으로 '뽑아내기'나 '끼워넣기'를 행하여 두 가지 화면을 합성하는 방법이다. 미국의 RCA, NBC 등에서 고안했다.

크롤(*crawl*)
수퍼의 한 방법으로 화면 오른쪽에서 왼쪽으로 글자를 지나가게 하는 것을 말한다. 크롤이란 말은 '천천히 기어가듯이'란 뜻이 있고 수평으로 자막을 천천히 움직이게 할 때 쓰이며 자막을 아래서 위로, 수직으로 움직이게 하는 것을 '크롤'이라 하지 않고 '롤'(*roll*)이라고 한다.

클로즈업(CU : *close-up*)
피사체의 중요한 부분이나 움직임을 포착해서 화면 가득히 촬영하는 것. 인물의 얼굴 한 부분, 예컨대 눈, 코, 입 등을 묘사하는 경우는 '익스트림 클로즈업'(*extreme close-up* : ECU) 또는 tight CU, big CU이라고 한다.

키(*key*)
문자나 그림 따위를 화면에 수퍼시킬 때 본 화면과 확실한 구분을 하기 위해 '수퍼'하고자 하는 곳을 도려내어 처리를 하는 것.

키 라이트(*key light*)
주요 피사체나 장면을 부각시키기 위한 조명.

키커 라이트(*kicker light*)
피사체의 측면이나 뒤쪽에서 비추는 조명.

타이틀(*title*)
자막. 화면에 나타나는 글씨. 프로그램 제명이나 연기자, 스탭들이 소개되는 것도 넓은 의미에서 타이틀이다.

타이틀 백(*title back*)
타이틀의 배경으로 사용되는 그림이나 필름.

타임 베이스 코렉터(*time base corrector*)
시간표시가 된 화면장치가 있어서 편집에 편리한 녹화기.

타임 카드(*time card*)
무대감독이 진행과정에서 출연자에게 시간을 알려주는 카드.

타임 클라스(*class of time*)
시급(時級). 프로그램이 편성된 시간대에 따라서 요금책정에 차등을 둔 구분. 미국에서는 prime time, day time, fringe time, drive time 따위로 구별하기도 하고 시청시간대에 따라서 A, B, C, D로 나눈다.

탤런트(*talent*)
재능이 있어 방송에 출연하는 사람. 그러므로 TV 배우만이 탤런트가 아니라 가수, 코미디언, 사회자, 단골 출연자를 총칭하는 말이다. 그리고 영화, 라디오의 연기자들에도 해당되는 말. 우리가 탤런트라고 하면 TV 배우, 연기자만을 국한해서 말하는 경우가 많다.

탤리 라이트(*tally light*)
방송 개시를 알려주는 카메라 머리 위의 빨간 등. 영국에서는 '카메라 큐'라고 말함.
카메라 상단, 뷰파인더, 컨트롤 룸의 카메라 모니터 등에 설치되어 있는 작은 등(일반적으로 붉은색)으로 온 에어(*on air*)되는 카메라의 텔리가 자동적으로 점등되도록 되어 있다.

테마 뮤직(*theme music*)
주제음악, 프로그램 개시 또는 종료 때에 그 프로그램의 시그널로 사용하는 음악.

테스트 패턴(*test pattern*)
카메라나 TV 화면의 조정을 위해 만든 특수한 도안. 해상도(解像圖, *resolution chart*)라고도 하는데 방송개시 20, 30분 전에 음악과 함께 이것을 내보낸다. 가운데 큰 원이 있고 그 속에 그레이 스케일(*gray scale*)이 있다. 그레이 스케일은 흰색부터 검정색까지 7단계(또는 10단계까지)로 나뉘어 화면을 사전조정하는 데 도움을 준다.

텔럽(*telop*)
화면에 글씨나 기호가 상에서 하로, 좌에서 우로 흘러가는 방법으로서 일반적으로 롤

켈럽(*roll telop*)을 많이 쓴다.

텔레비전(*television*)
텔레비전은 그리스어 tele(멀리, 멀리 있다)와 라틴어 vision(보다, 시청하다)의 합성어로 줄여서 TV라고도 한다. 즉, 현장에서 일어나는 상황을 멀리 있는 곳에까지 생생하게 재생해주는 기계임을 나타내는 기술상의 용어로서 세계 공통의 커뮤니케이션 수단이다.

텔리시네(*telecine*)
영사용 필름, 슬라이드 등을 TV로 방송하기 위하여 전기신호로 바꾸는 장치. 텔레비전(*television*)과 시네마(*cinema*)의 합성어로 필름, 슬라이드 등을 송상(送像)하는 설비 또는 VTR용 테이프에 싣는 방식. 본래의 의미대로 한다면 영화 필름을 텔레비전 시스템으로 전환하는 장비이다.

토막광고(*spot announcement, time selling*)
프로그램과 프로그램 사이의 시간, 곧 스테이션 브레이크(*station break*)에 내는 짧은 광고물.

토크백(*talkback*)
조정실과 스튜디오를 연결하는 마이크와 스피커 장치.

토크 쇼(*talk show*)
명사(名士) 대화, 전화 인터뷰 등 이야기를 중심으로 한 방송 프로그램 형식, 일정한 주제를 놓고 얘기함.

토탈 밸런스 프로그램(종합균형편성, *total balance program*)
오디언스의 특정층을 고려함이 없이 어느 시간대에, 어느 프로그램을 시청하더라도 그 시간대의 모든 계층의 사람들에게 골고루 만족시키고자 하는 편성유형.

통신위성(*communication satellite*)
지상으로부터 원거리 통신의 중계를 위해 이용되는 인공위성. 전화, 텔렉스 통신과 TV 우주중계를 위한 위성이 태평양·대서양·인도양 상공에 떠 있다.

트라이포드(*tripod*)
야외제작용 카메라 받침대로 세 개의 다리를 갖고 있어 삼각대라고 부르며 때에 따라 달리를 장착하여 사용하기도 한다.

트러킹(*trucking*)
카메라의 위치를 좌 또는 우로 이동시키는 것. 좌로 트러킹 또는 우로 트러킹이라고 함.

트랜스폰더(*transponder*)
송신기(*transmitter*)와 응답기(*responder*)의 합성어이다. 방송위성에 장치되어 있는 일종의 중계장치로서 지상으로부터의 송신전파를 수신하여 이것을 증폭시켜 주파수를 바꾼 다음 다시 지상으로 재송신한다.

티디(TD : *technical director*)
기술감독. 제작시 전반적인 기술적 문제의 책임을 맡는다. 일반적으로 연습이나 제작시 스위처를 조작한다.

TV 표준방식
TV는 송신과 수신이 기술적으로 표준화된 방식을 정해야 하는데, 이를테면 주사선수를 우리나라와 같이 525개선으로 정하듯 나라마다 그러한 결정을 해야 하는데 우리나라, 미국, 일본 등은 525선 방식을, 영국, 서독을 비롯한 서유럽국가들은 625 주사선 방식을, 프랑스 및 소련을 비롯한 동유럽 국가들은 819 주사선 방식을 TV 표준방식으로 하고 있다.

틸트(*tilt*)
카메라의 위치는 고정시키고 카메라 앵글만 상향 또는 하향시키는 것. 상하의 방향에 따라 틸트 업(*tilt up*), 틸트 다운(*tilt down*) 또는 팬 업(*pan up*), 팬 다운(*pan down*)이라고도 한다.

파일럿 프로그램(*pilot program*)
편성에 앞서 견본으로 만든 시작품(試作品).

파티시페이션 프로그램(*participation program*)
상업방송국에서 기획·제작해서 방송하는 프로그램. 여러 회사 스폰서의 광고가 적절히 들어갈 수 있게 준비되어 있다.

판토마임(*pantomine*)
대사없이 행동만으로 하는 연기.

PAL 방식(*phase alternating line*)
서독 텔레푼켄(Telefuken)사가 개발한 컬러 TV 기술방식으로 서독, 영국 등 서유럽 국가들과 남아프리카 등 이들 나라의 영향하에 있는 제3세계가 이 방식을 택하고 있다. 아시아에서도 PAL 625 시스템을 사용하는 국가도 있다. 625 주사선에는 PAL 외에도 SECAM 방식이 있다.

팔로우 샷(*follow shot*)
화면 속에 움직이는 어떤 피사체를 중심으로 카메라가 따라가는 패닝(*panning*)의 일종.

팔로우 스폿 라이트(*follow spot light*)
스폿 라이트용 기구의 일종으로 확산한 빛을 발사하여 색 필터와 조합시켜 쇼 무대 등에서 특정인물이나 부분을 어두운 시야로부터 두드러지게 부각시키는 효과.

패러볼릭 안테나(*parabolic antenna*)
신호의 송수신에 쓰는 접시 모양의 원형 안테나.

팬(*pan*)
카메라 위치는 고정시키고 앵글만 좌에서 우로, 우에서 좌로 움직이는 것. 좌우의 방향에 따라 Pan-L, Pan-R이라고 함.

페디스틀(*pedestal*)
카메라의 렌즈를 지지하고 있는 기둥.

페이드(*fade*)
비디오나 오디오 신호가 점진적으로 증강하거나 감쇠하는 것. 비디오가 검은 화면(*black*)으로부터 서서히 나타나거나 반대로 사라지는 것이나 소리가 서서히 커지거나 작아져 사라지는 것을 일컫는다.

페이드 인(*fade in*)
① 어두운 조명 상태에서 서서히 밝아지는 과정. ② 음향의 들을 수 없는 상태로부터

필요한 레벨까지 서서히 올리는 과정. ③ 영상이 전혀 나타나 있지 않은 상태에서 점진적으로 정상적인 비디오레벨을 갖는 과정.

페이드 아웃(*fade out*)
페이드 인의 반대 현상.

페이드 다운(*fade down*)
음향 또는 조명의 강도가 서서히 줄어드는 상태.

포즈(*pause*)
VTR이나 테이프 레코더에서 녹화나 재생 중인 테이프의 주행이 일시 정지하게 되는 것. 취재 대상자가 카메라 촬영을 위해 잠시 액션을 멈추어 자세를 취하는 상태. 패션모델이 관객을 위해 자세를 취하는 것.

포맷(*format*)
텔레비전이나 라디오 프로그램의 기본 구성 형식.

폴드 백(*fold back*)
PA는 방청객을 위한 확성인 데 반해 폴드 백은 출연자 자신을 위한 현장음. 공개홀 혹은 스튜디오 내부에서 노래 녹음시 미리 녹음한 반주음을 출연자에게 들려주는 것.

폴로우 샷(*follow shot*)
움직이는 피사체를 따라가면서 잡는 그림.

푸트 라이트(*foot light*)
피사체의 전방 아래로부터의 조명. TV 조명은 광원이 위쪽에 있는 것이 보통이기 때문에 그림자는 아래쪽에서 나오는 것에 익숙해져 있어 아래쪽에서 조명을 비추면 이상한 느낌을 주게 된다.

풀 샷(FS : *full shot*)
무대 전체를 찍기 위한 카메라 구도. 세트의 전경이나 출연자 전원이 들어있는 상태.

프라임 타임(*prime time*)
방송순서상 가장 시청률이 높은 시간띠. 따라서 광고요금도 제일 높다. 미국 TV는 저녁 7~11시이고 라디오는 아침 출근시간(*drive time* : 7~9시)과 오후 퇴근시간(4시 30분~6시)이다. 우리나라 TV도 밤 7~11시로 볼 수 있다. 피크 타임(*peak time*)이라고 하는 예도 있으나 골든 아워(*golden hour*)는 일본식 조어로 생겨난 영어이다.

프레임(*frame*)
틀, 구도. TV에서 한 커트를 구성하는 일정한 규격의 정지된 한 개의 영상 단위.

프레임 아웃(*frame out*)
프레임내에 있는 주요 피사체가 밖으로 나가게 하는 카메라 워킹 기법.

프레임 인(*frame in*)
주요 피사체가 밖에서 점차 프레임 속으로 들어오는 카메라 워킹 기법.

프로그램 모니터(*program monitor*)
조정실에 있는 대형 모니터로 현재 방송되거나 테이프에 녹화되고 있는 것을 나타내주는 모니터. 라인 모니터(*line monitor*), 온 에어 모니터(*on air monitor*), 마스터 모니터(*master monitor*) 등 다양한 이름으로

부르기도 한다. 또는 송출되고 있는 프로그램의 질, 구성효과 등 전반에 걸쳐 시청을 통해 점검하고 조사하는 일, 또는 그 일을 위임받은 사람.

프로듀서(PD : *producer*)
방송 프로그램을 기획·연출하는 책임 제작자. TV 방송국의 프로그램 기획자로 작품의 선정, 인력관리, 예산통제를 책임진다. 흔히 아시아 여러 나라에서 프로듀서와 디렉터는 그 직분이 구별되지 않고 겸하는 경우가 많다. 그래서 프로듀서 겸 디렉터라고 하는 뜻에서 PD란 말이 생겼다.

프로듀서 디렉터(*producer-director*)
프로듀서와 디렉터를 겸하여 프로그램 제작의 행정관리와 연출을 하는 사람.

프롬프터(*prompter*)
카메라나 별도 스탠드에 올려놔서 출연자가 대사를 보고 연기하도록 만든 장치. 영국의 오토큐(*autocue*)와 같다.

프리뷰 모니터(*preview monitor*)
송출 혹은 녹화하기 직전에 점검, 확인하기 위해 사용하는 모니터로 프로그램 모니터(PGM Monitor)의 바로 옆에 위치한다.

플레이백(*playback*)
이미 녹화·녹음된 것을 재생시키는 일.

플로어 매니저(FM : *floor manager*)
디렉터를 대신해서 스튜디오 안의 제반 업무를 수행하는 사람. 연극무대 감독과 기능이 비슷하고, 조정실의 디렉터와는 헤드폰으로 연결돼 있다. 플로어 디렉터, 스튜디오 매니저라고도 함. 우리나라 TV에서는 AD가 FM을 겸하고 있다.

플로어 계획(*floor plan*)
스튜디오에 세워질 세트와 조명, 카메라 위치, 연기자들의 동작선 등을 배치하고 스튜디오 평면도 위에 모든 계획을 수립하는 것.

프론트 라이트(*front light*)
카메라와 대개 같은 방향에서 비치는 빛으로 주피사체의 메인 라이트.

플랫(*flat*)
① 방의 벽이나 배경을 만들 때 쓰는 세트의 직사각형 조각들로 평판(平板)이라고 부른다. ② 화면에 명암차이가 별로 없어서 콘트라스트가 없는 밋밋한 화면.

피시엠 방송(PCM : *pulse code modulation*)
음성이나 영상 등의 아날로그 신호를 디지털 신호로 변화시켜 방송하는 방식을 말함. 종래의 아날로그 방식과 비교해서 잡음에 강한 고품질의 방송이 가능하다.

피에이(PA : *public address*)
관객을 위한 음향 확성.

픽스드 샷(Fixed shot)
카메라를 전혀 움직이지 않고 촬영하는 샷.

픽처 줌(*picture zooming*)
카메라로 촬영한 화면의 일부를 확대하는 것.

핀 스폿 라이트(*pin spot light*)
주로 음악 프로그램에 사용하며 강한 빛의 원을 만들고 인물의 움직임을 따라 이동시킬 수 있다(Follow Light라고도 한다.).

필 라이트(*fill light*)
키 라이트로 생긴 어두운 부분을 메우기 위한 조명.

필러 필름(*filler film*)
시간을 메우기 위한 필름.

필름 카메라(*film camera*)
필름을 사용하여 촬영하는 카메라.

필터(*filter*)
① 오디오에서 특정 주파수의 소리만을 통과시키거나 차단시키는 장치로 소리의 조작을 가능케 한다. ② 유리나 젤라틴으로 만들어 카메라 렌즈 앞이나 조명기의 앞에 부착하여 빛의 양, 색 등을 조절하거나 특수한 효과를 만들기 위해 사용한다.

하레이션(*halation*)
렌즈에 직사광선이 닿거나 강한 빛을 반사하고 있는 백색의 물체 또는 발광체를 촬영할 때 카메라 내면에 난 반사를 일으켜 그 영상의 언저리에 무늬 같은 것이 생기는 현상.

하울링(*howling*)
음향에서 '삐' 하는 저주파 발진.

하이라이트(*highlight*)
① 조명에서 장면의 재생시 가장 밝은 부분. ② 프로그램의 가장 뛰어난 곳.

핸드 마이크(*hand mic*)
손에 쥐고 쓰는 마이크.

허트(HUT : *home using television*)
특정 시간에 TV를 켠 가구수비.

호리존트(*horizont*)
스튜디오 안의 4면의 벽 중에 3면의 벽을 이음없이 특수설비로 만들어 놓고 여기에 조명을 주면 무한한 공간처럼 이용할 수 있다.

호리존트 라이트(*horizont light*)
① 호리존트를 조명하기 위해서 설비된 고정 조명. ② 피사체 뒤에서 배경에 어떤 형태를 비추어 효과를 내는 조명기법.

화면구성비(畵面構成比, *aspect ratio*)
TV 화면의 가로와 세로의 구성비는 4 : 3이다. 영화는 전통적으로 5 : 4였고 와이드스크린은 2 : 1, 시네마스코프는 2.66 : 1이다.

화이트밸런스(*white balance*)
특정 조명조건에서 카메라가 백색을 정확히 재생할 수 있도록 R, G, B 각 채널의 게인을 조정하는 것. 이렇게 함으로써 모든 자연색을 정확히 재생할 수 있다. 조명의 조건(색온도)이 바뀔 때마다 화이트밸런스를 확인, 조정해야 한다.

■ 부록 2

방 송 법

제정 2000. 1. 12 법률 제6139호
개정 2002. 4. 20 법률 제6690호
2002. 12. 18 법률 제6803호
2003. 5. 10 법률 제6869호
2003. 5. 29 법률 제6905호 (뉴스통신 진흥에 관한 법률)
2004. 3. 11 법률 제7188호 (재난 및 안전관리 기본법)
2004. 3. 12 법률 제7190호 (정당법)
2004. 3. 22 법률 제7213호
2005. 1. 27 법률 제7370호 (언론중재 및 피해구제 등에 관한 법률)
2005. 5. 18 법률 제7498호

제 1 장 총칙

제 1 조 (목적) 이 법은 방송의 자유와 독립을 보장하고 방송의 공적 책임을 높임으로써 시청자의 권익보호와 민주적 여론형성 및 국민문화의 향상을 도모하고 방송의 발전과 공공복리의 증진에 이바지함을 목적으로 한다.

제 2 조 (용어의 정의) 이 법에서 사용하는 용어의 정의는 다음과 같다. 〈개정 2004. 3. 22〉

1. '방송'이라 함은 방송프로그램을 기획·편성 또는 제작하여 이를 공중(개별계약에 의한 수신자를 포함하며, 이하 '시청자'라 한다)에게 전기통신설비에 의하여 송신하는 것으로서 다음 각 목의 것을 말한다.
   가. 텔레비전방송: 정지 또는 이동하는 사물의 순간적 영상과 이에 따르는 음성·음향 등으로 이루어진 방송프로그램을 송신하는 방송
   나. 라디오방송: 음성·음향 등으로 이루어진 방송프로그램을 송신하는 방송

다. 데이터방송: 방송사업자의 채널을 이용하여 데이터(문자·숫자·도형·도표·이미지 그 밖의 정보체계를 말한다)를 위주로 하여 이에 따르는 영상·음성·음향 및 이들의 조합으로 이루어진 방송프로그램을 송신하는 방송(인터넷 등 통신망을 통하여 제공하거나 매개하는 경우를 제외한다. 이하 같다)

라. 이동멀티미디어방송: 이동중 수신을 주목적으로 다채널을 이용하여 텔레비전방송·라디오방송 및 데이터방송을 복합적으로 송신하는 방송

2. '방송사업'이라 함은 방송을 행하는 다음 각 목의 사업을 말한다.

가. 지상파방송사업: 방송을 목적으로 하는 지상의 무선국을 관리·운영하며 이를 이용하여 방송을 행하는 사업

나. 종합유선방송사업: 종합유선방송국(다채널 방송을 행하기 위한 유선방송국 설비와 그 종사자의 총체를 말한다. 이하 같다)을 관리·운영하며 전송·선로설비를 이용하여 방송을 행하는 사업

다. 위성방송사업: 인공위성의 무선설비를 소유 또는 임차하여 무선국을 관리·운영하며 이를 이용하여 방송을 행하는 사업

라. 방송채널사용사업: 지상파방송사업자·종합유선 방송사업자 또는 위성 방송사업자와 특정채널의 전부 또는 일부 시간에 대한 전용사용계약을 체결하여 그 채널을 사용하는 사업

3. '방송사업자'라 함은 다음 각 목의 자를 말한다.

가. 지상파방송사업자: 지상파방송사업을 하기 위하여 제9조 제1항의 규정에 의하여 허가를 받은 자

나. 종합유선방송사업자: 종합유선방송사업을 하기 위하여 제9조 제2항의 규정에 의하여 허가를 받은 자

다. 위성방송사업자: 위성방송사업을 하기 위하여 제9조 제1항의 규정에 의하여 허가를 받은 자

라. 방송채널사용사업자: 방송채널사용사업을 하기 위하여 제9조 제5항의 규정에 의하여 등록을 하거나 승인을 얻은 자

4. '중계유선방송'이라 함은 지상파 방송(방송을 목적으로 하는 지상의 무선국을 이용하여 행하는 방송을 말한다. 이하 같다) 또는 이 법에 의한 한국방송공사 및 특별법에 의하여 설립된 방송사업자가 행하는 위성방송(인공위성의 무선국을 이용하여 행하는 방송을 말한다. 이하 같다)이나 대통령령이 정하는 방송을 수신하여 중계송신(방송편성을 변경하지 아니하는 녹음·녹화를 포함한다)하는 것을 말한다.

5. '중계유선방송사업'이라 함은 중계유선방송을 행하는 사업을 말한다.

6. '중계유선방송사업자'라 함은 중계유선방송사업을 하기 위하여 제9조 제2항의 규정

에 의하여 허가를 받은 자를 말한다.

7. '음악유선방송'이라 함은 음반·비디오물 및 게임물에 관한 법률에 의하여 판매·배포되는 음반에 수록된 음악을 송신하는 것을 말한다.
8. '음악유선방송사업'이라 함은 음악유선방송을 행하는 사업을 말한다.
9. '음악유선방송사업자'라 함은 음악유선방송사업을 하기 위하여 제9조 제5항의 규정에 의하여 등록을 한 자를 말한다.
10. '전광판방송'이라 함은 상시 또는 일정기간 계속하여 전광판에 보도를 포함하는 방송프로그램을 표출하는 것을 말한다.
11. '전광판방송사업'이라 함은 전광판방송을 행하는 사업을 말한다.
12. '전광판방송사업자'라 함은 전광판방송사업을 하기 위하여 제9조 제5항의 규정에 의하여 등록을 한 자를 말한다.
13. '전송망사업'이라 함은 방송프로그램을 종합유선방송국으로부터 시청자에게 전송하기 위하여 유·무선 전송·선로 설비를 설치·운영하는 사업을 말한다.
14. '전송망사업자'라 함은 전송망사업을 하기 위하여 제9조 제10항의 규정에 의하여 등록을 한 자를 말한다.
15. '방송편성"이라 함은 방송되는 사항의 종류·내용·분량·시각·배열을 정하는 것을 말한다.
16. '방송분야'라 함은 보도·교양·오락 등으로 방송프로그램의 영역을 분류한 것을 말한다.
17. '방송프로그램'이라 함은 방송편성의 단위가 되는 방송내용물을 말한다.
18. '종합편성'이라 함은 보도·교양·오락 등 다양한 방송분야 상호간에 조화를 이루도록 방송프로그램을 편성하는 것을 말한다.
19. '전문편성'이라 함은 특정 방송분야의 방송프로그램을 전문적으로 편성하는 것을 말한다.
20. '유료방송'이라 함은 시청자와의 계약에 의하여 수 개의 채널단위·채널별 또는 방송프로그램별로 대가를 받고 제공하는 방송을 말한다.

20의 2. '채널'이라 함은 동일한 주파수 대역을 통해서 연속적인 흐름 또는 정보체계의 형태로 제공되어지는 텔레비전방송, 라디오방송 또는 데이터방송의 단위를 말한다.

21. '방송광고'라 함은 광고를 목적으로 하는 방송내용물을 말한다.
22. '협찬고지"라 함은 타인으로부터 방송프로그램의 제작에 직접적·간접적으로 필요한 경비·물품·용역·인력 또는 장소 등을 제공받고 그 타인의 명칭 또는 상호 등을 고지하는 것을 말한다.

23. '방송편성책임자'라 함은 방송편성에 대하여 결정을 하고 책임을 지는 자를 말한다.

제3조 (시청자의 권익보호) 방송사업자는 시청자가 방송프로그램의 기획·편성 또는 제작에 관한 의사결정에 참여할 수 있도록 하여야 하고, 방송의 결과가 시청자의 이익에 합치하도록 하여야 한다.

제4조 (방송편성의 자유와 독립) ① 방송편성의 자유와 독립은 보장된다.

② 누구든지 방송편성에 관하여 이 법 또는 다른 법률에 의하지 아니하고는 어떠한 규제나 간섭도 할 수 없다.

③ 방송사업자는 방송편성책임자를 선임하고, 그 성명을 방송시간 내에 매일 1회 이상 공표하여야 하며, 방송편성책임자의 자율적인 방송편성을 보장하여야 한다.

④ 종합편성 또는 보도에 관한 전문편성을 행하는 방송사업자는 방송프로그램제작의 자율성을 보장하기 위하여 취재 및 제작 종사자의 의견을 들어 방송편성규약을 제정하고 이를 공표하여야 한다.

제5조 (방송의 공적 책임) ① 방송은 인간의 존엄과 가치 및 민주적 기본 질서를 존중하여야 한다.

② 방송은 국민의 화합과 조화로운 국가의 발전 및 민주적 여론형성에 이바지하여야 하며 지역간·세대간·계층간·성별간의 갈등을 조장하여서는 아니 된다.

③ 방송은 타인의 명예를 훼손하거나 권리를 침해하여서는 아니 된다.

④ 방송은 범죄 및 부도덕한 행위나 사행심을 조장하여서는 아니 된다.

⑤ 방송은 건전한 가정생활과 아동 및 청소년의 선도에 나쁜 영향을 끼치는 음란·퇴폐 또는 폭력을 조장하여서는 아니 된다.

제6조 (방송의 공정성과 공익성) ① 방송에 의한 보도는 공정하고 객관적이어야 한다.

② 방송은 성별·연령·직업·종교·신념·계층·지역·인종 등을 이유로 방송편성에 차별을 두어서는 아니 된다. 다만, 종교의 선교에 관한 전문편성을 행하는 방송사업자가 그 방송분야의 범위 안에서 방송을 하는 경우에는 그러하지 아니 하다.

③ 방송은 국민의 윤리적·정서적 감정을 존중하여야 하며, 국민의 기본권 옹호 및 국제친선의 증진에 이바지하여야 한다.

④ 방송은 국민의 알권리와 표현의 자유를 보호·신장하여야 한다.

⑤ 방송은 상대적으로 소수이거나 이익추구의 실현에 불리한 집단이나 계층의 이익을 충실하게 반영하도록 노력하여야 한다.

⑥ 방송은 지역사회의 균형 있는 발전과 민족문화의 창달에 이바지하여야 한다.

⑦ 방송은 사회교육기능을 신장하고, 유익한 생활정보를 확산·보급하며, 국민의 문화생활의 질적 향상에 이바지하여야 한다.

⑧ 방송은 표준말의 보급에 이바지하여야 하며 언어순화에 힘써야 한다.

⑨ 방송은 정부 또는 특정 집단의 정책 등을 공표함에 있어 의견이 다른 집단에게 균등한 기회가 제공되도록 노력하여야 하고, 또한 각 정치적 이해 당사자에 관한 방송 프로그램을 편성함에 있어서도 균형성이 유지되도록 하여야 한다.

제7조 (적용범위) 방송에 관하여는 다른 법률에 특별한 규정이 있는 경우를 제외하고는 이 법이 정하는 바에 의한다.

제2장 방송사업자 등

제8조 (소유제한 등) ① 방송사업자가 주식을 발행하는 경우에는 기명식으로 하여야 한다.

② 누구든지 대통령령이 정하는 특수한 관계에 있는 자(이하 '특수관계자'라 한다)가 소유하는 주식 또는 지분을 포함하여 지상파 방송사업자 및 종합편성 또는 보도에 관한 전문편성을 행하는 방송채널사용사업자의 주식 또는 지분 총수의 100분의 30을 초과하여 소유할 수 없다. 다만, 다음 각 호의 1에 해당하는 경우에는 그러하지 아니하다. 〈개정 2004. 3. 22〉

1. 국가 또는 지방자치단체가 방송사업자의 주식 또는 지분을 소유하는 경우
2. 특별법에 의하여 설립된 법인이 방송사업자의 주식 또는 지분을 소유하는 경우
3. 종교의 선교를 목적으로 하는 방송사업자에 출자하는 경우

③ 제2항의 규정에 불구하고 독점규제 및 공정거래에 관한 법률 제2조 제2호의 규정에 의한 기업집단 중 자산총액 등 대통령령이 정하는 기준에 해당하는 기업집단에 속하는 회사(이하 '대기업'이라 한다)와 그 계열회사(특수관계자를 포함한다) 또는 정기간행물의 등록 등에 관한 법률에 의한 일간신문이나 뉴스통신 진흥에 관한 법률의 규정에 의한 뉴스통신(이하 '뉴스통신'이라 한다)을 경영하는 법인(특수관계자를 포함한다)은 지상파 방송사업 및 종합편성 또는 보도에 관한 전문편성을 행하는 방송채널사용사업을 경영하거나 그 주식 또는 지분을 소유할 수 없다. 〈개정 2002. 12. 18, 2003. 5. 29, 2004. 3. 22〉

④ 정기간행물의 등록 등에 관한 법률에 의한 일간신문이나 뉴스통신을 경영하는 법인은 종합유선방송사업자 및 위성방송사업자에 대하여, 대기업과 그 계열회사를 경영하는 법인은 위성방송사업자에 대하여 각각 그와 특수관계자가 소유하는 주식 또는 지분을 포함하여 당해 방송사업자의 주식 또는 지분 총수의 100분의 33을 초과하여 소유할 수 없다. 〈개정 2003. 5. 29, 2004. 3. 22〉

⑤ 지상파방송사업자·종합유선방송사업자 및 위성방송사업자는 시장점유율 또는 사업자수 등을 고려하여 대통령령이 정하는 범위를 초과하여 상호 경영하거나 그 주식

또는 지분을 소유할 수 없다. 다만, 지상파방송사업자와 종합유선방송사업자는 상호 경영하거나 그 주식 또는 지분을 소유할 수 없다.

⑥ 종합유선방송사업자·방송채널사용사업자 및 전송망사업자는 시장점유율 또는 사업자수 등을 고려하여 대통령령이 정하는 범위를 초과하여 상호 경영하거나 그 주식 또는 지분을 소유할 수 없다.

⑦ 지상파방송사업자·종합유선방송사업자 또는 위성방송사업자는 시장점유율 또는 사업자수 등을 고려하여 대통령령이 정하는 범위를 초과하여 지상파방송사업자는 이동멀티미디어방송을 행하는 다른 지상파방송사업, 종합유선방송사업자는 다른 종합유선방송사업, 위성방송사업자는 다른 위성방송사업을 경영하거나 그 주식 또는 지분을 소유할 수 없다. 〈개정 2004. 3. 22〉

⑧ 방송채널사용사업자는 시장점유율 또는 사업자수 등을 고려하여 대통령령이 정하는 범위를 초과하여 다른 방송채널사용사업을 경영하거나 그 주식 또는 지분을 소유할 수 없다.

⑨ 정당은 방송사업자의 주식 또는 지분을 소유할 수 없다. 〈개정 2004. 3. 12〉

⑩ 제5항 내지 제8항의 규정에 의한 경영금지 및 소유제한 대상자에는 그의 특수관계자를 포함한다.

⑪ 제2항 내지 제9항의 규정을 위반하여 주식 또는 지분을 소유한 자는 그 소유분 또는 초과분에 대한 의결권을 행사할 수 없다.

⑫ 방송위원회는 제2항 내지 제9항의 규정을 위반하여 사업을 경영하거나 주식 또는 지분을 소유하고 있는 자에게 6월 이내의 기간을 정하여 해당 사항을 시정할 것을 명할 수 있다. 〈신설 2004. 3. 22〉

제9조 (추천·허가·승인·등록 등) ① 지상파방송사업 또는 위성방송사업을 하고자 하는 자는 방송위원회의 추천을 받아 전파법이 정하는 바에 의하여 정보통신부장관의 방송국 허가를 받아야 한다.

② 종합유선방송사업 또는 중계유선방송사업을 하고자 하는 자는 방송위원회의 추천을 받아 대통령령이 정하는 기준에 적합하게 시설과 기술을 갖추어 정보통신부장관의 허가를 받아야 한다.

③ 제2항의 규정에 불구하고 대통령령이 정하는 기준에 해당하는 중계유선방송사업자가 종합유선방송사업을 하고자 할 경우에는 방송위원회의 승인을 얻어야 한다. 이 경우 방송위원회는 정보통신부장관과 협의하여야 한다

④ 제3항의 규정에 의하여 승인을 얻은 자는 승인을 얻은 때부터 제2조 제3호 나목의 규정에 의한 종합유선방송사업자로 허가를 받은 것으로 본다.

⑤ 방송채널사용사업·전광판방송사업 또는 음악유선방송사업을 하고자 하는 자는

방송위원회에 등록하여야 한다. 다만, 종합편성이나 보도 또는 상품소개와 판매에 관한 전문편성을 행하는 방송채널사용사업을 하고자 하는 자는 방송위원회의 승인을 얻어야 한다. 이 경우 데이터방송을 하기 위하여 등록을 하거나 승인을 얻은 자는 등록을 하거나 승인을 얻은 날부터 7일 이내에 전기통신사업법 제21조의 규정에 의한 부가통신사업의 신고를 하여야 한다. 〈개정 2004. 3. 22〉

⑥ 외국 인공위성의 무선설비(국내에서 수신될 수 있는 것에 한한다)를 이용하여 위성방송을 행하는 사업을 하고자 하는 자는 방송위원회의 승인을 얻어야 한다. 이 경우 방송위원회는 정보통신부장관과 협의하여야 한다.

⑦ 제6항의 규정에 의하여 승인을 얻은 자에 대하여는 제2조 제3호 다목의 위성방송사업자에 대하여 적용되는 규정을 준용한다.

⑧ 외국 인공위성의 무선국(국내에서 수신될 수 있는 것에 한한다)의 특정 채널의 전부 또는 일부 시간에 대한 전용사용계약을 체결하여 그 채널을 사용하고자 하는 자는 방송위원회의 승인을 얻어야 한다. 이 경우 방송위원회는 정보통신부장관과 협의하여야 한다.

⑨ 제8항의 규정에 의하여 승인을 얻은 자에 대하여는 제2조 제3호 라목의 방송채널사용사업자에 대하여 적용되는 규정을 준용한다.

⑩ 전송망사업을 하고자 하는 자는 정보통신부장관에게 등록하여야 한다.

⑪ 제1항 내지 제10항의 규정에 의한 추천·허가·승인 및 등록의 요건·절차 등에 관하여 필요한 사항은 대통령령으로 정한다.

제 10 조 (심사기준·절차) ① 방송위원회는 제9조 제1항 및 제2항의 추천, 동조 제3항·제5항·제6항 및 제8항의 규정에 의한 승인을 할 때에는 다음 각 호의 사항을 심사하여 그 결과를 공표하여야 한다.

1. 방송의 공적 책임·공정성·공익성의 실현 가능성
2. 방송프로그램의 기획·편성 및 제작계획의 적절성
3. 지역적·사회적·문화적 필요성과 타당성
4. 조직 및 인력운영 등 경영계획의 적정성
5. 재정 및 기술적 능력
6. 방송발전을 위한 지원계획
7. 기타 사업수행에 필요한 사항

② 방송위원회는 제1항의 규정에 의한 심사를 할 때에는 시청자의 의견을 공개적으로 청취하고, 그 의견의 반영 여부를 공표하여야 한다.

③ 방송위원회는 종합유선방송사업을 하고자 하는 자를 추천하고자 할 때에는 특별시장·광역시장 또는 도지사(이하 "시·도지사"라 한다)의 의견을 들어야 한다.

제11조 (방송분야 등의 고시) 방송위원회는 방송프로그램의 전문성과 채널의 다양성이 구현될 수 있도록 하기 위하여 전문편성의 방송분야와 방송프로그램의 종류에 따른 편성비율 등을 고시할 수 있다.

제12조 (지역사업권) ① 방송위원회는 제9조 제2항의 규정에 의하여 종합유선방송사업 또는 중계유선방송사업을 허가 추천할 때에는 일정한 방송구역 안에서 사업을 운영하는 권리(이하 '지역사업권'이라 한다)를 부여할 수 있다. 제9조 제3항의 규정에 의하여 종합유선방송사업을 승인할 때에도 또한 같다.

② 제1항의 규정에 의한 방송구역과 음악유선방송의 사업구역은 행정구역을 중심으로 지역주민의 생활권 및 지리적 여건과 전기통신설비 등을 참작하여 관계중앙행정기관의 장 및 시·도지사와 협의하여 방송위원회가 고시한다.

③ 〈삭제 2005. 5. 18〉

제13조 (결격사유) ① 국가·지방자치단체 또는 법인이 아닌 자는 방송사업 또는 전송망사업을 할 수 없다. 제18조의 규정에 의하여 허가·승인 또는 등록이 취소된 후 3년이 경과되지 아니한 자의 경우에도 또한 같다.

② 다음 각 호의 1에 해당하는 자는 중계유선방송사업·음악유선방송사업을 할 수 없다.

1. 외국인 또는 외국의 정부나 단체
2. 미성년자 또는 한정치산자
3. 파산선고를 받은 자로서 복권되지 아니한 자
4. 이 법을 위반하여 벌금 이상의 형을 선고받고 그 집행이 종료되거나 그 집행을 받지 아니하기로 확정된 후 3년이 경과되지 아니한 자 또는 그 집행유예기간 중에 있는 자
5. 제18조의 규정에 의하여 중계유선방송사업·음악유선방송사업의 허가 또는 등록이 취소된 후 2년이 경과되지 아니한 자

③ 다음 각 호의 1에 해당하는 자는 제9조 제1항·제2항·제3항·제5항·제6항·제8항 및 제10항의 규정에 의하여 허가 또는 승인을 받거나 등록을 한 법인의 대표자 또는 방송편성책임자가 될 수 없다.

1. 대한민국의 국적을 가지지 아니한 자
2. 미성년자 또는 한정치산자
3. 파산선고를 받은 자로서 복권되지 아니한 자
4. 이 법을 위반하여 벌금 이상의 형을 선고받고 그 집행이 종료되거나 그 집행을 받지 아니하기로 확정된 후 3년이 경과되지 아니한 자 또는 그 집행유예기간 중에 있는 자
5. 형법 제87조 내지 제90조, 제92조, 제101조, 군형법 제5조 내지 제8조, 제9조

제2항, 제11조 내지 제16조 또는 국가보안법 제3조 내지 제9조의 죄를 범하여 금고 이상의 실형의 선고를 받고 그 형의 집행이 종료되지 아니 하거나 집행을 받지 아니하기로 확정되지 아니한 자 또는 집행유예기간 중에 있는 자

6. 보안관찰법에 의한 보안관찰처분이나 사회보호법에 의한 보호처분의 집행중에 있는 자
7. 외국의 법인 또는 단체의 대표자(전송망사업의 경우는 제외한다)

제14조 (외국자본의 출자 및 출연) ① 지상파방송사업과 종합편성 또는 보도에 관한 전문편성을 행하는 방송채널사용사업 및 중계유선방송사업을 행하는 자는 다음 각 호에 해당하는 자로부터 재산상의 출자 또는 출연을 받을 수 없다. 다만 방송사업자 및 중계유선방송사업자가 방송위원회의 승인을 얻은 경우에는 교육·체육·종교·자선 기타 국제적 친선을 목적으로 하는 외국의 단체로부터 재산상의 출연을 받을 수 있다.

1. 외국의 정부나 단체
2. 외국인
3. 외국의 정부나 단체 또는 외국인이 대통령령이 정하는 비율을 초과하여 주식 또는 지분을 소유하고 있는 법인

② 위성방송사업을 행하는 자는 당해 법인의 주식 또는 지분 총수의 100분의 33을 초과하여 제1항 각 호에 해당하는 자로부터 재산상의 출자 또는 출연을 받을 수 없다. 〈개정 2004. 3. 22〉

③ 종합유선방송사업·방송채널사용사업(종합편성 또는 보도에 관한 전문편성을 제외한다) 및 전송망사업을 하는 자는 당해 법인의 주식 또는 지분 총수의 100분의 49를 초과하여 제1항 각 호에 해당하는 자로부터 재산상의 출자 또는 출연을 받을 수 없다. 〈개정 2004. 3. 22〉

④ 제2항 및 제3항의 규정을 적용함에 있어서는 제1항 각 호에 해당하는 자가 소유하고 있는 주식 또는 지분을 합산한다. 〈신설 2004. 3. 22〉

⑤ 방송사업자·중계유선방송사업자 또는 전송망사업자가 제1항 내지 제3항의 규정을 위반하게 된 경우에 위반의 원인을 제공한 주식 또는 지분의 소유자는 그 소유분 또는 초과분에 대한 의결권을 행사할 수 없다. 〈신설 2004. 3. 22〉

⑥ 방송사업자·중계유선방송사업자 또는 전송망사업자가 제1항 내지 제3항의 규정을 위반하게 된 경우에 방송위원회는 방송사업자 또는 중계유선방송사업자나 그 위반의 원인을 제공한 주식 또는 지분의 소유자에 대하여 6월 이내의 기간을 정하여 해당 사항을 시정할 것을 명할 수 있으며, 정보통신부장관은 전송망사업자나 그 위반의 원인을 제공한 주식 또는 지분의 소유자에 대하여 6월 이내의 기간을 정하여 해당 사항을 시정할 것을 명할 수 있다. 〈신설 2004. 3. 22〉

제15조 (변경허가 등) ① 방송사업자·중계유선방송사업자·음악유선방송사업자 및 전광판방송사업자는 다음 각 호의 사항을 변경하고자 하는 때에는 방송위원회 또는 정보통신부장관으로부터 변경허가 추천, 변경허가 또는 변경승인을 얻거나 변경등록을 하여야 한다. 이 경우 그 절차는 제9조 제1항·제2항·제3항·제5항·제6항·제8항 및 제10항의 규정을 준용한다. 〈개정 2002.12.18〉

1. 당해 법인의 합병 및 분할
2. 개인이 영위하는 사업의 법인사업으로의 전환
3. 최다수 주식소유자 또는 최다액 지분소유자의 변경
4. 개인이 영위하는 사업의 양도
5. 방송분야의 변경
6. 방송구역의 변경
7. 기타 대통령령이 정하는 중요한 시설의 변경

② 방송사업자(방송채널사용사업자는 제외한다) 또는 중계유선방송사업자가 다음 각 호의 사항을 변경한 때에는 이를 지체없이 방송위원회 및 정보통신부장관에게 각각 신고하여야 한다. 〈개정 2002.12.18〉

1. 대표자
2. 방송편성책임자(중계유선방송사업자를 제외한다)
3. 법인명 또는 상호
4. 주된 사무소의 소재지

③ 방송채널사용사업자·음악유선방송사업자 또는 전광판방송사업자가 다음 각 호의 사항을 변경한 때에는 이를 지체없이 방송위원회에 신고하여야 한다. 〈개정 2002.12.18〉

1. 대표자
2. 방송편성책임자(방송채널사용사업자에 한한다)
3. 법인명 또는 상호
4. 주된 사무소의 소재지

제16조 (허가 및 승인 유효기간) 제9조 제2항의 규정에 의하여 허가받은 종합유선방송사업 및 중계유선방송사업과 제9조 제5항 단서의 규정에 의하여 승인을 얻은 방송채널사용사업의 허가 또는 승인의 유효기간은 5년을 초과하지 아니하는 범위 내에서 대통령령으로 정한다.

제17조 (재허가 등) ① 방송사업자(방송채널사용사업자는 제외한다) 및 중계유선방송사업자가 허가유효기간의 만료 후 계속 방송을 행하고자 하는 때에는 방송위원회의 재허가 추천을 받아 정보통신부장관의 재허가를 받아야 한다.

② 제9조 제5항 단서의 규정에 의하여 승인을 얻은 방송채널사용사업자가 승인유효기간 만료 후 계속 방송을 행하고자 하는 때에는 방송위원회의 재승인을 얻어야 한다.

③ 방송위원회가 제1항 및 제2항의 규정에 의하여 재허가 추천 또는 재승인을 할 때에는 제10조 제1항 각 호 및 다음 각 호의 사항을 심사하고 그 결과를 공표하여야 한다.

1. 방송위원회의 방송평가
2. 방송위원회의 시정명령의 회수와 시정명령에 대한 불이행사례
3. 시청자위원회의 방송프로그램 평가
4. 지역사회발전에 이바지한 정도
5. 방송발전을 위한 지원계획의 이행 여부
6. 기타 허가 또는 승인 당시의 방송사업자 준수사항 이행 여부

④ 제10조 제2항 및 제3항의 규정은 제1항의 재허가 추천 또는 제2항의 규정에 의한 재승인의 경우에 이를 준용한다.

제 18 조 (허가·승인·등록의 취소 등) ① 방송사업자·중계유선방송사업자·음악유선방송사업자·전광판방송사업자 또는 전송망사업자가 다음 각 호의 1에 해당하는 때에는 정보통신부장관 또는 방송위원회가 각각 허가·승인 또는 등록을 취소하거나 6월 이내의 기간을 정하여 그 업무의 전부 또는 일부의 정지를 명할 수 있다. 다만 제13조 제3항의 각 호의 1에 해당하는 자가 법인의 대표자 또는 방송편성책임자가 된 경우로서 3월 이내에 그 임원을 변경하는 때에는 그러하지 아니하다.

1. 허위 기타 부정한 방법으로 허가·변경허가·재허가를 받거나 승인·변경승인·재승인을 얻거나 등록·변경등록을 한 때
2. 제8조의 규정에 위반하여 주식 또는 지분을 소유한 때
3. 제13조의 결격사유에 해당하게 된 때
4. 제14조의 규정에 위반하여 재산상의 출자 또는 출연을 받은 때
5. 이 법에 의한 허가를 받거나 승인을 얻거나 등록한 날부터 2년 이내에 방송 또는 사업을 개시하지 아니한 때
6. 이 법 또는 이 법에 의한 명령에 위반한 때

② 정보통신부장관은 방송위원회의 요청이 있는 경우에 한하여 제1항의 규정에 의한 허가 또는 등록을 취소하거나 6월 이내의 기간을 정하여 그 업무의 전부 또는 일부의 정지를 명할 수 있다.

③ 제1항의 규정에 의하여 허가·승인 또는 등록을 취소, 업무정지의 기준 및 절차 등에 관하여 필요한 사항은 대통령령으로 정한다.

제 19 조 (과징금 처분) ① 방송위원회 또는 정보통신부장관은 방송사업자·중계유선방송사업자·음악유선방송사업자·전광판방송사업자 또는 전송망사업자가 제18조 제1항

각 호의 1에 해당하여 업무정지처분을 하여야 할 경우로서 그 업무정지처분이 시청자에게 심한 불편을 주거나 기타 공익을 해할 우려가 있는 때에는 그 업무정지처분에 갈음하여 1억 원 이하의 과징금을 부과할 수 있다.

② 제1항의 규정에 의한 과징금을 부과하는 위반행위의 종별과 과징금의 금액 등 기타 필요한 사항은 대통령령으로 정한다.

③ 방송위원회 또는 정보통신부장관은 제2항의 규정에 의한 과징금을 납부하여야 할 자가 납부기한까지 이를 납부하지 아니한 때에는 국세체납처분의 예에 의하여 이를 징수한다.

④ 방송위원회 또는 정보통신부장관은 제1항의 규정에 의하여 징수한 과징금을 제36조의 규정에 의한 방송발전기금으로 출연하여야 한다.

제 3 장 방송위원회

제20조 (방송위원회의 설치) 방송의 공적 책임·공정성·공익성을 실현하고, 방송내용의 질적 향상 및 방송사업에서의 공정한 경쟁을 도모하기 위하여 방송위원회(이하 이 장에서 '위원회'라 한다)를 둔다.

제21조 (위원회의 구성) ① 위원회는 전문성 및 사회 각 분야의 대표성을 가진 자 중에서 대통령이 임명하는 9인의 위원으로 구성한다.

② 대통령은 위원회 위원을 임명함에 있어 3인은 국회의장이 국회 각 교섭단체대표의원과 협의하여 추천한 자를 임명하고, 3인은 방송관련 전문성과 시청자 대표성을 고려하여 국회 문화관광위원회의 추천의뢰를 받아 국회의장이 추천한 자를 임명한다.

③ 국회의장이 제2항의 규정에 의하여 방송위원회 위원을 추천하는 때에는 그 추천기준과 추천사유를 제시하여야 한다.

④ 위원회에서는 위원장 1인, 부위원장 1인과 3인의 상임위원을 두되, 위원장은 위원회에서 호선하여 대통령이 임명하고 부위원장 및 3인의 상임위원은 전문성을 고려하여 위원회에서 호선한다. 다만, 상임위원 중 2인은 대통령이 속하지 않은 교섭단체의 대표의원과 협의하여 추천된 자가 포함되어야 한다. 〈개정 2003.5.10〉

제22조 (위원장) ① 위원장은 위원회를 대표하고 위원회의 업무를 총괄한다.

② 위원장이 부득이한 사유로 직무를 수행할 수 없을 때에는 부위원장이 그 직무를 대행하며 위원장과 부위원장이 모두 직무를 수행할 수 없을 때에는 상임위원 중 연장자의 순으로 그 직무를 대행한다.

③ 위원장은 국회에 출석하여 위원회의 소관 사무에 관하여 의견을 진술할 수 있으

며, 국회의 요구가 있을 때에는 출석하여 보고하거나 답변하여야 한다.

④ 위원장은 국무회의에 출석하여 발언할 수 있으며 그 소관사무에 관하여 국무총리에게 의안의 제출을 건의할 수 있다.

⑤ 위원장은 위원회의 예산관련업무를 수행함에 있어서 예산회계법 제14조의 규정에 의한 중앙관서의 장으로 보며, 기획예산처 장관이 위원회의 예산요구액을 감액할 경우에는 위원장의 의견을 들어야 한다.

제23조 (위원의 임기) ① 위원의 임기는 3년으로 하고, 1회에 한하여 연임할 수 있으며, 위원장·부위원장 및 상임위원의 임기는 위원의 임기와 같다.

② 위원의 결원이 있을 때에는 결원된 날부터 30일 이내에 제21조의 규정에 의하여 그 보궐위원을 임명하여야 하며, 보궐위원의 임기는 전임자의 잔임기간으로 한다.

③ 임기가 만료된 위원장을 포함한 위원은 제21조의 규정에 의하여 그 후임자가 선임될 때까지 그 직무를 행한다.

제24조 (위원의 대우 및 겸직금지) ① 위원 중 위원장·부위원장 및 상임위원은 정무직으로 하고 비상임인 위원은 명예직으로 하되 방송위원회규칙(이하 '위원회규칙'이라 한다)이 정하는 바에 따라 직무수행경비 등 실비를 지급할 수 있다.

② 위원장·부위원장 및 상임위원은 위원회규칙이 정하는 경우를 제외하고는 영리를 목적으로 하는 다른 직무를 겸할 수 없다.

제25조 (위원의 결격사유) 다음 각 호의 1에 해당하는 자는 위원이 될 수 없다.

1. 국가공무원법 제2조 및 지방공무원법 제2조의 규정에 의한 공무원(교육공무원, 법관 및 이 법에 의하여 정무직 공무원이 된 자는 제외한다)
2. 정당법에 의한 당원
3. 방송사업·중계유선방송사업·음악유선방송사업·전광판방송사업 또는 전송망사업에 종사하는 자
4. 국가공무원법 제33조 각 호의 1에 해당하는 자

제26조 (위원의 직무상 독립과 신분보장) ① 위원은 임기중 직무상 외부의 어떠한 지시나 간섭도 받지 아니한다.

② 위원은 다음 각 호의 1에 해당하는 경우를 제외하고는 그의 의사에 반하여 면직되지 아니한다.

1. 제25조의 결격사유에 해당하는 경우
2. 장기간의 심신상의 장애로 직무를 수행할 수 없게 된 경우

제27조 (위원회의 직무) 위원회는 다음 각 호의 사항을 심의·의결한다. 다만 위원회는 제1호의 사항을 심의·의결할 경우 방송영상정책과 관련된 사항은 문화관광부 장관과 합의하여야 하고, 방송기술 및 시설에 관한 사항은 정보통신부장관의 의견을 들어야

하며, 제7호의 사항을 심의 · 의결할 경우에는 공정거래위원회 위원장의 의견을 들어야 하고, 제12호의 사항을 심의 · 의결할 경우에는 통일부장관의 의견을 들어야 한다. 〈개정 2005. 5. 18〉

1. 방송의 기본계획에 관한 사항
2. 방송프로그램 및 방송광고의 운용 · 편성에 관한 사항
3. 방송사업자 · 중계유선방송사업자 · 음악유선방송사업자 · 전광판방송사업자의 허가 · 재허가의 추천, 승인, 등록, 취소 등에 관한 사항
4. 위원회규칙의 제정 · 개정 및 폐지
5. 방송에 관한 연구 · 조사 및 지원에 관한 사항
6. 방송사업자 · 중계유선방송사업자 · 음악유선방송사업자 · 전광판방송사업자 상호간의 공동사업이나 분쟁의 조정
7. 방송프로그램 유통상 공정거래 질서확립에 관한 사항
8. 시청자불만처리 및 청원에 관한 사항
9. 방송발전기금의 조성 및 관리 · 운용의 기본계획에 관한 사항
10. 제100조의 규정에 의한 제재조치에 관한 사항
11. 위원회의 예산안의 편성 및 집행에 관한 사항
12. 남북간 방송 교류 · 협력에 관한 사항 〈신설 2005. 5. 18〉
13. 기타 이 법 또는 다른 법률에 의하여 위원회의 직무 또는 권한으로 규정된 사항 〈개정 2005. 5. 18〉

제28조 (위원회의 회의) ① 위원회의 회의는 재적위원 3분의 2 이상의 출석과 출석위원 과반수의 찬성으로 의결한다.

② 방송사업자 · 중계유선방송사업자 · 음악유선방송사업자 및 전광판방송사업자의 대표자 또는 그 위임을 받은 자는 위원회에 출석하여 의견을 진술할 수 있다.

③ 위원회의 회의는 공개한다. 다만, 위원회가 특히 필요하다고 인정하여 의결한 경우에는 그러하지 아니하다.

④ 위원회는 위원회규칙이 정하는 바에 따라 회의록을 작성하여야 한다.

제29조 (관여 금지) 위원은 본인 또는 민법 제777조에 규정에 의한 친족관계에 있는 자의 이해와 관련된 사항에 관하여는 심의 · 의결에 관여할 수 없다.

제30조 (상임위원회) ① 위원회는 위원회가 위임한 사항을 심의 · 의결하기 위하여 위원장 · 부위원장 및 상임위원으로 구성되는 상임위원회를 둘 수 있다.

② 위원회의 위임사항과 상임위원회의 회의 및 직무에 관하여 필요한 사항은 위원회규칙으로 정한다.

제31조 (방송평가위원회) ① 위원회는 방송사업자의 방송프로그램 내용 및 편성과 운영 등

에 관하여 종합적으로 평가할 수 있다.

② 위원회는 제1항의 평가업무를 효율적으로 수행하기 위하여 방송평가위원회를 둘 수 있다.

③ 방송평가위원회 위원은 위원회 위원장이 위원회의 동의를 얻어 위촉하며, 구성과 운영에 관하여 필요한 사항은 위원회규칙으로 정한다.

第32조 (방송의 공정성 및 공공성 심의) ① 방송위원회는 방송·중계유선방송 및 전광판방송의 내용과 기타 전기통신회선을 통하여 공개를 목적으로 유통되는 정보 중 방송과 유사한 것으로서 대통령령이 정하는 정보의 내용이 공정성과 공공성을 유지하고 있는지의 여부와 공적 책임을 준수하고 있는지의 여부를 방송 또는 유통된 후 심의·의결한다. 이 경우 매체별·채널별 특성을 고려하여야 한다.

② 위원회는 제1항의 규정에 불구하고 대통령령이 정하는 방송광고에 대하여는 방송되기 전에 그 내용을 심의하여 방송여부를 심의·의결할 수 있다. 〈개정 2004.3.22〉

③ 방송사업자는 제2항의 규정에 의한 방송광고에 대해서 위원회의 심의·의결의 내용과 다르게 방송하거나 심의·의결을 받지 않은 방송광고를 방송하여서는 아니 된다. 〈신설 2004.3.22〉

④ 누구든지 제2항의 규정에 의한 방송광고에 대해서 거짓 그 밖의 부정한 방법으로 방송사업자가 위원회의 심의·의결의 내용과 다르게 방송하도록 하거나 심의·의결을 받지 않은 방송광고를 방송하도록 하여서는 아니 된다. 〈신설 2004.3.22〉

第33조 (심의규정) ① 위원회는 방송의 공정성 및 공공성을 심의하기 위하여 방송심의에 관한 규정(이하 '심의규정'이라 한다)을 제정·공표하여야 하다.

② 제1항의 심의규정에는 다음 각 호의 사항이 포함되어야 한다.

1. 헌법의 민주적 기본질서의 유지와 인권존중에 관한 사항
2. 건전한 가정생활 보호에 관한 사항
3. 아동 및 청소년의 보호와 건전한 인격형성에 관한 사항
4. 공중도덕과 사회윤리에 관한 사항
5. 양성평등에 관한 사항
6. 국제적 우의 증진에 관한 사항
7. 장애인등 방송소외계층의 권익증진에 관한 사항
8. 민족문화의 창달과 민족의 주체성 함양에 관한 사항
9. 보도·논평의 공정성·공공성에 관한 사항
10. 언어순화에 관한 사항
11. 제99조 및 제100조의 규정에 의한 시정 및 제재조치에 관한 사항
12. 기타 이 법의 규정에 의한 위원회의 심의업무에 관한 사항

③ 방송사업자는 아동과 청소년을 보호하기 위하여 방송프로그램의 폭력성 및 음란성 등의 유해정도, 시청자의 연령 등을 감안하여 방송프로그램의 등급을 분류하고 이를 방송중에 표시하여야 한다.

④ 위원회는 제3항의 방송프로그램 등급분류와 관련하여 분류기준 등 필요한 사항을 위원회규칙으로 정하여 공표하여야 한다. 이 경우 분류기준은 방송매체와 방송분야별 특성 등을 고려하여 차등을 둘 수 있다.

제34조 (심의위원회) ① 위원회는 방송의 공정성 및 공공성에 대한 위원회의 심의를 효율적으로 수행하기 위하여 심의위원회를 둘 수 있다.

② 심의위원회 위원은 위원회 위원장이 위원회의 동의를 얻어 위촉하며, 심의위원회의 구성과 운영에 관하여 필요한 사항은 위원회규칙으로 정한다.

제35조 (시청자불만처리위원회) ① 위원회는 방송에 관한 시청자의 의견을 수렴하고 시청자 불만처리 및 청원사항에 관한 심의를 효율적으로 수행하기 위하여 시청자불만처리위원회를 둘 수 있다.

② 시청자 불만처리위원회 위원은 위원회 위원장이 위원회의 동의를 얻어 위촉한다.

③ 시청자 불만처리위원회의 구성과 운영, 시청자 불만처리의 절차와 분쟁의 조정 등에 관하여 필요한 사항은 위원회규칙으로 정한다.

제35조의 2 (남북간 방송 교류·협력) ① 정부 또는 위원회는 남북간 방송부문의 상호교류 및 협력을 증진할 수 있도록 노력하여야 한다.

② 남북간 방송교류 및 협력을 추진하기 위하여 위원회에 남북방송교류추진위원회를 둔다.

③ 제2항의 규정에 따른 남북방송교류추진위원회의 구성과 운영에 관하여 필요한 사항은 위원회규칙으로 정한다. 〈본조 신설 2005. 5. 18〉

제36조 (방송발전기금의 설치) 위원회는 방송진흥사업 및 문화·예술진흥사업을 위하여 방송발전기금(이하 '기금'이라 한다)을 설치한다.

제37조 (기금의 조성) ① 기금은 다음 각 호의 재원으로 조성한다.

1. 제2항 내지 제4항의 규정에 의한 징수액 〈개정 2005. 5. 18〉
2. 〈삭제 2005. 5. 18〉
3. 방송사업자의 출연금
4. 제19조의 규정에 의한 과징금 징수액
5. 기타 수입금

② 위원회는 지상파방송 사업자로부터 대통령령이 정하는 바에 의하여 방송광고매출액의 100분의 6의 범위 안에서 기금을 징수할 수 있다.

③ 위원회는 종합유선방송사업자 및 위성방송사업자로부터 대통령령이 정하는 바에

의하여 연 매출액의 100분의 6의 범위 안에서 기금을 징수할 수 있다. 〈개정 2005. 5. 18〉

④ 위원회는 상품소개와 판매에 관한 전문편성을 행하는 방송채널사용사업자로부터 대통령령이 정하는 바에 의하여 당해연도 결산상 영업이익의 100분의 15의 범위 안에서 기금을 징수할 수 있다.

⑤ 제1항 제1호 및 제2호의 재원에 대하여는 방송사업자의 방송운용의 공공성과 수익성 등을 기준으로 방송사업자별로 그 징수율을 차등 책정할 수 있다.

⑥ 위원회는 제2항의 규정에 의한 기금 징수를 한국방송광고공사법에 의한 한국방송광고공사(이하 '한국방송광고공사'라고 한다) 또는 대통령령이 정하는 방송광고판매대행사에 위탁할 수 있다.

⑦ 위원회는 제2항 내지 제4항의 규정에 의하여 기금을 납부하여야 할 자가 납부기한까지 이를 납부하지 아니한 때에는 체납된 금액의 100분의 5 이내의 범위에서 대통령령이 정하는 바에 따라 가산금을 부과할 수 있다. 〈신설 2004. 3. 22〉

⑧ 위원회는 제2항 내지 제4항의 규정에 의한 기금 및 제7항의 규정에 의한 가산금을 납부하여야 할 자가 납부기한까지 이를 납부하지 아니한 때에는 국세체납처분의 예에 따라 이를 징수한다. 〈신설 2004. 3. 22〉

제38조 (기금의 용도) 기금은 다음 각 호의 1의 사업에 사용된다.

1. 교육방송 및 기타 공공을 목적으로 운영되는 방송
2. 공공의 목적을 위한 방송사업자의 설립 및 방송프로그램 제작
3. 방송프로그램 및 영상물 제작 지원
4. 시청자가 직접 제작한 방송프로그램
5. 미디어 교육 및 시청자단체의 활동
6. 방송광고 발전을 위한 단체 및 사업 지원
7. 방송기술 연구 및 개발
8. 장애인등 방송소외계층의 방송접근을 위한 지원
9. 문화 · 예술진흥사업
10. 언론공익사업
11. 남북간 방송 교류 · 협력 및 남북공동 방송프로그램 제작 지원 〈신설 2005. 5. 18〉
12. 기타 방송의 공공성 제고와 방송발전에 필요하다고 위원회가 의결한 사업 〈개정 2005. 5. 18〉

제39조 (기금의 관리 · 운용) ① 기금은 위원회가 관리 · 운용한다.

② 기금은 공정하고 효율적인 관리 · 운용을 위하여 방송발전기금관리위원회를 둔다.

③ 방송발전기금관리위원회 위원은 위원회 위원장이 위원회의 동의를 얻어 10인 이

내로 위촉한다. 다만, 방송발전기금관리위원회에는 문화관광부장관이 추천하는 인사가 100분의 20 이상 포함되어야 한다.

④ 방송발전기금관리위원회의 구성과 운영에 관하여 필요한 사항은 위원회규칙으로 정한다.

제40조 (기금관리의 위탁) 위원회는 대통령령이 정하는 바에 의하여 기금의 관리를 한국방송광고공사에 위탁할 수 있다.

제41조 (위원회 사무처) ① 위원회의 사무를 처리하게 하기 위하여 위원회에 사무처를 둔다.

② 사무처에 사무총장 1인과 필요한 직원을 두며 위원장이 임명한다. 이 경우, 사무총장을 임명할 때에는 위원회의 동의를 얻어야 한다.

③ 사무처 의 조직에 관하여 필요한 사항은 대통령령으로 정하고, 운영에 관하여 필요한 사항은 위원회규칙으로 정한다.

제42조 (위원회규칙의 제정과 개정) 위원회가 위원회규칙을 제정 또는 개정하고자 할 때에는 20일 이상의 예고와 위원회의 의결을 거쳐야 한다. 이 경우 위원회는 이를 관보에 게재·공표하여야 한다.

제4장 한국방송공사

제43조 (설치 등) ① 공정하고 건전한 방송문화를 정착시키고 국내외 방송을 효율적으로 실시하기 위하여 국가기간방송으로서 한국방송공사(이하 이 장에서 '공사'라 한다)를 설립한다.

② 공사는 법인으로 한다.

③ 공사의 주된 사무소의 소재지는 정관으로 정한다.

④ 공사는 업무수행을 위하여 필요한 때에는 이사회의 의결을 거쳐 지역방송국을 둘 수 있다.

⑤ 공사의 자본금은 3천억 원으로 하고 그 전액을 정부가 출자한다.

⑥ 제5항의 자본금 납입의 시기와 방법은 기획예산처장관이 정하는 바에 따른다.

⑦ 공사는 주된 사무소의 소재지에서 설립등기를 함으로써 성립한다.

⑧ 제7항의 규정에 의한 설립등기와 지역방송국의 설치등기, 이전등기, 변경등기 기타 공사의 등기에 관하여 필요한 사항은 대통령령으로 정한다.

제44조 (공사의 공적 책임) ① 공사는 방송의 목적과 공적 책임, 방송의 공정성과 공익성을 실현하여야 한다.

② 공사는 국민이 지역과 주변 여건에 관계없이 양질의 방송서비스를 제공받을 수 있

도록 노력하여야 한다.

③ 공사는 시청자의 공익에 기여할 수 있는 새로운 방송프로그램·방송서비스 및 방송기술을 연구하고 개발하여야 한다.

④ 공사는 국내외를 대상으로 민족문화를 창달하고, 민족의 동질성을 확보할 수 있는 방송프로그램을 개발하여 방송하여야 한다.

제45조 (정관의 기재사항) ① 공사의 정관에는 다음 각 호의 사항을 기재하여야 한다.

1. 목적
2. 명칭
3. 주된 사무소의 소재지
4. 공사의 조직과 이사장·이사·집행기관 및 직원에 관한 사항
5. 이사회의 운영에 관한 사항
6. 업무와 그 집행에 관한 사항
7. 시청자불만처리 및 시청자보호에 관한 사항
8. 정관의 변경에 관한 사항
9. 사채발행 및 차입에 관한 사항
10. 주식 또는 출자증권에 관한 사항
11. 손익금의 처리 등 회계에 관한 사항
12. 공고방법에 관한 사항
13. 기타 대통령령이 정하는 사항

② 공사가 정관을 변경하고자 할 때에는 방송위원회의 인가를 받아야 한다.

제46조 (이사회의 설치 및 운영) ① 공사는 공사의 독립성과 공공성을 보장하기 위하여 공사경영에 관한 최고의결기관으로 이사회를 둔다.

② 이사회는 이사장을 포함한 이사 11인으로 구성한다.

③ 이사는 각 분야의 대표성을 고려하여 방송위원회에서 추천하고 대통령이 임명한다.

④ 이사장은 이사회에서 호선한다.

⑤ 이사장을 포함한 이사는 비상임으로 한다.

⑥ 이사장은 이사회를 소집하고 그 회의의 의장이 된다.

⑦ 이사회는 재적이사 과반수의 찬성으로 의결한다.

⑧ 이사장이 부득이한 사유로 직무를 수행할 수 없을 때에는 정관이 정하는 바에 따라 다른 이사가 그 직무를 대행한다.

제47조 (이사의 임기) ① 이사의 임기는 3년으로 한다.

② 이사의 결원이 있을 때에는 결원된 날부터 30일 이내에 제46조의 규정에 의하여 그 보궐이사를 임명하여야 하며, 보궐이사의 임기는 전임자의 잔임기간으로 한다.

③ 임기가 만료된 이사는 그 후임자가 임명될 때까지 그 직무를 행한다.

제48조 (이사의 결격사유) 다음 각 호의 1에 해당하는 자는 공사의 이사가 될 수 없다.

1. 대한민국의 국적을 가지지 아니한 자
2. 정당법에 의한 당원
3. 국가공무원법 제33조 각 호의 1에 해당하는 자

제49조 (이사회의 기능) ① 이사회는 다음 각 호의 사항을 심의·의결한다.

1. 공사가 행하는 방송의 공적 책임에 관한 사항
2. 공사가 행하는 방송의 기본운영계획
3. 예산·자금계획
4. 예비비의 사용 및 예산의 이월
5. 결산
6. 공사의 경영평가 및 공표
7. 사장·감사의 임명제청 및 부사장 임명동의
8. 지역방송국의 설치 및 폐지
9. 기본재산의 취득 및 처분
10. 장기차입금의 차입 및 사채의 발행과 그 상환계획
11. 손익금의 처리
12. 다른 기업체에 대한 출자
13. 정관의 변경
14. 정관이 정하는 규정의 제정 및 개폐
15. 기타 이사회가 특히 필요하다고 인정하는 사항

② 이사회는 특히 필요하다고 인정하는 경우에는 감사에게 공사에 대한 감사를 요청할 수 있다.

제50조 (집행기관) ① 공사에 집행기관으로서 사장 1인, 2인 이내의 부사장, 8인 이내의 본부장 및 감사 1인을 둔다.

② 사장은 이사회의 제청으로 대통령이 임명한다.

③ 이사회가 제2항의 규정에 의하여 사장을 제청하는 때에는 그 제청기준과 제청사유를 제시하여야 한다.

④ 감사는 이사회의 제청으로 방송위원회에서 임명한다.

⑤ 부사장과 본부장은 사장이 임명한다. 다만, 부사장을 임명할 경우에는 이사회의 동의를 얻어야 한다.

⑥ 집행기관의 임기 및 결격사유에 대하여는 제47조 및 제48조의 이사에 관한 규정을 준용한다.

第51조 (집행기관의 직무 등) ① 사장은 공사를 대표하고, 공사의 업무를 총괄하며, 경영성과에 대하여 책임을 진다.

② 사장이 부득이한 사유로 그 직무를 수행할 수 없을 때에는 부사장이 그 직무를 대행하고 부사장이 부득이한 사유로 그 직무를 수행할 수 없을 때에는 정관이 정하는 자가 그 직무를 대행한다.

③ 사장은 정관이 정하는 바에 의하여 직원 중에서 공사의 업무에 관한 모든 재판상 또는 재판 외의 행위를 할 수 있는 권한을 가진 대리인을 선임할 수 있다.

④ 감사는 공사의 업무 및 회계에 관한 사항을 감사한다.

⑤ 사장과 감사는 이사회에 출석하여 의견을 진술할 수 있다.

第52조 (직원의 임면) 공사의 직원은 정관이 정하는 바에 따라 사장이 임면한다.

第53조 (집행기관과 직원의 직무상 의무) ① 공사의 집행기관 및 직원은 그 직무 외의 영리를 목적으로 하는 직무에 종사하지 못한다.

② 공사의 집행기관 또는 직원이나 그 직에 있었던 자는 그 직무상 알게 된 공사의 비밀을 누설하거나 도용하여서는 아니 된다.

第54조 (업무) ① 공사는 다음 각 호의 업무를 행한다.

1. 라디오방송의 실시
2. 텔레비전방송의 실시
3. 위성방송 등 새로운 방송매체를 통한 방송의 실시
4. 방송시설의 설치·운영 및 관리
5. 국가가 필요로 하는 대외방송(국제친선 및 이해증진과 문화·경제교류 등을 목적으로 하는 방송)과 사회교육방송(외국에 거주하는 한민족을 대상으로 민족의 동질성을 증진할 목적으로 하는 방송)의 실시
6. 한국교육방송공사법에 의한 한국교육방송공사가 행하는 방송의 송신 지원
7. 시청자 불만처리와 시청자 보호를 위한 기구의 설치 및 운영
8. 전속단체의 운영·관리
9. 방송문화행사의 수행 및 방송문화의 국제교류
10. 방송에 관한 조사·연구 및 발전
11. 제1호 내지 제10호의 업무에 부대되는 수익사업

② 국가는 제1항 제5호에 해당하는 업무에 대하여 보조금을 지원할 수 있다.

③ 공사는 이사회의 의결을 거쳐 제1항 각 호에 해당하는 업무 또는 이와 유사한 업무를 행하는 법인에 대하여 그 자본금의 전부 또는 일부를 출자할 수 있다.

第55조 (회계처리) ① 공사의 회계연도는 정부의 회계연도에 의한다.

② 공사의 회계처리의 기준과 절차 등에 관하여는 기업회계기준 및 기업예산회계법

을 준용한다.

第56条 (재원) 공사의 경비는 제64조의 규정에 의한 텔레비전 방송수신료로 충당하되, 목적업무의 적정한 수행을 위하여 필요한 경우에는 방송광고수입 등 대통령령이 정하는 수입으로 충당할 수 있다.

第57条 (예산의 편성) ① 공사의 예산은 사장이 편성하고 이사회의 의결로 확정된다. 예산이 확정된 후 발생한 운영계획의 변경 기타 불가피한 사유로 인하여 예산을 변경하는 경우에도 또한 같다.

② 공사의 사장은 천재·지변 기타 부득이한 사유로 회계연도 개시 전까지 예산이 확정되지 아니한 경우에는 전년도 예산에 준하여 예산을 운영할 수 있다. 이 경우 준예산에 의하여 집행된 예산은 이를 당해연도의 예산에 의하여 집행된 것으로 본다.

第58条 (운영계획의 수립) ① 공사의 사장은 제57조의 규정에 의하여 예산이 확정된 때에는 지체없이 이사회의 의결을 거쳐 당해연도의 예산에 따른 운영계획을 수립하여야 한다.

② 공사의 사장은 제1항의 규정에 의하여 수립한 당해연도의 운영계획을 예산이 확정된 후 2월 이내에 방송위원회에 제출하여야 한다.

第59条 (결산서의 확정) ① 공사의 사장은 매 회계연도 종료 후 2월 이내에 전회계연도의 결산서를 방송위원회 및 국회에 각각 제출하여야 하며 국회의 승인을 얻어 결산을 확정하고, 이를 공표하여야 한다.

② 제1항의 결산서에는 다음 각 호의 서류를 첨부하여야 한다.

1. 재무제표와 그 부속서류
2. 기타 결산의 내용을 명확하게 함에 필요한 서류

③ 방송위원회는 제1항의 규정에 의하여 확정된 공사의 결산을 총괄하여 6월 30일까지 감사원에 제출하여야 한다.

④ 감사원은 제3항의 규정에 의하여 제출 받은 결산서를 검사하고 그 결과를 9월 30일까지 방송위원회에 송부하여야 한다.

第60条 (부동산의 취득 등의 보고) 공사가 부동산을 취득 또는 처분하거나 취득할 당시의 목적을 변경하였을 때에는 지체없이 방송위원회에 보고하여야 한다.

第61条 (보조금 등) 국가는 예산의 범위 안에서 대통령령이 정하는 바에 의하여 공사의 업무에 필요한 비용의 일부를 보조하거나 재정자금을 융자할 수 있으며 공사의 사채를 인수할 수 있다.

第62条 (물품구매 및 공사계약의 위탁) 공사의 사장은 필요하다고 인정할 때에는 공사의 수요물자의 구매나 시설공사계약의 체결을 조달청장에게 위탁할 수 있다.

第63条 (감사) ① 공사의 감사는 내부감사와 외부감사로 구분한다.

② 내부감사는 정관이 정하는 바에 따라 공사의 감사가 이를 실시한다.

③ 공사의 외부감사는 감사원법이 정하는 바에 따라 감사원이 이를 실시한다.

제64조 (텔레비전수상기의 등록과 수신료 납부) 텔레비전방송을 수신하기 위하여 텔레비전수상기(이하 '수상기'라 한다)를 소지한 자는 대통령령이 정하는 바에 따라 공사에 그 수상기를 등록하고 텔레비전방송수신료(이하 '수신료'라 한다)를 납부하여야 한다. 다만, 대통령령이 정하는 수상기에 대하여는 그 등록을 면제하거나 수신료의 전부 또는 일부를 감면할 수 있다.

제65조 (수신료의 결정) 수신료의 금액은 이사회가 심의·의결한 후 방송위원회를 거쳐 국회의 승인을 얻어 확정되고, 공사가 이를 부과·징수한다.

제66조 (수신료 등의 징수) ① 공사는 제65조의 규정에 의하여 수신료를 징수함에 있어서 수신료를 납부하여야 할 자가 그 납부기간 내에 이를 납부하지 아니할 때에는 그 수신료의 100분의 5의 범위 안에서 대통령령이 정하는 비율에 상당하는 금액을 가산금으로 징수한다.

② 공사는 제64조의 규정에 의한 등록을 하지 아니한 수상기의 소지자에 대하여 1년분의 수신료에 해당하는 추징금을 부과·징수할 수 있다.

③ 공사는 제65조의 수신료와 제1항 및 제2항의 가산금 또는 추징금을 징수함에 있어서 체납이 있는 경우에는 방송위원회의 승인을 얻어 국세체납처분의 예에 의하여 이를 징수할 수 있다.

제67조 (수상기 등록 및 징수의 위탁) ① 공사는 제66조의 규정에 의한 수신료의 징수업무를 시·도지사에게 위탁할 수 있다.

② 공사는 수상기의 생산자·판매인·수입판매인 또는 공사가 지정하는 자에게 수상기의 등록업무 및 수신료의 징수업무를 위탁할 수 있다.

③ 공사가 제1항 및 제2항의 규정에 의하여 수신료 징수업무를 위탁한 경우에는 대통령령이 정하는 바에 따라 수수료를 지급하여야 한다.

제68조 (수신료의 사용) 공사는 제65조 및 제66조의 규정에 의하여 징수된 수신료를 대통령령이 정하는 바에 따라 한국교육방송공사법에 의한 한국교육방송공사의 재원으로 지원할 수 있다.

제5장 방송사업의 운영 등

제69조 (방송프로그램의 편성 등) ① 방송사업자는 방송프로그램을 편성함에 있어 공정성·공공성·다양성·균형성·사실성 등에 적합하도록 하여야 한다.

② 종합편성을 행하는 방송사업자는 정치·경제·사회·문화 등 각 분야의 사항이 균형 있게 표현될 수 있도록 하여야 한다.
③ 종합편성을 행하는 방송사업자는 방송프로그램의 편성에 있어서 대통령령이 정하는 기준에 따라 보도·교양 및 오락에 관한 방송프로그램을 포함하여야 하고, 그 방송프로그램 상호간에 조화를 이루도록 편성하여야 한다. 이 경우 대통령령이 정하는 주시청시간대(이하 '주시청시간대'라 한다)에는 특정 방송분야의 방송프로그램이 편중되어서는 아니 된다.
④ 전문편성을 행하는 방송사업자는 허가를 받거나 승인을 얻거나 등록을 한 주된 방송분야가 충분히 반영될 수 있도록 대통령령이 정하는 기준에 따라 방송프로그램을 편성하여야 한다.
⑤ 한국방송공사 및 특별법에 의한 방송사업자, 방송문화진흥회법에 의한 방송문화진흥회가 출자한 방송사업자 및 그 방송사업자가 출자한 방송사업자를 제외한 지상파방송사업자는 다른 한 방송사업자의 제작물을 대통령령이 정하는 비율 이상 편성하여서는 아니 된다.
⑥ 한국방송공사는 대통령령이 정하는 바에 의하여 시청자가 직접 제작한 시청자 참여프로그램을 편성하여야 한다.
⑦ 방송사업자는 대통령령이 정하는 바에 의하여 장애인의 시청을 도울 수 있도록 노력하여야 하며, 필요한 경우 방송위원회는 기금에서 그 경비의 일부를 지원할 수 있다. 〈개정 2002. 12. 18〉

第70조 (채널의 구성과 운용) ① 이동멀티미디어방송을 행하는 지상파방송사업자·종합유선방송사업자 및 위성방송사업자는 특정 방송분야에 편중되지 아니하고 다양성이 구현되도록 대통령령이 정하는 바에 의하여 채널을 구성·운용하여야 한다. 〈개정 2004. 3. 22〉
② 이동멀티미디어방송을 행하는 지상파방송사업자·종합유선방송사업자 및 위성방송사업자는 대통령령이 정하는 범위를 초과하여 방송채널을 직접 사용하거나 당해 방송사업자의 특수관계자 또는 특정 방송채널사용 사업자에게 채널을 임대하여서는 아니 된다. 〈개정 2004. 3. 22〉
③ 종합유선방송사업자 및 위성방송사업자(이동멀티미디어방송을 행하는 위성방송사업자를 제외한다)는 대통령령이 정하는 바에 의하여 국가가 공공의 목적으로 이용할 수 있는 채널(이하 '공공채널'이라 한다) 및 종교의 선교목적을 지닌 채널을 두어야 한다. 〈개정 2004. 3. 22〉
④ 종합유선방송사업자는 대통령령이 정하는 바에 의하여 지역정보 및 방송프로그램 안내와 공지사항 등을 제작·편성 및 송신하는 지역채널을 운용하여야 한다.

⑤ 중계유선방송사업자는 위원회규칙이 정하는 바에 의하여 방송프로그램 안내와 공지사항 등을 제작·편성 및 송신하는 공지채널을 운용할 수 있다. 다만, 공지채널의 경우에는 보도·논평 또는 광고에 관한 사항은 송출할 수 없다.

⑥ 중계유선방송사업자가 운용할 수 있는 채널의 범위는 대통령령으로 정한다.

⑦ 종합유선방송사업자 및 위성방송사업자는 위원회규칙이 정하는 바에 의하여 시청자가 자체 제작한 방송프로그램의 방송을 요청하는 경우에는 특별한 사유가 없는 한 이를 지역채널 또는 공공채널을 통하여 방송하여야 한다.

제71조 (국내 방송프로그램의 편성) ① 방송사업자는 당해 채널의 전체 프로그램 중 국내에서 제작된 방송프로그램을 대통령령이 정하는 바에 따라 일정한 비율 이상 편성하여야 한다.

② 방송사업자는 연간 방송되는 영화·애니메이션 및 대중음악 중 국내에서 제작된 영화·애니메이션 및 대중음악을 대통령령이 정하는 바에 따라 일정한 비율 이상 편성하여야 한다. 다만, 지상파방송사업자는 당해 채널에서 연간 방송되는 전체 프로그램 중 국내에서 제작된 애니메이션을 대통령령이 정하는 바에 따라 일정한 비율이상 신규로 편성하여야 한다. 〈개정 2004. 3. 22〉

③ 방송사업자는 국제문화 수용의 다양성을 보장하기 위하여 외국에서 수입한 영화·애니메이션 및 대중음악 중 한 국가에서 제작한 영화·애니메이션 및 대중음악이 대통령령이 정하는 바에 따라 일정한 비율 이상을 초과하지 아니하도록 편성하여야 한다.

④ 제1항 내지 제3항의 규정에 의한 방송프로그램의 편성비율은 방송매체와 방송분야별 특성 등을 고려하여 차등을 둘 수 있다.

제72조 (외주제작 방송프로그램의 편성) ① 방송사업자는 당해 채널의 전체 방송프로그램 중 국내에서 당해 방송사업자가 아닌 자가 제작한 방송프로그램(이하 '외주제작 방송프로그램'이라 한다)을 대통령령이 정하는 바에 따라 일정한 비율 이상 편성하여야 한다.

② 방송사업자는 제1항의 규정에 의한 외주제작 방송프로그램을 편성함에 있어 특수관계자가 제작한 방송프로그램을 대통령령이 정하는 바에 따라 일정한 비율 이상을 초과하지 아니하도록 편성하여야 한다.

③ 종합편성을 행하는 방송사업자는 외주제작 방송프로그램을 주시청시간대에 대통령령이 정하는 바에 따라 일정한 비율 이상 편성하여야 한다.

④ 제1항의 규정에 의한 외주제작 방송프로그램의 편성비율은 방송매체와 방송분야별 특성 등을 고려하여 차등을 둘 수 있다.

제73조 (방송광고 등) ① 방송사업자는 방송광고와 방송프로그램이 혼동되지 아니하도록 명확하게 구분하여야 한다.

② 방송광고의 종류는 다음 각 호와 같고, 방송광고의 허용범위 · 시간 · 횟수 또는 방법 등에 관하여 필요한 사항은 대통령령으로 정한다. 〈개정 2005. 5. 18〉

1. 방송프로그램광고: 방송프로그램의 전후(방송프로그램 시작타이틀 고지 후부터 본방송프로그램 시작 전까지 및 본방송프로그램 종료 후부터 방송프로그램 종료타이틀 고지 전까지를 말한다)에 편성되는 광고
2. 중간광고: 1개의 동일한 방송프로그램이 시작한 후부터 종료되기 전까지 사이에 그 방송프로그램을 중단하고 편성되는 광고
3. 토막광고: 방송프로그램과 방송프로그램 사이에 편성되는 광고
4. 자막광고: 방송프로그램과 관계없이 문자 또는 그림으로 나타내는 광고
5. 시보광고: 현재시간 고지 시 함께 방송되는 광고

③ 상품소개 및 판매에 관한 전문편성을 행하는 방송의 경우에는 당해 상품소개 및 판매에 관한 방송내용물은 이를 방송광고로 보지 아니한다.

④ 방송사업자 및 전광판방송사업자는 공공의 이익을 증진시킬 목적으로 제작된 비상업적 공익광고를 대통령령이 정하는 비율 이상 편성하여야 한다.

⑤ 지상파방송사업자는 한국방송광고공사 또는 대통령령이 정하는 방송광고판매대행사가 위탁하는 방송광고물 이외에는 방송광고를 할 수 없다. 다만, 대통령령이 정하는 방송광고에 대하여는 그러하지 아니하다.

제 74 조 (협찬고지) ① 방송사업자는 대통령령이 정하는 범위 안에서 협찬고지를 할 수 있다.

② 협찬고지의 세부기준 및 방법 등에 관하여 필요한 사항은 위원회규칙으로 정한다.

제 75 조 (재난방송) ① 종합편성 또는 보도전문편성을 행하는 방송사업자는 자연재해대책법 제2조의 규정에 의한 재해 또는 재난 및 안전관리기본법 제3조의 규정에 의한 재난이 발생하거나 발생할 우려가 있는 경우에는 그 발생을 예방하거나 그 피해를 줄일 수 있는 재난방송을 하여야 한다. 〈개정 2004. 3. 11〉

② 방송위원회는 국민의 생명과 재산을 보호하고 그밖에 공공복리를 위하여 특히 필요하다고 인정하는 경우에는 대통령령이 정하는 바에 따라 방송사업자에 대하여 재해 또는 재난의 발생을 예방하거나 그 피해를 줄일 수 있는 재난방송을 행하도록 요구할 수 있다. 이 경우 방송사업자는 특별한 사유가 없는 한 재난방송을 하여야 한다. 〈개정 2005. 5. 18〉

③ 방송위원회는 한국방송공사를 재난방송의 주관기관으로 지정할 수 있다.

④ 재난방송에 관한 기준 및 방법 등에 관하여 필요한 사항은 위원회규칙으로 정한다.

제 76 조 (방송프로그램의 공급) 방송사업자는 다른 방송사업자에게 방송프로그램을 공급할 때에는 공정하고 합리적인 시장가격으로 차별 없이 제공하여야 한다.

제 77 조 (유료방송의 약관 승인) ① 유료방송을 행하고자 하는 방송사업자 · 중계유선방송사

업자 및 음악유선방송사업자는 이용요금 및 기타 조건에 관한 약관을 정하여 방송위원회에 신고하여야 하며, 이용요금에 대하여는 방송위원회의 승인을 얻어야 한다. 신고한 약관이나 승인을 얻은 이용요금을 변경하고자 하는 경우에도 또한 같다.

② 방송위원회는 제1항의 규정에 의한 약관이 현저히 부당하여 시청자의 이익을 저해한다고 판단하는 때에는 유료방송을 행하는 방송사업자·중계유선방송사업자 및 음악유선방송사업자에게 상당한 기간을 정하여 그 약관의 변경을 명할 수 있다.

제78조 (재송신) ① 종합유선방송사업자·위성방송사업자(이동멀티미디어방송을 행하는 위성방송사업자를 제외한다) 및 중계유선방송사업자는 한국방송공사 및 한국교육방송공사법에 의한 한국교육방송공사가 행하는 지상파방송(라디오방송을 제외한다)을 수신하여 그 방송프로그램에 변경을 가하지 아니하고 그대로 동시에 재송신(이하 '동시재송신'이라 한다)하여야 한다. 다만, 지상파방송을 행하는 당해 방송사업자의 방송구역 안에 당해 종합유선방송사업자 및 중계유선방송사업자의 방송구역이 포함되지 아니하는 경우에는 그러하지 아니하다. 〈개정 2002. 4. 20, 2004. 3. 22〉

② 제1항의 규정에 의한 지상파방송사업자가 수 개의 지상파방송 채널을 운용하는 경우, 제1항 본문의 규정에 불구하고 동시재전송하여야 하는 지상파방송은 방송위원회가 지상파방송사업자별로 방송편성 내용 등을 고려하여 지정·고시하는 1개의 지상파방송 채널에 한한다. 〈신설 2002. 4. 20〉

③ 제1항의 규정에 의한 동시재송신의 경우에는 저작권법 제69조의 동시중계방송권에 관한 규정은 이를 적용하지 아니한다.

④ 종합유선방송사업자 및 중계유선방송사업자가 당해 방송구역 외에서 허가받은 지상파방송사업자가 행하는 지상파방송을 동시재송신하고자 하거나 위성방송사업자가 제1항 및 제2항의 규정에 의하여 동시재송신하는 지상파방송 이외의 지상파방송을 재송신하고자하는 때에는 방송위원회의 승인을 얻어야 한다. 〈개정 2002. 4. 20〉

⑤ 종합유선방송사업자 및 위성방송사업자가 외국의 방송사업자(이 법에 의하여 허가·승인 또는 등록하지 아니한 자를 포함한다)가 행하는 방송을 수신하여 재송신하고자 하는 때에는 방송위원회의 승인을 얻어야 한다.

⑥ 제4항 및 제5항의 규정에 의한 재송신의 유형 및 승인의 요건·절차 등에 관하여 필요한 사항은 대통령령으로 정한다. 〈개정 2002. 4. 20〉

제79조 (유선방송국설비 등에 관한 기술기준과 준공검사 등) ① 정보통신부장관은 유선방송국설비(종합유선방송국 및 중계유선방송·음악유선방송을 행하기 위한 설비를 포함한다. 이하 같다)의 설치 및 유지에 관한 사항과 전송·선로설비의 분계점 등에 필요한 기술기준(이하 '기술기준'이라 한다)을 정하여 고시하여야한다.

② 종합유선방송사업자·중계유선방송사업자 및 음악유선방송사업자는 대통령령이

정하는 기한까지 기술기준이 정하는 바에 의하여 유선방송국설비를 설치하고 정보통신부장관의 준공검사를 받아야 한다. 설치한 유선방송국설비를 변경한 때에도 또한 같다.

③ 종합유선방송사업자·중계유선방송사업자 및 음악유선방송사업자는 전송·선로설비를 자체적으로 설치하거나 전송망사업자의 전송·선로설비 또는 전기통신기본법에 의한 기간통신사업자의 전기통신설비를 이용할 수 있으며, 종합유선방송사업자와 중계유선방송사업자는 전송·선로설비를 상호 이용할 수 있다.

④ 종합유선방송사업자·중계유선방송사업자 및 음악유선방송사업자는 천재·지변 기타 불가피한 사유로 대통령령이 정하는 기한까지 유선방송국설비를 설치할 수 없는 때에는 대통령령이 정하는 바에 의하여 정보통신부 장관에게 설비설치기한의 연기를 요청할 수 있다.

제80조 (전송·선로설비 설치의 확인) 종합유선방송사업자·중계유선방송사업자 및 음악유선방송사업자가 전송·선로설비를 자체적으로 설치하는 때 또는 전송망사업자나 기간통신사업자가 종합유선방송사업자나 중계유선방송사업자와 전송·선로설비의 이용계약을 체결한 때에는 기술기준이 정하는 바에 의하여 전송·선로설비를 설치하고 정보통신부장관의 확인을 받아야 한다. 설치한 전송·선로설비를 변경한 때에도 또한 같다.

제81조 (설비개선명령 등) 정보통신부장관은 종합유선방송사업자·중계유선방송사업자·음악유선방송사업자 및 전송망사업자가 설치한 유선방송국설비 및 전송·선로설비가 기술기준에 적합하지 아니할 때에는 그 시설의 보수·개수·이전 기타 필요한 조치를 명할 수 있다.

제82조 (전송·선로설비의 이용) 전송망사업자는 정보통신부령이 정하는 바에 의하여 전송·선로설비이용료 기타 이용조건에 관한 약관을 정하여 정보통신부장관에게 신고하여야 한다. 이를 변경하고자 하는 때에도 또한 같다.

제83조 (방송내용의 기록·보존) ① 방송사업자·중계유선방송사업자·전광판방송사업자 및 음악유선방송사업자는 방송일지에 방송내용을 기록하여 비치하여야 하며, 특별한 사유가 없는 한 방송 실시결과를 방송 후 1월 이내에 방송위원회에 제출하여야 한다.

② 방송사업자는 방송(재송신을 제외한다)된 방송프로그램의 원본 또는 사본을 방송 후 6월간 보존하여야 한다.

③ 제1항의 규정에 의한 방송일지의 기록 및 방송실시결과의 제출시기 등과 제2항의 규정에 의한 사업자별 방송프로그램의 원본 또는 사본의 보존 등에 관하여 필요한 사항은 위원회규칙으로 정한다.

제84조 (폐업 및 휴업 등의 신고) ① 방송사업자·중계유선방송사업자 및 음악유선방송사업

자가 그 업무를 폐업하거나 휴업하고자 하는 때에는 방송위원회 및 정보통신부장관에게 각각 신고하여야 한다.

② 방송사업자 · 중계유선방송사업자 및 음악유선방송사업자는 천재 · 지변 등 불가피한 사유가 있는 경우에 한하여 휴업할 수 있다.

③ 제1항 및 제2항의 규정에 의한 폐업 및 휴업의 신고절차 등에 관하여 필요한 사항은 위원회규칙으로 정한다.

제85조 (방송프로그램별 유료방송 등의 적용배제) 방송프로그램별 유료방송을 행하는 방송사업자에 대하여는 제71조 내지 제75조의 규정을 적용하지 아니한다.

제 6 장 시청자의 권익보호

제86조 (자체심의) 방송사업자는 자체적으로 방송프로그램을 심의할 수 있는 기구를 두고, 방송프로그램(보도에 관한 방송프로그램을 제외한다)이 방송되기 전에 이를 심의하여야 한다.

제87조 (시청자위원회) ① 종합편성 또는 보도전문편성을 행하는 방송사업자는 시청자의 권익을 보호하기 위하여 시청자위원회를 두어야 한다.

② 제1항의 규정에 의한 방송사업자는 각계의 시청자를 대표할 수 있는 자 중에서 위원회규칙이 정하는 단체의 추천을 받아 시청자위원회의 위원을 위촉한다.

③ 시청자위원회의 구성 및 운영에 관하여 필요한 사항은 대통령령으로 정한다.

제88조 (시청자위원회의 권한과 직무) ① 시청자위원회의 권한과 직무는 다음과 같다.

1. 방송편성에 관한 의견제시 또는 시정요구
2. 방송사업자의 자체심의규정 및 방송프로그램 내용에 관한 의견제시 또는 시정요구
3. 시청자평가원의 선임
4. 기타 시청자의 권익보호와 침해구제에 관한 업무

② 시청자위원회의 대표자는 방송위원회에 출석하여 의견을 진술할 수 있다.

제89조 (시청자 평가프로그램) ① 종합편성 또는 보도전문편성을 행하는 방송사업자는 당해 방송사업자의 방송운영과 방송프로그램에 관한 시청자의 의견을 수렴하여 주당 60분 이상의 시청자 평가프로그램을 편성하여야 한다.

② 시청자 평가프로그램에는 시청자위원회가 선임하는 1인의 시청자평가원이 직접 출연하여 의견을 진술할 수 있다.

③ 방송위원회는 시청자평가원의 원활한 업무수행을 위하여 기금에서 경비를 지원할

수 있다.

제90조 (방송사업자의 의무) ① 종합편성 또는 보도전문편성을 행하는 방송사업자는 제88조 제1항 제1호 및 제2호의 규정에 의한 시청자위원회의 의견제시 또는 시정요구를 받은 경우에는 특별한 사유가 없는 한 이를 수용하여야 한다.

② 시청자위원회는 방송사업자가 시청자위원회의 의견제시 또는 시정요구의 수용을 부당하게 거부하는 경우에는 방송위원회에 시청자불만처리를 요청할 수 있다.

③ 종합편성 또는 보도전문편성을 행하는 방송사업자는 시청자위원회가 제88조 제1항 각 호의 규정에 의한 직무를 수행하기 위하여 필요한 자료의 제출 또는 관계자의 출석·답변을 요청하는 경우에는 특별한 사유가 없는 한 이에 응하여야 한다.

④ 종합편성 또는 보도전문편성을 행하는 방송사업자는 시청자위원회의 심의결과 및 그 처리에 관한 사항을 방송위원회에 보고하여야 한다.

⑤ 종합편성 또는 보도전문편성을 행하는 방송사업자는 대통령령이 정하는 바에 의하여 시청자가 요구하는 방송사업에 관한 정보를 공개하여야 한다.

제91조 〈삭제 2005. 1. 27〉

제7장 방송발전의 지원

제92조 (방송발전의 지원) ① 정부는 국민이 다양한 방송을 균등하게 향유할 수 있도록 하고, 방송문화의 발전 및 진흥을 위하여 노력하여야 한다.

② 문화관광부장관은 방송영상산업의 진흥을 위하여 필요한 정책을 수립·시행하여야한다.

③ 정보통신부장관은 방송기술 및 시설에 관하여 필요한 정책을 수립·시행하여야한다.

제93조 (방송프로그램의 보관 및 활용) 방송사업자는 방송프로그램의 효율적인 수집·보관·유통 및 활용 등을 위하여 방송프로그램보관소를 공동으로 설립·운영할 수 있다.

제94조 (방송전문인력의 양성 등) 정부는 방송전문인력을 양성하기 위하여 전문교육기관 및 방송관련학과 등에 대한 지원 등에 필요한 시책을 수립할 수 있다.

제95조 (방송제작단지 조성·지원) ① 정부는 방송사업자가 공동으로 방송제작단지를 조성하는 때에는 필요한 지원을 할 수 있다.

② 정부는 제1항의 규정에 의한 방송제작단지가 정보통신단지 또는 영상제작단지 등과 연계·운영되도록 할 수 있다.

제96조 (방송프로그램 유통 등 지원) ① 문화관광부장관은 영상·비디오 등 영상물이 방송프로그램으로 제작되어 방송매체별로 다단계로 유통·활용 또는 수출될 수 있도록 지

원할 수 있다.

② 정보통신부장관은 방송기술 및 시설의 개발·활용 및 수출이 촉진될 수 있도록 지원할 수 있다.

第97조 (방송의 국제협력) 정부 또는 방송위원회는 외국의 방송관련기관·단체와의 국제교류, 방송프로그램의 공동제작, 방송전문인력의 상호교류 및 방송기술의 공동개발 등 국제협력을 촉진할 수 있는 사업을 지원할 수 있다.

제8장 보 칙

第98조 (자료제출) ① 정부 또는 방송위원회는 직무수행을 위하여 필요한 경우에는 방송사업자·중계유선방송사업자·전광판방송사업자·음악유선방송사업자 또는 전송망사업자에게 관련자료의 제출을 요구할 수 있다.

② 방송사업자는 매년 말 당해 법인의 재산상황을 방송위원회에 제출하여야 하며 방송위원회는 이를 공표하여야 한다.

第99조 (시정명령 등) ① 방송위원회는 방송사업자·중계유선방송사업자·전광판방송사업자 또는 음악유선방송사업자가 다음 각 호의 1에 해당하는 때에는 시정을 명할 수 있다.

1. 시청자의 이익을 현저히 부당하게 저해하고 있다고 인정될 때
2. 이 법 또는 허가조건·승인조건·등록요건을 위반하고 있다고 인정될 때

② 정보통신부장관은 방송사업자(방송채널사용사업자를 제외한다)·전송망사업자·중계유선방송사업자 또는 음악유선방송사업자가 설치한 시설이 이 법 또는 허가조건·등록요건을 위반하고 있다고 인정될 때에는 그 시설의 개선을 명할 수 있다.

第100조 (제재조치 등) ① 방송위원회는 방송사업자·중계유선방송사업자 또는 전광판방송사업자가 제33조의 심의규정을 위반한 경우에는 다음 각 호의 제재조치를 명할 수 있다. 제27조 제8호의 시청자불만처리의 결과에 따라 제재를 할 필요가 있다고 인정되는 경우에도 또한 같다.

1. 시청자에 대한 사과
2. 해당 방송프로그램의 정정·중지
3. 방송편성책임자 또는 해당 방송프로그램의 관계자에 대한 징계

② 방송사업자·중계유선방송사업자 및 전광판방송사업자는 제1항의 규정에 의한 명령을 받은 때에는 지체없이 그 명령내용에 관한 방송위원회의 결정사항전문을 방송하고, 명령을 받은 날부터 7일 이내에 그 명령을 이행하여야 하며, 그 이행 결과를

방송위원회에 보고하여야 한다.

③ 방송위원회는 제1항 제1호 내지 제3호의 규정에 의한 제재조치를 명하고자 할 때에는 미리 당사자 또는 그 대리인에게 의견을 진술할 기회를 주어야 한다. 다만, 당사자 또는 그 대리인이 정당한 사유 없이 이에 응하지 아니한 때에는 그러하지 아니하다.

④ 제1항의 규정에 의한 제재조치에 이의가 있는 자는 당해 제재조치명령을 받은 날부터 30일 이내에 방송위원회에 재심을 청구할 수 있다.

⑤ 방송위원회는 제4항의 규정에 의한 방송위원회의 재심결과를 당사자 또는 그 대리인에게 통지하여야 한다.

제101조 (청문) 방송위원회 또는 정보통신부장관은 다음 각 호의 1에 해당하는 경우에는 청문을 실시하여야 한다.

1. 제17조의 규정에 의한 재허가·재허가 추천 또는 재승인을 거부하는 경우
2. 제18조의 규정에 의한 허가·승인 또는 등록을 취소하는 경우

제102조 (수수료) 이 법에 의한 허가·승인·등록, 변경허가·변경승인·변경등록, 재허가·재승인 신청을 하는 자와 유선방송국설비 및 전송·선로설비의 준공검사를 받고자 하는 자는 대통령령이 정하는 바에 의하여 수수료를 납부하여야 한다.

제103조 (권한의 위임·위탁) ① 이 법에 의한 방송위원회 또는 정보통신부장관의 권한은 그 일부를 대통령령이 정하는 바에 의하여 시·도지사 또는 체신청장에게 위임하거나 전파법에 의한 무선국관리사업단에 위탁할 수 있다.

② 방송위원회는 제32조 제2항의 규정에 의한 방송광고물의 사전심의에 관련된 업무를 대통령령이 정하는 바에 의하여 민간기구·단체에 위탁한다.

제104조 (벌칙적용에 있어서의 공무원 의제) 방송위원회의 위원 또는 사무처의 직원 중 공무원이 아닌 자와 제103조의 규정에 의하여 권한을 위탁받은 사무에 종사하는 자는 형법 기타 법률에 의한 벌칙의 적용에 있어서 이를 공무원으로 본다.

제9장 벌칙

제105조 (벌칙) 다음 각 호의 1에 해당하는 자는 2년 이하의 징역 또는 3천만 원 이하의 벌금에 처한다.

1. 제4조 제2항의 규정에 위반하여 방송편성에 관하여 규제나 간섭을 한 자
2. 허위 기타 부정한 방법으로 제9조 또는 제17조의 규정에 의한 허가 또는 재허가를 받거나 승인 또는 재승인을 얻거나 등록을 하여 방송사업·중계유선방송

사업 · 음악유선방송사업 · 전광판방송사업 또는 전송망사업을 한 자

3. 제9조 또는 제17조의 규정에 의한 허가 또는 재허가를 받지 아니하거나 승인 또는 재승인을 얻지 아니하거나 등록을 하지 아니하고 방송사업 · 중계유선방송사업 · 음악유선방송사업 · 전광판방송사업 또는 전송망사업을 한 자

제106조 (벌칙) ① 다음 각 호의 1에 해당하는 자는 1년 이하의 징역 또는 3천만원 이하의 벌금에 처한다.

1. 제4조 제4항의 규정에 위반하여 방송편성규약을 제정하지 아니하거나 공표하지 아니한 자
2. 제8조 제12항의 규정에 의한 시정명령을 위반한 자
3. 제14조 제6항의 규정에 의한 시정명령을 위반한 자
4. 허위 기타 부정한 방법으로 제15조 제1항의 규정에 의한 변경허가를 받거나 변경승인을 얻거나 변경등록을 한 자
5. 제15조 제1항의 규정에 의한 변경허가를 받지 아니하거나 변경승인을 얻지 아니하거나 변경등록을 하지 아니한 자

② 다음 각 호의 1에 해당하는 자는 3천만원 이하의 벌금에 처한다.

1. 제53조 제2항의 규정에 위반하여 직무상 공사의 비밀을 누설하거나 도용한 자
2. 제100조 제1항의 규정에 의한 방송위원회의 제재조치명령을 이행하지 아니한 자

제107조 (양벌규정) 법인의 대표자, 법인 또는 개인의 대리인 · 사용인 기타 종업원이 그 법인 또는 개인의 업무에 관하여 제105조 또는 제106조의 위반행위를 한 때에는 행위자를 벌하는 외에 그 법인 또는 개인에 대하여도 각 해당 조의 벌금형을 과한다.

제108조 (과태료) ① 다음 각 호의 1에 해당하는 자는 3천만원 이하의 과태료에 처한다. 〈개정 2002.4.20, 개정 2004.3.22〉

1. 제4조 제3항의 규정에 위반하여 방송편성책임자의 성명을 방송시간 내에 매일 1회 이상 공표하지 아니한 자
2. 제15조 제2항 및 제3항의 규정에 의한 신고를 하지 아니한 자

2의 2. 제32조 제3항 또는 제4항의 규정을 위반한 자

3. 제33조 제3항의 규정에 위반하여 방송프로그램의 등급을 표시하지 아니한 자
4. 제69조 제3항 내지 제6항의 규정을 위반하여 방송프로그램을 편성한 자
5. 제70조 제1항 내지 제4항의 규정에 위반하여 채널을 구성 · 운용한 자
6. 제70조 제5항 단서의 규정에 위반하여 채널을 운용하거나, 동조 제6항의 규정에 의한 대통령령을 위반하여 채널을 운용한 자
7. 제70조 제7항의 규정에 위반하여 특별한 이유없이 시청자가 자체 제작한 방송프로그램을 방송하지 아니한 자

8. 第71조 제1항 내지 제3항의 규정에 위반하여 방송프로그램을 편성한 자
9. 第72조 제1항 내지 제3항의 규정에 의한 편성비율을 위반하여 방송프로그램을 편성한 자
10. 第73조 제1항·제2항·제4항 또는 제5항의 규정에 위반하여 방송광고를 한 자
11. 第74조 제1항의 규정에 위반하여 협찬고지를 한 자
11의 2. 第75조 제2항의 규정을 위반하여 특별한 사유 없이 재난방송을 하지 아니한 자 〈신설 2005.5.18〉
12. 第77조 제1항의 규정에 위반하여 약관의 신고 또는 변경신고를 하지 아니하거나 승인 또는 변경승인을 얻지 아니하고 유료방송을 한 자
13. 第78조 제1항의 규정에 위반하여 동시재송신을 하지 아니한 자
14. 第78조 제4항 및 제5항의 규정에 위반하여 재송신을 한 자 및 방송사업자로부터 업무를 위탁받아 방송을 위한 설비를 설치·운용하는 자로서 第78조 제4항 및 제5항의 규정에 위반한 재송신을 가능하게 한 자
15. 第79조 제2항 또는 제80조의 규정에 위반하여 준공검사 또는 확인을 받지 아니한 자
16. 第82조의 규정에 위반하여 약관의 신고 또는 변경신고를 하지 아니하고 전송망사업을 행한 자
17. 第83조 제1항의 규정에 의한 방송일지를 기록하지 아니하거나 허위로 기록한 자 또는 방송실시결과를 제출하지 아니한 자
18. 第83조 제2항의 규정에 위반하여 방송프로그램의 원본 또는 사본을 보존하지 아니한 자
19. 第84조 제1항의 규정에 의한 신고를 하지 아니하고 폐업하거나 휴업한 자
20. 第86조의 규정에 위반하여 자체심의기구를 두지 아니하거나 방송프로그램을 심의하지 아니한 자
21. 第87조 제1항의 규정에 위반하여 시청자위원회를 두지 아니한 자
22. 第89조 제1항의 규정에 위반하여 시청자 평가프로그램을 편성하지 아니한 자
23. 第90조 제3항의 규정에 위반하여 필요한 자료의 제출 또는 관계자의 출석·답변을 거부한 자
24. 第90조 제4항의 규정에 위반하여 시청자위원회의 심의결과 및 그 처리에 관한 사항을 방송위원회에 보고하지 아니한 자
25. 〈삭제 2005.1.27〉
25의 2. 第98조 제1항의 규정을 위반하여 자료제출을 하지 아니하거나 거짓으로 자료를 제출한 자

26. 제98조 제2항의 규정에 위반하여 재산상황을 제출하지 아니하거나 거짓으로 재산상황을 제출한 자
27. 제100조 제2항의 규정에 위반하여 방송위원회의 결정사항전문을 방송하지 아니하거나 그 결과를 방송위원회에 보고하지 아니한 자

② 제1항의 규정에 의한 과태료는 대통령령이 정하는 바에 의하여 방송위원회 또는 정보통신부장관(이하 '부과권자'라 한다)이 부과·징수한다.

③ 제2항의 규정에 의한 과태료 처분에 불복이 있는 자는 그 처분의 고지를 받은 날부터 30일 이내에 그 부과권자에게 이의를 제기할 수 있다.

④ 제2항의 규정에 의하여 과태료의 처분을 받은 자가 제3항의 규정에 의하여 이의를 제기한 때에는 부과권자는 지체 없이 관할법원에 이를 통보하여야 하며, 그 통보를 받은 관할법원은 비송사건절차법에 의한 과태료의 재판을 한다.

⑤ 제3항의 규정에 의한 기간 내에 이의를 제기하지 아니하고 과태료를 납부하지 아니한 때에는 국세체납처분의 예에 의하여 이를 징수한다.

부 칙

〈제6139호, 2000. 1. 12〉

제1조 (시행일) 이 법은 공포 후 2월이 경과한 날부터 시행하되, 부칙 제4조 제2항의 규정은 공포한 날부터 시행한다.

제2조 (다른 법률의 폐지) 다음 각 호의 법률은 이를 폐지한다.

1. 방송법
2. 종합유선방송법
3. 한국방송공사법
4. 유선방송관리법

제3조 (방송위원회 등에 관한 경과조치) ① 이 법 제20조의 규정에 의한 방송위원회는 이 법의 시행일 30일 전까지 구성하여야 한다.

② 이 법에 의한 방송위원회가 구성된 경우에는 종전의 방송법에 의한 방송위원회 또는 종합유선방송법에 의한 종합유선방송위원회는 해체된 것으로 본다.

③ 이 법 공포 당시 종전의 방송법에 의한 방송위원회의 위원은 이 법 시행 전에 임기가 만료되더라도 이 법에 의한 방송위원회가 구성될 때까지 그 직무를 행한다.

④ 제1항의 규정에 의한 방송위원회가 구성된 경우에는 이 법 시행일전까지 종전의 방송법에 의한 방송위원회 또는 종전의 종합유선방송법에 의한 종합유선방송위원회의 직무는 방송위원회가 행한다.

제4조 (한국방송공사의 정관 등에 관한 경과조치) ① 이 법 시행당시 종전의 한국방송공사법에 의한 한국방송공사는 이 법에 의한 한국방송공사로 본다. 이 경우 법 시행 후 3월 이내에 정관을 변경하여 방송위원회의 인가를 받아야 한다.

② 1999년 12월 31일 당시 종전의 한국방송공사법에 의한 수신료의 금액은 2000년 1월1일부터 이 법 제65조에 의한 국회의 승인을 얻은 것으로 본다.

③ 이 법에 의한 한국방송공사는 종전의 한국방송공사법에 의한 한국방송공사의 모든 권리와 의무를 승계한다.

제5조 (한국방송공사의 이사회 · 집행기관의 구성에 관한 경과조치) ① 한국방송공사의 이사회 및 집행기관은 이 법 시행 후 3월 내에 이 법의 규정에 의하여 구성되어야 한다.

② 이 법 시행당시의 한국방송공사의 이사장을 포함한 이사는 이 법에 의한 후임자가 선임될 때까지 그 직무를 행한다.

③ 이 법 시행당시의 한국방송공사의 사장, 부사장 및 감사는 이 법에 의한 후임자가 선임 또는 임명될 때까지 그 직무를 행한다.

제 6 조 (공익자금 및 공익자금관리위원회에 관한 경과조치) ① 이 법 시행당시 한국방송광고공사법에 의한 한국방송광고공사가 조성 및 관리·운용하고 있는 공익자금은 이 법에 의하여 방송위원회가 조성 및 관리·운용하는 방송발전기금으로 본다.

② 이 법에 의한 방송발전기금관리위원회가 구성된 경우에는 종전의 한국방송광고공사법에 의한 공익자금관리위원회는 해체된 것으로 본다.

제 7 조 (일반적 경과조치) ① 이 법 시행당시 종전의 방송법·종합유선방송법·유선방송관리법 또는 한국방송공사법에 의하여 행정처분 등 행정기관·방송위원회·종합유선방송위원회의 행위와 각종 신고 등 행정기관·방송위원회·종합유선방송위원회에 대한 행위는 이 법에 의한 행위로 본다.

② 방송위원회는 이 법 제9조 제3항의 규정에 의한 종합유선방송사업의 승인을 별표에서 정하는 기간 동안 유예할 수 있다.

③ 종합유선방송사업자는 제2항의 유예기간 동안 지상파방송사업자가 행하는 방송을 녹음·녹화하여 재송신하여서는 아니 된다.

④ 제9조 제5항에 의한 등록을 하여야 하는 방송채널사용사업자의 경우 2000년 12월 31일까지는 방송위원회의 승인을 얻어야 한다. 이 경우 승인의 요건과 절차에 관한 사항은 방송위원회규칙으로 정한다.

제 8 조 (방송사업 허가 등에 관한 경과조치) ① 이 법 시행당시 전파법에 의하여 방송국 허가를 받은 자는 이 법 제9조 제1항의 규정에 의하여 허가를 받은 자로 본다.

② 이 법 시행당시 종전의 종합유선방송법에 의하여 종합유선방송국 허가를 받은 자는 이 법 제9조 제2항의 규정에 의하여 허가를 받은 자로, 프로그램공급업 허가를 받은 자는 이 법 제9조 제5항의 규정에 의하여 승인을 얻거나 등록을 한 자로, 전송망사업 지정을 받은 자는 이 법 제9조 제10항의 규정에 의하여 등록한 자로 본다.

③ 이 법 시행당시 종전의 유선방송관리법에 의하여 유선방송사업자로 허가를 받은 자는 이 법 제9조 제2항의 규정에 의하여 중계유선방송사업의 허가를 받은 자로, 음악유선방송사업자로 허가를 받은 자는 제9조 제5항의 규정에 의하여 음악유선방송사업자로 등록한 자로 본다.

④ 이 법 시행당시 전광판방송을 행하고 있는 자는 이 법 제9조 제5항의 규정에 의하여 전광판방송사업자로 등록한 자로 본다. 다만, 이 법 시행 후 6월 이내에 등록증을 교부받아야 한다.

제 9 조 (방송사업자의 소유제한에 관한 특례) ① 이 법 시행당시 정기간행물등록 등에 관한 법률에 의한 일간신문을 경영하는 법인(특수관계자를 포함한다)으로서 종전의 종합유선방송법에 의한 보도프로그램 공급업을 행하는 법인의 주식 또는 지분을 소유하고 있는 경우에는 이 법 제8조 제3항의 규정에 불구하고 그 법인이 소유하고 있는 주식

또는 지분의 한도 안에서 주식 또는 지분을 계속 소유할 수 있다.

② 이 법 시행당시 종전의 방송법 또는 종합유선방송법에 의하여 방송사업의 허가를 받거나 그 주식 또는 지분을 소유하고 있는 자가 대기업과 그 계열회사(특수관계자를 포함한다)에 해당되게 되는 경우에는 이 법 제8조 제3항 및 제4항의 규정에 불구하고 그 자가 소유하고 있는 주식 또는 지분의 한도 안에서 주식 또는 지분을 계속 소유할 수 있다.

③ 이 법 시행당시 법률 제5529호 방송법 부칙 제3조의 규정에 의하여 이 법 제8조 제2항의 규정에 의한 소유한도를 초과하여 방송사업자의 주식 또는 지분을 소유하고 있는 자는 그가 소유하고 있는 주식 또는 지분의 범위 안에서 주식 또는 지분을 계속하여 소유할 수 있다.

제10조 (위성방송사업자에 대한 기금의 징수) 이 법 제37조 제3항의 규정에 의한 위성방송사업자에 대한 기금의 징수시기는 위성방송사업자의 경영상황을 고려하여 대통령령으로 정한다.

제11조 (벌칙의 적용에 관한 경과조치) 이 법 시행 전의 행위에 관한 벌칙의 적용에 있어서는 종전의 방송법 · 종합유선방송법 · 한국방송공사법 또는 유선방송관리법의 규정에 의한다.

제12조 (다른 법률의 개정) ① 정부조직법 중 다음과 같이 개정한다.

1. 제35조 제1항 중 '방송행정 · 출판'을 '영상 · 광고 · 출판'으로 하고, 부칙 제4조를 삭제한다.

② 기금관리기본법 중 다음과 같이 개정한다.

별표 2에 제128호를 다음과 같이 신설한다.

128. 방송법

제13조 (다른 법률과의 관계) 이 법 시행당시 다른 법률에서 종전의 방송법 · 종합유선방송법 · 한국방송공사법 또는 유선방송관리법의 규정을 인용하고 있는 경우에 이 법 중 그에 해당하는 규정이 있는 경우에는 종전의 규정에 갈음하여 이 법의 해당 규정을 인용한 것으로 본다.

부 칙

〈제6690호, 2002. 4. 20〉

이 법은 공포한 날로부터 시행한다.

부 칙

〈제6803호, 2002. 12. 18〉

이 법은 2003년 1월 1일부터 시행한다.

부 칙

〈제6869호, 2003. 5. 10〉

이 법은 공포한 날부터 시행한다.

부 칙

(뉴스통신진흥에 관한 법률) 〈제6905호, 2003. 5. 29〉

제1조 (시행일) 이 법은 공포 후 3월이 경과한 날부터 시행한다. 〈단서 생략〉

제2조 내지 제5조 생략

제6조 (다른 법률의 개정) ① 생략

② 방송법 중 다음과 같이 개정한다.

제8조 제3항 중 '통신'을 각각 뉴스통신진흥에 관한 법률의 규정에 의한 뉴스통신(이하 '뉴스통신'이라 한다)으로 하고, 동조 제4항 중 '통신'을 '뉴스통신'으로 한다.

③ 생략

부 칙

(재난 및 안전관리기본법) 〈제7188호, 2004. 3. 11〉

제1조 (시행일) 이 법은 공포한 날부터 3월을 넘지 아니하는 범위에서 대통령령이 정하는 날부터 시행한다.

제2조 내지 제9조 생략

제10조 (다른 법률의 개정) ① 및 ② 생략

③ 방송법 중 다음과 같이 개정한다.

제75조 제1항 중 '재난관리법 제2조'를 '재난 및 안전관리 기본법 제3조'로 한다.

④ 및 ⑤ 생략

제11조 생략

부 칙

(정당법) <제7190호, 2004. 3. 12>

제1조 (시행일) 이 법은 공포한 날부터 시행한다. <단서 생략>

제2조 내지 제8조 생략

제9조 (다른 법률의 개정) ① 방송법 중 다음과 같이 개정한다.

제8조 제9항 중 '정당(정당법에 의한 지구당을 포함한다)'를 '정당'으로 한다.

② 생략

부 칙

<제7213호, 2004. 3. 22>

이 법은 공포한 날부터 시행한다.

부칙

(언론중재 및 피해구제 등에 관한 법률) <제7370호, 2005. 1. 27>

제1조 (시행일) 이 법은 공포 후 6월이 경과한 날부터 시행한다.

제2조 내지 제4조 생략

제5조 (다른 법률의 개정) 방송법 중 다음과 같이 개정한다.

제91조를 삭제한다. 제108조 제1항 제25호를 삭제한다.

제6조 생략

부 칙

<제7498호, 2005. 5. 18>

제1조 (시행일) 이 법은 공포한 날부터 시행한다.

제2조 (지역사업권료 징수에 관한 경과조치) ① 종합유선방송사업자는 종전의 제12조 제3항의 규정에 따라 방송위원회가 징수하는 지역사업권료를 이 법 시행일 전일까지 일수를 계산하여 납부하여야 한다.

② 방송위원회는 제1항의 규정에 따라 징수한 지역사업권료를 제36조의 규정에 의한 방송발전기금에 납입하여야 한다.

■ 저자 약력

최 충 웅

부산교육대학, 동아대 법경대학 경제학과 졸업
연세대 대학원 (언론홍보) 석사
한양대 대학원 (신문방송) 인론학 박사
연세대학교 행정대학원 고위정책과정
(주) 중앙일보 동양방송(TBC) TV제작부 차장
한국방송공사(KBS) 제작지원국장, 예능제작국장, TV제작국장,
창원방송 총국장, 정책실장, 편성실장
중앙대, 한양대, 경남대, 동덕여대, 외대 대학원, 연대 언론홍보대학원 강사
방송위원회 보도교양 심의위원회 위원,
방송위원회 연예오락 심의위원회 위원장
방송위원회 디지털추진위원, 이동멀티미디어 추진위원장
선거방송토론위원회 위원, KBS 시청자위원회 위원
KBS 시청자평가프로그램위원회 위원장
현재 경희대학교 언론정보학부 교수
언론중재위원회 위원
사단법인 방송통신연구원 부원장
국정원 홍보자문위원
YTN 미디어비평 TV컬럼리스트

나남신서 742

텔레비전 제작실무론

편성 · 교양 · 드라마 · 오락 · 보도 · 스포츠

2000년 1월 5일 발행
2006년 9월 10일 2 쇄

저 자 : 崔 忠 雄
발행인 : 趙 相 浩

발행처 : (주) 나남출판

413-756 경기도 파주시 교하읍 출판도시 518-4
전화 : (031) 955-4600 (代), FAX : (031) 955-4555
등록 : 제 1-71호(79.5.12)
http://www.nanam.net
post@nanam.net

ISBN 89-300-3742-9 책값은 뒤표지에 있습니다.